封面設計／張議文

財經企管 228B

大下文化 遠見

競爭論
On Competition

策略大師
麥可・波特 Michael E. Porter —— 著
李明軒、高登第 —— 合譯

探討競爭力
經典之作

競爭論

On Competition

麥可・波特（Michael E. Porter）著
李明軒、高登第等合譯

作者簡介

麥可‧波特（Michael E. Porter）

　　自26歲起即任教於哈佛商學院，是該學院有史以來最年輕的教授，目前並帶領哈佛大學的「策略與競爭力機構」。他的策略理論為現代策略課程打下基礎，也是全球商學院必授的內容，因此被譽為最具影響力的策略理論家。波特曾出版17本書籍，其中《競爭策略》、《競爭優勢》、《國家競爭優勢》、《競爭論》（以上各書中文版均由天下文化出版），被公認是探討競爭力的經典之作。

譯者簡介

李明軒

　　美國密蘇里州立中央大學大眾傳播碩士、台灣師範大學三民主義研究所法學博士。曾任《中央日報》記者、《天下》雜誌資深編輯、世新大學與實踐大學高雄分校講師,有《國家競爭優勢》、《競爭優勢》(與邱如美合譯)等譯作。現任教於慈濟大學傳播學系。

高登第

　　美國科羅拉多州立大學行銷碩士、中央大學企管博士。曾任寶麗金唱片產品企劃、遠流出版企管暨網路叢書主編、天下文化財經企管系列主編。有《票房行銷》、《科特勒談行銷》、《哈佛商業評論精選:成長策略》、《哈佛商業評論精選:品牌管理》、《品牌領導》等譯作。現任教於實踐大學企業創新與創業管理研究所。

競爭論

目錄

On Competition

競爭與價值創造

　　在人類力圖讓社會更進步的努力中，競爭是最強有力的一種方法。數十年來，我持續關切有關競爭的研究和價值創造，競爭無所不在，不論是搶占市場的企業、爭相全球化的國家，或回應社會性需求的社會組織，都無法自外於競爭。因此，任何組織都需要訂定策略，提供顧客更大的價值。

　　這個道理如今更加明顯，因為過去幾十年來，幾乎所有領域的競爭程度都在急遽增強。競爭也已經跨越地理位置，使得各國必須傾全力才能維持既有成果，更別提要增進更大成果所需下的工夫了。競爭也擴散至藝術、教育、醫療保健及慈善事業，這些正是這個社會需要發展、但資源相對稀少的領域。

　　今天，各個領域的組織都必須在「價值提供」上競爭。價值創造是一種有效滿足（甚至超越）顧客需要的能力。公司必須提供顧客價值，國家也必須為企業所在地提供價值。如今，醫院提供醫療保健或基金會提供慈善捐助，就跟企業生產產品或服務一樣。在價值提供上競爭，這個概念對試圖增進公共利

益的組織和機構而言,變得至關緊要。

　　了解競爭和價值創造,目的是要掌握實際發生情況的複雜性。經濟學的訓練,加上沉浸於經濟理性法則,讓我在提出理論的同時,也試圖讓理論對實務工作者具有可行性。我的目標是,發展出嚴格縝密且實用的架構,有效彌合理論與實務之間的落差。

　　本書匯集我為了解競爭和價值創造而提出的所有概念和工具。這當中有比較新的文章,也有它們賴以建立的基礎架構。書中文章雖是針對各種不同問題的層面和情況來檢視競爭,但都是立基於一個有密切關聯的共同參考架構。

　　這本全新增訂版,共分為五篇。第一篇為企業整理出競爭策略的核心概念,從單一產業層面,延伸到多重事業或多角化企業。競爭的核心概念離不開產業競爭的趨動力、企業獲得並維持競爭優勢的種種方式,以及如何擬定有特色的策略。企業需要深入了解如何在特定行業中擁有競爭力,讓自己具備做出其他選擇的基礎。例如企業如果不能在個別企業中競爭,多角化就會缺乏敏銳度。另要補充的是,第一篇針對企業列出的原則,也適用於非營利事業。

　　第二篇探討的是,地點(location)在競爭中所扮演的角色。隨著競爭不斷擴大和激化,人們關注國家、州省及城市競爭力的興趣愈來愈高。當科技讓企業活動愈來愈全球化、資本的跨國界流動變得更自由,很多理論家認為地點的重要性連帶降低。不過,第二篇的文章挑戰此論點。在選錄的文章中,我說明企業和整個國家的榮景高度依賴當地環境的本質,而那正

是進行競爭的所在。傳統上，一般認為打造區域或國家競爭力是政府的事，主要被看成是政府企圖促進投資和創造就業機會的議題。新的競爭力模式則揭示：企業在打造競爭環境上應該扮演的新角色；企業、政府和地方之間建立新關係的必要性；以及對政府政策全新的思考方式。了解地點對競爭的影響，再加上第一篇的觀點，對企業制定全球策略相當重要。

第三篇是以競爭力的方式解決社會問題，運用前兩篇的理論架構，討論環保、都市貧窮與收入不均、醫療保健等議題。這些議題常被視為社會問題，但它們全都離不開經濟，更具體地說，是與競爭有密不可分的關係。我愈來愈相信，永久解決這些問題的關鍵，就在於有效運用最深刻的競爭經驗。如果我們能以正確方式處理像環境、弱勢社群及醫療保健之類的議題，社會和企業兩者很有機會創造雙贏。在這些戰場上，創造正和競爭（positive-sum competition）將會促進創新，為社會創造龐大的價值。

第四篇談的是策略、慈善與企業社會責任，同樣是將策略原則運用到包括社會組織與企業的慈善捐贈和善款。在這個公共資源缺乏、解決社會需求的渴望卻不斷升高的世界，能提供價值的慈善活動當然有其迫切性。不過，社會部門必須證明，它合理運用這龐大的捐助資源，畢竟其中大多享有賦稅補貼，等於是由全民資助。捐助行動不應再被視為單純行善，而是必須對社會產生真正的影響。

對企業領導人來說，各界要求企業秉持社會責任參與社會議題的聲浪空前。企業應該以何種方式、在哪些地方參與社

會議題，又應該如何投入慈善捐助，成為迫切議題。企業處置得宜的關鍵就在於，確實體認社會議題與經濟議題並非互不相干，而是相互強化，這也是第三篇強調的。因此，社會考量應該成為企業策略的一部分，而不是不相關的議題。

第五篇談的是策略與領導力，確認領導是創造卓越價值不可或缺的。對組織而言，擬定策略就是一項領導行動，策略也可能是領導人讓組織所有成員遵循共同目標和方向時，最強有力的工具。儘管領導如此重要，但我們對領導人的角色，尤其是複雜的大型組織，例如名列「財星一百大」（Fortune 100）或「財星五百大」（Fortune 500）的企業，仍然所知不多。這類組織的龐大和複雜程度，讓無論是哪種領導人，都不可能完全了解所有的事業部門，並獨力管理數以千計的員工，甚至要制定一個小決策，都不是件容易的事。在這樣的組織中，領導人的角色微妙且間接，在這本增訂版中，我們已開始探討這些角色。

競爭與策略：核心概念

本書結集的文章中，由〈競爭五力新論〉開場。自從〈競爭力如何塑造策略〉一文於1979年首度發表以來，一直對形塑商業實務和學術思維有所貢獻。〈競爭五力新論〉就是這篇重要文章的修訂版。無論處在哪個行業，企業的表現都可以分成兩個部分：第一部分可歸因於所屬產業；第二部分則與企業在所屬產業中的相對獲利能力有關。常有人問我，要了解我的著作

該從何處著手，我認為即使是自認熟知「五力」（the five forces）的讀者，這篇新修訂的文章絕對是必要的切入點，我也樂於藉由這篇文章，進一步協助策略制定者和投資人，建立產業分析的概念。

策略中很多錯誤出自於對競爭是什麼、競爭如何產生作用等存著根本誤解。競爭往往被界定得太狹隘，好像它只會出現在直接競爭的對手之中，但這篇文章評估任何產業中的競爭，提出一個奠基於經濟理論的參考架構，並提供系統性的方式，評估任何產業的結構，以及該結構可能出現的變化。

這篇討論競爭五力架構（five-forces framework）的文章偏重於探討各產業平均獲利力的重大而持續的差異（也就是企業表現的第一部分），還有它們對策略的意義。「五力分析」，是由買方的議價力量、供應商的議價力量、新進入者的威脅、替代性產品的威脅，以及既有競爭者之間的競爭狀態所構成，讀者藉此可以明瞭任何產業的長期獲利能力，以及企業如何影響產業競爭而對自身有利。

在〈策略是什麼？〉一文中，探討的是企業獲利能力的第二部分：為什麼有些企業的表現能夠明顯勝過競爭對手。在我的著作《競爭策略》（Competitive Strategy）中，我首次討論「定位」（positioning）的主題，並介紹如何在產業中創造對自己有利的競爭方式，以及一般性策略（generic strategies）的概念；在《競爭優勢》（Competitive Advantage）中，我進一步提出「價值鏈」（value chain）概念。〈策略是什麼？〉一文首度發表於1996年，對定位的概念做了更進一步的剖析。

文中指出，企業通常藉由比競爭對手更高的價格或較低的成本，而在所屬產業中獲得優異的獲利能力。我也說明，存在競爭者之間的這些價格或成本差異，主要有兩種來源：來自作業效益（operational effectiveness，也就是一家公司達到經濟效益的最佳實務做法）和策略性定位（strategic positioning）的差異。在最佳實務上面，競爭也是我所謂「成為最優者的競爭」（competition to be the best）。雖然企業都必須持續不斷地增進各種活動的作業效益，但這場競爭不易獲勝。最常出現獲利能力差異的情況，其實就在於擁有某種特色的策略性定位，或我所稱「成為最有特色者的競爭」（competition to be unique）。而成為最有特色者終究是比較能持續的，這篇文章就在說明其中的道理。

〈策略是什麼？〉提出策略性定位的基本理論。策略差異性來自價值鏈中各項活動的差異，例如企業在物流控管、訂單處理、產品設計、組裝、訓練等方面的做法。策略的持久之道在於取捨抉擇，也就是說，企業為了提供某種型態的價值，不得不做犧牲其他價值的決定。競爭優勢有賴提出獨特的價值定位，並藉由量身訂做的價值鏈來履行，這涉及到既得做出有別於其他競爭者的取捨抉擇，還得在眾多活動中一致適用。

第一篇的頭兩篇文章是針對個別企業層次，提出制定策略所需的核心分析架構：產業結構和具有競爭力的定位。接下來的兩篇文章，〈如何利用資訊形成競爭優勢〉和〈策略與網路〉，則檢視資訊科技在現代競爭中扮演的角色。這些文章應用且延伸了以資訊科技為核心的架構，說明它們如何因應創新。

　　〈如何利用資訊形成競爭優勢〉為資訊科技在競爭中所扮演的角色，提供一個全面的參考架構。在這篇文章中，維克多・米拉（Victor Millar）和我指出，在產業結構和競爭定位兩方面，資訊科技都扮演重要的角色。「五力架構」提供了分析產業效應所需的結構，而價值鏈則提供檢視競爭優勢效應所需的架構。這篇文章雖然已經發表多年，而且是討論一個發展迅速的領域，但至今依然相當切合實際，因為它揭示了基本概念，而非描述當前最新趨勢。也正是這個原因，該文能持續讓大家了解，任何新一代資訊系統和軟體在競爭上的重要。

　　我們常聽到「網際網路改變一切」的說法。〈策略與網路〉談的就是網際網路在競爭中的角色，探究到底什麼變了、什麼沒變，以及組織要如何評估網際網路對競爭力的影響。同樣地，當組織試圖釐清導致改變的強大力量時，產業結構分析顯然也成為策略性思維的強大來源，雖然很多人辯稱網際網路會讓策略過時，事實卻正好相反。這篇文章指出，網際網路為何可能會削弱產業獲利能力，而不是提供獨家優勢，這也使得策略的重要性不減反增。

　　這篇文章也進一步說明，當既有產業中發生技術斷層（technological discontinuity）時，企業應該如何策略性地思考問題。大部分有關創新的文章認為，技術斷層是破壞性的，現有企業也是受害者。產業結構的工具能協助經理人預測，能否在產業受到新科技衝擊時維持獲利。競爭優勢的邏輯說明，現有企業比新進業者更善於利用新科技的時機，該文也協助企業（新進或既有企業）思考，當產業轉型時它能占有什麼優勢地

位。在二十一世紀，我們可以預期科技創新將會源源不斷地出現，重新形塑主要的產業經濟狀況。競爭愈來愈激烈，這個趨勢將無可避免。我的長期觀察是，當企業發覺自身面臨重大科技變革時，往往會暫停策略性思考，這對它們其實有害無益。

第一至第四章探討的是在單一產業中的策略，我統稱為「競爭策略」。個別產業中的競爭是策略的核心層級，因為它可決定產業的獲利能力與競爭優勢的得失。不過，很多企業面對的現實是，已經在多個產業中進行多角化經營。〈從競爭優勢到集團策略〉一文，則轉移到另一個重要的策略層級，即跨足一個以上行業的多角化企業的總體策略，或稱為「集團策略」（corporate strategy）。

很多研究將多角化視為一個獨立的問題，與競爭策略分開討論。不過，這種錯誤的二分法說明了大多數多角化企業的慘澹表現，我在文章開頭也對此有所描述。有些企業之所以會經常陷入劫難，往往是因為把有關多角化的思維，從諸多行業的競爭現實中抽離出來。

〈從競爭優勢到集團策略〉一文要說的是，雖然集團策略牽涉的問題與競爭策略不一樣，但兩者仍然需要密切連結。從產業的角度來看，企業的集團策略攸關應該選擇在哪些產業中競爭，又該以何種方式進入這些產業。從競爭優勢的角度來看，集團層級的核心問題在於，整個集團如何提升（而非傷害）個別事業的競爭優勢。〈從競爭優勢到集團策略〉一文，運用產業結構和價值鏈的概念來探討這些問題。它說明了價值活動的概念如何被運用於了解多角化的策略性邏輯上，以及集

團策略應該如何與組織和管理實務銜接。

這篇文章自發表以來，企業界仍熱中於多角化，而多角化的營運也依然問題重重。多角化經營中屢遭詬病的產品群組合模式，雖然早已被核心能力與關鍵性資源的概念取代，但這些概念過於簡化，使得多角化的結果依然不佳。根據經驗顯示，多角化如果不能與事業單位可持續的競爭優勢緊密結合，通常只會破壞而非創造經濟價值。

地點的競爭力

單一產業競爭策略與集團策略的核心概念，是檢視各種競爭狀況的基礎。不過，已有愈來愈多的競爭跨越國界。企業在全球各地以跨國、跨區域和全球化策略進行競爭；此時，國家和地區必須提供有利的經營環境，與其他地點競爭。對企業和國家而言，發展跨地域競爭時必須具備兩組新的觀念。一是地點在競爭中的角色；當企業進行跨國競爭時，必須有能力在任何地點安排各種活動。了解地點對競爭優勢的影響，不僅關係到企業經營成敗，在引導經濟發展政策的制定上同樣攸關重大。另一議題是，企業如何將價值鏈中的活動，分散到區域性或全球性網絡中，並且透過有效協調而贏得競爭優勢。由於貿易和投資障礙已被打破，許多新興國家也在外包上提供具有成本效益的地點，企業頻將價值鏈跨國界或地域分散的情形前所未見。

本書第二篇是從地點的議題開始。在〈國家競爭優勢〉

中，我提出一個新理論，討論國家、州省與其他地理區域的競爭力。大多數有關競爭力的論述，要不是專注於總體經濟政策（政府預算赤字、貨幣政策、開放市場或民營化），就是著重於勞動力、天然資源和資本等天賦資產的相對優勢。我的觀點截然不同，強調地點的競爭力，主要植基於商業環境的本質。能夠取得勞動力、資本和天然資源並不能決定榮景，因為取得這些資源並非難事。相反的，競爭力源自企業能「善用」當地的資源，生產出更具價值的商品與服務的生產力。若進一步觀察會發現，某個特定地點的生產力和榮景，通常並非仰賴企業在哪些產業中競爭，而是企業採用何種競爭方式。傳統上把經濟體區分為高科技與低科技，或製造業與服務業，並沒有太多意義，因為製造業與服務業之間的界線已經模糊不清，而且幾乎所有產業都能運用先進的科技和熟練的技能，進而達到更高層級的生產力。

在〈國家競爭優勢〉一文中，我說明生產力如何源自國家和區域的競爭環境。要理解這點，可以利用由四個主要面向構成的架構：生產因素條件、需求條件、策略與競爭同業的背景，以及相關與支援產業的表現。這是現在一般說的「鑽石理論」（diamond theory）。政府的政策可以對鑽石的四個面向產生正、負面的影響。〈國家競爭優勢〉一文，探討這些競爭力的來源、變化，以及它們對政府與企業的意涵。鑽石理論不僅是經理人的工具，也是政府發展經濟、處理真實競爭議題時，一種以個體經濟為基礎的方法。

〈產業群聚與競爭：企業、政府和機構的新議題〉一

文，探討了整套競爭力理論中最重要的觀念——產業群聚（clusters）。產業群聚是指企業、供應商、相關產業和專業機構集中於某一地理區位，通常出現在一個國家、州省或城市的特定區域。我舉的例子包括提供金融服務的華爾街、娛樂業的好萊塢，以及德國南部地區的汽車業。這篇文章歸納我從研究和實務觀察中對產業群聚的了解，內容包含產業群聚理論、產業群聚在競爭中的角色，以及它們對政府政策、企業和法人行為的意義。

所有進步的經濟體中，都可明顯看到存在著產業群聚，產業群聚的形成，也是經濟發展的重要因素之一。無論是在經濟體制與經濟發展、企業、國家和法人機構的新角色，乃至於建構企業與政府或企業與法人機構的新關係，產業群聚都提供新的思考方式。數百個產業群聚，正在全球許多地方出現，這篇文章也摘要一些先進國家與開發中經濟體的群聚狀況。

第二篇的最後一篇文章，〈跨地點的競爭：透過全球化策略增強競爭優勢〉，將跨國或跨地域競爭的兩個層面——地點與全球化網絡結合起來。有關活動和價值鏈的概念，對於了解競爭優勢的一般意涵相當重要，同時也提供國際化策略的基本架構。當企業進行跨國競爭時，可以把活動擴散到許多地點，以便利用地點的優勢，同時以各種方式協調分散各地的活動，發揮網絡的優勢。

〈跨地點的競爭〉試圖發展出某一特定行業中全球化策略架構的意涵。全球化策略的重點是，守住企業總部或產業群聚根據地活動之創新和生產力優勢，同時把活動擴散至其他地

點，以爭取低成本的原料和進入國外市場的機會。透過協調統合，可以把這些分散的活動轉化成一個全球網絡。早期有關全球化策略的思維，只專注在全球化和網絡的思考，顯然過於簡化。這篇文章的目的就是要將全球化策略的思維提升到另一境界，全球化策略只是一般跨地區競爭議題中的一個例子，同樣的架構，也適用於致力成為全國性廠商的地方性企業。

以競爭力的方式解決社會問題

深入了解競爭和價值創造，就能對社會問題提供強大的洞察力。第三篇由討論環保的文章開場，由卡拉斯・林德（Claas van der Linde）與我合作撰寫的〈綠色競爭力：解開僵局〉。企業為了達到環保標準而增加成本負擔，因此改善環境往往被視為與經濟競爭力水火不容。不過，這類觀點是出自靜態且過度簡化的競爭概念。因此，我在〈綠色競爭力〉一文中指出，「環境vs.競爭力」是一種錯誤的二分法。

在新的思維下，競爭力來自提高資源使用的生產力。生產力的提升必須永無止境。從這點來看，任何形式的污染都是經濟資源的浪費，例如資源使用效率差、能源浪費，或丟棄有價值的原料。因此，藉由更好的科技和方法改善環境，通常能增加生產力並抵消（至少部分抵消）改善的成本，而這個想法在環保社群中被稱之為「波特假說」（Porter Hypothesis）。這意味，環保法規應該著重於提高表現標準，而非只是明確規定做法，以降低法規本身不必要的執行成本，以及促進產品與流程

的創新。這篇文章一度極具爭議性,如今已被廣泛接納,特別是在實務社群。企業應該把改善環境看成是提升生產力和競爭力的一部分,而不是應對惱人的法律規定。

〈城中區的競爭優勢〉一文,著眼於美國都會核心區域在經濟發展上的難題。城中區的貧窮問題基本上被視為一項社會問題,解決辦法也都將焦點放在滿足城中區居民的人道需求。但這個問題也是經濟問題。沒有健全的經濟,就不可能有真正健康的社區。如果沒有工作機會以取得收入和創造財富,社會投資就無法產生持續的助益。此外,儘管各界對城中區經濟發展不遺餘力,也有許多人試圖打破市場法則。先入為主的觀念認為,城中區有許多不適合做為商業地點的競爭劣勢,因而所謂的「經濟」發展,通常包含設立非營利機構,以及遷移政府辦公大樓等;要不然就是以大量補貼,試圖影響企業對地點的選擇。

然而,〈城中區的競爭優勢〉一文的重點並不在於競爭上的劣勢,而是逆向思考。這篇文章強調,唯有鎖定城中區在地點上的競爭優勢,經濟發展才可能持久。我將競爭力的研究所得應用在城中區,並以全美國成百上千家設在城中區的成功企業為證,描繪出城中區的優勢。以這些優勢為基礎的經濟發展方式,不但可以解決城中區做為商業地點的競爭劣勢,還可以提供更理想的模式,處理最苦惱的社區問題。如果能將重心從減少貧窮轉為創造就業、收入與財富,城中區不必然會式微。這篇文章的論點導致一個非營利組織「建設富競爭力的城中區」(Initiative for a Competitive Inner City, ICIC)出現,除了

延伸有關城中區經濟情況的研究，也協助將一些想法付諸實行。我也曾經運用同樣的思維，處理鄉村地區在經濟發展上面臨的種種挑戰。

另一個社會關切焦點是醫療保健問題。在美國，由於醫療成本過高，加上為數甚多的民眾沒有醫療保險，如何適當地重新建構醫療體系已是全國性話題。在〈重新界定醫療業的競爭力〉中，伊莉莎白・泰斯柏（Elizabeth Teisberg）與我共同指出，各種錯誤的競爭已經把美國的醫療保健體系搞得一團糟，唯有著重在為病患創造價值，才是正確的競爭，也是長久之計。價值的定義是，病患花費的每一塊錢所獲得的健康成果。唯有透過持續不斷的創新，著重於增進醫療診斷和服務價值，醫療成本才有可能受到控制，而且不必藉由限量醫療或戕害品質來達成。事實上，真正降低醫療成本的唯一辦法，就是改善醫療品質，身體健康才能少花錢在治療病痛上。

這篇文章探討，因為醫療體系中的參與者是在分食而非增加價值，導致競爭演變成一場零和遊戲（zero-sum）。競爭出現在錯誤的層面和事情上。參與者靠著過分的成本移轉和累積議價力量，以及索求更高的收益或從其他參與者手中搶走病患。要修正這樣的體系，就必須把競爭的重心從誰來付錢？轉為誰來提供最佳價值？我們為醫療保健產業中的正和競爭，勾勒出一個願景。這個願景在我和泰斯柏合著的《重新界定醫療業》（*Redifining Health Care*）已有詳述，書中並指出醫療服務如何轉型的做法，以及每個參與者如何為病患健康創造價值。

第三篇的文章，代表經濟政策與社會政策有了新的整合。

傳統上，經濟政策與社會政策被視為壁壘分明，而且會競逐資源。經濟政策關心的是，藉由提供誘因、鼓勵儲蓄和投資，以及盡可能減少政府干預來創造財富。社會政策則專注於為公共教育和其他人道需求做準備，並透過各種形式的法令規定來資助弱勢團體，最近更著重於保護環境，所以社會政策非常依賴市場干預、補貼和再分配。

制定社會政策的人常把市場看成問題，試圖修正它的結果，而經濟政策制定者則將政府干預視為問題。社會運動團體又把企業看成禍端，至於企業則對社會目標毫無興趣，並把社會組織看成特殊利益團體。企業認為，一個不受任何外力干擾的強大經濟體，就是最佳的社會發展計畫。

這些傳統的二分法是錯誤的，而且是一種愈來愈不受重視的觀點。從長遠來看，社會目標與經濟目標兩者並未牴觸。一個具生產力且不斷成長的經濟體，需要受過教育、安全、健康、擁有適當住所的勞工，而且要讓他們感受到因為有就業機會而獲得激勵。經濟競爭力也可以因環境保護做得更好而得以提升，因為污染是企業未能有效利用資源的結果。社會與經濟目標之間唯一真正的衝突，在於所用的方法。正如我在環保和城中區經濟發展的文章中指出，想要透過再分配、補貼和市場扭曲，以達到社會進步，通常會以失敗收場，而且耗費龐大的經濟成本。同樣地，試圖犧牲員工訓練、安全、健康和幸福，一味提升利潤的做法，長期而言也將失敗。

我們需要一種兼容並蓄，能同時追求經濟與社會進步的新做法。要做到這點，必須把重心集中在競爭、創新和價值，也

就是克服進入市場的門檻，而非與之相抗。社會發展計畫應該
要能協助個人做好進入市場體系的準備，並在其中成功，而不
是隔離於市場之外。對污染和醫療成本過高等社會議題，也必
須強化創新和競爭，以解決根本問題，而非試圖將成本轉嫁給
社會的其他群體。

　　第三篇藉由討論醫療保健、環境與城市貧窮等問題，闡明
了這些原則。不過，同樣的原則還可以運用在社會安全、教育
或住宅等社會議題上。

策略、慈善與企業社會責任

　　當今很多社會問題，已經不再單純依賴政府來解決。各種
基金會、法人團體與無數非政府組織（NGO），動用了高達
數千億美元，處理社會議題中一些最棘手的挑戰（它們通常與
政府聯手）。這些機構投入如此龐大的珍貴資源，究竟獲得哪
些績效成果，也愈來愈受關注。

　　第四篇一開始探討的問題是，如何透過慈善活動創造價
值。大多數慈善活動偏重捐助行動，而且假定捐助就是行善。
然而，在〈慈善機構的新議題：創造價值〉一文中，馬克‧克
拉默（Mark Kramer）和我提出理由證明，很多慈善捐助帶給
社會的助益有限，而且效果比預期的少很多。為數龐大且愈來
愈多為了解決社會問題而投入的資源，正經由慈善家（特別是
各種基金會）來調度使用，但這種情形卻升高了失敗率。

　　這篇頗具爭議的文章指出，基金會單單給錢的做法，並未

創造相對的價值。要真正創造價值，基金會需要有精心設計的策略，不光是針對重視的目標對象發放補助金而已。這篇文章提供一個架構，說明基金會如何透過補助對象的選擇，在擴展和增加社會影響力上協助補助對象，以及做有系統的投資，並且在基金會可以成為真正專家的領域，增進實務作業經驗等做法，增加所創造的價值。這一切都需要基金會做出清楚的策略性選擇，以便界定將執行的領域，以及在發揮社會影響力上別具特色的活動。

在〈企業慈善的競爭優勢〉中，我們將這些慈善活動的一般性原則，運用到企業的捐助行動。企業在處理社會議題時，可用來創造價值的資產，幾乎比社會中任何機構都還來得強大。不過，企業在創造價值時應該選擇與它們本身事業有長期關聯的社會議題，運用它們擁有的相關技能、資源與人脈。為了讓企業的捐助變得更具策略性，這篇文章提供的做法是，找出雙贏的領域，企業在促進社會進步的同時，也能增進本身事業的長期競爭定位。

第四篇的最後一篇文章，〈策略與社會：競爭優勢與企業社會責任的關係〉探討一個更廣泛的問題：企業與經營事業所在地的社會之間的關係。企業受到社會監督，並且被要求對所造成的社會影響負起責任的聲浪高漲，很多企業對企業社會責任的防備心態也在升高，並且對自家形象的關心勝過對社會產生的影響。但正如先前討論的，企業競爭力和社會進步是相互依存，而非互不相干或互相牴觸。這篇文章提供一個架構，用以了解一家企業與營運所在地的社區之間的交會點。這將有助

於引導企業，讓社會責任成為策略中不可或缺的一部分。事實上，很多企業可以將某個社會議題整合到策略中，並讓策略變得更能持續。

　　第三篇和第四篇的文章說明，策略原則對社會進步是不可或缺的，絕非只與經濟發展有關。從價值的角度思考，就可以清楚分辨出，哪些是會真正造成改變的組織，哪些又只是針對重要目標、僅以捐助行動為滿足的組織。

策略與領導力

　　第五篇介紹有關領導角色的研究。任何企業、國家或社會要創造最大價值，有效的領導不可或缺。然而，對這個深奧難懂的課題，尤其是複雜大型組織的領導，我們所知依然有限。

　　在〈新任執行長的七大驚奇〉一文中，尼丁‧諾瑞亞（Nitin Nohria）、傑伊‧洛許（Jay Lorsch）和我為讀者分辨出，執行長角色與其他高層主管角色的差異，藉此檢視領導在複雜的企業組織中的基本特性。我們從哈佛商學院為新任執行長，開設的一套密集課程「新科執行長工作坊」（New CEO Workshop），獲致一些獨特的觀點。這套課程的目的是，協助新任執行長設定他們的工作議題，並做出必要的個人改變。參與過這個工作坊的新任執行長有上百位，都是來自資產達數十億美元的大企業。這篇文章描述新任執行長將會遇到的驚奇，以及這些驚奇對扮演好執行長角色所提供的經驗教訓。策略已被證明是執行長成功與否的關鍵工具。在源源不斷的執行

長領導力研究中，這篇文章率先探討了這方面課題。

擴張新領域

　　本書以前後一貫的觀點，研究與競爭相關的想法。不過，我的想法持續演進擴大，陸續涵蓋一些新的面向。「五力」代表的是以產業結構界定競爭場域的觀念，而「價值鏈」則是以企業內部活動為基礎的競爭優勢概念，也就是說，優異的獲利能力可以追溯到活動的差異性，那會使企業降低成本，或有能力要求較高的價格。「策略性定位vs.作業效益」的對比模式，已經成為了解策略本質，以及策略與其他管理議題差異時的重要工具。「鑽石理論」和「產業群聚」則點出地點對競爭的影響。這套核心架構的影響遍及我所有的作品，包括社會問題的研究在內。我對每個架構，以及它們之間關聯性的了解，一直在持續加深、擴展中。

　　當我試圖了解競爭和策略的議題，因此探究某個問題時，通常會聯想到另一個問題，接著又會出現其他後續問題。例如思考單一產業中的競爭與策略，導致我對產業競爭中多角化的影響產生興趣。我早期對定位的研究，推動了以活動為基礎的企業經營觀點，這個觀點又為價值創造提供了思考架構。當我竭力思索策略與經理人所做的其他事情有何不同時，我開始察覺到策略與作業效益之間的差別。思考種種活動，導致我苦思全球化或將活動分散各地的影響，這一來又引發了對地點的重要性的注意。地點研究把我的焦點導向國家和區域的競爭力來

源，以及不只是企業也包括政府在競爭中的角色。當我更仔細察看國家和社區時，吸引我去探究如何將競爭與價值創造的準則，運用在服務方面，以解決許多社會中環境永續能力、城市貧窮，乃至優質的醫療保健等最迫切的挑戰。隨著愈來愈多的社會資源，透過基金會和其他慈善組織調度使用，我又開始注意這類組織如何才能變得更有效益。

長期以來，我一直被引導去探索新的分析單位。在大家都以企業做為分析單位的時期，我最初的研究強調的是「產業」。當我了解到競爭優勢並非由企業整體產生，我接下來的研究強調「活動」。當管理思維的焦點幾乎只放在企業內部發生的一切時，我增加了對「地點」的考量。當產業政策專注於特定產業或國家時，我點出群聚的角色。在醫療保健問題，當主要焦點放在保險、醫院或診所時，我們的研究把醫療狀況（medical condition）和照護週期（cycle of care），界定為絕對必要的價值創造單位。

每當有新的問題出現，繼而發展出一套新觀念時，我就會回頭檢視先前的研究所得。企業以活動為基礎的觀點，使得我重新琢磨並延伸早期有關一般性策略的思維。我近來對作業效益和策略所做的區分（請見第二章），不僅是以早期著作為基礎，並且加以增補。這個新理論深化我對定位的了解，並將定位與活動更緊密地連結。這個新的研究還讓我能透過取捨抉擇的觀念，將企業活動的觀點加以延伸。

定位與作業效益之間的區分，也使我更能看清楚其他各種議題。比方說，金融市場壓力可以是催生作業改善的有利誘

因，但經常導致企業放棄獨特的策略性定位，並在沒有任何真正優勢的市場區隔中追求成長。另一個例子是，評估資訊科技在競爭中的角色。新的資訊科技大都用來改進最佳實務——作業效益，而非強化獨特定位。不過，新一代資訊科技工具隱藏的危險是，太多企業會採用相同的運作方式，不知不覺便出現同質化競爭，這限制了客戶的選擇，並引發相互毀滅的競爭纏鬥。

有關地點的研究則開啟一個重要的新關聯，最明顯的是豐富了全球化策略的概念。在產業結構和競爭優勢方面，地點因素明顯占有一定的分量，並且影響競爭的形式。鑽石體系的狀態與產業群聚的深度，會提高或降低進入一個產業的門檻，改變客戶與供應商的議價實力，啟動替代品的結合與威脅。地點因素也影響一國經濟體中的競爭型態，從開發中國家的模仿與價格競爭，到先進國家的創新與差異化。比方說，開發中國家的經濟體缺乏適當地點，意味著企業嘗試進入當地有吸引力的產業時，為了避免毀滅性的價格競爭，會遭遇極大困難。同時，政府干預與資金短缺通常會架空競爭作用力，並維持寡占的局面。

地點也強烈影響企業的競爭優勢，以及所能選擇並成功執行的策略型態。當地的基礎建設狀態、勞工技術程度，其他鑽石體系的條件，都會直接影響作業效益，例如，當地需求的精緻程度、具獨特技能的人力資源、相關產業之有無等，都會影響策略性定位，也就是所選擇的客戶區隔或產品種類。當地的商業環境不僅影響策略的選擇，也影響執行策略的能力。很明顯地，

在活動的層級上,對企業的獨特性攸關重大的要素,包括多種資源、能力與技術的取得與否,端視當地環境的本質而定。

地點也會影響企業的整體策略。鑽石條件會影響企業附加價值的類型,而攸關企業的競爭優勢。在開發中國家,價值的創造來自企業母公司提供資金與導入專業管理的能力。這也說明很多開發中國家,出現大型企業集團的情形。但到了已開發國家,資產組合管理能增加的價值就非常有限,並需要進行其他多角化的方式。因此,鑽石體系中的各項條件,像是運籌系統和支援性產業,都會影響可行的綜效類型。

讀者可能會注意到,地點與先前有關策略的想法,似乎出現明顯的矛盾。產業結構的思考架構顯示,強有力的客戶與供應商,以及激烈的競爭,會傷害企業的獲利能力;然而鑽石理論指出,激烈的本地競爭、要求高的客戶,以及高水準的本地供應商,藉由刺激與支持高生產力和快速創新,有助於競爭力的形成。這兩者如何能並行不悖呢?首先,我們必須區分單一地點的產業與全球化產業。在單一地點出現良好的鑽石體系狀態,包括激烈的本地競爭,會讓許多企業立足於此,共同達到更高的生產力,並且比其他地點的企業進步更迅速。企業在本地市場的獲利能力也許比較低,但是走上國際市場時,獲利能力將非常卓越。我們也可以透過另一種思考方式獲致同樣的結果:一般而言,相對於選擇其他地點的企業,鑽石體系的條件將會影響當地企業獲得更佳競爭力的能力。因為產業的全球平均獲利能力,主要依賴產業結構在全球化的平均表現。

地點的研究也說明生產力的決定性因素,並強調與時俱

進、動態改善（dynamic improvement）對競爭力的重要性。產業結構與活動架構，為了解企業及其所在市場提供思考架構。我早期的研究比較屬於跨產業部門性質，譬如回答在某個特定時期裡，為什麼有些產業比另一些產業更能賺錢；或某個競爭對手比另一競爭對手更能獲利。這些都是可想而知，首先會出現的問題。

近來，我在作業效益與定位上的研究，開始將定位、地點與動態改善等概念銜接起來。這個研究把重點放在持續改善作業效益的必要性，而不堅持策略需要持續性。話說回來，作業效益與策略都受到地點的影響。

對地點的研究，使我對競爭和價值創造有更深一層的了解，這些成果已經為探究競爭與社會議題之間的關聯性，打開一個全新的領域。經濟競爭力與社會進步可以並行不悖，同時獲得改善。社會組織則可以透過採行價值創造的原則，在處理社會議題上獲得長足進步。假如能導入競爭導向的價值創造，將可刺激社會部門快速發展。

最後，試圖了解競爭與社會議題之間的關聯，使得我將主要焦點放在慈善部門。當人們意識到，政府要解決所有社會問題有其侷限時，如何運用注入慈善部門，並且迅速增加的資源，給社會帶來更大價值，就成了當務之急。

新的連結仍有待發現，而我對競爭和價值鏈的學習也不可能停滯不前。許多新機會不斷出現，終究也會找出探索理論與實務的新途徑。一個值得關切的發展是，企業與資本市場之間不斷演變的關係，因為大多數的資本投資都是透過大型而激進

的機構進行，而非長期持股的個別股東。另一個發展是，經濟與社會策略的結合，如環境管理等社會目標放在市場架構中處理。不過，這些*趨勢*本身不會提供價值創造的方法。相反地，找出方法需要全面性了解一個組織及其所處情境的能力。策略性思維將比以往更稀有，也更加珍貴。

　　未來無論如何變化，可以確定的是，競爭將會持續演變，不會安於哪一種型態，它也是我們持續繁榮的重要來源。如果本書能傳達一項訊息，我希望它能產生一種認知：驚人的競爭力量，將可以讓企業與社會變得更加美好。

第一篇

競爭與策略：
核心觀念

第一章

競爭五力新論

麥可·波特——著

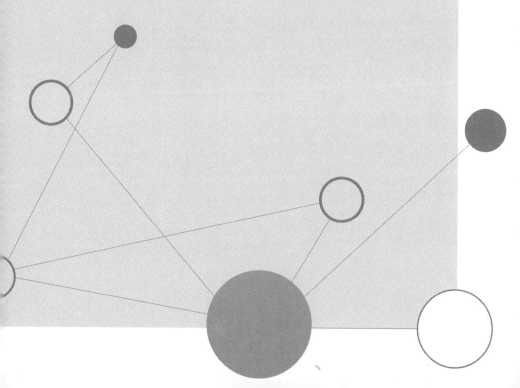

策略師的核心任務，就是了解與處理「競爭」的議題。然而，經理人經常把競爭定義得太狹隘，似乎認為只有在目前直接競爭的對手之間，才有競爭存在。但爭奪利潤的對手不僅限於產業裡既有的同業，還包括另外四項競爭作用力：顧客、供應商、潛在新進公司、替代性產品。上述這五項作用力引發廣泛競爭和對立，決定產業的結構，也形塑產業內彼此競爭活動的特性。

表面看來，每個產業都不同，但其實各產業獲利能力的動因都一樣。例如，表面上，全球汽車產業完全不同於藝術名作的全球市場，或政府高度管制的歐洲醫療照護業。但若要了解這三個產業的競爭情形和獲利能力，就必須用五大競爭作用力的架構，分析每個產業的基本結構（見圖1.1）。

如果五大競爭作用力很強烈，產業裡幾乎每一家公司的投資報酬率就都不理想，例如航空、紡織和旅館業的情形。如果五大競爭作用力相當溫和，許多公司都有機會獲利，例如軟體、軟性飲料、美容清潔用品等產業。產業結構決定產業內的競爭情形和獲利能力；至於產業提供的是產品或服務，屬於新興或成熟產業、高科技或低科技產業、受管制或不受管制，並非決定因素。有很多因素都會在短期內影響產業獲利能力，像是天氣和景氣循環，但中、長期的產業獲利能力，是由產業結構決定的，而產業結構則具體展現在五大競爭作用力上（見圖1.2）。

若能了解競爭作用力，以及影響這些作用力的根本原因，不僅可幫助了解任何產業目前獲利能力的根源所在，也提供了一個架構，用來預測和影響長期的競爭（和獲利能力）。對策

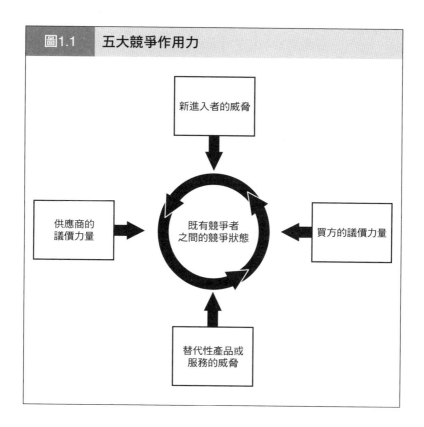

圖1.1 五大競爭作用力

略師來說，產業結構是否健全，與自家公司的定位同等重要。
了解產業結構，也有助於設定有效的策略定位。

接下來我會說明，保護公司免受競爭作用力負面的影響、
引導那些作用力朝向有利於自家公司的方向發展，是策略中很
重要的部分。（參見「產業分析實務」和「產業分析的標準做
法」）

圖1.2　各產業獲利能力不同

每個產業的投入資本報酬率（return on invested capital, ROIC）都不一樣。例如從1992年到2006年，美國各產業的平均ROIC最低為零，或甚至是負的，最高則超過50%。ROIC較高的產業包括軟性飲料、套裝軟體等，在1992年到2006年間，這些產業的獲利率是航空業的六倍以上。

1992～2006年間美國各產業平均投入資本報酬率

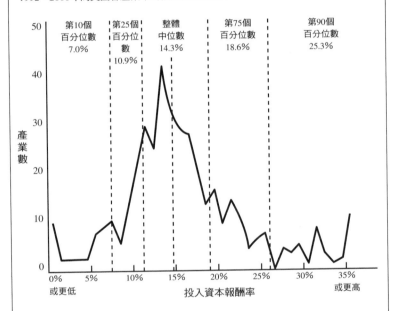

投入資本報酬率不僅適合在規劃策略時用來衡量獲利能力，也適合股票投資人採用。銷售利潤率（return on sales）或獲利成長率，都無法說明在產業裡競爭所需的資金。在此我們計算投入資本報酬率的方法是，利息及稅前盈餘除以平均投入資本減去超額現金，並排除各公司和產業在資本結構和稅率上的特殊差異。

資料來源：標準普爾的Compustat，以及本文作者的計算

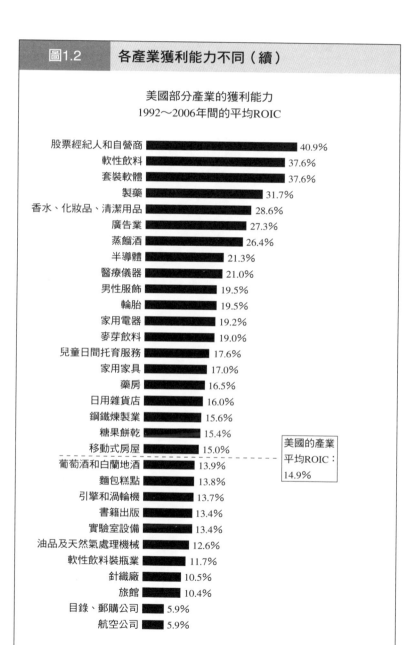

圖1.2　　各產業獲利能力不同（續）

美國部分產業的獲利能力
1992～2006年間的平均ROIC

股票經紀人和自營商	40.9%
軟性飲料	37.6%
套裝軟體	37.6%
製藥	31.7%
香水、化妝品、清潔用品	28.6%
廣告業	27.3%
蒸餾酒	26.4%
半導體	21.3%
醫療儀器	21.0%
男性服飾	19.5%
輪胎	19.5%
家用電器	19.2%
麥芽飲料	19.0%
兒童日間托育服務	17.6%
家用家具	17.0%
藥房	16.5%
日用雜貨店	16.0%
鋼鐵煉製業	15.6%
糖果餅乾	15.4%
移動式房屋	15.0%
葡萄酒和白蘭地酒	13.9%
麵包糕點	13.8%
引擎和渦輪機	13.7%
書籍出版	13.4%
實驗室設備	13.4%
油品及天然氣處理機械	12.6%
軟性飲料裝瓶業	11.7%
針織廠	10.5%
旅館	10.4%
目錄、郵購公司	5.9%
航空公司	5.9%

美國的產業平均ROIC：14.9%

產業分析實務

　　好的產業分析必須嚴謹檢視獲利能力的基礎結構。首先，必須了解該採用哪一種時間區段（time horizon）來研究所屬產業最恰當。進行產業分析，務必要能區分暫時性或週期性變化，以及結構性變化間的不同。一個適合的時間區段，就是某個產業的完整景氣循環。對大多數產業來説，三至五年的分析期間是很恰當的，不過有些產業的景氣循環期較長，例如採礦業，此時也許就要分析至少十年期間的情況。產業分析的重點，應該是在這段景氣循環週期內的平均獲利能力，而不是某一年的獲利能力。

　　產業分析的重點不在於判定產業是否具有吸引力，而是要了解競爭的基礎和獲利原因。分析師應該用量化方式觀察產業結構，不能只列出一些質性的影響因素。五大競爭作用力中的許多因素都可以量化：產業的產品占買方總成本的比重（這點可以説明買方的價格敏感度）；需要多大比例的產業銷售額；可以填滿工廠的產能，或者維持物流網絡有效率地運作（這點有助於評估產業進入障礙）；買方的轉換成本（這點決定新進公司必須提供顧客多大的誘因）。

　　五大競爭作用力的強度，會影響價格、成本、競爭所需的投資；因此，這些作用力與產業內參與者的資產負債表和損益表，都有直接關聯。產業結構決定了營收和成本之間的差距。例如，競爭激烈會造成價格下滑，或者提高行銷、研發或顧客服務的成本，壓低利潤率，影響幅度有多大？強勢供應商拉高投入成本，影響幅度有多大？買方的力量會壓低價格，也會提高滿足買方需求所花的成本，例如維持較多庫存，或是提供融資，影響幅度有

多大？進入障礙低或很近似的替代性產品，都會限制長期的價格水準，影響幅度有多大？策略師若是了解上述這些經濟關係，就能夠更深入了解產業競爭。

最後，好的產業分析並不只是列出優缺點，而要能用全面性、系統化的方式來觀察產業。哪些競爭作用力支持（或限制）目前的獲利能力？某一項作用力的變化可能會導致其他作用力的什麼反應？找到這些問題的答案，可以讓我們更深入了解策略。

產業分析的標準做法

界定相關產業：

■ 產業裡有哪些產品？哪些產品屬於另一個產業？
■ 競爭的地理範圍為何？

找出這個產業的參與者，如果可以，把他們分為不同團體。這些參與者屬於：

■ 買方和買方團體？
■ 供應商團體？
■ 競爭對手？
■ 替代性產品？
■ 潛在新進公司？

　　評估每一項競爭作用力的基本驅動因素，以決定哪些作用力強，哪些作用力弱，以及原因為何。

　　判斷整體的產業結構，並測試這項分析的一致性：

■ 「為何」會是目前的獲利水準？

■ 哪些作用力「控制」了獲利能力？

■ 產業分析的結果與實際上的長期獲利能力是否一致？

■ 獲利能力較高的公司是否在五項作用力上處於較佳地位？

　　分析每一項作用力最近的變化，以及未來可能的變化，包括正面和負面的變化。找出產業結構有哪些層面可能受到競爭者、新進公司和自家公司的影響。

作用力強度決定策略

　　每個產業裡，五大競爭作用力的強弱組合都不同。在商用飛機市場，產業霸主空中巴士（Airbus）和波音（Boeing）之間的競爭很激烈，大手筆訂購飛機的航空公司，也有很強的議價力量；但是新進公司及替代性產品的威脅，以至供應商的力量，三者都相當溫和。而對電影院這一行，電影製片和發行商靠著提供電影這個最重要的投入要素，以及近來蓬勃發展的各種替代性娛樂形式，雙雙成為重要的競爭作用力。

　　產業裡最強的一項或多項作用力，決定了那個產業的獲利

能力，成為制定策略時最重要的因素。不過，影響最顯著的作用力，並不一定就是明顯可見的。

例如，大眾商品產業的競爭往往很激烈，但也許這並不是造成此種產業獲利能力不佳的因素。就像在攝影底片產業，報酬率低是因為出現了更優良的替代性產品。當數位攝影出現時，全球攝影底片領導廠商柯達（Kodak）和富士（Fuji）就面臨這樣的衝擊，如何因應替代性產品的崛起，成為策略上的第一要務。

特定的經濟和技術特性，決定產業裡每一項競爭作用力的強度，進而塑造個別產業的結構。接下來，我們要從已經在產業裡運作的既有公司觀點，來檢視這些競爭作用力。我們也可以擴大延伸這項分析，用來了解潛在新進公司面臨的挑戰。

新進入者的威脅

新加入產業的公司會帶入新的能力，並且渴望取得市場，這會影響產業內成本、價格和競爭所需的投資。如果新進公司是從其他市場跨足過來，它們更可以槓桿運用本身既有的能力和現金流量，撼動新跨足產業的競爭情勢。業界有很多這樣的例子，像是百事可樂（Pepsi）跨足瓶裝水市場、微軟（Microsoft）推出網路瀏覽器、蘋果電腦（Apple）進入音樂流通產業。

因此，新進入者帶來的威脅會限制產業的獲利潛力。既有公司若要避免這些後果，在新進公司威脅很大時，必須以降價或加大投資，嚇阻新競爭對手加入市場。例如，在進入障礙相

當低的咖啡專賣零售業，星巴克（Starbucks）就必須大手筆投資，不斷更新店面和餐飲內容的設計。

既有產業的進入障礙，以及新進公司預期既有公司如何反應，決定新進公司構成的威脅有多大。如果進入障礙低，而且新進公司預期既有公司的反擊動作不大，新進公司的威脅就會提高，產業獲利能力也會因而降低。壓低獲利能力的原因在於會有新進入者構成的「威脅感」，而非是否真的有新公司進入。

既有公司築起進入障礙

「產業進入障礙」，指的是既有公司相較於新進公司所掌握的優勢，包括以下幾種：

1. **供應面的規模經濟**：產量大的公司，享有較低的單位成本，因為它們有較多產品單位來分攤成本，採用更有效率的技術，或是向供應商爭取較優惠的條件，因而產生了規模經濟。供應面的規模經濟會嚇阻新進公司加入市場，因為新進公司若決定進軍市場，就被迫必須加大規模，以求打敗既有公司，或是必須接受在成本上處於劣勢。價值鏈裡的每一項活動，幾乎都有這種規模經濟的情況，至於哪些活動的規模經濟最重要，會因所在產業不同而有差異。

在微處理器產業，英特爾（Intel）之類的既有公司享有研發、晶片製造、消費者行銷等方面的規模經濟，市場地位有所保障。對史考特神奇格羅公司（Scotts Miracle-Gro）之類的草坪維護業者來說，最重要的是供應鏈和媒體廣告的規模經濟。

在小包裹遞送業，規模經濟主要表現在全國布建的物流系統和資訊系統。

2. **需求面的規模優勢**：光顧某一家公司的買方人數愈多，其他人就愈願意付費購買那家公司的產品，這就是需求面的規模優勢，也稱為「網絡效應」。買方若要購買重要產品，也許會比較信任大公司，就像以前那句流傳已久的話：「採購IBM的產品，絕不會被開除」（當時IBM是電腦製造業的龍頭老大）。買方或許也很重視能成為某個買方網絡的一員，裡面還有許多其他買方都跟他一樣，選擇了同一家公司。例如，參與網路拍賣交易的人紛紛投向eBay，因為eBay提供最有可能達成交易的對象。需求面的規模優勢不利於新進公司，因為這類優勢會讓顧客不太願意向新進公司採購，而且會迫使新進公司壓低售價，等到建立大規模的顧客基礎之後，才有可能提高售價。

3. **顧客轉換成本**：買方更換供應商時產生的固定成本，就是轉換成本。買方更換供應商後，可能必須做很多調整，例如改變產品規格，重新訓練員工使用新產品，或者調整流程或資訊系統，這些都會增加成本。轉換成本愈高，新進公司就愈難爭取到顧客。企業資源規劃（ERP）軟體就是轉換成本很高的產品。一家公司裝設了思愛普公司（SAP）的ERP系統後，所有資料都已內嵌入系統、公司內部流程已經根據思愛普的系統建構、員工經歷大幅重新訓練，而且ERP相關應用軟體對公司運作非常關鍵，種種考量下，若要換成另外一家公司的系統，成本高得驚人。

4. **資金需求**：如果必須投入大筆資金才能競爭，新進公司

可能會裹足不前。不僅投資設備資產如此，對顧客放帳、建立庫存和支應草創期的虧損，在在都需要資金。如果支出的項目無法回收，對於像初期投入的廣告支出或研發費用，將很難獲得融資。就算大型公司擁有雄厚的財務資源，幾乎可以進軍任何產業，某些行業先天就需要大量資金投入，因而限制可加入的公司數量。但如果是像稅務服務、短程貨運等行業，資金需求很低，可能進入這些行業的公司就很多。

我們也不要過度誇大單靠資金需求，就可以嚇阻新公司加入。如果產業的報酬率很吸引人，而且預期報酬率會持續保持高水準，再加上資本市場很有效率，投資人就會提供新加入者所需的資金。例如，全球幾乎各個地區都不斷有新的航空公司進入市場，原因之一與飛機轉售可取得高價有關，因而促成有意進軍航空業的公司易於取得融資，購買昂貴的飛機。

5. **與規模無關的既有公司優勢**：既有公司無論規模大小，在成本或品質方面，都可能比潛在競爭對手擁有更多優勢。既有公司可能擁有獨家的技術、可以優先取得最佳原料、搶占較佳的地理位置、已經建立品牌知名度，或者累積經驗，懂得如何提高生產效率。新進公司可以設法避開那些優勢。例如，標靶（Target）和沃爾瑪（Wal-Mart）之類的折扣商店剛成立時，刻意不把店址設在購物中心裡，因為當時已有一些百貨公司在購物中心占據有利地位。

6. **進入配銷通路的機會不均等**：新進公司必須確保取得產品或服務的配銷通路。例如，新上市的食品必須以折扣、促銷方案、強力銷售等手法，取代已在超級市場貨架上的既有食

品。如果某一產業的批發和零售通路愈集中，同時既有公司對
這些通路的掌控愈大，進入這個產業的難度就愈高。有時候，
進入通路的障礙太高，以致新進公司只能避開既有通路，或者
建立自己的通路。因此，由於旅行社偏愛與既有的高價位航空
公司合作，新成立的低成本航空公司會設法避開既有的旅行社
通路，鼓勵旅客透過網站自行訂位。

　　7. **政府政策的限制：**政府政策可以直接禁止或協助公司進
入新產業，也可以加強（或清除）其他的進入障礙。政府可經
多種方式直接限制，甚或禁止公司進入產業的做法很多，像是
授權限定、限制外商投資等。酒類零售、計程車、航空公司等
受到管制的行業，都是很明顯的例子。政府還可採行其他措施
提高進入障礙，例如，有關專利的大量法規可以保護獨家技術
不遭仿冒；有關環境或安全的法規會提高新進公司所需的規模
經濟。當然，政府政策也可能會降低產業的進入障礙，例如直
接提供補貼，或是採用間接做法，像是補助基礎研究的經費，
無論新舊公司都可以取得，以降低規模經濟。

　　評估進入障礙時，應該根據潛在新進公司的能力來評估，
這些新進公司可能是新創公司、外商或已身處相關產業的公
司。策略師必須留意，前述例子證明，新進公司可能會想出一
些很有創意的方法，克服明顯的進入障礙。

新進公司評估反擊力道

　　新進公司認為既有公司可能會有什麼反應，這也會影響
它們決定是否進入某個產業。如果既有公司的反應激烈，而且

可能持續很久，進入這個產業的獲利潛力就可能會低於資金成本。既有公司有時會針對新進公司進行公開談話，藉此向其他考慮進入這個產業的公司喊話，宣示捍衛自家市場的決心。

如果出現以下情況，新進公司可能就得重新考慮要不要進入這個行業：

- 既有公司之前曾經大力反擊新進公司。
- 既有公司擁有豐沛資源可以反擊，包括大量現金、尚未使用的貸款額度、閒置產能，或是對通路和顧客的影響力。
- 既有公司似乎會降價，因為它們不計代價要確保市占率，或是因為整個產業的固定成本都很高，因此既有公司有充分理由要靠降價來消化多餘的產能。
- 產業的成長很慢，新進公司若要衝業績，只能從既有公司手中搶走生意。

想要進入新產業的公司，務必要分析進入障礙和可能會遭遇的反擊。挑戰在於，新進公司必須設法跨越進入障礙，但又不會因為大量投資而降低進入後的獲利能力。

供應商的議價力量

供應商為替自己爭取更多的價值，可以要求較高的價格、限制所提供的品質或服務，或者把成本轉嫁給產業的參與者。有些產業無法把上漲的成本轉嫁到產品售價上，產業裡強勢的供應商，包括勞動力的供應者，就會擠壓產業的利潤。例如，

微軟公司提高作業系統的價格，侵蝕個人電腦製造商的獲利能力。個人電腦廠商不太可能因為微軟漲價就提高電腦售價，因為顧客很容易就可以改買不同廠牌的電腦，個人電腦廠商為贏得顧客青睞，只有投入激烈的競爭。

公司仰賴很多種不同的供應商來提供投入要素。如果出現以下情形，該供應商團體就會很強勢：

- 如果那一群供應商的集中程度，高於產業內買方的集中程度。微軟在作業系統市場上享有幾近獨占的地位，而且個人電腦組裝廠商很分散，就屬於供應商很強勢的情形。

- 這個產業並不是上游供應商團體最主要的營收來源。供應產品給好幾個產業的供應商，一定會毫不遲疑地從每一個產業裡取得最高利潤。不過，如果供應商團體有很高比例的銷售量或利潤來自某個產業，供應商就會想要保護那個產業，因此會訂定合理的價格，並協助顧客進行研發或遊說等活動。

- 產業的參與者若要更換供應商，就必須負擔轉換成本。例如，若是公司已經大筆投資在專屬性的周邊設備上，或是已經花費高額經費學習操作某家供應商的設備，像是金融專業人士使用的彭博（Bloomberg）終端機，或是電腦輔助設計套裝軟體，那麼，這家公司就很難更換供應商。另一種情形是，公司已經把生產線設在某家供應商的工廠附近，像是某些釀酒廠和貨櫃製造商的做法，這樣也很難更換供應商。如果轉換供應商的成本很

高，產業參與者就很難在供應商之間營造彼此對立競爭
的矛盾（請注意，供應商本身也可能會有客戶的轉換成
本，這一點限制了它們的力量）。

- 供應商提供差異化的產品。有些製藥公司因擁有特殊療
  效的專利藥品，使它們面對醫院、健康照護機構和其他
  藥品客戶時能掌握的供應商力量，會比供應學名藥的廠
  商還高。

- 供應商團體提供的產品沒有替代品。例如，飛機駕駛員
  工會可以對航空公司施展相當大的供應者力量，部分原
  因是很難找到人來取代訓練精良的駕駛。

- 供應商團體很可能威脅要前向整合（integrate
  forward），進入下游產業。在這種情形下，如果產業成
  員所賺的錢遠超過上游供應商，供應商就會有興趣進入
  那個市場。

買方的議價力量

強勢供應商的反面就是強勢的顧客。強勢顧客可以壓低採
購價格，要求更好的品質或更多服務（這會提高成本），甚至在
供應商之間刻意引發彼此對立競爭。如此一來，顧客固然可以
獲得更多價值，但這一切都會損及產業的獲利能力。如果買方
企業比同業擁有更多議價力量，而它又對價格很敏感，會設法
運用本身的強勢力量壓低價格，那麼，買方的力量就很強勢。

就和供應商的情況一樣，各個顧客群的議價力量也可能都
不同。如果出現以下情形，顧客群就會擁有較多議價力量：

- 買方的數目不多，或者是說，相較於賣方的規模，每一個買方的採購量都相當大。對固定成本很高的產業來說，採購量很大的買方尤其強勢，例如，通訊設備、外海鑽探、大宗化學品等產業。固定成本高，而邊際成本低，會迫使企業以折扣促銷來填滿產能，因而進一步增強對同一產業內公司的壓力。
- 產業提供的是標準化或無差異的產品。如果買方認為很容易可找到提供類似產品的供應商，製造供應商之間矛盾的意向就會提高。
- 買方如果更換賣方，轉換成本不高。
- 如果賣方的獲利太高，買方很可能就會威脅要後向整合（integrate backward），自行生產原本供應商提供的產品。例如，軟性飲料和啤酒製造商威脅要自行生產包裝材料，而有些公司也真的自行投產，因此它們一直都能壓制包裝材料製造商的力量。

如果出現以下情形，就表示顧客團體對價格很敏感：

- 買方向這個產業採購的產品，占成本結構或採購預算極高比例。因此，買方可能會四處尋找替代貨源，極力討價還價，就像一般消費者尋求房屋貸款時一樣。如果某個產業銷售的產品只占買方成本或費用的一小部分，通常買方對價格就比較不敏感。
- 買方團體的獲利偏低、現金不足，或者承受削減採購成

本的壓力。相反地，獲利良好或現金充裕的買方，通常對價格比較不敏感（當然，前提是此項原料產品占買方成本的比重不高）。

- 供應商產業的產品對於買方的產品或服務品質影響不大。如果那個產業的產品對買方的品質有很大影響，買方往往對價格比較不敏感。例如，大型電影製作公司採購或租用專業用攝影機時，往往會選擇擁有最新功能、可靠度很高的設備，而不太在乎價格。

- 如果某個供應商產業的產品並不會大幅影響買方的其他成本，買方就會很在意價格。相反地，如果某個產業的產品或服務可以幫助買方改進效能或降低成本（不論是勞力、材料或其他成本），而讓買方覺得非常划算，那麼買方往往就會重視品質勝於價格。例如，能夠為買方省錢甚或賺錢的產品或服務，像是稅務會計或油井探勘（well logging，探測地面下油層的情況）。同樣地，投資銀行之類所提供的服務，如果成效不佳，可能會使買方損失慘重，而且顏面掃地，所以買方往往不太在意價格。

買方力量在企業對消費者（business to consumer）和企業對企業客戶（business to business）這兩類市場的影響力差異不大。如果消費者購買的產品沒有明顯差異化、相較於收入顯得價格偏高、產品功能好壞又不會造成太大影響，消費者往往對價格比較敏感，這點和企業客戶相同。消費者和企業客戶最主要的不同在於，消費者的需求較難具體掌握，也較難量化。

通路，不容小覷的力量

我們也不能忽略中間顧客，也就是雖然採購產品、但並非最終使用者的顧客（例如組裝廠或配銷通路）。分析中間顧客的方法，就跟分析其他買方類似，但必須多考量一項重要因素。如果通路能夠影響下游顧客的採購決定，通路對製造商就擁有很強的議價力量，像是消費性電子產品和珠寶兩類產品的零售商，以及農業設備配銷商，都對終端顧客有很大的影響力。

製造商若想削弱通路的力量，往往會對特定配銷商或零售商採取獨家待遇，或者直接對終端使用者做行銷。零件製造商若想削弱組裝廠的力量，可以設法讓下游顧客偏愛使用它們的零件。自行車零件和糖精這兩個行業都是如此。杜邦公司（DuPont）為旗下Stainmaster品牌地毯纖維所做的廣告，訴求對象不僅包括真正採購這種纖維的地毯製造商，也包括下游的消費者，如此一來，杜邦建立了很強的談判力量。即使杜邦並不生產地毯，還是有很多消費者指名要買Stainmaster製造的地毯。

替代性產品的威脅

所謂替代性產品，是和某個產業產品的功能一樣或很相似、但使用不同的方式做到。例如，視訊會議可代替出差、塑膠可以代替鋁、電子郵件可代替快遞郵件。有時候替代性產品取代下游買方的產品，或是以間接方式威脅其他產業。例如，市區的集合式住宅，取代郊區的獨棟獨戶住宅，結果影響到草坪維護業的產品和服務。另一個例子是，如果航空公司的網站

和旅遊網站取代了旅行社，以旅行社為銷售對象的軟體產品就會受到威脅。

替代性產品一直都存在，但很容易被忽略，因為這類產品看起來，可能與被替代的產品很不一樣。假如有人要尋找父親節的禮物，對他來說，領帶和電動工具也許就是可以互相替代的產品。有些產品並非絕對必要，或者可以買二手貨，甚至自己動手做（自己提供服務或產品），這些都算是替代性產品。

如果替代性產品的威脅性很高，就會壓低產業的獲利能力。替代性產品或服務限制了產業裡的產品價格，因此也限制了產業的獲利潛力。如果產業無法在產品功能上大幅超越替代性產品，或者無法透過行銷或其他方法拉大與替代性產品的差距，這個產業的獲利能力會降低，產業的成長潛力也會受限。

替代性產品不僅在平時會限制產業的利潤，在景氣大好的時候，也降低產品趁機大賺一筆的機會。例如在新興經濟體中，許多消費者第一次買電話，就選擇行動電話，根本不買固網的有線電話，結果使得有線電話的需求成長受限。

如果出現以下情況，替代性產品的威脅就會很高：

- 相較於此產業目前供應的產品，替代性產品在價格與功能上提供取捨選擇，以致吸引力大增。替代性產品的相對價值愈高，就愈限制受影響產業的獲利潛力。例如，Vonage或Skype等業者提供便宜的網路電話服務，衝擊到長途電話服務的傳統供應商。同樣地，影片出租店的生意受到許多新興多媒體服務很大的影響，例如有線電

視和衛星電視服務供應商提供的隨選視訊服務、Netflix
的線上影片出租服務，還有的YouTube提供的網路影片
服務。

● 買方改買替代性產品的轉換成本很低。例如，由原先購
　買知名品牌的專利藥物，改為購買學名藥的轉換成本極
　低，因此銷售迅速大幅轉向學名藥，價格也下滑。

　　策略師應該特別留意，其他產業是否出現一些變化，讓
一些原本並不吸引人的替代性產品，變得吸引人。例如，一
些塑膠材料經過改良之後，可以替代許多汽車零件所用的鋼
鐵。由此觀察，看似不相干行業裡的技術變革或競爭態勢巨變
（competitive discontinuity），可能會對相關產業的獲利能力造
成重大衝擊。當然，替代性產品的威脅也可能會對受影響的產
業有利，預示未來會有很好的獲利能力和成長潛力。

既有競爭者之間的競爭狀態

　　各家公司對立和競爭有許多不同形式，都是外界耳熟能詳
的，像是價格折扣、新產品上市、廣告活動、服務改善等。激
烈對立會限制產業的獲利能力；至於對產業的獲利潛力有多大
影響，決定因素有兩個：一是各家公司競爭的「激烈程度」，
二是它們競爭的「基礎」。

　　如果出現以下情況，競爭的程度就是最激烈的：

● 參與競爭的公司非常多，或是各家公司的規模和力量都

不相上下。在這種情形下，各家公司很難不搶食對手的
業務。產業裡若沒有居於領導地位的公司，有利於這個
產業正面發展的各項做法就無法落實。

- 產業成長很慢，促使各家公司強力競逐市場占有率。

- 退出障礙（exit barrier）很高。進入障礙的反面就是退出
障礙，如果擁有極為專門的資產，或是管理階層對某業
務投入很深，就會產生退出障礙。有了這些障礙，即使
公司的報酬率不高、甚至是負的，企業仍會繼續留在這
個市場裡。由於多餘的產能仍繼續使用，體質差的公司
不退出，造成體質穩健的公司獲利能力不佳。

- 競爭對手對這項事業投入很深，渴望取得領導地位，尤
其這些企業不只要在經濟指標有好的表現，這時產業競
爭會更激烈。公司投入很深，原因有很多。例如，國有
企業也許是為了非經濟性的目標，像是創造就業機會或
名聲；或在營造形象，或提供完整產品線的考量下，有
些大型公司選擇進入某個產業。例如，在媒體和高科技
等行業，領導人之間出於個性或自我的衝突，有時候會
擴大對立態勢，有損獲利能力。

- 各家公司彼此不了解、所採的競爭方式與各自目標不一
樣，因此無法好好解讀對方的各種訊號。

削價競爭削弱獲利

公司之間對立的強度，不僅反映競爭的激烈程度，也形成
競爭的基礎所在。企業間在哪些層面競爭，以及各家公司是否

集中在相同的層面上競爭，都會對獲利能力產生重大影響。

如果對立流於價格競爭，尤其會削弱獲利能力，因為價格競爭會使利潤直接從產業移轉到顧客手中。公司往往很容易知道對手降價，也很容易跟進，因此很可能會引發好幾回合的報復反擊。若是持續進行價格競爭，也會讓消費者漸漸變得不那麼注意產品特色和服務。

如果出現以下情形，最可能引發價格競爭：

- 各家競爭對手的產品或服務幾乎都一樣，而且買方的轉換成本很低。這種情形促使這些競爭公司降價，以爭取新顧客。多年來航空公司持續進行價格戰，就是這種情形。

- 固定成本高，而邊際成本低。這種情況迫使各家競爭公司把價格降到低於平均成本的水準，甚至接近邊際成本，冀望不僅能從對手那裡多搶一些顧客，同時還能支應部分固定成本。許多基本原料的產業都深受這個問題之苦，尤其在需求沒有成長時，格外嚴重，像紙業和鋁業都是如此。有固定運送路網的快遞公司也是如此，無論送件數量多寡，那些路網都必須維持運作。

- 必須大幅擴充產能，才能維持高效率。有些產業必須大幅擴充產能，但這麼做會破壞產業的供需平衡，導致長期一再出現產能過剩和降價的情況，例如聚氯乙烯產業就是如此。

- 產品無法長期保存。如果無法長期保存，公司就會想要趁著產品還有價值的時候，降價出售。事實上，有很多

產品和服務都無法長期保存，這類產品比一般人想像的還多。像番茄很快就腐爛了，所以無法長期保存；同樣地，電腦的機型也無法長期保存，因為很快就會過時；而資訊若是散布得很快，或者過時了，就會失去價值，也就無法長期保存。旅館住房之類的服務恐怕也無法長期保存，因為空房間如果沒有顧客入住，當下所損失的營收也無法彌補。

價格以外層面的競爭，比較不可能破壞獲利能力，例如產品特色、支援服務、交貨時程或品牌形象，因為這些層面的競爭會改善顧客價值，提高獲利率。此外，這類非價格層面的競爭，也可提高產品相較於替代性產品的價值，或是提高新進公司的進入障礙。有時候，價格以外的競爭也可能升高，進而損及產業的獲利能力，但非價格競爭對獲利能力一般來說較小。

在同層面競爭導致零和

與各個競爭層面同樣重要的是，對手是否在同樣的層面上競爭。如果所有或許多競爭對手都打算滿足同樣的需求，或在同樣的產品特色上競爭，就會導致零和競爭。也就是說，某家公司有所得，另一家公司就有失，造成獲利能力下滑。價格競爭比其他層面的競爭，更有可能演變成零和競爭，但仍有辦法避免。公司若能小心區隔不同的市場，針對不同的顧客提供價格較低的產品或服務，就可能避免形成零和競爭。

如果每一家參與競爭的公司都服務不同的顧客區隔，提供

不同價格、產品、服務、特色或品牌特性的組合，那麼，就有可能形成正和競爭，而不是零和競爭，甚至可以提高產業的平均獲利能力。這種競爭不但能支持較高的平均獲利能力，也可以擴大整個產業，因為更多顧客群的需求獲得更大的滿足。服務不同顧客群的產業，更有機會形成正和競爭。策略師了解競爭的結構性基礎之後，有時候可以採取一些步驟改變產業競爭的性質，讓競爭朝更正面的方向發展。

被誤解的「因素」

五大競爭作用力的強度，顯示產業的結構，而產業結構決定產業的長期獲利潛力。產業結構決定產業創造的經濟價值要如何分配；也就是說，有多少價值可以分配給產業裡的公司，而不會經過談判協商後流入顧客和供應商手中，又有多少價值受到替代性產品或新進公司的限制。策略師若是考慮所有這五項作用力，就能掌握產業結構的全貌，不會只偏重其中一項因素。此外，策略師也可持續集中注意力在產業結構，而不是其他短暫的影響因素。

常見的陷阱

進行產業分析時，應避免下列常見的錯誤：

■ 把產業界定得太寬或太窄。

- 只是列出一些清單，並未進行嚴謹的分析。
- 對五大競爭作用力一視同仁，並未深入探究最重要的那幾項。
- 誤判因果關係；例如買方的經濟結構應該是因，價格敏感度才是果。
- 進行靜態分析，忽略了產業趨勢的發展。
- 無法清楚區分週期性或暫時性的變化，不同於真正的結構性變化。
- 用競爭作用力架構來判斷某個產業是否具有吸引力，而不是用來協助作策略決定。

尤其重要的是，很多人都會把產業的一些明顯特性，誤當成產業的基本結構，這一點應該要避免。以下就是一些常被誤認為競爭作用力的「因素」：

產業成長率

有一項常見的錯誤是，以為成長快速的產業就一定很有吸引力。成長的確很容易緩和對立競爭的態勢，因為市場大餅持續成長，可以為所有公司都帶來機會。但是，市場成長快速也可能讓供應商的力量坐大，而且高成長、低進入障礙也會吸引新公司加入。即使沒有新公司加入，如果顧客的力量強大，或者替代性產品很誘人，高成長率還是無法保證獲利。近年來，

有些高成長的行業正好就是獲利能力最差的產業，例如個人電腦業。所以，只著眼於成長的狹隘觀點，是造成策略決策不佳的重大原因之一。

技術和創新

單靠先進的技術或創新，並不足以讓產業在結構上顯得很有吸引力（或缺乏吸引力）。平凡無奇的低科技產業，加上對價格不敏感的買方、轉換成本高，或者因為規模經濟而造成高進入障礙，這類產業的獲利能力，常常遠高於一些極為誘人的產業，因為後者會吸引很多公司加入競爭，像是軟體業和網際網路技術產業。

政府

政府介入，對產業獲利能力並不一定有利或有害，因此，不應斷言政府可以列為第六項競爭作用力。若要了解政府對競爭的影響，最好的方法就是，分析某些政府政策如何影響五大競爭作用力。例如，專利會提高進入障礙，提升產業獲利潛力。相反地，對工會有利的政府政策，可能會提高（勞動力）供應者的力量，降低獲利潛力。有關破產的規定允許經營困難的公司進行重整，而不必退出市場，結果可能會導致產能過剩，競爭加劇。政府的運作有不同層級，而且推行許多不同的政策，每個層級的每一種政策都可能對產業結構造成不一樣的影響。

互補性產品和服務

　　有些產業的產品或服務，要搭配其他產業的產品一起使用，這就是互補性產品和服務。如果顧客同時使用兩種產品時獲得的好處，會比分別使用這兩種產品的好處加起來還多，這兩種產品就是互補性產品。例如，電腦硬體和軟體一起使用會很有價值，但分別使用就毫無價值。

　　近年來，策略研究人員很強調互補性產品的重要，尤其在高科技產業，這種情形最明顯。不過，絕對不只高科技產業才有互補性產品。例如，車主若是可以找到加油站，再加上道路救援和協助、汽車保險等，汽車的價值就會提高。

　　互補性產品很重要，因為它們會影響某個產業產品的整體需求。然而，互補性產品和政府政策一樣，也不是決定產業獲利能力的第六項競爭作用力，因為互補性產品對產業獲利能力的影響可能有利有弊，端視它們對五大競爭作用力的影響為何而定。

　　策略師必須檢視互補性產品對五大競爭作用力的影響是正面還是負面，才能確認它們對獲利能力的衝擊為何。互補性產品可能提高、也可能降低進入障礙，以應用軟體產業為例，如果互補性的作業系統軟體公司（顯然就是微軟）提供一些工具組，讓編寫應用軟體變得更容易，那麼就可以降低應用軟體產業的進入障礙。相反地，如果必須吸引生產互補性產品的公司合作，就會提高進入障礙，例如電動遊戲機硬體產業。

　　互補性產品也可能會影響替代性產品的威脅。例如，汽車

需要有合適的加油站，因此，使用替代性燃料的汽車就很難取代傳統的汽車。不過，互補性產品也可能會讓替代性產品更容易取代現有產品。例如，蘋果公司的iTune下載網站，加快了數位音樂取代雷射唱片的速度。

此外，互補性產品可能會加劇或降低產業內對立競爭的影響。如果互補性產品提高轉換成本，就會提高競爭強度；如果互補性產品消除各產品間的差異，就是負面影響。我們也可以用這個方法來分析買方力量和供應商力量。有時候，公司的競爭手法是設法扭轉互補性產業裡的發展，朝有利自己的方向改變。例如，卡式錄影機製造商JVC說服電影製作公司採用JVC的標準，製作電影錄影帶，即使對手Sony的標準也許在技術上較優良，也無濟於事。

分析師的工作之一，就是要找出產業的互補性產品。就像政府政策或重要技術一樣，必須從五大競爭作用力的觀點來看，最能了解互補性產品在策略上的重要性。

產業結構變化的四大影響

到目前為止，我們討論的是在某一個時間點的五大競爭作用力。事實證明，產業結構大致相當穩定；在實務上，產業獲利能力的差異也極少變動。不過，產業結構持續進行微調，偶爾也會突然出現變化。

結構變動可能源自產業外，也可能是在產業內部，會提高或降低產業的獲利潛力。也許是因為技術、顧客需求的變化或

其他事件，而導致結構改變，也可能是其他產業發展因素造成的。五大競爭作用力提供一個架構，用來找出最重要的產業變動，並預測那些發展會對產業的吸引力造成什麼影響。

改變新進公司的威脅

前面提到的七項產業進入障礙若有任何變化，都可能提高或降低新進公司的威脅。例如，某項專利到期，其他公司就得以進入這個市場。默克公司（Merck）降膽固醇藥物Zocor專利到期的第一天，就有三家藥廠進入這種藥品的市場。相反地，冰淇淋業的產品琳瑯滿目，日用雜貨店的冷凍櫃已經漸漸容納不下，因此新的冰淇淋公司更難打入北美和歐洲的通路。

產業領導公司的策略決定，常常會大幅影響新進公司的威脅。例如從1970年代起，像沃爾瑪、凱瑪（Kmart）、玩具反斗城（Toys "R" Us）之類的零售商，開始採用新的採購、物流、庫存控制技術，因而承擔高額的固定成本，像是自動化物流中心、條碼、銷售點終端機等。這些投資提高零售業的規模經濟，讓小型零售商更難進入這一行（已經在行業裡的小型零售商則更難生存）。

改變供應商或買方的力量

影響供應商和買方力量的因素隨著時間改變，它們的力量也有起有落。例如在全球家電產業裡，由於零售通路的整合，伊萊克斯（Electrolux）、奇異（GE）、惠而浦（Whirlpool）等廠商身受擠壓，高度受制於電器專賣店的沒落，或是美國的百

思買（Best Buy）和家庭貨倉（Home Depot）等大型零售賣場的興起。另一個例子是旅行社，航空公司是它們的主要供應商。航空公司透過網際網路直接售票給顧客後，大幅提高對旅行社的議價力量，因此可以降低旅行社的佣金。

改變替代性產品的威脅

經過一段時間後，替代性產品的威脅可能會有高低起伏，最常見的原因是，技術的進步帶來新的替代性產品，或者改變價格功能比。例如，最早期的微波爐體積很大，價格高達2,000美元以上，對傳統的爐子來說，並不是很理想的替代性產品。但隨著技術的進步，微波爐愈來愈可能代替傳統的爐子。近來快閃記憶體也已經大幅進步，足以取代低容量的硬式磁碟機。互補性產品若能提高取得的方便性，或者改進功能，也可能會改變替代性產品的威脅。

產生新的競爭基礎

產業的競爭，往往會隨著時間而自然變得更加激烈。隨著產業日益成熟，成長也會趨緩。產業逐漸出現一些約定俗成的共通做法、技術普及、消費者的喜好愈來愈相似，結果各家競爭對手也變得愈來愈相像。產業獲利能力降低，較弱的競爭對手被迫退出產業。這種情況不斷出現在許多產業裡，電視機、雪車和通訊設備，只是其中少數幾個例子。

不過，價格競爭和其他形式的競爭不見得一定會愈演愈烈。例如，幾十年來美國博弈業的競爭一直很激烈，但多半是

正和競爭，結果創造了一些新的市場利基和不同的地理區隔市場，例如設有賭場的遊艇、優質不動產（trophy properties）、美國原住民保留區、海外擴張、新奇特別的顧客群（如家庭）。在這個產業，很少出現以降低價格或增加贏家獲利的正面對決式競爭。

併購案會帶來新能力和新競爭方式，因此會改變產業的競爭特性。技術創新也會改變競爭。例如零售證券經紀業在網際網路出現後，邊際成本降低了，也減少了差異化，造成佣金和費用的競爭遠比過去激烈。

在某些產業，有些公司併購的目的並不是改進成本和品質，而是想要遏止激烈的競爭。不過，除掉對手是風險很高的策略。五大競爭作用力顯示，除掉眼前對手而獲得的額外利潤，往往會招來更新的競爭對手，顧客和供應商也會強烈反彈。例如在1980、1990年代，紐約的銀行業有許多商業銀行和儲蓄銀行進行整合，像是漢華銀行（Manufacturers Hanover）、華友銀行（Chemical）、大通銀行（Chase）、大亨銀行（Dime Savings）。但目前在紐約曼哈頓的消費金融版圖裡，仍然像過去一樣有各種不同的銀行，因為又有新的銀行進入這個市場，包括美聯銀行（Wachovia）、美國銀行（Bank of America）、華盛頓互助銀行（Washington Mutual）。

打造策略行動

規劃策略的第一步，就是要了解形塑產業競爭的五項作用

力。每一家公司應該都已經知道所屬產業的平均獲利能力，以及獲利能力長期變動的情形。五大競爭作用力可以解釋產業獲利能力為何會是目前的水準。接下來，公司才能把產業情況納入策略的考量。

五大競爭作用力顯示競爭環境裡最重要的一些層面，也提供一個基準，可以用來衡量公司的強項和弱點：相較於買方、供應商、新進公司、對手和替代性產品，公司處於什麼位置？最重要的是，經理人若能了解產業結構，有助於規劃許多可能創造豐碩成果的策略行動，包括：為公司定位，以便更能應付目前最關鍵的競爭作用力；預測並善用那些作用力的變化；在各項作用力之間取得平衡，以創造對公司有利的產業新結構。最佳策略並非只採用其中一項行動，而是多項並用。

為公司定位

我們可以把策略，當作是捍衛公司不受競爭作用力的影響，或者是在產業裡競爭作用力最弱的地方找到自身的定位。以在北美重型卡車市場上擁有20％占有率的帕卡公司（Paccar）為例。由產業結構看，重型卡車產業很具挑戰性。許多買方是擁有龐大車隊的公司，或是租賃卡車的大型公司，它們有實力、也很想要壓低大型採購案的價格。大多數卡車的技術標準受到主管機關高度規範，各家製造的卡車特色也都差不多，因此價格戰盛行。這一行的資本密集度高，因此各家公司之間的競爭激烈，每當不景氣時，競爭更是激烈。各工會擁有相當大的供應者力量。雖然不太容易找到能代替18輪大卡車

的產品，買方還是可以找到一些重要的替代性服務，例如鐵路貨運。

　　在這種情形下，位於美國華盛頓州的帕卡公司決定鎖定一種顧客群：自營車主（owner-operator），也就是車主自己駕駛卡車營業，直接與貨主簽約，或者承接大型貨運公司的轉包運輸業務。這類小型貨運業者在購買卡車時，議價能力不強，對價格的敏感度也比較低，因為他們對自己的卡車有很深的情感，在經濟上也仰賴卡車。他們以自己的卡車為榮，而且大多數時間都待在卡車裡。

　　帕卡大幅投資，針對自營車主開發一系列有特色的產品，像是豪華臥鋪、奢華皮椅、隔音駕駛座、時髦的外型。帕卡擁有綿密的經銷網，有意購買帕卡卡車的顧客可以到經銷商的店裡，用軟體來選擇自己想要的各種特色，讓卡車充滿個人色彩，可供選擇的項目多達數千種。這些客製化的卡車按顧客要求生產，並沒有庫存，訂購之後六至八週交車。帕卡卡車外觀的空氣動力設計，可以降低耗油量，而且轉手的價格比其他廠牌卡車高。帕卡的道路服務方案，還有以資訊科技為基礎的備用零件物流系統，都能夠減少卡車停駛的時間。這些都是自營車主很重視的事情。顧客多付10％的價格購買帕卡的車，在卡車休息站，帕卡旗下品牌Kenworth和Peterbilt卡車都是身分的象徵。

要進入還是退出？

　　帕卡的例子說明，在某一個特定產業結構裡定位公司的原

則。帕卡在所屬產業裡找到一個競爭作用力比較弱的區塊，在那裡，帕卡可以避免受到買方議價力和價格競爭的過度影響。帕卡精心設計價值鏈的每個環節，妥善應付那個區塊裡的各項競爭作用力。結果，帕卡連續六十八年獲利，長期股東權益報酬率都在20％以上。

五大競爭作用力架構，除了顯示某個既有產業的定位機會之外，公司也可以運用這個架構，嚴謹地分析進入和退出產業的機會。無論考慮進入或退出，都必須回答以下這個很難回答的問題：「這個行業的潛力是什麼？」如果產業結構很糟或正在走下坡，而且公司未來不太有機會擁有優異的定位，就應該選擇退出。若是考慮跨足其他產業，策略師也可以運用這個架構找到前景看好的目標，並在併購對象的價格因為產業前景看好而上揚前，就先相中這個產業。五大競爭作用力分析也提供工具，顯示某項產業雖然對一般公司不見得有吸引力，但可能會讓某家公司有機會把成本壓得比大多數公司還低，而得以克服進入障礙，或者擁有獨特的能力，懂得如何因應那個產業的各項競爭作用力。

善用產業變化

如果策略師能仔細了解各項產業競爭作用力及其基礎，就能從產業變化中看到機會，提出前景看好的策略新定位。以過去十年間音樂產業的演變為例。隨著網際網路出現，以及採用數位形式傳輸音樂，有些分析師預測會出現數千種音樂廠牌（music label，指培養歌手、把他們的音樂推廣到市場的唱片

公司）。那些分析師指出，從愛迪生發明留聲機以來，市場的形態就是由三至六家大型唱片公司掌控整個產業，而上述網路時代的新現象會打破這個舊形態。他們預測，網際網路會破除「通路」這個產業的進入障礙，讓許多新公司進入這個產業。

但若是仔細分析就會發現，實體通路並不是關鍵的進入障礙，大型音樂廠牌享有的其他優勢才是真正的障礙。培養新歌手難免會失利，大型音樂廠牌可以多培養幾位新歌手，分散風險。更重要的是，他們有能力排除萬難，以多種做法讓大眾聽見旗下歌手的音樂。例如以知名歌手與新人搭配的方式，說服廣播電台和唱片行幫忙推銷新人。新的音樂廠牌在這方面恐怕難以與大廠牌抗衡。結果，大廠牌仍然屹立不搖，而新廠牌一直有如鳳毛麟角。

這並不表示，數位音樂沒有改變音樂產業的結構。未經授權的音樂下載雖然違法，卻是很強的替代性產品。多年來各家音樂廠牌一直設法自行開發數位音樂傳輸的技術平台，而不願透過對手的平台來銷售音樂。蘋果公司的iTunes音樂網站就趁勢搶進這塊空白的領域。iTunes成立於2003年，目的是支援蘋果的iPod音樂播放器，結果成為新興的強勢產業守門人（gate keeper）。大型音樂廠牌當時容許這個新的產業守門人出現，結果產業結構改變的方向不利於它們。實際上，唱片公司苦於應付數位時代的挑戰，導致大型唱片公司的家數持續減少，從1997年的六家，減為目前的四家。

產業結構改變時，也許會出現前景看好的新競爭定位。結構變化開創了新的需求，以及服務現有需求的新方法。既有的

領導廠商也許忽略這些新需求和新方法，或受限於過去的策略，而無法追求這些新機會。產業裡較小型的公司就可以好好運用這些變化，否則自然會有新進公司來搶走這些機會。

塑造產業結構

公司善用產業結構的變化，等於是認清那已是大勢所趨，必須好好因應。但是，公司也有能力主動塑造產業結構，可以把所屬產業導向新的競爭方式，這些新方式會改變五大競爭作用力，朝更良性的方向發展。公司在重塑產業結構時，總希望對手都能跟進，讓整個產業改頭換面。在這個過程中，產業裡的許多參與者都可能受惠。提出創新做法的公司若能引導競爭情勢朝自己最擅長的方向發展，就能成為最大受惠者。

重塑產業結構的方法有兩種。一種是重新分配利潤，讓既有業者獲利更多；另一種方法是，擴大整個利潤池（profit pool）。重新分配產業大餅可以提高產業內公司分配到的利潤比重，高於供應商、買方和替代性產品所占的比重，同時阻止潛在新進公司涉足這個產業。擴大利潤池就是要提高產業創造的整體經濟價值，使得產業裡的同業、買方和供應商都能分一杯羹。

若要讓產業裡的公司獲得更多利潤，首先要確認目前有哪些競爭作用力限制產業的獲利能力，並採取因應措施。任何一家公司都有可能影響所有的競爭作用力。就這一點來說，策略師的目標就是減少總利潤中流向供應商、買方和替代性產品的比重，或是減少為了遏阻新進公司而犧牲的利潤。

例如，公司若要削弱供應商的方量，可以把零件規格標準化，以便更換供應商；也可以多培養一些賣方（供應商）；或者改採別種技術，完全規避某一個強勢的供應商團體。若要抗衡顧客的力量，公司也許可以擴大服務，提高買方的轉換成本；或尋求接觸顧客的其他管道，削弱強勢通路的力量。若要緩和會侵蝕獲利的價格競爭，公司可以在獨特的產品上增加投資，過去製藥公司就是這麼做；或者可以擴大對顧客的支援服務。若要逼退新進公司，既有公司可以提高競爭的固定成本，例如，增加研發或行銷支出。若要降低替代性產品的威脅，公司可以提供新的產品特色，或者讓顧客更容易買到產品，這些做法都有助於提高既有公司提供的價值。例如，軟性飲料公司引進自動販賣機，並進入便利商店的通路，讓顧客取得軟性飲料的便利性遠高於其他飲料。

北美洲最大的食品服務配銷商希斯科公司（Sysco）就是一個鮮活的例證，可以說明一家產業領導公司如何把產業結構變得更好。食品服務配銷商向農民和食品加工處理廠採購食品和相關產品，把那些食品儲存在倉庫裡，然後運送到餐廳、醫院、員工餐廳、學校和其他供應食品的機構。食品服務配銷業的進入障礙低，因此向來都很分散，各地都有很多公司彼此競爭。各家公司嘗試培養顧客關係，但買方對價格很敏感，因為食品占它們成本很高的比重。買方還有其他替代性選擇，例如直接向製造商採購，或是向零售商購買，完全不透過配銷商。供應商規模通常很大、品牌強勢，享有餐點料理人和消費者間的高知名度，因而具有談判能力。綜合而言，食品服務配銷業

的平均獲利能力一直都表現平平。

希斯科明白，由於公司本身的規模很大，營業範圍遍及全國，因此也許可以改變現狀，於是率先針對食品服務市場推出數種私營標籤（private-label）配銷商品牌，以抑制供應商的力量。希斯科強調提供買方附加價值的服務，例如賒帳、食譜設計和庫存管理，希望避免只在價格上競爭。除此之外，該公司也加強投資資訊科技、區域性物流中心，結果大幅提高新進公司的進入障礙，也讓替代性產品相形失色。後來的發展並不令人驚訝，這個產業持續整合，看來產業獲利能力也有提升。

產業領導公司應該負起一項特別的責任，就是改善產業結構，因為往往只有大型公司才有資源這麼做。此外，改善後的產業結構是「公共財」，不只是推動改善的公司受惠，產業裡的每一家公司都能享受到好處，但對產業領導公司的好處往往勝過其他公司，因而成為最大受益者。由於領導公司嘗試擴大市占率常會引發對手、顧客，甚至供應商的強烈反應，改善整個產業也許是對領導公司最有利的策略機會。

但塑造產業結構也可能有負面效果。未經深思熟慮就改變競爭定位和營運做法，可能會破壞產業結構。有些經理人承受壓力必須爭取市占率，或是執著於為創新而創新，結果可能引發新形態的競爭，所有的既有公司都無法在這種新競爭中勝出。因此，策略師要採取行動提高公司的競爭優勢時，應該自問這些行動是否會造成產業結構的長期改變。例如，個人電腦產業發展初期，IBM為了彌補本身較晚進入這個產業的劣勢，於是採開放性架構，以設定產業標準，並吸引應用軟體和周邊

產品業者提供互補性產品。在這個過程中，IBM拱手讓出個人電腦關鍵零組件的主導地位，其中作業系統交由微軟負責，微處理器則讓給英特爾。IBM把個人電腦標準化，也助長價格競爭，並且把產業結構影響力轉移到供應商身上。IBM固然暫時稱霸個人電腦產業，卻是待在一個不吸引人的產業結構裡。

　　如果某一個產業的整體需求增加、品質水準提升、內部成本降低、消除浪費，整個市場大餅就會擴大。產業中的公司、供應商、買方可以取得的整個利潤池也會變大。例如，通路若是變得更有競爭力，或是產業裡的公司發現有一些尚未服務到的潛在買方，產業的整體利潤池就會因此擴大。軟性飲料廠商將獨立裝瓶廠網絡的營運合理化，裝瓶廠變得更有效率、更有成效，結果軟性飲料廠商和裝瓶廠雙雙受惠。如果公司和供應商合作改進雙方的協調運作，並減少供應鏈裡不必要的成本，同樣可以提高整體的價值。產業既有成本結構降低，將使得獲利提高，或者使得需求因降價而提高，也可能使獲利和需求都提高。另一種情形是，如果許多公司都同意採用相同的品質標準，就能提高整個產業的品質和服務水準，價格也會隨之提高，使各家公司、供應商和顧客都受惠。

　　擴大整體利潤池，可以為產業裡的許多參與者創造雙贏的機會。當既有公司嘗試改變談判力量，或爭取更高市占率時，可能會引發惡性競爭，而擴大整體利潤池則能降低惡性競爭的風險。然而，擴大市場大餅並不會壓低市場結構的重要性。擴大之後的市場會如何分配，最終將由五大競爭作用力來決定。公司若能設法用對自己最有利的方式來擴大產業利潤池，獲取

比同業更多的好處，就會成為最成功的公司。

界定競爭場域

公司選擇在一個或多個相關產業裡競爭，應該好好運用五大競爭作用力來界定那些產業的範圍。若能以競爭真正發生的場域為中心，正確設定產業的界限，就能夠釐清獲利能力來自何處，以及策略規劃的責任何在。公司必須針對不同產業設計不同的策略。如果競爭對手的產業界定錯誤，公司就可以趁機搶占較佳的策略定位（參閱「界定相關產業」）。

界定相關產業

界定真正出現競爭的產業範圍是很重要的，有助於進行優質的產業分析，更有助於規劃策略、設定事業單位的範圍。許多策略錯誤都是因為錯估相關的產業，把產業界定得太窄或太寬。如果界定得太寬，就會模糊掉產品、顧客或地理區域之間的差異，但這些差異對競爭和獲利能力都很重要。若是把產業界定得太窄，就會忽略相關產品和地理區域市場之間的相同之處和連結性，而這些相同之處和連結性對競爭優勢很重要。策略師還應該特別留意的是，產業界限可能會改變。

產業的界限包括兩個主要面向：第一，產品或服務的範圍。例如，汽車使用的機油，以及重型卡車和固定式引擎（stationary engine）所用的機油，是否屬於同一個產業？或是各自獨立的產業？第二個面向是地理的範圍。大多數產業在全球許多地區都存

在，但競爭是在各州之內，還是全國性的競爭？每一個地區是否各有各的競爭，例如歐洲或北美地區？或者競爭遍及全球，全世界就是單一的產業？

解答這些問題的基本工具就是五大競爭作用力。如果兩項產品的產業結構相同，或者非常相似（也就是說，它們的買方、供應商、進入障礙等都相同），那麼最好把它們視為同一個產業。但若是它們的產業結構大不相同，就應該把它們當成兩個不同的產業來分析。

以潤滑油為例，汽車用和卡車用的潤滑油雖然類似，甚至是一樣的，但兩者的相同之處僅止於此。汽車用潤滑油銷售的對象是零星分散的顧客，通常顧客對潤滑油的了解並不多，需要大量做廣告來宣傳；此外，銷售通路很多，有時通路的力量很強勢。汽車用潤滑油分裝在小型容器裡，而且物流成本高，因此必須在當地生產。卡車和發電機用的潤滑油，銷售方式、顧客都和汽車用潤滑油的完全不同，供應鏈也不一樣。兩者的產業結構（買方力量、進入障礙等）也極為不同。因此，汽車用潤滑油，與卡車和固定式引擎用的潤滑油分屬兩個產業。這兩個產業的獲利能力不同，潤滑油公司必須運用不同的策略在這兩個產業裡競爭。

是全球性還是地區性

五大競爭作用力的差異也能說明競爭的地理範圍。如果某一個產業在每一個國家裡的結構都很類似（例如競爭對手、買方），就可以假設這個產業是全球性的競爭，從全球的角度來分析五大競爭作用力，就能決定平均獲利能力。在這種情況下，公

司需要單一的全球策略。不過，如果某一個產業在不同的地理區域有不同的結構，那麼從競爭的觀點來看，也許就應該把每個區域都當作一個不同的產業。否則，競爭可能早就把這些區域性的差異敉平了。分析每一個區域的五大競爭作用力，就可以決定各地區的獲利能力。

不同產品之間或不同地理區域之間，在五大競爭作用力上的差異有多大，大多是程度的問題。因此，要如何界定產業的界限，往往取決於判斷。一項基本原則就是，不同產品或地區之間，如果有任何一項作用力的差異很大，而且不只一項作用力有差異，就表示很可能分屬不同產業。

界限畫錯也有用

幸運的是，若能仔細分析五大競爭作用力，即使產業界限畫錯了，還是能夠找出重大的競爭威脅。例如，假使在界定產業時忽略某項相關性很強的產品，但這項產品還是會成為替代性產品；或者，雖然忽略某些競爭對手，但還是會把它們當作潛在的新進公司。同時，五大競爭作用力分析能夠顯示，某些界定過寬的產業，出現一些重大差異，這就表示公司必須調整產業界限或策略。

競爭與價值

五大競爭作用力，說明驅動產業競爭的力量。公司的策略

師若了解競爭不僅限於現有的對手，就能察覺更廣泛的競爭威脅，也更能因應那些威脅。同時，廣泛思考產業結構，也可以發掘新機會：不論是顧客、供應商、替代性產品、潛在新進公司或競爭對手的差異，可以做為規劃獨特策略的基礎，創造優異的績效。在這個競爭更開放、變動不已的世界，我們比過去更應該從產業結構的角度來思考競爭。

了解產業結構對經理人很重要，對投資人同樣重要。那五大競爭作用力可以說明，某個產業是否真的具有吸引力，也能協助投資人在產業結構的正、負面變化還不明顯時，就洞燭機先。五大競爭作用力也可區分產業長期的結構變化與短期波動，讓投資人利用市場過度悲觀或樂觀所營造出的機會。有些公司的策略可能會改造產業，這類公司也因此變得更加突出。目前最主要的投資分析方式，都是採用財務預測和價格趨勢推測法，但是，更深入思考競爭，比上述兩種工具更有效，更能在投資上獲得真正的成功。

如果高階主管和投資人都用這種方式看待競爭，資本市場就能成為更有效推動企業成功和經濟繁榮的力量。高階主管和投資人都會更專注於相同的基本面要素，而這些要素能夠維持獲利能力不墜。投資人和高階主管之間的對話，因此會著重在結構面的因素，而不是短期的因素。如果把花在「討好華爾街」的精力，全部轉而投注在能創造經濟價值的因素上，公司和整體經濟的績效會有很大的成長。

第二章

策略是什麼？

麥可‧波特——著

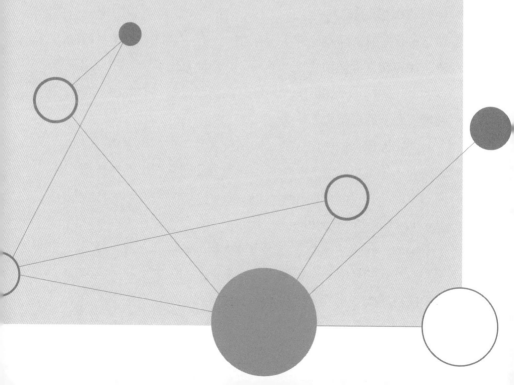

作業效益不等於策略

近二十年來，經理人不斷在學習全套的規則：例如企業必須保持彈性，迅速回應競爭與市場變遷，持續標竿學習（benchmarking）以達到最佳表現，積極採取外包方式（outsource）以達更佳的效率。此外，為了要在競爭中維持領先地位，企業必須培養一些核心能力。

定位曾一度是策略的核心，現今則因過於靜態，不再適合今天生氣蓬勃的市場與快速變遷的技術，而遭到揚棄。根據新的教戰守則，競爭者能迅速模仿任何市場定位，定位所形成的競爭優勢，充其量只是暫時性的而已。

問題是，這些想法只對了一半，而且把愈來愈多企業引導到相互毀滅的競爭道路上。沒錯，隨著管制放寬與市場的全球化，有些競爭障礙已經不復存在。已有企業把心力適當地投資在保持精簡與靈敏之上。然而，許多產業出現所謂的「超競爭」（hypercompetition），其實是企業自己造成的傷害，而非競爭變遷下無可避免的後果。

問題出在人們將作業效益與策略混為一談。企業為了追求生產力、品質和速度，而孕育出許多著名的管理工具與技術，例如全面品管（total quality management）、標竿學習、時間競爭（time-based competition）、外包方式、合夥關係、企業重整（reengineering）、變革管理（change management）等。雖然改善操作方式的結果通常很驚人，許多企業卻因無法把這些進展轉換成持續的獲利能力，而感到沮喪不已。不知不覺中，管理

工具取代了策略的地位。在經理人拚命推動這些管理工具的同時，他們反而與能讓企業生存的競爭地位漸行漸遠。

作業效益：必要條件但非充分條件

企業的主要目標是達成良好績效，而作業效益和策略則是達成優良績效的要件。問題是，這兩者的運作方式並不相同。

企業能在競爭者中脫穎而出，前提是它能建立並持續與競爭者間的差異。它必須給客戶更高的價值，或以更低的成本創造相當的價值，或兩者兼備。卓越獲利能力的算法是：提供商品更好的價值，讓企業可以要求更高的產品單價，或更高的效率可導致更低的平均單位成本。

企業在成本或價格上的所有差異，都是源自數百項活動的最後結果。這些活動都是為了創造、生產、銷售和運送產品或服務，例如電訪客戶、組裝產品，與訓練員工等。成本源自於執行活動，能否取得成本優勢，就看企業在特定活動上是否能比競爭對手表現得更有效率。同樣地，差異性來自企業選擇哪些活動，以及如何進行這些活動。因此活動可說是競爭優勢的基本單位。整體優勢或劣勢，其實是來自於企業的所有活動，而非少數活動的結果。

作業效益意味著，在進行相似活動時，企業的績效比競爭者來得「更佳」。作業效益包含效率，但絕不限於效率。它意指任何能讓企業更充分利用資源的作業，例如減少產品的瑕疵，或更快速開發更好的產品。反過來說，策略性定位意味著，企業執行「不同於」競爭者的活動，或是以「不同的方

式」執行類似的活動（見圖2.1）。

　　企業會有不同的作業效益，不足為奇。有些企業能比其他業者從投入的元素中獲得更多，因為它們減少不必要的活動、採用更先進的科技、更能激勵員工士氣，或對特定活動具有更敏銳的洞察力。作業效益的差異，是競爭中決定獲利程度重要的因素，因為直接影響企業的相對成本地位和差異化的程度。

生產力疆界

　　整個1980年代，日本企業挑戰西方企業的核心手腕，就是作業效益上的差異。這段期間，日本人之所以能領先競爭，在於他們提供了品質更佳、成本更低的產品。這一點非常值得注意，因為當前有關競爭的思維，很多都是以此為基礎。試著去想像一個能在任何時間，提供所有最佳表現的「生產力疆界」（productivity frontier），把這個區域當成是企業在既定成本下，運用最佳的科技、技能、管理技巧和原料，提供某項產品或服務所能創造的最大價值。生產力疆界的概念可以應用在個別活動，也能用在如訂貨流程和製造等一連串整套的活動，乃至於全公司的活動。當企業改善作業效益，它就朝該區域移動。朝生產力疆界進軍，需要資本投資、不同的員工特質，或只需要新的管理方式。

　　生產力疆界在有新技術和管理方法或新材料問世後，整個區域便會向外推移。筆記型電腦、行動通訊設備、網際網路及諸如Lotus Notes等軟體，便重新定義了銷售作業上的生產力疆界，創造出銷售與訂貨流程、售後服務支援等活動之間更豐富

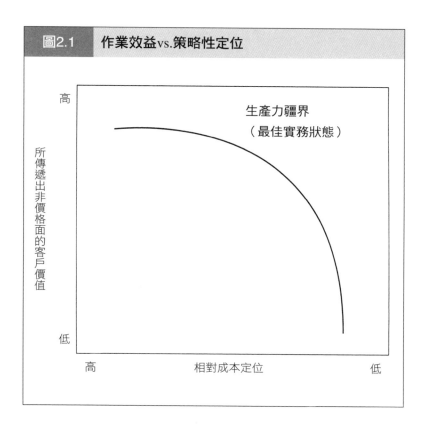

圖2.1　作業效益vs.策略性定位

生產力疆界
（最佳實務狀態）

所傳遞出非價格面的客戶價值

高

低

高　　　　　　　　相對成本定位　　　　　　低

的關聯性。同樣地，涉及整個活動的精簡生產，也使得製造上的生產力和資產的使用率，獲得實質的改善。

　　至少在過去十年間，經理人滿腦子都在思考如何改善作業效益。透過類似全面品管、時間競爭、標竿學習等計畫，經理人改變活動的表現方式，以淘汰沒有效率的部分，改善客戶滿意度，並達到最佳表現。為了不落在生產力疆界的變動之後，經理人又擁抱持續改善、授權、變革管理和所謂的學習型組織（learning organization）。外包作業方式的盛行與企業虛級化的

普及，反映業界已日漸體認，要像專家一樣同時讓所有活動都發揮高度的生產力，是相當困難的。

一旦企業朝向生產力疆界努力，就同時會改善好幾個層面的績效。比方說，製造業者採用日本在1980年代的快速替換的做法，因而同時降低成本並改善產品的差異性。又好比我們一度認為，成本與瑕疵之間存在相互消長的關係，如今已證明為作業效益低落所造成的假象，可見經理人已經學會拒絕這種錯誤的觀念。

作業效益上經常性的改進，是達到卓越獲利能力的必要條件，但通常並非充分條件。很少有企業能長期以作業效益為基礎，而在競爭上大獲成功，即使是要持續領先競爭對手，也都變得愈來愈困難。最明顯的理由是，最佳實務的做法會快速擴散。競爭者很快就能模仿相同的管理技巧、新技術、改善材料，以及以更卓越的方式滿足客戶需求。最一般性的解決方案，也就是那些能運用在多種狀況的方法，擴散的速度也最快。由於管理顧問支持這些觀點，作業效益的工具更是一路繁衍，百家爭鳴。

當作業效益的競爭使得生產力疆界向外推移時，每家廠商面對的問題是一樣的。儘管這種競爭對作業效益造成相當大的改善，但也導致無人能有特別突出的表現。就以美國年產值50億美元以上的商用印刷機產業為例，主要廠商如唐納利父子公司（R.R. Donnelley & Sons Company）、戈貝可企業（Quebecor）、全球彩色印刷公司（World Color Press）和大花印刷企業（Big Flower Press），莫不積極競爭，服務各類型顧

客、提供相同形式的印刷技術（照相製版和網版）、大量投資相同的設備、使印刷速度愈來愈快，以及減少人工數量等活動。但結果是，客戶與供應商的生產力大增，企業本身並未因此有更高的獲利力。

即使這個產業的龍頭如唐納利父子公司，1980年代的獲利率持續維持在7％以上，到1995年時，卻降到不到4.6％。這種現象從一個產業蔓延到另一個產業。即使這種新競爭型態的先驅者日本，也同樣遭遇持續低獲利的困境（參閱下文「缺乏策略的日本企業」）。

缺乏策略的日本企業

在1970和1980年代，日本人引發全球性的作業效益革命，他們率先推出如全面品質管理和持續改善等做法，讓此一時期的日本製造商，多年來享受到實質的成本和品質優勢。

但是日本企業極少發展出本文中所討論到的與眾不同之策略性定位，如Sony、佳能（Canon）和世嘉（Sega）等企業，也只是特例而非常態。大多數日本企業是在彼此模仿下尋求超越對方，所以絕大多數競爭者的產品、功能與服務、所使用的通路，甚至工廠的面貌，都十分雷同。

如今，日本式的競爭危機愈來愈清晰可辨。在1980年代，當競爭者的營運離生產力疆界尚有一大段距離之際，日本式競爭模式似乎還有可能在成本和品質上雙贏，各企業只需藉著國內經濟的擴張，便可以滲透國際市場並不斷成長。但是隨著作業效益的

差異縮小，日本企業就逐漸掉入它們自己設下的陷阱。日本企業如要擺脫相互毀滅、戕害績效的戰鬥，就必須學習策略。

要這麼做，它們必須先克服強大的文化障礙。日本人尋求共識的傾向舉世聞名，企業也強烈傾向減少個人之間的差異，而非強調彼此間的特色。另一方面，制定策略時必須做出重大的選擇。日本人根深柢固的服務傳統，使他們傾向滿足客戶所提出的各種要求。以這種方式競爭，企業只會模糊本身清楚的定位，而毫無選擇地提供所有產品，以滿足所有顧客。

＊ 本文關於日本的討論，源自本文作者與竹內弘高（Hirotaka Takeuchi）的研究，以及榊原磨理子（Mariko Sakakibara）的協助。

作業效益取代策略

改善作業效益的第二個理由是競爭的趨同性（competivive convergence）往往是不知不覺地在微妙中變化。企業進行愈多的標竿學習，它們彼此就愈相像；競爭者愈常將業務外包給更有效率的第三者（通常對象相同），這些活動的面貌就會愈來愈雷同。當競爭者模仿彼此在品質、生產週期時間或供應商夥伴關係的改善做法時，策略會趨於一致，競爭只是殊途同歸，沒有所謂的贏家。單憑以作業效益為基礎所形成的競爭，會相互毀滅彼此，而且所導致的耗損戰，只有在限制競爭的情況下才能終止。

近年來盛行以合併進行產業整合，從作業效益的競爭觀點

來看，自然有其道理。但缺少策略的願景，一味受到績效壓力的驅使，除了各企業一家接著一家買下競爭對手之外，似乎沒有更好的點子。能留在市場上的競爭者，往往是那些力圖比其他業者在市場中待更久，而非擁有真正優勢的企業。

經過十年在作業效益上的長足進步，許多企業如今面臨利潤的下降。持續改善的觀念已經烙印在經理人的腦中，但是所用的工具不知不覺將企業引導到模仿和同質性高的路上；逐漸地，經理人讓作業效益取代了策略。結果造成零和競賽，價格不但無法提升，甚至還下降，而且成本壓力加重，以致犧牲企業長期投資的能力。

策略有賴於獨特的活動

競爭策略探討的其實是差異性的問題，它意味著選擇一套不同的活動，以提供獨特的價值。（參閱「發掘新定位：企業的優勢」）

以西南航空公司（Southwest Airlines Company）為例，它在中型城市和大都市的次要機場之間，提供短程、低價和點對點的服務。西南航空避開大機場及長距離的飛行，顧客包括商務旅客、家庭、學生。西南航空以頻繁的班次與低價，吸引那些對價格敏感、會以巴士或汽車代步的顧客，以及那些尋求便利性的旅客，這些人往往會選擇在航線上能提供完整服務的航空公司。

大多數經理人向客戶敘述他們的策略性定位時會說：「西

南航空為注重價格和便利的旅客提供服務。」但是策略的本質
存於活動之中，選擇以不同的方式來執行活動，或執行與競爭
者不同的活動。否則，策略不過是一句行銷口號，禁不起競爭
的考驗。

　　提供全套服務的航空公司的構想是，盡可能讓乘客舒舒服
服地從甲地抵達乙地。但要到達那麼多目的地，為了滿足旅客
的轉機需求，全套服務的航空公司會以大機場為中心，成立輪
輻狀營運系統。為吸引追求舒適的乘客，這類航空公司必須供
應頭等艙和商務艙的服務；講求便利而必須轉機的旅客，航空
公司還必須為他們協調班機和行李轉運的時間；再加上有些乘
客屬於長途飛行，航空公司還要供應餐點。

　　西南航空正好相反，它的所有活動都朝特定航線、低成
本、便捷服務的方向設計。西南航空的登機時間通常不超過
十五分鐘，使它比競爭者在空中停留更長的時間，並以更少的
飛機進行更頻繁的班次。西南航空並不供應餐點，也不受理指
定座位、跨航線行李轉運或高級艙位的服務。它在登機門前設
置自動售票機，讓旅客不必透過旅行社購票，也省掉西南航空
的仲介費。而標準化的波音737機隊，也提高維修效率。

　　西南航空以精簡的活動，發展出一套獨特而又有價值的策
略定位。在西南航空所經營的航線上，其他提供全套服務的航
空公司，根本無法提供如此便利或低成本的服務。（見圖2.2）

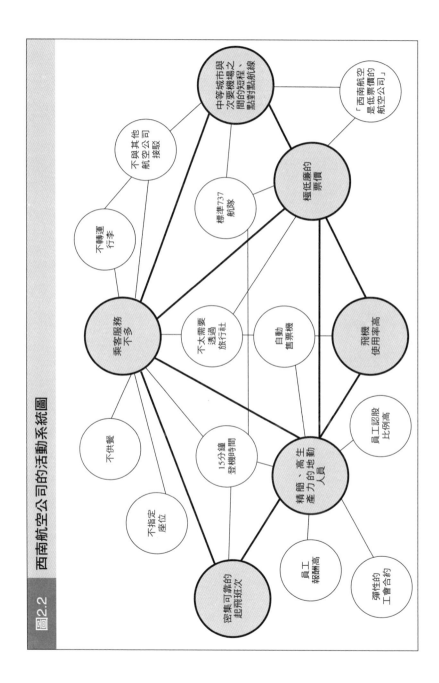

圖2.2　西南航空公司的活動系統圖

發掘新定位：企業的優勢

　　策略性競爭可以被視為新地位的認知過程；它可以現有定位招徠顧客，或能夠吸引新顧客。比方說，提供種類完備之單一商品的量販店，從提供品項更多、但選擇性相對有限的百貨公司手中，搶下市場占有率；而郵購商品目錄，則鎖定在乎便利性的顧客。理論上，既有廠商和企業家在發掘新的策略性定位時，面對的是相同的挑戰，現實中反而是新進廠商通常比較占優勢。

　　策略性定位不容易察覺，發現它們需要創造力和洞察力。新進廠商通常能發現已存在市場的獨特定位，而這些定位又都是遭既有廠商忽略。以宜家家居（Ikea）為例，它便察覺到一群被忽略或服務不足的客戶。當電器業的電路城商場（Circuit City Store）進入二手車市場時，它創辦的汽車大王（CarMax）提出一套全新的活動做法，如全面翻修的舊車、產品保證、不二價、鉅細靡遺的客戶貸款服務，這些都是既有廠商忽略的做法。

　　新進廠商可以占據現有競爭者，因模仿與騎牆做法而失守的定位，並因此而日益蓬勃。由其他產業轉戰的新進廠商，也能以原本行業的活動，創造出新的定位。汽車大王即大量借用電路城商場在庫存管理與信用的專業知識，以及消費性電子零售方面的活動。

　　然而，最常見的情況是，變革會帶來新的定位，例如新的客戶群或採購機會增加，隨著社會進步造成新的需求、新的銷售通路出現、新技術得以發展，以及新設備或資訊系統開始問世。當這些變革發生時，新進廠商沒有這個產業背景的包袱，通常更容易察覺以新方法競爭的潛力。不同於既有廠商，新進廠商可能較

靈活，因為它們沒有取捨新舊活動的問題。

────────────────────────────────

　　瑞典的全球性家具零售商宜家家居，也有清楚的策略性定位。宜家家居的目標對象是年輕的家具客戶，他們在乎的是價格低廉的時尚家具。讓這個行銷概念轉變成策略性定位，靠的是量身打造出一套能運作的活動。就像西南航空一樣，宜家家居選擇以不同於其他競爭者的方式，執行自己的活動。

　　讓我們想像一下典型的家具公司：展示區陳列著各種商品的樣品，這一區可能包含二十五套沙發，另一個區域則展示五張餐桌，但是這些項目只是客戶能選擇項目的一部分而已。當然還會提供幾大本貼著不同布料、木質或不同設計的樣品，提供數以千計的產品讓顧客選擇。這時業務員通常亦步亦趨地陪伴顧客逛完所有陳列品，回答問題並協助他們走出迷宮般的展示區。一旦顧客選擇某項產品，接著訂單就被送往製造廠。如果運氣好，這件家具能在六至八週內送到顧客的家中。這是將顧客和服務予以最大化的價值鏈，但是成本相對也很高。

　　宜家家居反其道而行，為那些願意節省成本而犧牲服務的顧客提供服務。它不以業務員一路跟隨顧客的銷售方式，而採取明亮、店內展示的自助式服務；它相信與其依賴製造商，不如自己設計專屬低成本、組合式、可自行組裝的家具，更能符合該公司的定位。在占地面積較大的賣場中，宜家家居將空間隔成一般的房間，陳列所有產品，因此顧客不需要裝潢設計師

的協助，也能想像各式家具擺放在一起之後的模樣。緊臨家具展示區的是倉庫，所有產品均已打包放在輸送台上，顧客必須自己動手取下，並設法帶回家。必要時，宜家家居還販賣車頂架，方便顧客載貨，且下次造訪歸還時還能退費。

儘管這種低成本的定位需要顧客「自己動手組裝」，宜家家居還提供許多競爭者沒有的額外服務：在店內提供孩童照顧區是一例；延長營業時間又是另一例。這些服務都獨具匠心地配合顧客的需要，因為這群正好是年輕、小康、可能有小孩（但是沒有奶媽），此外必須賺錢維生，只能在下班時間逛街購物的顧客。（見圖2.3）

策略性定位的起源

策略性定位有三個獨立的來源，彼此之間並不互斥，常常還會重疊。

以產品種類為基礎的定位

首先，企業可依生產一個產業內某類產品或服務中其他的次要產品（或服務）來定位，我稱這種定位為「以產品種類為基礎的定位」（variety-based positioning），因為這是基於選擇產品或服務的種類，而非以客戶的區隔來定位。當企業運用特殊的活動，使特定產品或服務的生產達到最佳狀態時，根據產品種類來進行定位，自然有其經濟上的合理性。

例如傑菲潤滑國際企業（Jiffy Lube International）專長在汽車潤滑油，所以不提供其他汽車修理或保養服務。這套價值鏈

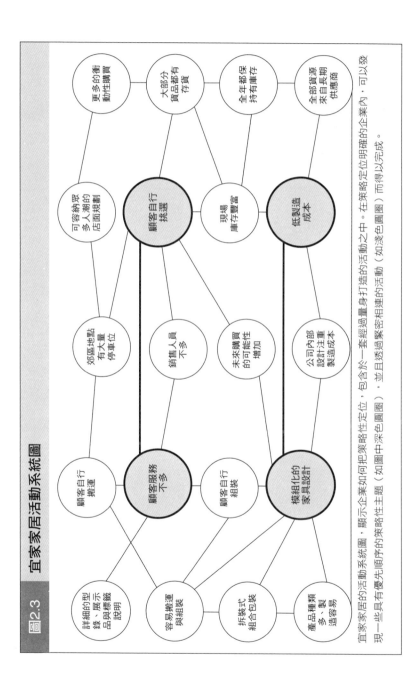

圖2.3 宜家家居活動系統圖

宜家家居的活動系統圖，顯示企業如何把策略性定位，包含於一套經過量身打造的活動之中。在策略定位明確的企業內，可以發現一些具有優先順序的策略性主題（如圖中深色圓圈），並且透過緊密相連的活動（如淺色圓圈）而得以完成。

讓它比服務項目較多的維修公司，能以更低的價格提供更快速服務。這套組合非常具有吸引力，因此許多顧客寧願多花一道手續，在傑菲潤滑國際企業買機油，然後才到它的競爭者那邊購買其他服務。

另一個根據產品種類定位的例子，是共同基金產業內的龍頭老大先鋒集團（Vanguard Group）。先鋒集團提供一系列表現穩定、手續費最低的股票、債券和貨幣市場基金。從常態來看，這種投資方式無法幫投資人掌握在某年度異軍突起的金融商品。不過先鋒集團以獨特的指數基金出名，不亂猜測利率升降，明確建議某類股票表現。基金經理人保持低度的交易規模，好讓開銷下降；此外，這家公司並不鼓勵顧客短線操作，因為這麼做會提高成本，並迫使基金經理人出售股票以布署現金部位，因應投資人贖回。在管理配銷、客戶服務和行銷活動上，先鋒集團同樣採取一種持續低成本的做法。許多投資人會在從其他競爭者那裡買進管理作風大膽及特定的基金同時，也將先鋒基金放在自己的投資組合中。

採用先鋒集團或傑菲潤滑國際企業產品的消費大眾，他們的消費行為大多是回應特定型態服務的卓越價值鏈。根據產品種類的定位可以服務廣泛的客戶，但大多數還是只滿足了他們的次級需求。（見圖2.4）

以需求為基礎的定位

第二種定位方式是，服務特定族群顧客的所有需求或大多數需求。我稱這種定位為「以需求為基礎的定位」（needs-

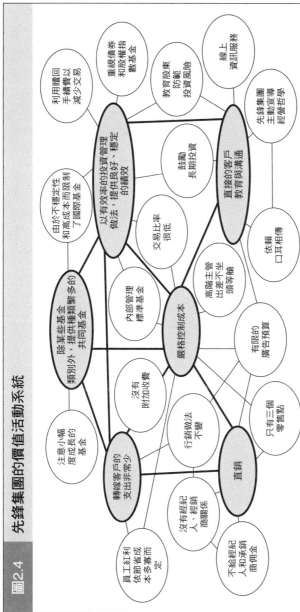

圖2.4　先鋒集團的價值活動系統

活動系統圖可用來檢查與強化策略性適合度。整個流程應該依以下這組問題引導進行。首先，每項活動是否與整體定位一致──這裡面包括各種生產項目、各類服務需求，以及各種接觸客戶的型態，可用於找出公司內部其他活動如何改善或傷害它們的表現。其次，是否有方式能夠促進活動與活動群組彼此強化的程度？最後，是否可能藉由改變一項活動，而降低其他活動的需求。

based positioning），它與傳統上設定顧客區隔的思考很類似。當顧客的需求可以被區隔開來時，或一套特別設計的活動最能滿足他們的需求時，這種定位方式的可能性就增加。例如有些顧客群比其他顧客群更在意價格，有的則需要不同的產品功能、更多種類的資訊，或對支援與服務有較高的要求。宜家家居的顧客就是這類客群的標準例子，而宜家家居的做法是，滿足這群顧客所有家具方面的需求，而非只滿足其中一部分。

當同一顧客在不同場合或不同的交易形態下，以需求為基礎的定位也會有所變化。比方說，一個人在商務旅行時的需求可能不同於全家出遊；又如罐裝飲料公司客戶，對主要供應商和次要供應商的需求就可能不同。

大多數經理人是憑直覺來感受其事業與顧客需求的關係，但是以需求為基礎的定位，其中一項關鍵要素完全不是靠直覺，而且常常被忽略：除非滿足需求的配套活動本身設計上就有差異，否則需求上的差異並不能轉化成有意義的定位。如果不能做到這一點，每個競爭者都能滿足相同的需求，那麼也沒有什麼定位上的獨特性或價值了。

以私人銀行服務為例，俾斯麥信託公司（Bessmer Trust Company）的目標客戶，是那些可投資資產在500萬美元以上的家庭，這類家庭既要保值，還要累積財富。俾斯麥信託讓心思縝密的專案經理人負責十四個家庭客戶，使它的服務活動達到個人化的程度。例如雙方會面通常是在客戶的農場或遊艇上，而不是在一般常見的辦公室會晤。俾斯麥信託也提供一系列特別指定的服務，包括投資管理和地產業務、監督石油與天

然氣的投資，以及賽馬和航空器的會計。大部分私人銀行主要的獲利來源是貸款，但俾斯麥信託的客戶很少辦理貸款，而且顧客的帳目也只占業務很小部分。從營運費用的比重上來看，客戶主管的薪資極為優渥，而且人事成本也極高，但是俾斯麥信託帶給目標客戶的差異性，讓它在股東權益報酬率上，也是所有私人銀行中最高者。

　　與俾斯麥信託做法不同的花旗銀行（Citibank），服務的客戶是那些資產達到25萬美元以上的客戶。這類客戶希望借貸手續便捷，從高額抵押貸款到小額貸款都有。花旗銀行的客戶經理是主要的貸款人，當顧客需要其他服務時，客戶經理會推薦客戶到花旗銀行的其他事業部，而且每個事業部都有一套自己的金融商品。比起俾斯麥信託，花旗銀行的系統沒有那麼客戶導向，專案經理平均服務的客戶是125人，且每年兩次的辦公室會晤僅限於最大的客戶。但無論是俾斯麥信託或花旗銀行，都針對不同的客戶理財需求，設計出專屬的活動；在獲利的前提下，單一價值鏈絕不可能同時滿足這兩類顧客的需求。

以接觸為基礎的定位

　　第三種定位是以不同方式接觸區隔型客戶。這類客戶的需求雖然與其他顧客差不多，要滿足他們的最佳功能活動卻不相同，我稱這類為「以接觸為基礎的定位」（access-based positioning）。可以依顧客所在的地理位置或規模來接觸顧客，或提出任何需要不同配套的活動，以達到最能滿足顧客需求的目標。

與前兩種定位相比，以接觸的定位方式比較少見，也比較未被充分了解。比方說，卡麥克院線（Carmike Cinemas）鎖定人口在20萬以下的小鎮電影院，這樣的市場不僅小，而且票價無法和大城市一樣高。要如何在此情況下獲利呢？它的做法是，透過一套成本結構非常精簡的活動，讓小鎮顧客接受標準化、低成本、銀幕不多、投影設備也沒有大城市精緻的戲院廳。這家公司專屬的資訊系統和管理流程，可以省掉當地行政管理人員，只需一位戲院經理就能應付裕如。卡麥克院線也從集中採購、低租金、較低薪資成本（因地點緣故），乃至於企業的管銷費用只占2%（這個產業的平均值是5%）等做法，形成它的優勢。在小型社區營運又讓卡麥克院線敢於嘗試，讓戲院經理以高度個人化的行銷方式，促銷影片或吸引觀眾。就算卡麥克院線不是當地唯一的戲院（它主要的競爭者是高中足球隊比賽），卡麥克院線也已經是這個市場的主導者，因此即使面對影片的中盤商，它也有較強的議價和選片空間。

在接觸區隔性客戶的差別上，市區與市郊的顧客差異是很好的例證。另一個例子是，即使在同一個區間內，服務對象是小眾還是大眾，是人口密集還是人口稀少區域的顧客，設計能滿足他們需求的行銷、訂貨流程、運籌補給與售後服務的最佳方式，往往會有所不同。

定位之後才談策略

定位不僅能開創利基，定位的來源也可以或寬或窄。如宜家家居這個目標確定的競爭者，會針對特定客群的特殊需求設

計活動。當特定客群受到適當照顧時，目標確定的廠商自然也欣欣向榮，因為這群顧客通常不是被目標廣泛的競爭者過度照顧（定價過高），就是受到忽略（定價不敷成本）。像先鋒集團或達美航空公司（Delta Air Lines）般目標廣泛的競爭者，服務的客戶對象也比較廣泛，就必須執行一套能滿足顧客一般需求的活動；至於特定顧客的特殊需求，只好做到部分滿足或加以忽略（參閱「一般性策略的連結」）。

　　定位的基礎，無論是按產品種類、顧客需求或接觸，或這三種方式的進一步組合，都需要一套配合設計的活動，因為這是供給面的差異化函數，也就是說，在活動上的差別性。不過，定位絕非需求面或客戶的差異化函數。以產品種類與接觸為基礎的定位，其實並不太依賴特定客戶的差異需求。例如為了滿足對小鎮顧客品味的需求，卡麥克院線就比較偏向放映喜劇、西部片和動作片，或家庭娛樂片，根本不放映任何輔導級（NC-17）的影片。

　　定位經過定義後，我們便可以回答「策略是什麼？」這樣的問題。策略是由獨特而有價值的定位所創造出來的，它涉及一連串不同的活動。如果世上真有一個最理想的定位，那就不需要策略，企業面對的規則也很簡單：搶先發掘並搶占這個定位。策略性定位的本質是，選擇能與競爭對手有差別的活動。如果同樣的活動能提供完整的產品種類、滿足所有顧客的需求，並和所有的顧客保持接觸，企業的定位就能在三者之間轉換自如，這時作業效益就成了決定績效的關鍵。

一般性策略的連結

在《競爭策略》中，我提出一般性策略的概念，分別是成本掛帥、差異化和焦點鎖定等不同的策略性定位。這些策略仍然是現今最簡單、有用且最廣泛應用的策略性定位工具。比方說，先鋒集團就是成本掛帥策略的範例；宜家家居鎖定比較狹窄的顧客群，是成本導向的案例；露得清（Neutrogena）則是鎖定差異化的做法。定位的基礎如產品種類、顧客需求和接觸，有助於了解這些一般性策略如何應用在更大的特定範圍。例如宜家家居和西南航空都是成本導向的業者，但是宜家家居的目標是以客群的需求為基礎，西南航空則是根據提供不同服務取勝。

一般性策略架構導入需求的選擇，目的在避免不同策略在先天上的矛盾性。不相容的定位之間，活動取捨（trade-off）的現象最能說明這些矛盾性。小陸航空（Continental Lite）就是試著同時經營兩條路線，結果徹底失敗的例子。

可持續的策略定位，必然有得有失

然而，企業僅是選擇一個獨特的定位，並不足以確保競爭優勢。有價值的定位會吸引其他現有廠商仿效，模仿的做法不外下面兩種。

首先，競爭者可以重新自我定位，以追求卓越的表現。例如，潔西潘尼百貨公司（J.C. Penney）便曾經重新定位，將自己從席爾斯百貨公司（Sears）的模式，蛻變成更高級、時

尚導向、賣服飾類的零售商。第二種更普遍的模仿是騎牆派（straddling）的業者，他們在維持既有定位同時，也積極尋找更成功、更能獲利的定位，然後將新的功能、服務或技術移植到現有的活動。

對那些主張競爭者能抄襲任何市場定位的人而言，航空業便是個最佳的反面教材。乍看之下，似乎每家業者都在抄襲別人的做法，買同型飛機、租鄰近的登機門，並提供與別家業者相同的餐點、訂票和行李運送服務。

大陸航空（Continental Airlines）也看到西南航空的做法，並且決定湊一腳。在維持大陸航空完整服務的定位下，它也開設幾條點對點的航線，這家新的航空公司名為小陸航空。小陸航空也省掉餐點和頭等艙服務、增加班次、降低票價，並縮短登機門前的候機時間。由於大陸航空在其他航線上仍維持完整的服務，新公司也配合在旅行社售票，使用混合機型的機隊，並提供劃位和行李托運。

問題是，策略性定位得以維繫，在於與其他定位之間存在的取捨關係。取捨效應出現在不相容的活動上。簡單說，取捨意味著加重某些事物的比重，必須犧牲另一事物的份量。一家航空公司能選擇供應餐點（成本提高、登機前的候機時間拉長），也可以選擇不提供；但是要兩者兼顧時，效率變差是必然的結果。

取捨效應是企業必須選擇定位的原因，它也保護企業免受重新定位之廠商，或騎牆派的侵襲。以露得清香皂為例，露得清以產品種類為基礎的定位方式，標榜「對皮膚溫和」，不殘

留化學物質，pH值為中性等效果。由於它向皮膚醫生鉅細靡遺地介紹這項產品，這種行銷策略讓露得清看起來更像藥品公司，而非肥皂製造商。露得清也在醫學期刊上打廣告，對醫師發廣告郵件，參加醫學研討會，並讓它們的護膚機構（Skincare Institute）執行研究。為了強化定位，露得清起初的通路是藥店，而且避免使用價格促銷手法。它採用一種速度較慢而花費較多的製造流程，以生產出此種質地較為溫和的肥皂。

為了選擇這個定位，露得清肥皂的成份中不含除臭劑和柔膚霜等這些一般消費者看待肥皂的要件。露得清還放棄透過超級市場和促銷價格等衝高銷售量的做法，並且犧牲製造效率以達到期望的特質。在原始定位上，露得清雖然犧牲不少，但此種取捨效應相對也保護自己免於競爭者的抄襲。

取捨效應

取捨效應會在以下三種情況出現：首先是形象或信譽不一致時。一旦企業被認定供應某種價值時，又提供另一種新的價值，或嘗試同時提供兩種不一致的事物時，便可能欠缺可信度或使顧客感到迷惑，甚至傷害企業的聲譽。比方說，象牙肥皂（Ivory soap）的定位是平價日用肥皂，如果要轉變形象成為像露得清般高價的「醫療用」產品形象，恐怕困難重重。在重要的產業裡，企業要創造一個新形象所需投注的心力，一般需要花費數千萬、甚至上億元的費用。這也是一個強而有力的模仿障礙。

其次，也是更重要的，取捨效應發生在活動本身。不同的

定位（與為它們特別設計的活動）需要不同的產品規格，不同的設備、不同的員工行為、不同的技能和不同的管理系統。許多取捨效應反映出機器、人員或系統本身缺乏彈性。宜家家居推出愈多降低成本的活動（其方式是藉由讓顧客自己動手組合、運送），也就愈難滿足講究高度服務的顧客。

　　不過，取捨效應可能發生在更根本的層次。一般來說，活動受到過度設計或設計不足時，它的價值反而會遭到破壞。比方說，某名業務員能提供某位顧客高度的協助，換成其他不需要這樣服務的顧客而言，這位業務員的能力（以及其所付出的部分成本），其實是一種浪費。此外，活動的變化不大時，它的生產力會提高。業務員或整體業務活動要同時達到學習和規模的效率，則需要長期的高度配合。

　　最後，取捨效應會出現在內部協調的限制和控制上。一旦清楚選擇以某種方式競爭，高階管理階層就能讓組織的優先順序變得很清楚。反之，想要為顧客提供所有服務的企業，則要承受員工每天打混仗、理不出頭緒的風險。

　　在競爭中，定位的取捨效應相當普遍，對於策略也很重要。這樣的效應使得企業必須做出定位選擇，並且特意限制企業所提供的產品或服務，同時也會阻撓競爭對手騎牆的作風或重新定位的做法，因為嘗試這些做法的競爭者，將傷害自己的策略，甚至降低既有活動的價值。

　　小陸航空最終還是因為取捨效應，虧損了上億美元，總裁遭解聘，而不得不停飛。它的飛機在位居交通樞紐的大城市機場總是誤點、行李轉運也過於緩慢，誤點或取消的班機導致每

天要受理上千件客訴。小陸航空無法既在價格上競爭，還要持續支付旅行社佣金，但是它又不能拋開旅行社，因為還有其他完整服務的航線要照顧。這家航空公司的妥協之道是，全面砍掉小陸航空所有班機的佣金。同樣地，它也無法一面以小陸航空較低廉的票價，又同時提供旅客類似競爭對手頻繁的班次。二度妥協的辦法是，再進一步降低整個小陸航空飛行常客計畫的優惠措施，結果造成旅行社和要求完整服務的旅客皆不滿。

　　小陸航空試圖同時以兩種方式競爭：一方面想在某些航線提供低成本服務，而其他航線又提供完整服務，這讓它飽嘗騎牆派的苦果。如果這兩種定位之間不存在取捨效應，小陸航空很可能會成功。但是經理人必須記取，忽略取捨效應會帶來危險的事實。品質絕對是花錢也買不到的。西南航空形同高品質服務的便利性，恰巧與低成本一致，因為它頻繁的班機，是以像快速登機與自動訂票等低成本活動做為後盾。而構成航空品質的其他層面，如訂位、餐點、行李轉運，還是需要成本才能提供。

策略與取捨效應

　　一般說來，在成本與品質間會發生不良的取捨效應，主要源自重複或白費力氣、控制或準確性欠佳，或是協調不足。唯有當企業遠遠落後於生產力疆界，或此一疆界向外延伸之時，產品的成本與差異化才可能同時改善。當企業的生產力疆界達到最佳狀態時，成本與差異性之間的取捨便實際存在。

　　享有十年的生產力優勢後，本田汽車（Honda Motor

Company）與豐田汽車（Toyota Motor Corporation）最近都碰到難以為繼的障礙。本田汽車在1995年，客戶持續抗拒高價位汽車之際發現，生產平價汽車的唯一方式，便是減少產品本身的功能。在美國市場，它將喜美轎車（Civic）的後輪碟式煞車換成成本較低的煞車滾筒，後座的皮椅也使用比較便宜的材料，並期待顧客不會發現。豐田汽車希望將它在日本最暢銷的冠樂拉（Corolla）車款引進美國，並藉比較便宜的座椅和未上漆的保險桿來壓低價格。結果，由於顧客掉頭而去，豐田汽車只好趕快放棄這個車款。

　　過去十年間，經理人大幅改善作業效益之際，他們也將「消除取捨效應是好事」的思考內化。但是如果取捨效應不存在，企業根本就無法達到持久優勢。結果為了保持現有地位，只能愈跑愈快。

　　當我們回到「策略是什麼？」這個問題，取捨效應為答案增加新的解讀層面。策略就是製造競爭中的取捨效應；策略的本質是選擇何者不可為。如果沒有取捨效應，企業根本不需選擇，也就不需要策略。任何好的想法都能迅速被模仿；此外，企業的表現將完全視作業效益而定。

整合帶動競爭優勢與持續力

　　選擇定位不僅決定企業會執行哪些活動、設計個別活動的方式，同時還涉及活動之間的互動關係。作業效益是為了使個別活動、功能有卓越的表現，策略則著重在組合這些活動。

西南航空迅速登機的做法，因而能排出更密集的班次以及更充分調配運用飛機，是它能達到高度便利、低成本定位的重要原因。問題是，西南航空如何做到的呢？部分答案在於該公司提供地勤人員高薪，再加上比較有彈性的工會規則，讓人員的生產力大為提高。此外，西南航空在其他活動的執行做法更為關鍵；因為它不供應餐點、沒有訂位服務，也沒有行李轉運服務，因此避免這類會減緩航空公司速度的活動。而西南航空所選擇的機場和路線，也避開可能導致誤點的壅塞，其嚴格限制路線的種類和長度的做法，更讓飛機的標準化變為可行：西南航空的飛機全是波音737。

西南航空的核心能力究竟是什麼？成功的關鍵因素又是什麼？正確的答案是，每一個相關的活動。西南航空的策略涉及一整套系統的活動，而非部分活動的集合。它的競爭優勢來自各活動的整合方式，以及互相強化的方式。

創造出一個極為緊密的活動鏈，可將模仿者排除在外。大多數企業都有不錯的策略，西南航空的活動則是以彼此互補的形式呈現，進而創造出真正的經濟價值。比方說，它會因為其他活動的執行方式，導致某項活動的成本降低；同樣地，某項活動對顧客的價值，可以因企業內其他活動而提高。這就是策略性整合創造競爭優勢與卓越獲利力的方式。

整合的型態

整合各項功能性政策的重要性，是策略思考中最原始的想法之一。不過，這種重要性逐漸被管理議題取代。企業往往

不再被視為單一的整體，經理人關心的是「核心」能力、「重要」資源和「關鍵性」成功因素。事實上，整合的重要性，遠超過大多數人了解的範圍。

整合之所以重要，是因為個別活動經常會相互影響。比方生產高技術產品的企業，若能在行銷上強調協助與支援顧客的做法，都有助於業務團隊產生更大的優勢。具有多種型號種類的生產線，在結合了只貯備最低存貨量的庫存和訂貨流程系統、解釋和鼓勵客製化的銷售流程，以及強調產品多元、能滿足顧客特殊需求的廣告基調之後，會顯得更有價值。在策略上這樣的互補很普遍。有些活動只是做一般性的整合，並能應用在很多企業；但最有價值的整合具有策略上的特定性，因為它會提高定位的獨特性，並強化取捨效應。

整合的型態有三種，但彼此並不相互排斥。**第一層次的整合，是各活動（功能）與整體策略之間的「單純一致性」**（simple consistency）。譬如先鋒集團將所有活動與它的低成本策略相呼應，將投資組合週轉率降到最低，也不需要高薪的理財經理。該公司直接分配基金，避免仲介的佣金；也限制廣告開銷，依賴公共關係和口碑的推薦。先鋒集團將員工的紅利與節省成本緊密結合在一起。

活動維持與策略一致，才能確保活動能夠累積競爭優勢，而不侵害或抵消活動的效益。如此便能使策略更容易與顧客、員工和股東們溝通，並透過企業的專注而改善執行力。

第二層次的整合發生在強化某些活動之時。好比露得清向高級旅館推銷，讓旅客使用皮膚科醫師所推薦的肥皂。旅館通

常會將一般廠牌的肥皂換成自己旅館的名稱，卻同意露得清保留制式的包裝。一旦旅客在高級旅館使用露得清的肥皂，他們往往會繼續到藥店購買，或徵詢醫師對這種肥皂的看法。因此，露得清的醫療和旅館行銷活動相互強化，降低了整體行銷成本。

另一個例子，BIC公司透過零售店、辦公用品店、促銷，或免費贈品等所有可能的管道，對真正重要的顧客市場促銷一系列標準、低價的原子筆。BIC的對象雖然非常廣泛，定位也各有不同，但它強調一個共通的需要，那就是低價好用的原子筆，並採用可以達到更廣泛接觸的行銷策略（龐大的業務人力和密集的電視廣告）。所有活動幾乎都讓BIC獲得一致性的好處，包括強調便於生產的產品設計、低成本的工廠形式，採購最便宜的材料，並從內部生產零件，以便因應任何經濟情況。

然而，BIC的做法遠超過僅是維持一致性，因為它的活動會相互強化。比方說，公司使用銷售點的陳列與頻頻更改包裝，來刺激衝動性購買。要處理銷售點的任務，企業需要相當多業務人力。在這個產業中，BIC擁有最雄厚的業務人力，在處理銷售點的表現也比競爭對手強。此外，將銷售點活動、大量電視廣告和改變包裝的做法予以結合，絕對比任何單一行銷活動更能刺激購買力。

第三層的整合不只是活動之間的相互強化而已，而是達到我所說的「心力最適化」（optimization of effort）的程度。像蓋普（Gap）這家休閒服零售商，將「在門市便可購得各種產品」，列為策略中的一個重要元素。蓋普利用店內庫存或倉庫

存貨等方式，保持產品充裕。蓋普的三座倉庫貯存的是公司所選定的基本服飾，幾乎每天出貨，以減少店面必須大量存貨的需要。蓋普這種強調中繼存貨的做法，是靠它的商品策略：鎖定幾項基本款式的幾種色調。因此其他零售商每年存貨週轉率只能達到三至四次，蓋普卻能達到7.5次。此外，由於服裝款式每六至八週就會更新一次，快速的換貨，也降低蓋普此種款式週期短的成本。

在活動間進行協調和資訊交換，以排除重複作業，並將浪費降到最低，是這種心力最適化最基本的型態。這種心力最適化還有更高的層次，好比產品設計的選擇，能壓低售後服務的需求，或讓客戶自行處理相關事務。同樣地，與供應商或銷售通路的協調，能讓內部活動（例如訓練最終使用者）的需求降至最低。

這三種型態的整合，考慮的是整體而非個別單一活動。競爭優勢源自整個活動的體系，而活動間的整合則會實際降低成本，或增加差異化。此外，個別活動的競爭價值，或相關技能、能力、資源，都是整個系統或整套策略中不可分割的一部分。因此，具有競爭力的企業可能誤認成功是來自特定個人的實力、核心能力或關鍵資源。其實競爭力的來源是橫跨許多功能，而且融合彼此的力量。對企業比較有用的想法是，一個跨越低成本、特定的顧客服務，或特定價值傳達等各種活動的主題。這些主題會在緊密連結的活動中具體呈現。

整合與持續力

在許多活動間進行策略性整合，不僅是競爭優勢的關鍵，也是持續這項優勢的根本之道。競爭對手要模仿一套環環相扣的活動，遠比模仿某一特定銷售做法、跟上一項製程技術，或複製產品特色要難得多。經由活動體系所建立起來的定位，也比建立在單一活動上更能持久。（見表2-1）

試想這個簡單的例子：競爭者能跟上各種活動的機率通常小於一。要競爭者迅速跟上一整套系統性活動的機率又更低（0.9x0.9=0.81；0.9x0.9x0.9x0.9=0.66，依此類推）。既有廠商嘗試重新定位或騎牆觀望，將會被迫重新設計許多活動；即使是新進廠商，雖然不像既有競爭者必須面對取捨效應，模仿時仍會面對可怕的障礙。

如果企業把定位建立在第二層、第三層的活動系統整合，優勢就愈能持久。這類系統，本質上很難讓外界理出頭緒，因此也很難被模仿。即使競爭者能界定出相關的交互關聯性，要複製這些關聯性也有相當難度。達成整合的困難，在於它需要在許多獨立的下級單位間，進行決策和行動的整合。

競爭者即使是追趕上一個活動系統，也只能模仿到部分的活動，而無法全盤比照，因此獲益恐怕有限。如此一來，企業的績效未必會獲得改善，甚至可能衰退。小陸航空模仿西南航空所帶來的災難，就是一個鮮明的例子。

最後，企業內部活動的整合，會帶來改善作業效益的壓力和誘因，讓競爭者的模仿更加困難。某項表現不佳的活動，會

表2.1	策略的觀點對比

過去十年來篤信不疑的策略模式	可持續的競爭優勢
■ 在產業內找到理想的競爭定位	■ 企業具有獨特的競爭定位
■ 標竿學習所有的活動，並追求最佳的實務做法	■ 根據策略調整活動
■ 積極外包業務與結盟以爭取效率	■ 有明確的取捨原則，並選擇主要競爭對手
■ 優勢來自少數關鍵性成功因素、關鍵性資源及核心能力	■ 競爭優勢來自跨活動的整合
■ 靈活而快速回應所有競爭及市場的變化	■ 持續的效果來自整個活動體系，而非個別單一活動
	■ 作業效益是已知數

拖累其他活動、暴露弱點，讓弱點受到更多的注意；反之，活動的改善，則會使其他活動受益。能強力整合活動的企業，很少成為別人模仿的目標。因為這些企業在策略和執行的卓越表現，只會倍增自身的優勢，並提高他人模仿的障礙。

　　一旦活動可以形成互補，競爭者除非能成功趕上整個系統，否則很少能從模仿中取得好處。這種狀況也助長「贏者通吃」式的競爭。像玩具反斗城這類建立最佳活動系統的企業，屢戰屢勝；而以類似策略跟進的競爭者，如兒童世界（Child World）和里昂樂度假中心（Lionel Leisure）卻落後一大截。因

此，為產業找出新的策略性定位，通常比在現有地位居第二或第三位的模仿者更好。

十年以上為一週期

最可取的定位是，活動系統會因為取捨效應而無法相容。策略性定位會設定取捨規則，定義出個別活動如何調適與整合。從活動系統中看待策略，會更清楚為什麼組織結構、系統和流程，必須具有特定的策略。依據策略來改造組織，更容易達到互補的效果，進而增加優勢的持久性。

這意味策略性定位不能視為單一的計畫週期，而是應該具有十年以上的歷史淵源。持續改善個別活動與跨活動的整合，可以讓組織建立迎合本身策略之獨特的能力和技能；而這樣的持續性也會強化企業的自我認同。

反過來說，頻頻轉換定位是很耗費成本的，不僅需要重新設計個別的活動，還必須重新整合整個系統。策略搖擺不定時，有些活動根本無法配合。頻頻變更策略或無法找出獨特的定位，必會造成一味的模仿或活動功能不良、功能之間不一致，以及組織不協調的結果。

因此，策略究竟是什麼？我們現在可以提出充分的答案：策略就是創造各企業活動的整合。策略是否成功，有賴於把許多事情做好，並讓這些事之間有良好的整合。假如各活動之間無法整合，就不可能有清楚的策略，策略也無法持久。管理將走回監督個別功能的簡單任務，作業效益則將決定組織的相對績效。

重新發掘策略

　　為什麼許多企業無法訂定策略？為什麼經理人避免做出策略性的選擇？或即使選定策略後，又任由策略逐漸式微或模糊？（參閱「重回策略競爭之路」）

　　企業策略的威脅一般來自外部，原因是技術改變或競爭者的行為改變。外在變動雖然是個問題，但策略的更大威脅其實來自內部。一個穩健的策略，可能因為誤導的競爭觀點、組織運作失靈或渴望成長的期待，而毀於一旦。

重回策略競爭之路

　　大多數企業最初會成功，來自它們有獨特的策略性定位，也有清楚的取捨。這些企業的活動都是配合定位而行，但隨著時間流逝和成長壓力，企業不斷進行難以察覺的妥協。儘管每項改變在當時看來都很合理，但是一連串累進的改變後，許多公司的妥協做法，把自己變得和競爭對手沒有兩樣。

　　今天，歷史性定位已然消失無蹤的老企業，它們的挑戰一如新進廠商，在於應如何開始。它們碰到的現象其實很普遍：已具有規模的企業，營收卻平平，缺乏明確的策略。企業增加產品種類、努力服務新客戶群、仿效競爭者的活動，卻讓它們喪失本身明確而有競爭力的定位。一般來說，這類的企業只要競爭者有什麼，就想立即跟進，意圖囊括所有的顧客群。

　　有許多方法可協助企業重回策略競爭之路。首先，應該謹

慎檢查目前的作業方式。大多數大公司內部，都有一個獨特的核心，要把這個特質找出來，企業必須回答下列問題：

- 公司的產品或服務中，哪些最具有獨特性？
- 公司的客戶群中，哪些對公司最滿意？
- 哪些顧客、通路或採購機會的獲利性最佳？
- 公司的價值鏈中，哪些活動的差異性和效益最高？

這些核心獨特性，會因時間而漸漸被掩蓋，必須將這些覆蓋去除，才能發掘支撐企業的策略性定位。在產品項目或顧客類別中，最能帶給企業利益或占最大銷售比重的，往往只是其中一小部分。因此，接下來的挑戰是，重新把焦點放在獨特的核心，並使它與企業的活動重新整合。透過不予注意或漲價等手法，放棄核心以外的顧客和產品，而逐漸淡出此市場。

企業的歷史也可能成為包袱。創辦人當初的願景是什麼？企業當初發展的產品和顧客是哪些？回顧一下，企業可以檢查最原始的策略，了解它是否仍然有用。過去的定位是否能以現代化的方式執行？是否能與現代化的技術和作業方式搭配？這些思考會引發策略更新的意願，也會挑戰組織重新找回自己的獨特性。這樣的挑戰可以激勵士氣，逐漸形成自信，以因應必要的取捨效應。

迴避策略的選擇

　　必須面對抉擇，常令經理人感到困惑。企業的營運與生產力疆界還有一大段距離時，就不用考慮取捨效應，因為運作良好的企業，可以同時在各方面打敗缺乏效率的競爭對手。流行的管理思潮認為，經理人不必做出取捨，因此他們認為，考慮活動之間的整合，是一種示弱的象徵。

　　現實競爭中，由於缺乏對超競爭的警覺，經理人愈來愈可能會相互模仿所有事物。雖然被告誡要多從革命的角度去思考，但經理人仍然不遺餘力地追求各種新科技。

　　作業效益因為具體且可收立竿見影之效，因此具有相當的誘惑力。過去十年來，企業對經理人的績效要求日趨嚴苛，他們必須提出有形且可以評估的改善成果。商業刊物和管理顧問頻頻在市場上散布其他企業做法的資訊，更強化經理人要有最佳表現的心態。但只一味地要跟上作業效益的競賽步伐，許多經理人甚至不知道為何需要策略。

　　企業還可能基於其他原因，有意避免或模糊策略的選擇。產業內的傳統觀點通常已根深柢固，更強化競爭的同質性。有些經理人誤將「以顧客為中心」，當成必須服務所有顧客的需求，或回應配銷通路的每一項要求，但也有經理人認為，應該對顧客的需求保持彈性。

　　此外，組織的現實也與策略的做法背道而馳。取捨效應經常令人感到畏懼，有時候冒險做錯決定還會挨罵，不如不做決定來的穩當。企業一窩蜂地彼此模仿，大家都假設競爭對手必

然知道一些自己不知道的東西。新近獲得授權的員工，也會被要求在各方面盡可能做改善，但他們通常不了解整體的願景，對取捨效益也缺乏正確認識。有時企業無法做出選擇，原因是不願使這些受到重視的經理人及員工失望。

成長的陷阱

在各種影響力中，渴望成長或許對策略具有最廣大的影響力。而取捨和限制似乎會侷限成長。譬如服務某一族群的顧客，而不顧其他顧客，就對營收成長形成實際或意料中的限制。低價位營運策略，更會讓在乎功能和服務的客戶掉頭而去；相反的，執行差異化的策略，則會喪失在乎價格的顧客。

經理人經常受到誘惑，企圖超越限制逐步擴張，結果導致策略性定位因而模糊失焦。最後，由於成長壓力或目標市場明顯飽和，經理人只好以延伸產品線、增加新功能、模仿競爭對手廣受歡迎的服務、流程動作同步化，甚至收購其他公司等方式，擴大原先的定位。

多年來，美泰格企業（Maytag Corporation）的成功，主要是靠可靠、耐用的洗衣機和乾衣機，後來又擴張到洗碗機。不過該產業傳統的觀點，都主張應該發展全面的產品線。由於產業成長趨緩、大型家電廠商的競爭，以及中盤商的壓力和顧客的鼓勵，美泰格終於將產品延伸到電冰箱、烹飪用具，同時收購真愛廚具（Jenn-Air）、哈維爐具（Hardwick Stove）、胡佛（Hoover）、海軍上將（Admiral）和妙廚師（Magic Chef）等定位各異的品牌。1985到1994年間，美泰格的營業額從6.84

億美元，增加到34億美元，但是原本1970、1980年代還能維持在8～12％的銷售報酬率（return on sales），到了1989至1995年間，平均值已經降到1％以下。這個問題可以用削減成本的方式加以改善，但是洗衣機和洗碗機產品仍是美泰格企業的獲利主力。

露得清也掉入相同的陷阱。在1990年代初期，這家公司的配銷系統擴大到沃爾瑪等大型量販店。同時也以露得清的品牌，進入洗髮精、眼部卸妝露等各式各樣的產品市場。問題是，這些產品並非露得清所獨有，此舉會稀釋自身的品牌形象，進而導致走上降價促銷之路。

追求成長而採取的妥協與不一致，會腐蝕企業最初產品或目標客戶的競爭優勢。企圖同時以好幾種方式競爭，也會造成混淆，並傷害組織的重心和動機。營收增加但獲利下降便是此舉的結果。經理人無從抉擇，企業只好著手下一回的擴大產品線與妥協。通常競爭會讓這樣的競賽持續，直到一方認輸，此一循環才會被打破，接著就是合併或縮減規模至當初的定位。

具獲利性的成長

經過十年的結構重組和削減成本後，許多企業的注意力開始轉到成長這件事。我們常看到，企業致力追求成長，往往讓自己的獨特性變得模糊、產生妥協、減低整合，最後傷害競爭優勢。事實上，一味地追求成長對策略是非常危險的。

可不可能在維持成長之餘還能強化策略？廣義來說，方法是把重心放在深化策略性定位，而不是擴大定位，然後妥協。

一種做法是追求策略的延伸，而將現有活動系統的力量發揮至極致，其方式是提供競爭對手單憑某方面的優勢做不到，或代價頗高的特色或服務。換句話說，經理人可以自問，在公司活動可以形成互補效果的前提下，哪些活動、特色或競爭形式最可行，或是花費較少。

深化定位涉及讓企業的活動更為獨特、更徹底整合，且更有效地與重視公司策略的顧客溝通。許多企業無法抗拒「輕鬆」成長的誘惑，對熱門的特色、產品或服務一律照單全收，卻未經過濾或修正以使其適合本身的策略；它們也可能鎖定自己並不專精的新顧客或市場。企業要快速成長，同時兼顧獲利並不難，只要能更加滲透到與眾不同的產品與需求，而不是一廂情願地在自己缺乏獨特性、但有潛在較高成長性的領域衝刺。卡麥克院線如今已經是美國最大的戲院連鎖，它的快速成長來自於堅持原則——只針對小市場。這家公司併購時，如果包含大都市的戲院，也會快速地將它們轉賣掉。

全球化能讓企業的成長與策略維持一致性，並為更集中的策略打開更廣大的市場。全球化的擴張與本國市場的擴張不一樣，它可能會發揮並強化企業本身的獨特定位和識別性。

透過在產業內部擴張以追求成長的企業，最好能開發出獨立經營的事業單位，以降低此舉對策略所造成的風險，並使每個事業單位有自己的品牌及特別設計的活動。美泰格企業就在這方面吃了虧。它一方面把高價位的品牌，組織到具有不同策略性定位的單位中；另一方面，又企圖以美泰格名義，囊括所有旗下品牌，以取得市場的關鍵多數地位。結果，由於這些

品牌具有共同的設計、製造、行銷和顧客服務系統，便很難避免同質性過高的問題。假如某個事業單位試圖以不同的定位，發展不同的產品，並在不同的顧客市場競爭時，要避免發生妥協，幾乎是不可能的事。

領導的角色

　　發展與重建一個清楚的策略，通常是組織的主要挑戰，並且考驗領導人的能力。由於有那麼多的力量阻礙組織內的決策與取捨效應，反制之道是建立一套清楚、指引策略的知識架構。此外，願意做決策的強勢領導人，也是不可或缺的要素。

　　在許多企業中，領導人正退化為指揮改善作業和交易的角色。但是領導人的角色應該更廣也更重要。一般性管理遠比個別功能的工作管理範圍更大，它的核心就是策略：界定和傳播企業獨特的定位、決定如何取捨，並整合活動。領導人必須提供決策的原則，如何在避免組織混亂、維持企業獨特性的前提下，回應產業變遷和客戶需求。中低階主管通常缺乏這樣的觀點，對維持策略的信心也比較薄弱。因為整個回應的過程，必須面對妥協、排除取捨效應，以及與對手競爭的持續壓力。領導人的工作就是，教導組織內的其他人發展策略，同時對誘惑說不。

　　基於策略思考，選擇哪些該做，哪些不該做，其實同樣重要。領導的另一項重要功能是設定限制。因此，企業發展策略時，固然要決定把哪些客群、產品或需求視為目標，但是決定不要哪些顧客、需求或哪些特色與服務，同樣也很重要。因

此，策略需要持續的原則和清楚的溝通。事實上，明確且溝通良好的策略有一項重要的功能，就是指引員工如何選擇，因為他們的個別活動與每天的決策中，都必須有所取捨。

作業效益與策略

在管理上，改善作業效益是必要的，不過作業效益並非策略。把這兩者混為一談的經理人，會不自覺地回到舊有的想法，認為是競爭促使許多產業朝向競爭趨同的現象，而且產業內的廠商無一能倖免，誰也撈不到最大的好處。

經理人必須清楚區別作業效益和策略。這兩者都很重要，但是著重的課題卻不一樣。

有關作業效益的課題涉及全面性的持續改善，但必須以無關取捨效應為前提。企業即使有很好的策略，如果作業效益不佳，仍然不堪一擊。營運的課題是持續變革、彈性、無怨無悔地付出以追求最佳實務之處。反過來說，策略著重的卻是找出獨一無二的定位、明確地取捨各項活動，以及緊密整合各項活動。策略涉及持續找出能強化和延伸企業定位的方法，其議題必須具有規範和連續性；扭曲和妥協是它的敵人。

策略的連續性並不意味對競爭保持靜態的看法。企業必須持續改善作業效益，主動嘗試改變生產力疆界；在此同時，也需要持續努力延伸本身的獨特性，並強化各活動的整合性。策略的連續性，事實上可讓組織的持續改善更有效率。

產業結構發生重大變化時，企業必須改變它的策略。事實上，產業變化通常會導致新的策略性定位，而與產業傳統淵源

較薄弱的新進廠商，往往更易探索出此種策略性定位。不過，企業選擇一個新的定位，必須考慮新的取捨效應，發揮新系統的活動互補性，以導入持續的優勢。（參閱「崛起中的產業和技術」）

崛起中的產業和技術

在新崛起的產業或經歷革命性技術變化的行業中發展策略，是一項大膽的主張。在這樣的情況下，經理人在有關顧客需求、最受期待的產品與服務，能達到最適功能的活動與技術等方面，都面對了高度的不確定性。因為所有的不確定性，致使市場上充滿模仿與投機：不敢冒險以免造成錯誤或落後，因此企業往往推出具有各種功能的產品、提供新的服務，並開發新的技術。

處於這樣的發展階段，產業會建立或重新建立基本生產力疆界，許多企業可能因此經歷一段高獲利的爆炸性成長，但是這樣的獲利是暫時的，因為模仿和策略性趨同終將破壞產業的獲利能力。能持續成功的企業，將是那些早已開始定義與落實其獨一無二競爭定位的競爭者。在產業萌芽期，模仿是在所難免的做法，但是這段時間反映的是前景不確定性，而非期待的事物。

在高科技產業，模仿階段通常為時較久。基於技術追求的狂熱，企業拚命增加產品功能，其中絕大多數派不上用場，但又同時進行全面降價。很少人想到這其中隱含的取捨效應。為了滿足市場壓力的成長動力，導致企業進軍所有產品領域。雖然有少數幾家具有基本優勢的企業得以欣欣向榮，不過絕大多數廠商都注

定失利的命運。

　　諷刺的是，普受歡迎的商業媒體鎖定熱門、新興的產業，並認為這是我們已經進入新競爭時代的證據，所有的舊規則都不再適用。事實上卻剛好相反。

第三章

如何利用資訊
形成競爭優勢

麥可·波特、維克多·米拉——合著

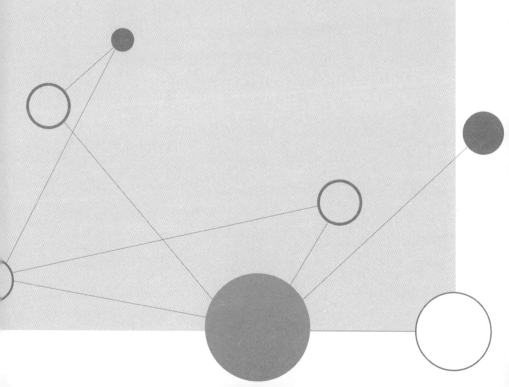

資訊革命正橫掃世界經濟，沒有哪家公司能躲得過它的效應。大幅降低的資訊取得、處理與傳遞成本，改變了我們做生意的方式。

大多數經理人知道這場革命正在進行，也無人敢質疑它的重要性。愈來愈多的時間和資金都受到資訊科技及其效應的吸引而投入，管理者也清楚，這項科技不再只是電子資料庫或資訊部門的事。經營者在看到競爭對手運用資訊形成競爭優勢，便會認清一項事實：他們也必須投入這項新技術的管理工作。但問題是，面對快速多端的變化，他們往往無所適從。

這一章的目的是，協助高階管理人如何回應資訊革命挑戰。尖端資訊科技如何影響競爭與競爭優勢的來源？企業應該採取什麼策略來使用這種科技？競爭對手採取某項行動的真正意涵是什麼？此外，在諸多資訊科技的投資項目中，哪些才是最迫切需要的？

要回答這些問題，經理人必須先了解，資訊科技不只是電腦硬體而已。今天，資訊科技必須包含企業開發運用的資訊軟體，以及範圍愈來愈廣泛且環環相扣的資訊處理技術。由電腦、數據辨識系統、通訊科技、工廠自動化和其他相關的硬體和服務形成的資訊革命，正以三種重要方式影響競爭：

- 改變產業結構，同時也改變競爭規則。
- 讓企業以新的方式超越對手表現，進而創造競爭優勢。
- 能從企業內部既有作業中，開展全新的事業。

我們首先討論為什麼資訊科技具有戰略價值，又如何影響所有的事業。接著，這項新科技如何改變競爭的本質，高明的企業又如何應用它。最後，我們描繪製程經理如何評估資訊科技在企業內的角色，以及將這項技術轉為競爭優勢時，如何定出優先投資順序。

策略性意義

資訊科技正在改變企業運作的方式。從創造產品開始，資訊科技對企業的影響無所不在。此外，資訊科技也重塑產品風貌，如產品的包裝、服務，以及創造更多的客戶價值。

要點出資訊科技在競爭中的角色，一個很重要的概念是「價值鏈」。這個概念將企業的活動劃分為經濟性和技術性的活動。我們稱這些活動為「價值活動」（value activity）。基本上，企業創造的價值是根據客戶購買產品或勞務時，願意付出的價格總值。企業創造的價值超過「價值活動」的成本時，企業就能獲利。企業要比競爭對手更具競爭優勢，必須以更低的成本執行這些活動，或以不同的方式導致產品的差異化，賣到更高的價格（更多的價值）。

企業的價值活動分屬九大部門（見圖3.1）。主要活動是那些涉及產品實體的創造、行銷、配送，以及售後的支援與服務性活動；輔助活動則提供那些能讓主要活動順利進行，如進料和基礎設施等活動。每項活動都會牽涉採購原料、人力資源和技術的組合。企業的基礎設施包含一般管理、法務、會計等功

圖3.1	一般價值鏈

能，支援整個價值鏈。在這些大項目內，根據行業別，企業會提供各自需要的活動，例如所謂的服務通常包括安裝、修護、調整、升級和零件庫存管理等活動。

價值鏈與連結點

企業的價值鏈是一個交互依存的活動系統，由各連結點銜接。當執行某項活動的效益會影響其他活動的成本或效益時，連結點就會出現，並造成原本應該形成最大效果的個別活動出現取捨效應。比方說，產品的設計成本愈高、採用的材料愈貴，售後服務成本便可能愈低。企業要根據它的策略，解決這

類的取捨問題，並達到競爭優勢。

連結點也需要活動之間彼此協調。準時送貨需要靠準備的作業、出貨運籌和服務性活動（如安裝）間平順運作、良好協調，才能讓企業在不增加高額成本的庫存下準時送貨。謹慎地管理連結點，通常是競爭優勢的有力來源，因為難纏的對手不容易察覺，而且還涉及整個組織的取捨效應。

在特定產業中，企業的價值鏈深藏在一個更大的活動群中，我們稱之為「價值系統」（value system）（見圖3.2）。價值系統包括提供原物料給下游企業，而形成該價值鏈的供應商價值鏈（如原料、零組件、採購服務）。企業的產品通常經由通路的價值鏈到達最終客戶，最後產品又變成下一階段價值鏈的採購元件，執行一個以上的採購活動。

連結點不僅連接企業內部的價值活動，也創造企業的價值鏈與供應商、通路之間的交互依存關係。企業可以應用連結點創造競爭優勢。譬如糖果製造商可說服供應商，將巧克力由固態轉為液態運送，便可以達成節省製程步驟的效果。供應商的

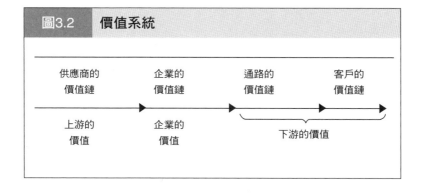

圖3.2　價值系統

供應商的　　　企業的　　　通路的　　　客戶的
價值鏈　　　價值鏈　　　價值鏈　　　價值鏈

上游的　　　企業的　　　　　下游的價值
價值　　　　價值

及時補貨也有相同的效果，不過協調供應商和通路節省成本的機會，不限於後勤和訂貨流程。如果企業、供應商和通路都能更加認清和使用這種連結點，彼此都可因此而受惠。

　　企業價值鏈的功能之一是，形成成本或差異化的競爭優勢。企業的成本地位，會反映在競爭對手所有價值活動的成本績效。每項價值活動都包含成本驅動因素，可以決定形成成本優勢的潛在來源。同樣地，企業的差異化能力，反映在每項價值活動滿足客戶需求的貢獻程度。許多企業活動，不限於有形產品或服務，都會帶來差異化。反過來說，客戶需求不僅受企業產品的影響，也受企業提供的其他活動（如後勤或售後服務）表現的影響。

　　在尋找競爭優勢時，企業通常根據價值活動的範圍，形成不同的競爭範圍。競爭規模有四個主要層面：區間範圍、縱深規模（垂直整合的程度）、地理範圍，以及產業範圍（或企業所在產業的相關產業範圍）。

　　在創造競爭優勢上，競爭範圍是項重要的工具。較大的競爭範圍容許企業開發價值鏈的交互關係，服務不同的產業區間、地理區域或相關產業。比方說，兩個營運單位可能共用同一銷售團隊來銷售產品，或協調雙方採購相同的零組件。企業面對全國性或全球性競爭時，運用這套協調價值鏈的策略，便能產生相對於本地或國內競爭對手的競爭優勢。普遍應用縱深範圍，企業可開發出在內部執行更多活動的潛在利益，而不必仰賴外界的供應商。

　　另一方面，選擇小範圍的經營規模，企業可配合特定的目

標區間，量身打造自己的價值鏈，降低成本或達到差異化。小範圍的競爭優勢，來自價值鏈可以針對客戶個別需求而設定或調整，以滿足特定產品、客戶或地理區域。如果區隔的目標有特別的需求，經營範圍大的競爭者將很難個別滿足。

改變價值鏈

　　資訊科技出現在價值鏈的每個點上，改變價值活動的執行方式與活動之間連結點的本質。它同時也影響範圍，並重新塑造產品符合客戶需求的方式。這些基本的影響說明了為何資訊技術需要策略性價值，而且不同於其他科技的商業應用。

　　每項價值活動都有實體流程和資訊流程兩種要素。實體流程包括所有需要執行該活動的實際工作；資訊流程則包含掌握、處理、流通這些資料所需的步驟，而這些資料又是執行活動不可或缺的。

　　每項價值活動都會創造和使用某種資訊。例如說，運籌活動會使用時程約定、運費、生產計畫等資訊，以確保時效和低成本的運貨。服務活動則可能使用如安排服務時間的電話預約，以及從不良品的訊息中，獲得修改產品設計和製造方法的資訊。

　　價值活動的實體與資訊流程要素可能很單純，也可能很複雜。價值活動不同，也需要這兩種要素的不同組合。舉例來說，烙印這項活動所用到的實體流程遠多於資訊流程；保險活動的情況則正好相反。

　　在產業史上，大多數時候是技術性進步影響到企業的實體

部分。在工業革命期間，企業是靠機器取代人力，而形成競爭優勢。那時候，資訊流程還是以人力為主。

如今，技術變化的速度已經扭轉。資訊科技的進步速度遠超過實體流程的技術，資訊儲存、處理、傳遞的成本都大幅降低，進步無遠弗屆。在工業革命期間，從波士頓到新罕布夏州康克爾（Concord）的鐵路運輸，從五天縮為四小時，只需當年三十分之一的時間。而資訊科技的進步更為偉大；與三十年前相較，電腦運算比人力作業的成本便宜八千倍。比較1958年至1980年間，電子訊號的作業時間則縮短八千萬倍。美國國防部研究顯示，條碼輸入資訊的錯誤率為三百萬分之一，而人工輸入資訊的錯誤率為三百分之一。

隨著資訊技術的變遷，企業運作的速度已經超過經理人發掘機會的程度。從電腦輔助設計技術發展到倉儲自動化，資訊革命已影響企業九大類的價值活動（見圖3.3）。新的技術與設備取代了人工處理資訊，分類帳或概括估算的工作也都交給電腦負責。

起初，企業應用資訊技術主要是用於作帳和儲存紀錄。應用電腦自動反覆記錄的功能，如同價值鏈中的訂貨流程。今天，資訊技術已經擴張到整個價值鏈，所能含括的作業幾乎無所不包，它的控制功能甚至類似最高主管的判斷功能。像奇異電器的資料庫，便包括了可以累積經驗，與類似服務工程師以電話答覆客戶需求的智慧語音系統。

圖3.3	在企業價值鏈中，資訊技術無所不在

支援活動	企業的基本設施	規劃模型				
	人力資源管理	自動化人事差勤				
	技術發展	電腦輔助設計　　　電子化市場研究				
	採購	線上採購零件				
		自動化倉儲	彈性製造	自動訂貨流程	電話行銷 業務員的遠距聯繫設備	遠距服務設備 維修車輛排班與路線的電腦化
		進料後勤	營運	出貨後勤	行銷與銷售	服務
		主要活動				利潤

資訊科技的影響

　　資訊科技已經讓企業可以經由價值活動產生更多有用資料，並且允許企業能蒐集或找尋以往無法接觸到的資訊。同時，這類技術也能利用更龐大的資料，做更周延的分析，因此企業在分析或控制的變數數量上，有了驚人的成長。杭特偉森企業（Hunt-Wesson）就發展一套電腦模組，協助研究配銷中心有關擴張業務和改變地點等事務。這套模組讓杭特偉森能同時評估多項變數、方案和替代策略，這是以前辦不到的。同樣地，資訊科技讓舒茲兄弟企業（Sulzer Brothers）的工程師改善柴油引擎的設計方式，這也是以往人力所不能及的。

　　資訊科技也改變價值活動的實體流程。在製造過程中，電

腦控制的工具機比老式、人工操作的工具機更快、更精確，也更有彈性。席倫柏格公司（Schlumberger）發展一套鑽探油井的電子設備，協助工程師計算鑽井角度、岩石溫度和其他變數，大幅縮減鑽探時間，有些過程甚至還被取消了。目前在西海岸，有些漁夫使用氣象衛星提供的洋流溫度，找出魚群所在位置，大幅減少漁夫在海上的時間和燃料成本。

　　資訊科技不僅影響個別活動的執行方式，也透過新的資訊流，加強企業開發內外部價值活動之間連結點的能力。這項技術也在價值活動間創造新的連結點，藉此企業可以協調各項作業以更貼近客戶和供應商的需要。全美國最大的藥品經銷商馬克凱森（McKesson），為旗下的藥店提供終端機，方便客戶下單、點收和準備發票，藥店客戶因此更願意下更大的訂單。同時，馬克凱森本身的訂貨流程也變得簡便有效。

　　最後，新科技在競爭範疇上產生重大影響，像資訊系統便能方便企業協調遙遠據點的價值活動。比如波音公司（Boeing）的工程師，透過連線與外國供應商一起工作。資訊科技也創造許多事業間新的交互關係，擴張產業的領域，企業必須更競爭才能形成優勢。

　　但資訊科技普遍運用下所造成的衝擊，給主管帶來資訊氾濫的難題。而這個問題又創造出使用資訊科技的新方法，以儲存、分析湧向主管的資訊浪潮。

改變產品

　　大多數產品都兼具實體和資訊兩項要素。廣義的資訊元

件,可說是客戶要獲得並使用產品以達到預期結果的一切訊息。也就是說,產品包括產品本身特色、使用方式與售後服務等資訊。對消費性電器而言,便利、容易取得維修和服務流程的資訊,都是買方考慮的重要條件。

傳統上,產品的實體要素比資訊要素更重要,然而資訊科技可以在提供實體產品的同時,也提供更多訊息。例如奇異電器的客戶熱線,便以資料庫做為後盾,使得奇異電器與競爭者的客戶服務內容能有所差異。同樣地,因為鐵路和貨運業者的協調獲得改善,能提供客戶即時的運輸資訊。由於資訊科技的發展,使得只供應資訊而沒有實體產品逐漸變得可能。電腦數據(Compustat)的客戶,已可以獲得各企業提報證券交易委員會的財務數據,許多企業也紛紛採用「建築物能源使用分析」這項產品。

許多產品除了一般功能,也增加資訊處理的功能。像洗碗機需要有一個控制系統,以指揮整個洗濯循環,並顯示此一過程讓使用者明瞭。新的資訊科技強化了產品表現,並且讓產品能更容易提升資訊的內容。例如汽車的電子控制系統,便普遍應用在儀表板、語音控制面板和自動偵測異常訊息。

產品具有愈來愈多資訊的趨勢,這是無庸置疑的。此一要素結合了企業價值鏈的改變,強調資訊科技日益增加的策略角色。今後不會再有所謂的夕陽產業了,只有過時的企業經營方式。

變革的方向與步伐

　　儘管企業和產品的資訊密集趨勢已然明顯，在不同產業中，資訊科技的角色和重要性又各有不同。像銀行與保險業，向來都屬於資訊密集產業，這樣的產業自然是熱中使用資料處理的先鋒。另一方面，儘管資料處理的作業日漸增加，像水泥等生產導向的行業，實質產品的製程仍居於主導地位。

　　圖3.4是價值鏈中，資訊密度與產品資訊內容的關係，顯示出在不同產業之間，資訊密度與角色的差異。銀行與報業無

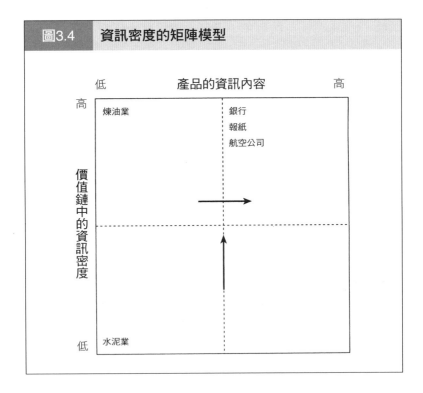

| 圖3.4 | 資訊密度的矩陣模型 |

論是在產品和製程上，資訊科技的比重都很高。煉油業在煉油過程需要較高的資訊，但是在產品層面，資訊需求相對較弱。

因為資訊科技的成本降低，能力增加，許多產業似乎也在產品和製程上，朝向較高的資訊內容邁進。值得強調的是，科技仍會快速改進。硬體的成本會持續降低，經理人則會持續分配這項技術到企業更基層。開發軟體的成本目前仍是主要的限制，但隨著更多套裝軟體出現，軟體更能配合客戶環境的需求。現在企業應用的資訊科技，只是剛起步而已。

資訊科技不僅改變產品和製程，也改變競爭的本質。儘管資訊科技的使用愈來愈普遍，各產業會依其在圖3.4中所處的地位，與其改變的步伐，而有差異。

改變競爭的本質

經過產業廣泛的調查，我們發現資訊科技正以三種方式改變競爭的規則。首先，資訊科技的進步正改變產業結構。其次，資訊科技是一種重要性日增的槓桿工具，企業能用它來創造競爭優勢。競爭者若競相模仿產業龍頭的策略創新，龍頭企業透過資訊科技追求競爭優勢，通常會引發擴散效應，因而影響產業的結構。最後，資訊革命會孕育全新的行業。這三個效應對了解資訊科技如何影響特定產業，以及如何制定有效的回應策略非常重要。

改變產業結構

　　產業的結構是五大競爭作用力的具體化，合起來就決定一個產業的獲利力。這五大競爭作用力分別是：買方的議價力量、供應商的議價力量、新進入者的威脅、替代性產品或服務的威脅，以及既有競爭者之間的競爭狀態（見圖3.5）。這五種不同作用力集合後的效應，會隨產業而有不同，進而影響平均獲利能力。每種作用力的力道也會改變，或增強或減弱這個產業的吸引力。

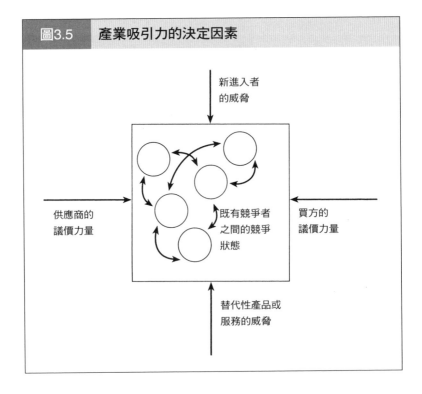

圖3.5　產業吸引力的決定因素

新進入者
的威脅

供應商的
議價力量

既有競爭者
之間的競爭
狀態

買方的
議價力量

替代性產品或
服務的威脅

　　資訊科技可以改變這五種作用力，依此類推，也會改變產業的吸引力。這項技術正將許多產業的結構鬆綁，創造需求和改變的機會。例如：

- 在採購零件予以組裝的產業，資訊科技可以增加採購者的力量。自動化的物料報價單及行情資料，可使採購者更容易評估物料來源，並決定買或不買。
- 需要在複雜軟體上進行大量投資的資訊科技，提高新的進入障礙。為了爭取企業型客戶，銀行在現金管理服務的競爭非常激烈，如今更需要最先進的軟體，提供客戶連線的資訊。這些銀行也需要投資改善電腦硬體和其他設備。
- 有彈性的電腦輔助設計和製造系統，能夠以更快、更容易、更低廉的方式提高產品的功能，因此已經對許多產業的替代品產生威脅。
- 訂貨流程與提貨發票流程的自動化，已經增加物流業的競爭程度。新的科技在取代人力的同時，也提高產業的固定成本。如此一來，經銷商必須持續奮戰，以增加業績。

　　像航空公司、金融服務、物流業、資訊供應商等產業（見圖3.4），已經感受到這些效應。（參閱「資訊科技與產業結構」）

資訊科技與產業結構

客戶的力量

家庭用觀賞錄影帶公司正逐漸增加客戶的資訊。客戶可使用店裡的個人電腦，透過電子目錄瀏覽，比較價格和產品特色，還可以在任何時間，以低於零售價25％至30％的價錢，購買錄影帶。快速成長的Comp-U-Card，營業額在兩年內成長五倍，達到950萬美元，會員增加一萬五千人。1990年代中期，美國約75％的家庭得到此種服務。

Shelternet則是波士頓第一銀行（First Boston Corporation）開發的電子資訊交易系統。這套系統讓房屋仲介商可快速且輕易地判斷現有哪些物業待售，以及買主是否符合貸款條件。這套系統改善房屋買賣的風險。買賣雙方可在三十分鐘內完成初步手續。

取代

類似NEXIS的電子資料庫，逐漸取代傳統圖書館檢索和顧問公司。NEXIS訂戶可以在最短時間內，找出225種期刊中任何一篇文章的全文，大幅降低使用者檢索的時間。此外，客戶可以省下訂購期刊的成本，只須為所需的資訊付費。

由於資訊科技會影響企業與供應商、通路和客戶之間的連結點，它在供應商與客戶間的議價關係上，影響力特別大。跨企業的資訊系統愈來愈普遍，有些情況下，產業的界限已經被

打破。

　　連結客戶與供應商的資訊系統愈來愈廣泛。全錄公司（Xerox）利用電子傳輸，提供生產資料給供應商，以協助它們運補材料。為加快進貨速度，西屋電子供應公司（Westinghouse Electric Supply Company）和美國醫院供應公司（American Hospital Supply），乾脆提供客戶終端機。這些系統會將企業、客戶、供應商更密切地連結。至於其他方面，因為新系統的加入會干擾原先作業，且又有重新訓練的需要，許多系統會提高轉換成本，轉嫁給新夥伴。

　　資訊科技正改變競爭規模、自動化和彈性之間的關係，並可能帶來深遠的影響。要發展自動化，大規模的生產製造已不再是必要條件。如此一來，部分產業的進入門檻因而降低。

　　同時，自動化未必導致無彈性。例如奇異電器利用電腦儲存所有設計和製造的相關資料，將艾瑞（Erie）火車頭製造廠改為大規模彈性工廠，因此可以同時生產十種火車規格，而不需人工調整機器設備。寶馬汽車（BMW）安裝一套「智慧型」製造系統後，即使在一般生產線上，也可以生產客戶訂製的車種（每輛車都有特製齒輪箱、傳動系統、內部設計和其他特色）。自動化與彈性因此同時達成，並且改變競爭者之間的競爭型態。

　　許多價值活動的彈性日增，加上產品設計的成本下降，觸發產品客製化和服務小型利基市場等突然湧現的新商機。電腦輔助設計能力不僅降低設計新產品的成本，同時也大幅壓低現有產品修改或新增功能的成本。針對市場區隔訂製的產品成本

也在下降，並再一次影響產業的競爭。

經理人使用資訊科技以改善產業結構時，不能忽略技術也有破壞結構的潛力。比方說，最新的資訊系統容許航空公司經常改變票價，並在任兩個地點間提出多種不同的票價結構，使得班機和票價能靈活搭配，旅客也可獲得最經濟的票價。結果造成比現存更低費用的結構可能出現。由於資訊科技降低人際接觸和服務的商品化，已經讓部分專業性服務產業的吸引力降低。經理人在判斷新科技應用在產業結構時，必須小心謹慎，除了要看它所帶來的優勢，也要對可能的後果有所準備。

創造競爭優勢

無論哪種企業，資訊科技對於降低成本和產品差異化的競爭優勢，都產生強大的效果。資訊科技會影響價值活動，或容許企業改變競爭規模而獲得競爭優勢。

降低成本

如前所述，資訊科技能改變企業價值鏈中任一環節的成本。傳統上，資訊科技對價值活動的影響，僅限於它重複資訊流程的能力。這項限制如今已不存在，現今即使如組裝等主要涉及實體流程的活動，都擁有大量的資訊流程要素。

以佳能公司為例，它在低價的影印機組裝過程中，發展一套全自動選取零件與物料處理系統。對特殊影印機，裝配工人手邊也有各種特殊需求的零件儲存箱。佳能這套系統能成功，主要是靠控制零件庫存和選擇的軟體。在保險經紀商方面，保

險公司通常必須參與保險的合約簽訂，文件成本相當驚人。如今，一套電腦模組能讓參與保單的保險業者發揮最大效用，讓必須參與的業者降低經紀人的總成本。在成衣製造方面，一系列自動繪圖、紡紗、搬運至車縫站的運輸系統的出現，讓現場製造的工時縮短了一半。（參閱「目標：競爭優勢」）

資訊科技除了在成本上具有直接的影響力，也會改變價值活動的成本驅動因素，以改善（或侵蝕）企業的相對成本地位。路易斯安娜石油與輪胎公司（Louisiana Oil & Tire）就把整個業務部的十名業務員，全部召回辦公室改採電話行銷。如此一來，業務經費比原先降低10％，而業績成長一倍。不過，要走這一步，先決條件是，業務範圍必須由區域擴大到全國性的規模。

目標：競爭優勢

降低成本

賭場的營業額中，有20％是用在高消費群的服務。精於賭場經營的老闆，一定會注意哪些人是賭場的豪客。如今，許多賭場都已發展出可以分析客戶表現的電腦系統。凱薩宮（Caesar's Palace）發展一套更準確找出大賭客的玩家機率系統，因而服務預算降低20％以上。

提高差異化

利用資訊科技，美國運通（American Express）已發展一套與

同業有區隔的企業客戶旅遊服務。這項服務包括安排旅遊與密切
監控個人開銷。電腦會自動找出最便宜的機票價格，追蹤每位持
卡人的旅遊開支，而且每個月列帳一次。

提高差異化

　　資訊科技對差異化策略的影響同樣巨大。前面提過，差異
化的關鍵因素在於企業與產品在客戶價值鏈中的角色。新的資
訊科技使得接受客戶訂製產品的可能性大增。譬如使用自動化
作業，舒茲兄弟企業將低速船舶柴油引擎規格從五種增加為八
種。船東如今可以更精確地選擇所需、更能節省能源的引擎類
型。同樣地，XCON這套迪吉多電腦（Digital Equipment）的人
工智慧系統，運用決策原理開發客戶電腦的設計，不但縮短填
寫訂單所需的時間，並提高準確性。如此一來，迪吉多資訊的
品質形象大為提升。

　　藉由將更多資訊與產品實體相結合，並賣給客戶，新科技
也影響公司進行自我差異化的能力。雜誌經銷商如果利用資訊
系統處理待售的書刊，將比競爭對手更有效地提供零售通路信
用。同樣地，在實體產品中埋下資訊系統種子，也是讓企業與
競爭對手產生差異化的一種日益有力的方式。

改變競爭範圍

　　資訊科技可以改變競爭範圍與競爭優勢之間的關係，並增

加企業協調區域性、全國性和全球性活動的能力，開展更廣闊的地理幅員以創造競爭優勢。以報業為例，《華爾街日報》的發行者道瓊公司（Dow Jones），搶先在它全美國十七家印刷廠建立版面傳輸技術，形成貨真價實的全國性報紙。道瓊公司在通訊技術上的進步，使它進一步推動全球性策略，因此它經營《亞洲華爾街日報》和《華爾街日報歐洲版》，在全球印報，同時還共用社論版面。

　　資訊革命造成原本疏離的產業重新整合，電腦和電訊技術的融合就是一個很重要的例子，這種結合對兩種產業的結構影響深遠。美國電話電報公司（AT&T）便以它在電信業的地位做跳板，進入電腦產業。IBM則買下電信產品製造商羅姆（Rolm），開始反攻；金融服務業，如銀行、保險、仲介等產業，資訊科技也是它們之間逐漸增加的融合與交互關係之核心，至於辦公室自動化設備產業，原本也各有各的功能領域，如今像打字、影印、數據與語音通訊也都重新組合。

　　資訊科技讓擁有多條產品線的廠商，也能做到區隔市場的效果，這是以往鎖定特殊市場的廠商才辦得到的。舉卡車產業的例子，辛辛那提市的英特摩達運輸服務公司（Intermodal Transportation Services），便因此完全改變它的報價系統。以往英特摩達地方分公司是根據人工程序制定價格，如今它們使用微電腦將總公司與各地分公司連線，統一計算價格。此一新系統讓該公司推出新的價格政策，提供需要全國性運輸的大客戶折扣價。配合全國性客戶修改本身的價值鏈，這是英特摩達運輸服務公司原本做不到的事。

　　隨著資訊科技逐漸普及，企業從新的競爭範圍中發展優勢的機會將只增不減。但唯有將資訊科技組織溝通時，才能增加範圍的好處（以及連結點的績效）。完全分權化的組織設計與各自應用資訊科技的方式，將會阻礙這些可能性，因為企業內部各部門間的資訊科技無法交流。

孕育新產業

　　資訊革命以三種方式為全新的產業催生。首先，它讓新行業在技術上變成可行。比如結合現代影像和電信技術形成傳真服務，造就聯邦快遞公司的傳真服務（Federal Express's Zapmail）。同樣地，先進的微電子技術讓個人化運算變成可行。美林證券（Merrill Lynch）的客戶現金管理帳戶，需要新的資訊科技，將金融產品組合成單一商品。

　　其次，資訊科技可藉由創造出對新產品的衍生需求，孕育出新的行業。西方聯合連線服務（Western Union's EasyLink）便是一例，這家公司本身就是精密、高速、數據通訊的網路，它可讓個人電腦、文字處理機，其他電子設備彼此傳遞訊息，甚至傳達至全世界。在資訊科技未普及前，這項服務根本沒有市場可言。

　　第三，資訊科技會在老行業中創造出新業務。在價值鏈中包含資料處理流程的公司，也許可將多餘的能力和技巧賣給外界。席爾斯百貨利用自身處理信用卡帳戶的技術，以及大規模經營，因此可以對其他業者提供類似服務。席爾斯將信用卡授權和交易流程服務賣給菲利浦石油公司（Phillips Petroleum），

又將零售匯款流程服務賣給美隆銀行（Mellon Bank）。同樣地，一家汽車零件製造商史密斯公司（A.O. Smith），發展數據通訊專業以滿足傳統業務。當有大銀行集團尋求一家能運作自動提款機網路的承包商時，史密斯公司便順利得標。柯達伊斯曼（Eastman Kodak）利用內部通訊系統，提供長途電話和數據傳輸服務。若是企業內部價值鏈的資訊科技易受規模大小的影響，企業便可以藉著增加資訊流程的規模降低成本，全面改善競爭優勢。並將額外的能力賣給外界，產生新的收入。

企業也能創造並銷售作業過程中所衍生的資訊副產品。據報導，國家優質生活公司（National Benefit Life）將美國製罐公司（American Can）買下，一部分原因是要取得美國製罐公司九百萬個廣告郵件零售點的顧客資料。在零售超級市場使用的條碼掃描機，也將傳統雜貨店變成市場研究的實驗室。零售商在日報上刊登一則廣告，下午就可以驗收它的效果。它們也能將這些資訊賣給市場研究公司和食品製造商。

在資訊時代中競爭

高階主管應該根據以下五個步驟，掌握資訊革命所創造出的機會優勢。

評估資訊密度

企業的首要任務，便是評估其營運單位中，產品和流程之既有與潛在的資訊密度。要協助經理人達成這個目標，有數種

衡量資訊科技之潛在重要性的方法。

資訊科技在產業中具有下列一種以上的特質時，很可能就扮演一個策略性角色：

- 有高度資訊潛力的價值鏈：企業能與許多供應商或客戶直接交易、需要大量資訊以進行銷售的產品、能提供許多不同產品種類的產品線、製程包含許多零件和許多步驟的產品，以及從下訂單到交貨，週期時間很長的產品。
- 有高度資訊潛力的產品：主要提供資訊的產品、作業涉及實質資訊流程的產品、採購者必須處理大量資訊的產品、在訓練客戶時需要高成本的產品，以及有許多不同用法或買方之本業具有高資訊密度的產品。

這些都有助於事業單位界定，資訊科技投資的優先順序。在選擇優先處理時，企業要牢記資訊科技應用的廣泛性，它所涉及的不只是簡單的運算而已。

資訊科技在產業結構中扮演的角色

經理人應該預測，資訊科技可能對產業結構造成哪些影響，並檢視資訊科技對各種競爭力可能造成的影響。這些競爭力不只可能造成改變，整個產業界限也可能出現變化。

許多企業都在控制產業結構的本質變化步調上，扮演一定的角色。企業透過積極地投資資訊科技，並迫使其他公司跟

進，而造成許多產業的競爭基礎永遠改變。花旗銀行推動自動提款機與交易流程；美國航空公司擁有電腦訂位系統；《今日美國報》將散布各處的印刷工廠，以版面傳輸系統連結起來，都是率先使用資訊科技而改變整個產業結構的例子。企業應該了解，產業結構性變化會迫使企業必須回應，並找出搶先領導整個產業變革的方式。

找出資訊科技可能創造競爭優勢的方法，並加以評比

　　開始的假設應該是，資訊科技可能影響價值鏈中的每一活動。同樣重要的是，在價值活動之間，可能存在新的連結點。經過謹慎的觀察，經理人開始找出最容易影響成本和差異化的價值活動。很明顯地，如果這些價值活動具有重要的資訊流程部分，同時又代表大幅成本或差異化的關鍵時，最需要仔細檢驗。聯繫企業內外部活動的價值活動也很重要，主管必須檢視這些活動，找出資訊科技可能創造持續競爭優勢的方法。

　　企業除應仔細檢查本身價值鏈，還應該考慮資訊科技改變競爭範圍的方式。資訊科技能否協助企業服務新的產業區隔？資訊科技的彈性，是否導致擁有廣泛產品線的競爭對手，侵入原本利基所在的領域？資訊科技是否能提供企業全球化的槓桿效果？經理人是否能利用資訊科技，開發出與其他產業之間的交互關係？資訊科技是否能協助企業縮小其範圍，而創造出競爭優勢？

　　對公司的產品也可以從以下的順序重新予以觀察：

- 公司是否將更多的資訊內容與產品相結合？
- 公司能否讓資訊科技在組織內扎根？

研究資訊科技如何醞釀出新事業

經理人應該考慮，從既有事業中創造新事業的機會。對於企業多角化，資訊科技是一個重要性日增的途徑。像洛克希德公司（Lockheed）進入資料庫事業，就是因為察覺到充分運用電腦能力的機會。要找出擴張新事業的機會，必須先回答以下的問題：

- 公司能夠出售的一般性（或潛在的）資訊有哪些？
- 企業內部有哪些資訊流程能發展成新事業？
- 資訊科技是否能帶來與公司現有產品相關的新產品？

發展出善用資訊科技優勢的計畫

前四個步驟應導出一項行動計畫以跟上資訊革命。這項行動計畫應該將軟、硬體上的必要投資，分出優先等級，並在新產品發展活動中，反映產品所增加的資訊內容。能夠反映該項技術在連結企業內、外活動所扮演角色的組織變遷，可能也有其必要。

資訊科技的管理不再只是資訊部門的事。現在有愈來愈多的企業必須在使用資訊科技時，更精確地理解競爭優勢形成條件。組織內部發展系統，應該不限於個別單位，總經理必須介入以確保能達成跨部門的連結，並透過資訊科技達到目標。

　　這些變化並不表示，中央控制的資訊科技功能應扮演重要的角色。不過，企業與其控制資訊科技，倒不如由資訊服務經理人協調整個組織的架構和應用標準，並盡可能支援指導系統的發展。一旦企業內部的資訊科技能夠彼此相容，它們的好處才能發揮。

　　資訊科技有助於策略的執行，回報系統便能追溯執行策略的關鍵點與成功的因素。利用資訊系統，能讓企業更精確評估活動，協助經理人成功地執行策略。

　　資訊革命的重要性毋庸置疑。問題並不在於資訊科技是否會對企業的競爭地位扮演重要的角色，而是在於它的影響會在何時以何種方式爆發。能主動預期資訊科技力量的企業，將主導後續的發展。疏於回應資訊科技發展的企業，則將被迫接受由別人引發的改變，並發現自己已處於競爭劣勢。

| 第四章 |

策略與網路

麥可・波特——著

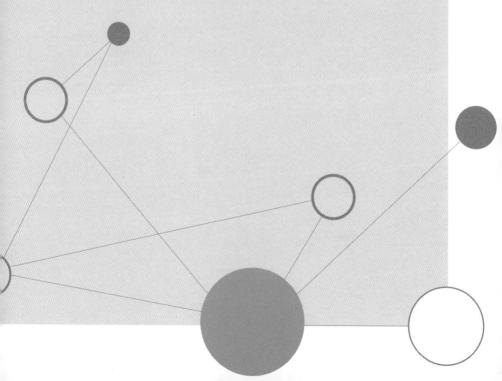

　　網際網路是一項重要的新科技，也因此受到創業家、企業主管、投資人，以及企業觀察者許多關注。許多人在網路熱潮中迷失了方向，以為網際網路會改變所有的事情，並且讓那些有關經營公司和競爭的老規則徹底過時。這種反應或許理所當然，卻很危險。這種反應曾經讓許多公司，不管是網路公司或是傳統公司，做出錯誤的決定，讓它們所處的產業魅力大減，並且破壞自己的競爭優勢。例如，有些公司利用網路科技，將競爭的基礎從品質、特色和服務，轉移到價格，結果讓業界的所有人都很難有利潤。有些公司急沖沖地建立錯誤的聯盟和外包關係，喪失了重要的專屬優勢。在不久前，市場上的各項信號還很扭曲不實，使得這些行動的負面效果也模糊不清。幸好現在這些效果已經愈來愈明顯了。

　　現在應該是對網路更清楚審視的時候了。我們必須把對「網路產業」、「電子商務策略」，以及「新經濟」的讚譽拋在腦後，而理解網路是什麼：網路是一種有力的科技，是幾乎能被用在所有產業、所有策略的有效工具。我們必須想想最基本的問題：誰能獲得網路所創造的利益？所有的價值最後都會跑到顧客那邊嗎？企業能不能抓住其中的一塊？網路對產業結構會有什麼影響？利潤池會因網路而擴大或縮小？網路對策略的影響是什麼？公司在獲得比競爭者強的長期優勢的能力，會因網路而提升還是縮減？

　　在研究這些問題時，我們發現的許多結果恐怕讓人難以接受。我相信到目前為止，企業應用網路的經驗不應被採信，而且我們應該把許多學到的功課忘掉。當我們用新的眼光來看的

時候，將發現網際網路不見得都是有益無害。網路可能改變產業的結構，但卻是把整體獲利能力往下拉；同時網路對商業實務有齊頭平等的效果，削減一家公司建立營運優勢的能力。

　　重要的問題不是我們是否要應用網路科技，企業如果想要保持競爭力，就不得不使用網路；問題的重點是，我們如何應用網路。我們有理由對此樂觀，網路比前幾代的資訊科技更能為企業提供好的機會，建立獨特的策略性定位。要得到競爭優勢，不一定就要採取全新的商業途徑，而是必須建立在過去已經證明有效的原則上。精確地說，網路很難是一種競爭優勢。成功的公司多是用網路來補強傳統的競爭方法，而不是把網路與原來的營運分開。這對傳統公司是個好消息，因為這些公司最能夠把網路和傳統的途徑融合，同時維持現有優勢。不過，網路公司也能成為贏家，只要它們了解網路和傳統途徑之間的得失取捨，然後創造真正獨特的策略。網路不僅不像有些人說的，會減少策略的重要，實際上還使策略比以前更重要。

扭曲的市場信號

　　已經應用網路科技的公司，常被扭曲不實的市場信號所迷惑，而這些信號往往是它們自己創造出來的。在遇上新的商業現象時，人們會希望從市場上產生的結果找到指引，這種反應是可以理解的。但是，在重要的新科技剛開始被應用的初期，市場的信號不見得可靠。新科技帶動公司和顧客進行實驗的風潮，然而這些實驗的經濟效益通常無法持久。結果市場行為被

扭曲，也因此必須小心解讀。

網路也是如此。我們來看在網路科技被廣泛使用的產業中，其獲利方程式的利潤面。銷售數字並不可靠，有三個原因。第一，許多公司因為希望在網路事業中占有一席之地，並且吸引基本客群，而對購買它們產品的行為進行補貼（政府也讓線上購物豁免銷售稅，做為補貼）。消費者在線上購物能獲得很低的折扣，甚至可以免費取得，其所付的價格並沒有反映實際成本。當價格被刻意壓低時，對商品的需求也會不正常地升高。

第二，許多消費者因為好奇而使用網路，即使線上購物的好處並不明顯，或是很有限，他們仍然願意在線上交易。如果亞馬遜網路書店（Amazon）提供的價格和一般傳統書店的一樣，或是稍微便宜一點，運送費用也完全免費或經過補貼，為什麼不到亞馬遜買書，當成是種實驗？然而即便如此，有些顧客遲早會回到比較傳統的商業交易方式，尤其是當補貼終止之後；因此目前為止，對顧客忠誠度的估計都不可採信。

第三，線上商務的一些「收入」，收到的是股票而不是現金。例如，亞馬遜從它的企業夥伴拿到的4.5億美元收入，股票占了絕大部分。這樣的收入並不穩定，它的真實價值也隨股票價格波動而起舞。

網路事業的利潤面充滿幻影，成本面也一樣朦朧不清。許多在線上做生意的公司都享受成本被補貼過的投入（inputs）。供應商因為急於和網路領導者搭上關係，並向它們學習經驗，就以大打折扣的價格提供產品、服務和內容。比

方說，許多內容供應商爭相以幾乎是無償的方式，把資訊提供給雅虎（Yahoo!），為的就是要在最多人到訪的網站上攻下一個灘頭堡。有些供應商甚至要付費給比較受歡迎的入口網站，來傳播它們的內容。許多供應商（先不講網路公司的員工）同意從與網路相關公司或新創事業手中，接下股票、認股權證或股票選擇權，支付它們的服務或產品。用股票付款的項目並不會出現在損益表上，但對股東卻是一種成本。網路生意因這樣的交易方式而壓低成本，因此看起來比實際情形還吸引人。最後，對資本需要的低估，也扭曲了成本。一家又一家的公司都誇口線上商務的資本密度低，結果卻發現，如果要為顧客提供價值，存貨、倉儲和其他投資依舊不可避免。

股票市場發出的信號，更是不可靠。投資人對網路爆炸性的成長熱過了頭，當這種情形反映到股票市場上，就是使股票價格脫離基本面。股票市場再也不能提供正確的指標，指出是否有真實的經濟價值被創造出來。任何公司做的決策，如果只是為了影響短期的股票價值，或是為了回應投資人的期望，都將自陷險境。

不只收入、成本和股票價格被扭曲，企業採用的財務指標可信度也出現問題。在網路上從事商務的公司，其主管便宜行事，不把傳統的獲利能力和經濟價值的指標放在眼裡。相反地，他們擴大解釋收入、顧客數的定義，甚至那些更啟人疑竇、他們強調總有一天會和收入相關的指標，諸如特殊使用者的數目〔也就是「接觸範圍」（reach）〕、網站到訪人數，或點閱率。同時，別出心裁的會計方法也劇增。確實，網路帶來

一連串新的績效指標，而這些指標卻和經濟價值沒有什麼關係，例如收入的預估（pro forma）指標，並不計算如收購這類「不會再出現」（nonrecurring）的成本。這些指標和實際獲利能力之間的模糊關係，最後只會讓市場動態的信號更加混亂。股票市場對這些指標信以為真，更是攪亂這淌渾水。因此，基於以上這些理由，許多網路相關事業的財務績效，其實比我們所知的更糟糕。

有些人可能會說，網路公司的蓬勃滋生，就足以顯示網路的經濟價值。這樣的結論就算沒有錯，也並不成熟。網路公司快速增加的一大原因，是它們有辦法不用證明它們的生存能力，就能夠募集到資金。網路公司在許多產業中大量竄出，只是說明了進入障礙不高（通常這是一個危險的徵兆），並不是商業環境健康的信號。

回歸基本面

光看目前的結果，很難讓人了解網路對商業的影響。但是，我們可以得到兩個大略的結論。首先，許多活躍於網路上的商業活動，受不久之前還很充裕的資金所支撐，是以不自然的方法從事競爭，這樣的商業活動受到太多人為因素干擾。其次，在轉換的時期中，就如我們目前所經歷的階段，競爭規則看起來好像有所不同。但是，當市場力量像現在一樣逐漸展露時，老規則又重新受到矚目。創造真實市場價值，再一次成為企業成功的終極決定因素。

　　一家公司的經濟價值就在於價格和成本之間的落差，而經濟價值只能用穩定的獲利能力才能被實在地衡量。應用網路科技來產生收入、減少費用，或僅僅只是做些有用的事，並不足以證明真的創造出價值。一家公司目前的股票價格也不能成為經濟價值的指標。股東價值只有從長期角度來看，才能成為經濟價值的可靠指標。

　　在考慮經濟價值時，我們必須區分網路的運用（例如經營數位電子市集、銷售玩具或買賣證券），以及可以做許多用途的網路科技（例如製作客製化網頁的工具，或是即時通服務）。許多人指出科技供應商的成功，就是網路經濟價值的明證，但這種想法漏洞百出。最終創造出經濟價值的，是網路的運用。不管應用網路是否有利可圖，科技供應商在某段時間都能夠大發利市。在大家都勇於實驗的時候，就算販賣的科技有瑕疵，這些供應商仍然能夠生存。但是除非科技的運用能夠產生穩定的收入，或是扣掉應用成本之後還能有結餘，否則一旦企業發現進一步的投資並不符合經濟效益，科技供應商的機會就會逐漸消逝。

　　究竟要如何使用網路，才能產生經濟價值呢？為了找到解答，我們必須跳脫眼前的市場信號，去看看兩個決定獲利能力的基本要素：

- 「產業結構」決定一般競爭者的獲利能力。
- 「長期有效的競爭優勢」可讓一家公司比一般競爭者表現更亮眼。

　　這兩項獲利能力的基本要素放諸四海皆準；它們凌駕於任何科技，或任何型態的商業業務。同時，它們在不同產業和公司有不同的表現。網路慣用概括式、超越產業界限的分類，例如企業對顧客（或稱「B2C」），以及企業對企業（或稱「B2B」），但從獲利能力的角度來看，這樣的分類沒有意義。只有檢視個別產業和個別公司，才能了解有多少潛在的獲利能力。

網路與產業結構

　　網路已經創造一些新的產業，例如線上拍賣和數位市集。然而，網路最大的影響是，讓那些原本在溝通、蒐集資訊或完成交易，受到高成本限制而施展不開的既有產業，有能力脫胎換骨。比方說，遠距學習已經存在好幾十年，每一年都有大約一百萬名學生註冊參與通訊課程。網路有大幅度擴張遠距學習的潛力，但是它並沒有創造這個產業。同樣地，網路也提供訂購產品的效率，但是郵購零售業者靠免付費電話和自動的後續作業處理中心，也已經營業了幾十年，網路只是改變郵購流程的前端作業。

　　不管是新興或傳統產業，其結構上的優點決定於五種競爭作用力：既有競爭者之間競爭的狀態、新進入者的威脅、替代性產品或服務的威脅、供應商的議價力量，以及購買者的議價力量。這些因素組合起來，就決定了每個產品、服務、科技創造出來的經濟價值，或是決定一個產業內的公司彼此的競爭

方式,以及它們因顧客、供應商、經銷商、替代者和潛在進入者的不同,而有何不同的競爭方式。雖然有人認為,如今科技變化步調如此快速,使產業分析變得較沒價值,然而事實卻恰恰相反。分析這幾種競爭作用力,可以指出一個產業最基本的優點、顯示產業內平均的獲利能力,也告訴我們未來獲利能力會如何變化。就算供應商、銷售通路、替代產品或競爭對手改變,這五種競爭作用力仍然決定了獲利能力。

由於這五種競爭作用力的強度隨產業的不同,而有相當大的差異,如果我們貿然把網路對長期的產業獲利能力有何影響下一個結論,恐怕會是錯誤的行徑,因為每個產業受到網路的影響都不同。然而,當廣泛檢視一些網路在當中扮演要角的產業時,我們發現一些清楚的趨勢,這項研究結果整理在圖4.1。有些趨勢是正面的,比方說,由於網路提供公司新的、更直接的通路去接觸顧客,因此讓通路的議價力量減弱。網路也能透過不同的方式提升一個產業的效率,改善一個產業相對於傳統替代品的定位,而擴大整體市場。

不過,大部分的趨勢是負面的。網路科技讓購買者更容易取得產品和供應商的相關資訊,因此強化了購買者的議價力量。有了網路,新進入者就不那麼需要現有的銷售人力或現存的通路,進入障礙也因此降低。網路給公司新的途徑去滿足顧客需求和發揮功能,因此也創造出新的替代品。由於網路是一個開放的系統,公司提出的產品、價格,其獨特性比較難維持,競爭者之間的較量就更加激烈。應用網路可讓市場的地理範圍擴大,讓更多公司加入戰局。而且,網路科技傾向於減少

圖4.1 網路如何影響產業結構

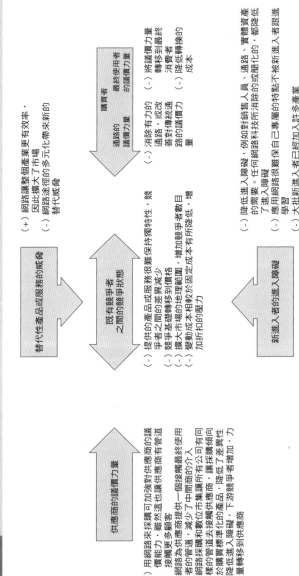

供應商的議價力量

(+/-) 用網路來採購可加強對供應商的議價能力，然而也讓供應商得以接觸更多顧客

(-) 網路為供應商提供一個接觸最終使用者的管道，減少了中間商的介入

(-) 網路採購和數位市場讓所有公司有同樣的管道去接觸供應商，讓採購傾向於購買標準化的產品，降低了差異性

(-) 降低進入障礙，下游競爭者增加，力量轉移到供應商

既有競爭者之間的競爭狀態

(-) 提供的產品或服務很難保持獨特性，競爭者之間的差異減少

(-) 競爭基礎轉移到價格

(-) 擴大市場的地理範圍，增加競爭者數目

(-) 變動成本相較於固定成本有所降低，增加折扣的壓力

替代性產品或服務的威脅

(+) 網路讓整個產業更有效率，因此擴大了市場

(-) 網路途徑的多元化帶來新的替代威脅

購買者

通路的議價力量

(-) 消除有力的通路，或改善對傳統通路的議價力量

最終使用者的議價力量

(-) 將議價力量轉移到最終消費者

(-) 降低轉換的成本

新進入者的進入障礙

(-) 降低進入障礙，例如對銷售人員、通路、實體資產的需要。任何網路科技所消除或簡化的，都降低了進入障礙

(-) 應用網路很難保有自己專屬的特點不被新進入者跟進

(-) 大批新進入者已經加入許多產業

以上的討論，引自本章作者與大衛‧蘇坦（David Sutton）的研究。如需更詳盡的內容，請參看《競爭策略》。

變動成本，讓成本結構偏向固定成本，公司因而承受更大的壓力，不得不投身破壞性的價格競爭。

雖然運用網路能擴大市場，但市場的擴大卻是犧牲平均獲利能力所換來。網路的優點，包括取得資訊容易，減少購買、行銷和配銷的困難度，讓買方和賣方更容易接頭、交易；但也因為這些優點，公司更難以把這些優點化為利潤，這就是網路最大的矛盾。

這個矛盾正發生在汽車零售業上。網路讓顧客更容易蒐集大量的產品資訊，從車輛詳細的特性和維修紀錄，直到新車批發價格和二手車平均價值。顧客也能從更多的選擇中去找到自己中意的車子，不只是地方上的經銷商，甚至還有各種不同的轉介網站（例如Autoweb和AutoVantage），以及線上直銷商（例如Autobytel.com、AutoNation、CarsDirect.com）。由於網路降低了地點的重要性（至少一開始的交易是如此），也就將市場的地理範圍從小地方擴大到大地區，甚至是全國範圍，因此每個汽車經銷商或經銷集團在市場上成為潛在的競爭者。而且，線上經銷商更難為自己創造差異性，因為它們缺乏汽車展售場的銷售人員，或是服務部門這類的特色。當愈來愈多競爭者販賣著幾乎沒什麼差異的產品時，競爭的基礎就更轉向價格。我們可以很清楚看到，網路對這個產業結構的淨效果是負面的。

但這並不表示，每個運用網路科技的產業都會變得更糟。拍賣網站就是一個完全相反的例子。在這裡，買方和賣方都是分散的，因此雙方都勢單力薄。拍賣網站的替代品，例如報紙

的分類廣告和跳蚤市場，接觸範圍沒那麼廣、使用上也較不方便。雖然拍賣網站的進入障礙並不算高，但網路拍賣公司可以在基礎架構上，以及在更重要的購買者和銷售者的匯集上，建立規模經濟，以屏除新競爭者的進入，讓它們屈居劣勢。到最後，這個產業的競爭規則大多被最大的公司eBay一手界定，例如網路拍賣公司必須提供一個容易使用的市集，收入來自登錄和銷售費用，以及顧客支付運送成本。

當亞馬遜和其他競爭對手進入這個市場，並且打出免費拍賣的旗幟時，eBay仍然維持它的價格，同時想出其他方法吸引和留住顧客。也因此，避免了其他線上事業發生的破壞性價格競爭。

eBay在網路拍賣事業上的例子，給我們一個重要的教訓：產業結構並不是一成不變，而是在相當程度上受競爭對手的選擇所影響。eBay的應變結果加強了網路拍賣產業的獲利能力，但在一個完全相反的例子中，Buy.com這個表現突出的網路零售業者，卻使它的產業蒙受其害，同時也損傷了它本身的競爭優勢。

Buy.com比史上任何一家公司都早達到營業額1億美元的紀錄，但它的方法，卻是完全把競爭基礎建立在價格上。它賣出產品的價格不只低於總成本，甚至是以產品本身的進貨成本來計價，或是低於進貨成本，並且盼望能從別的管道賺到錢。這家公司一開始並不打算做低成本的供應商，相反地，它在品牌廣告上投入大筆資金，卻把所有後續處理作業外包、提供稀少的顧客服務，結果錯失了創造差異化的可能。它也不專注銷售

某些產品，放棄區隔自己和其他競爭者的機會。它從電子產品
起家，迅速擴張到五花八門的產品，卻無法做出特色。雖然這
家公司一直費盡心思重尋自己的定位，但顯然仍難以挽救先前
決策所造成的後果。

首動者的迷思

既然網路會對獲利能力造成負面的影響，為什麼還是有
人對網路的應用抱持樂觀心態、甚至陶醉其中？其中一個理由
是，每個人關注的焦點都放在網路究竟能夠做些什麼，以及網
路功能可以擴張多快，而不是看網路如何影響產業結構。不過
這種樂觀心態可以追溯到一個普遍看法，認為網路可以發揮各
種力量，強化產業的獲利能力。最值得注意的是一種一般性假
設，認為網路的應用將增加轉換成本，形成強大的網絡效應，
因此讓首動者（first mover）有競爭優勢，並具備龐大的獲利能
力。首動者還可藉由快速建立有力的新經濟品牌，進一步強化
這些優勢。最後，這對勝利者而言，將會變成一個相當有吸引
力的產業。不過，這種想法並未經過仔細檢驗。

迷思一：提高轉換成本

轉換成本包含了一個顧客在轉換到新的供應商時，所有
可能產生的成本，從談妥一份新契約，到重新輸入資料，到學
習使用全然不同的產品和服務，都包括在裡面。當轉換成本上
升，顧客的議價力量就下降，產業進入障礙就跟著往上升高。

轉換成本並不是什麼新的概念；有些觀察家就認為，網路將大幅提高轉換成本。購買者對一家公司的使用者介面愈用愈熟悉，就不想再花費成本，去尋找、登錄註冊，以及學習使用競爭者的網站；對企業客戶來說，它們也不願意承擔重新整合別家系統到自己的系統所產生的成本。此外，由於網路商務能讓公司累積顧客購買行為的相關知識，公司就可以對顧客提供量身訂做、更好的服務，讓購物更加便利；這一切好處，也讓顧客捨不得放棄。當人們說到網站的「黏性」（stickiness），其實說的也就是高轉換成本。

然而，在現實世界裡，網路上的轉換成本可能不比傳統做生意的方式更高，反而更低；這些傳統方式包括使用老一代的資訊系統，如電子資料交換（EDI）系統。在網路上，購買者通常只要用滑鼠點幾下，就能夠轉換供應商。新的網路技術更可進一步降低轉換成本。比方說，像付錢夥伴（PayPal）這類公司，就提供結算交收的服務（settlement services），或是網路現金（所謂的e錢包），讓顧客在不同網站購物，可以不用一再鍵入個人資料和信用卡號碼。內容整合的工具如OnePage，讓使用者建立客製化的網頁，可從許多不同的網站自動抓出需要的資訊，使用者就不用一次又一次地回到各網站去找資料。XML標準的普遍使用，將讓公司免於重建專屬訂購系統，在變換供應商時，能創造出新的購買和邏輯協定。

迷思二：擴大網路效應

愈多顧客使用，就使產品或服務愈有價值的網絡效應，又

是怎麼樣呢？有一些重要的網路應用功能顯示了網絡效應，包括電子郵件、即時訊息（instant message）、拍賣，以及線上留言板或聊天室。當這些效應很顯著的時候，它們能在供應面形成規模經濟，提高進入障礙。很多人認為，這將帶動贏者通吃的競爭，最後只剩下一、兩家公司掌控市場。

但是，有了網絡效應還不夠；要建立進入障礙，這些網絡效應還必須專屬於一家公司。網路具有開放性，標準和協定都是共通的，讓人來去自如，因此一家公司要完全壟斷網路效應的好處，並不容易〔美國線上（AOL）能夠用一道圍牆隔離它的線上社群，這是特例，不是常態〕。就算一家公司夠幸運，能夠控制一種網絡效應，在達到某一數量的顧客之後，這效應通常就會到達臨界點，報酬率逐漸下降。

此外，網絡效應有自我限制的機制。某特定的產品或服務一開始所吸引的顧客，其需求最能被這種產品或服務滿足。然而，當顧客群擴大時，這項產品或服務在滿足市場上其他顧客的需求上，就比較沒有效果，於是就給其他競爭者的不同商品留下機會。最後，創造網絡效應需要投下大筆資金，或許會抵消未來可能產生的利益。

從許多方面來看，網路效應和經驗曲線類似，經驗曲線在過去被認為可以透過成本優勢，讓一家公司掌握市場占有率。這種觀點是太過簡化了，許多產業一心只追求經驗曲線的優勢，到頭來變成一場災難。

或許因為缺乏實體的存在和直接的人際接觸，虛擬商務比起傳統商務，對顧客而言比較不具體，導致網路品牌難以

建立。儘管耗費鉅資在廣告、產品折扣，及其他刺激購買動機的事上，大部分網路品牌並沒有像現有的品牌，擁有那樣的力量，只是在顧客忠誠度和進入障礙上小有斬獲。

迷思三：聯盟

另一個迷思也激發人們對網路產生無可比擬的熱情：「聯盟」會是達成雙贏的工具，用以改善產業經濟。聯盟是一種行之已久的策略，但網路科技的應用讓它更加普及。聯盟通常有兩種形式，第一種與互補有關：把產品與另一個產業的產品一起使用。比方說，電腦軟體是電腦硬體的互補品。在網路商務中，各家公司都推出品類更廣泛的產品、服務和資訊，互補品就因此繁殖增生。聯盟的公司（彼此往往也是競爭對手）把產品互補的做法，加速了產業成長，也遠離狹隘的破壞性競爭。

不過，這種方式顯示了對互補在競爭中的角色了解不夠完全。互補通常對一個產業的成長很重要，比方說，工作底稿（spreadsheet）的應用軟體產品加速了個人電腦產業的擴張。但是，互補和產業的獲利能力沒有直接的關係。例如，替代性強的替代品會減低潛在的獲利能力，而一個互補性強的互補品不僅可能有正向的影響，也可能有負向的影響。互補經由影響這五種競爭作用力，間接地影響產業的獲利能力。如果一個互補品提高整體產品的轉換成本，就能夠提升獲利能力，但如果互補品最後使該產業的產品標準化，就如同微軟的作業系統對個人電腦的影響，最後就會使競爭更強烈，獲利能力更惡化。

在網際網路的例子中，和互補品生產者的聯盟處處可見，

這在解決產業結構性問題的同時，也帶來新問題。當聯盟愈來愈頻繁時，公司會愈來愈相像，也使競爭更加強烈。不但如此，聯盟後的公司無法專注於自己的策略目標，反而被迫在聯盟夥伴的不同目標之間求取平衡，還要忙著教育它們在該產業的經營之道。競爭通常會變得更不穩定，而且由於互補品的生產者也可能成為競爭者，也增加新競爭者加入的威脅。

聯盟另一個常見的形式，就是外包。網路科技讓公司更容易與供應商協調合作，使「虛擬企業」這個名詞隨處可聞；它指的就是一項事業大部分是從購買現成的產品、零組件和服務，加以組合而來的。雖然大量的外包可以降低短期成本，並增加彈性，但外包對產業結構也有負面影響。當競爭者都向同樣的供應商採購時，購買來的零組件幾乎都一模一樣，會使公司的獨特性消失，只能在價格競爭上做文章。外包通常也降低進入障礙，因為新的進入者只要把採購來的零組件組裝在一起，不用建立自己的生產能力。除此之外，公司對自己事業中的關鍵要素失去掌控能力，也拱手把零組件、組裝和服務的重要經驗讓給供應商，長此以往，將增強供應商的力量。

網路競爭的未來

雖說每個產業的演變都有不同，但檢視影響產業結構的因素之後，我們發現使用網路科技可能會不斷地對許多產業的獲利能力帶來壓力。以競爭的強度為例，許多網路公司正準備關門大吉，這似乎顯示將有合併風潮，也將使競爭熱潮冷卻。

但是，雖然有些新公司之間的合併不可避免，許多傳統公司現在都對網路科技更加熟稔，也正快速地應用網路。在這種情況下，新、舊公司雜陳，進入障礙也普遍降低，大部分產業最後的競爭者數目都可能是淨增加，競爭的強度也可能比網路出現之前更加激烈。

顧客的力量也將趨向增強。當顧客對網路一開始的好奇消減，優惠補助也結束之後，在網路上賣產品或服務的公司，非得證明它們能為顧客帶來貨真價實的利益不可。就現在來看，顧客似乎已經對Priceline.com的逆向拍賣（reverse auctions）失去胃口，因為能省下的錢不多，使用上的麻煩卻不少。當顧客對這項技術愈來愈熟悉，對一開始的供應商忠誠度也會下降，也將明白轉換成本並不高。

同樣的變動也將影響廣告策略。現在，廣告商已經更有識貨的能力，網路廣告的成長率也趨緩。因此可預期未來廣告商在新的網路廣告經紀商的協助和慫恿下，將繼續使用議價力量，大幅壓低廣告價碼。

不是所有的消息都是壞消息。有些科技上的進步將帶來加強獲利能力的可能性。比方說，串流視訊（streaming video）經過改良，和低成本頻寬愈來愈容易取得，可讓顧客服務代表或其他公司的人員，透過他們的電腦直接和顧客談話。在網路上賣東西的人將更能夠區隔自己，把顧客的注目焦點從價格移開。而且，像是銀行的自動繳付帳單之類的服務，可以稍微提高轉換成本。雖然如此，新的網路科技還是會繼續把力量轉移給顧客，侵蝕了公司的獲利能力。

　　從網路長期的結構性結果來思考是相當重要的，要了解這點，我們來看看數位市集的例子。這類市集以電子化的方式連結許多購買者和供應商，把公司的採購自動化。這對購買者的好處，包括交易成本低、更容易取得價格和產品資訊、更方便得到相關服務，以及有時候可以彙整採購量。對供應商的好處，則是低銷售成本、低交易成本、有了接觸更廣大市場的管道，以及可以避開力量強大的通路。

　　從產業結構的角度來看，數位市集吸引人的地方因產品而異。一個市集的潛在獲利能力，最重要的決定因素是在某特定的產品領域中，購買者和銷售者真正的力量。如果其中一方很集中，或是擁有差異性的產品，這一方的人就可以左右市集的議價力量，獲得大部分創造出來的價值。然而，如果購買者和銷售者都很分散，議價力量將很微弱，而市集則比較有可能獲利。另一個產業結構的重要決定因素，就是替代者的威脅。如果對購買者和銷售者而言，彼此直接交易，或是自己另外設立交易市場，相對上比較容易的話，獨立的市集就不可能維持高獲利水準。最後，創造進入障礙的能力也很重要。今天，在某些產業裡，有數十個數位市集彼此競爭，而且購買者和銷售者切割他們的購買行為或經營自己的市場，以防止任何一個市集獲得力量。從這些現象可以清楚看到，進入障礙不高對市集的獲利能力確實是一大挑戰。

　　數位市集之間的競爭情勢正在轉變，產業結構也在演變。數位市集創造出來的經濟價值，大部分是從它們建立的標準而來，不管是在科技技術平台，或是在連接和交換資訊的協定。

但是，一旦這些標準被建立起來，市集的附加價值可能就很有限。購買者和供應商提供到市集裡的任何東西，例如訂單的詳細內容、是否有存貨等資訊，也可以提供到他們自己專屬的網站。供應商和顧客可以直接在線上交易，不需要一個中介者。無庸置疑地，新科技將讓買賣雙方彼此更容易搜尋和交易物品、資訊。

在某些產品領域裡，市集應該可以繼續享有優勢，和擁有誘人的獲利能力。在比較分散的產業，例如房地產和家具業，市集能夠繁榮成長，新型態的附加價值服務也可能會因獨立市集而興起。但是，在許多產品領域裡，直接交易，或是在購買、資訊、財務和物流服務上不如市集那般設條件限制，都可能使市集大幅銳減；在其他領域，市集則可能被參與者或產業公會接收，當成只求服務、不問收穫的成本中心。在這情況下，市集可以為參與者提供有價值的「公共財」，它們自己卻不可能得到任何長久的利益。長期下來，我們或許可以看到許多購買者從公開的市集退出，他們可能回頭專注於和少數供應商建立封閉、專屬的關係，並且使用網路科技改善這些關係的效率。

網路與競爭優勢

如果許多受網路影響的產業其平均獲利能力都受到壓力，對個別公司而言，如何使自己脫穎而出，獲利表現比一般公司更傑出，就更重要了。要這樣做的唯一方法是，創造出長期有

效的競爭優勢，不管是以較低成本營運、收取較高的價格，或是雙管齊下。成本和價格優勢可以用兩種方法達到，一種是作業效益：做競爭者在做的，但做得比他們好。作業效益有許多不同的形式，包括更好的科技、優越的投入、訓練更好的人才，或是更有效的管理結構。另一個建立優勢的方法是策略性定位：做和競爭者不同的事，為顧客創造獨特的價值。這可以包括提供不同的產品功能、不同的服務組合，或是不同的物流安排。網路對作業效益和策略性定位兩者的影響非常不同；網路讓公司更難維持營運優勢，但是它也為達到或加強獨特的策略性定位，開啟了新的機會。

作業效益

　　網路可能是現今用來加強作業效益的最有力工具。網路讓即時的資訊交換變得更容易、也更快速，因此可用來改善整條價值鏈的每個環節，幾乎可應用到每家公司和每個產業。並且由於網路是具有共同標準的開放平台，公司不需像在過去幾代的資訊科技上投資那麼多，就可以享用網路的好處。

　　但是，僅僅只是改善作業效益，並不能創造出競爭優勢。只有當公司有能力達到和維持比競爭者更高水準的作業效益，才能獲得優勢。就算在最好的情況下，要做到這點還是相當困難。一旦一家公司建立了一個新的最佳實務，它的競爭對手很快就會仿效。最佳實務最後就會形成競爭趨同（competitive convergence），所有公司都用同樣的方式、做同樣的事。顧客最後只能看價格做決定，如此將損害產業的獲利能力。

　　網路應用軟體的本質，使得作業效益比以前更難維持。在過去幾代的資訊科技，應用軟體的開發通常都很複雜、費時費力，也非常昂貴，因此使得公司要建立資訊科技的優勢難上加難，但也讓競爭對手難以模仿這資訊系統。網路的開放性，加上軟體架構、開發工具和模組的進步，讓公司更容易設計和採用新的應用軟體，例如，連鎖藥房CVS在六十天內，就完成採用一套複雜的網路採購軟體。當開發系統的固定成本滑落，模仿的障礙也同時下移。

　　在今天，幾乎每一家公司都在開發類似的網路應用軟體，它們通常都是使用其他軟體開發商所提供的同一套軟體。其結果是，這些網路應用軟體所帶來的作業效益的改善，也是大家通通有獎，所有公司都用了相同的應用軟體、得到相同的好處。很少有哪個公司能夠從使用「同業最好」（best-of-breed）的應用軟體中，獲得長久的優勢。

策略性定位

　　策略需要有紀律的修練；必須堅定地專注在獲利能力而不是成長，需要能識別獨特的價值主張，以及在選擇不去做什麼的事上有毅然割捨的決心。一家公司必須有定向，即使在變動不安的時刻依然如此，同時間也持續加強和擴大它與眾不同的定位。策略不只是追求最佳實務而已，而是要描繪出一條能夠讓公司提供獨特價值的價值鏈（一連串生產產品或提供服務的活動）。另外，為了要能歷久不衰，這條價值鏈必須高度整合。如果一家公司的活動組合在一起之後產生自我強化系統，

任何公司想要模仿它的策略，都必須複製整個系統，而不能只是拷貝一、兩個單一的產品特徵，或是某幾個活動的運作方式（參閱「策略性定位的六項原則」）。

策略性定位的六項原則

要建立和維持獨特的策略性定位，公司要遵循六項基本原則。

第一，策略性定位必須從「正確的目標」出發：追求資本長期的高報酬。只有把策略植基在獲利能力上，才能產生真實的經濟價值。當顧客願意為一種產品或服務付出的價錢，超過生產成本時，經濟價值才會產生。如果我們把目標設定為追求數量，或是取得領先的市場占有率，以為利潤自然會跟著來，那就會訂出很糟的策略。如果訂出來的策略只是為了滿足投資人的要求，結果也會令人失望。

第二，公司的策略必須產生與競爭者不同的「價值主張」，或是一組利益。策略既不是為了找到一體適用的最好的競爭方式，也不是要為每個顧客做所有不同的東西。策略必須定義出一種競爭方式，可以在某一種功用上、或是為某一群顧客，傳遞出獨特的價值。

第三，策略必須反映出一條「特別的價值鏈」。為了要建立長久有效的競爭優勢，公司必須進行與競爭對手不同的活動，或是用不同的方式進行同樣的活動。一家公司必須把它從事製造、物流、提供服務、行銷、人力資源管理等等的活動，設計得和對手不同，依照它獨特的價值主張調整這些作業。如果一家公司只

專注於採用別人的最佳實務，最後大部分的作業就會和競爭者相似，讓它很難得到優勢。

第四，策略要有效，就要有「取捨」。一家公司必須放棄或犧牲某些產品功能、服務或作業，好讓它與其他產品不同。這樣的取捨，不管是在產品或是價值鏈，都能讓一家公司有差異性。如果產品或價值鏈的改良不需要取捨，這些改良通常就會變成新的最佳實務，成為競爭者模仿的對象，因為競爭者用同一套方法，並不需要犧牲它們現有競爭的方式。想要為所有顧客提供所有的產品或服務，幾乎就保證這公司絕對不能得到任何優勢。

第五，策略決定了企業活動所有要素「緊密結合」的方式。策略是在整條價值鏈中，做出一致、互相關聯的決策；公司所有的活動都必須彼此互相強化。例如，一家公司的產品設計，應該加強它製造的方式，這兩者也都必須讓售後服務更有效。各項要素緊密結合不只能夠增加競爭優勢，還能讓一項策略更難被模仿。競爭者或許可以輕易地拷貝一個作業或一種產品特徵，卻很難複製一整個競爭系統。如果各要素沒有緊密結合，只單獨在製造、行銷或配銷上做改良，改良的成果很容易被人仿效。

最後，策略包含了方向上的「持續一致」。公司所訂出的獨特價值主張必須能長久持守，即使這表示它必須放棄某些機會。如果方向沒有持續一致，公司就很難發展出獨特的技能和資產，或是在顧客之間建立穩固的信譽。企業不斷地進行「改造」，通常是策略思考不周的徵兆，公司表現也會走向平庸。公司不斷改善進步是必要的，但必須有一個策略方向為指引。

缺少策略

　　許多網路事業的先鋒，不管是網路公司或是既有的傳統公司，它們彼此競爭的方式，幾乎都違反了好的策略的每一項原則。它們沒有專注在獲利上，反而不惜一切代價，只為極大化收入和市場占有率，大方地打折扣、送贈品、促銷，提出通路的獎勵誘因，花大錢做廣告。它們沒有集中火力在提供真實價值，好從顧客那裡賺到好價格，反而花心思向網路商務夥伴收取間接收入，諸如廣告費、點閱費。它們沒有取捨輕重緩急，反而急於發表每一種它們所能想到的產品、服務或資訊。它們沒有細心剪裁出一條獨特的價值鏈，反而向競爭對手有樣學樣。它們沒有建立和維持對專屬資產和行銷通路的控制權，反而迫不及待地和別人聯盟、找人外包，結果侵蝕了自己的獨特性。雖然有些公司確實沒有犯這些錯誤，但它們只是特例，不是常態。

　　因為忽略了策略，許多公司已經損害了它們產業的結構，加速了競爭趨同的現象，也減少自己或他人得到競爭優勢的機會。一場破壞性、零和的競爭已經發動，把培養顧客群和建立獲利能力混為一談。更糟糕的是，價格已經被認定是最重要的，甚至是唯一的競爭變數。公司沒有強調網路提供方便、服務、專門性、客製化，以及其他形式的價值，理所當然地收取較高的價格，反而轉向成本和價格的競賽。一旦競爭被定義為如此，這種情況就很難逆轉（請參閱「不智之言：網路的毀滅性名詞」）。

不智之言：網路的毀滅性名詞

　　許多對競爭錯誤的認識，已經影響網路商業，也融入了討論這些議題的語言。網路公司和其他與網路相關的角色，都倡談「商業模式」。這個看起來無害的倡談，其實大有文章。商業模式的定義很模糊，它往往指的是公司如何經營事業和創造收入的鬆散概念。但是，僅僅有一個商業模式，還不足以建立一家公司。創造收入和創造經濟價值並不是同一回事，也沒有任何商業模式能夠脫離產業結構來談。商業模式對管理的影響，已經造成許多錯誤的思想，以及自我欺騙。

　　網路名詞中的其他詞彙，也導致不幸的後果，特別是「電子商務」（e-business）和「電子策略」（e-strategy）帶來許多問題。這些名詞鼓勵經理人把網路事業從整體事業中孤立出來，造成公司只採用網路競爭這種過度簡化的方法，也迫使他人競相模仿。傳統公司無法把網路整合到現有、已經證明有效的策略，結果把自己最重要的優勢束之高閣，從未善加利用。

　　即使是有良好基礎、營運健全的傳統公司，也被網路淘汰出局。它們忘記了自己的立場，或自己獨特的優點，一頭栽進熱門的網路應用，模仿網路公司的花招。產業的領導者捨棄現有的競爭優勢，勉強進入一些在裡面顯不出自己差異性的市場。例如，美林證券公司模仿交易對手，提出低成本的網路方案，幾乎危害了它最寶貴的優勢，也就是優秀成熟的交易員。

並且，許多既有的傳統公司為投資者的熱誠所誤導，草率地與網路單位結合，只為了哄抬它們在股票市場上的價值，結果幾乎都白花力氣。

事情本來可以不必如此，在未來也可以不用再重蹈過去的覆轍。在說到加強具差異性的策略、設計作業，以及強化各項作業的配合，網路其實可以比前幾代的資訊科技，提供更好的技術平台。確實，過去資訊科技對策略不利。套裝應用軟體很難做到客製化，公司為了要配合軟體裡面設計好的「最佳實務」，不得不改變它們進行一些作業的方式。在過去，要把不同的應用程式連接在一起，也非常困難，企業資源規劃（enterprise resource planning, ERP）系統串聯了各項作業，但是同樣地，公司為了遷就軟體，也被迫調整它們做事的方法。結果是，資訊科技讓作業標準化，加速了競爭趨同的現象。

網路架構與其他軟體架構和開發工具的改良，已經讓資訊科技搖身變成策略的一項利器。要把套裝網路應用軟體修改，配合一家公司獨特的策略性定位，更為容易了。透過提供完整供應鏈共同的資訊科技傳遞平台，網路架構和標準也讓建立完全整合和客製化的系統成為可能，可用來加強各項作業配合的緊密度。（請參閱「網路和價值鏈」）

網路和價值鏈

要了解資訊科技對公司的影響，最基礎的工具就是價值鏈，也就是產品或服務被創造和傳遞給顧客的一組作業活動。當一家

公司在任何產業中競爭時，會進行一連串彼此獨立、卻相互影響的價值創造活動，例如運作銷售團隊、製造一個零組件、運送產品，這些活動與供應商、通路和顧客，都有連接點。價值鏈就是一套架構，可以用來識別所有活動，並分析它們如何影響公司的成本，和傳遞給購買者的價值。

由於每一項活動都包含資訊的創造、處理和溝通，資訊科技對價值鏈的影響無所不在。網路特別的優勢，是它連結各個活動，以及讓某個活動中創造出來的資料，可以立即傳到他處，不管是在公司內，或是外部的供應商、通路和顧客。藉由納入一組共同、公開的通訊協定，網路科技能提供一個標準化的基礎架構、一個取得和傳達資訊的直覺式瀏覽介面、雙向的溝通，以及聯繫上的便捷；這些都比使用私人的網絡和電子資料交換系統，成本要來得低。

網路在價值鏈上最明顯的應用，都列在表「網路在價值鏈中的重要應用」。有些應用是把實體活動移到線上，但其他則是讓實體活動更有成本效益。

網路雖然力量強大，但是並不能與過去分離；相反地，網路是資訊科技持續的演化過程中最新的一個階段[1]。確實，今天我們所能運用的各種科技，並不只是從網路架構上衍生出來，也有從其他互補的科技進步而來，例如掃描、物件導向程式設計、關聯式資料庫，以及無線通訊。

要了解這些科技上的進步最終將如何影響價值鏈，我們可以從歷史的角度來看[2]。商務上資訊科技的演進，可以分為五個互相交疊的階段，每一個階段都是為了解決前一階段面臨的限制，而

演化出來的。最早的資訊系統把個別的交易自動化，例如訂單輸入和會計。下一階段是把個別活動完全自動化，並加強功能，例如人力資源管理、銷售部門的運作，以及產品設計。

第三個階段因網路而快速演化，包括跨活動的整合，例如把銷售活動和訂單處理連結在一起。藉由顧客關係管理（customer relationship management, CRM）、供應鏈管理（supply chain management, SCM），以及企業資源規劃系統這些工具，多項活動得以串聯一起。第四個階段現在才正要開始，這個階段讓價值鏈和整個價值系統（也就是整個產業中的整組價值鏈，包含了供應商、通路和顧客）的整合成為可能。供應鏈管理和顧客關係管理已經開始合併，包含顧客、通路和供應商的用戶端對用戶端應用軟體，把訂單和製造、採購、服務連結。將來，產品開發也很快地會被整合，雖然它目前為止都還獨立於其他活動。複雜的產品模型將在不同的環節間交流，網路採購也將從標準商品，變成特別訂做的產品。

在即將來臨的第五階段，資訊科技將不只被用來連接價值系統中不同的活動和人物，也能即時創造出最適化的成果。所做的選擇，將以多種活動和多家公司所提供的資訊，做為判斷的根據。例如，從多個生產設備可用的產能和多家供應商可用的存貨這些資訊，就能自動做出生產決策。雖然在第五階段的初期，只能在貨源（sourcing）、生產、物流和服務交易上，做到簡單的最適化，但最深層的最適化將納入產品設計。例如，產品設計的根據，將不只是工廠和供應商的投入，還包括顧客的投入，做到最適化和客製化。

網路在價值鏈中的重要應用

公司的基礎架構
- 以網路為基礎,分散的財務和企業資源規劃系統
- 線上投資人關係(例如,散布資訊、通訊會議)

人力資源管理
- 自助式的人事和薪資管理
- 以網路為基礎的訓練
- 以網路為基礎,分享和散布公司資訊
- 電子化的時間、費用報告系統

技術開發
- 分散不同地點和隸屬不同價值系統的人員,共同進行產品設計
- 組織中的所有部門,都能使用和經過調整理分類的知識
- 研發單位能同步取得線上的銷售、服務資訊

採購
- 用網路做需求規劃:即時掌握可承諾數量(available-to-promise)/可承諾產能(capable-to-promise),以及後續作業處理
- 與供應商的採購、存貨和預估系統有所連結
- 從取貨到付款的作業自動化
- 經由市場、交易、拍賣,和購買者與銷售者的配對,來進行直接與間接的採購

內部物流作業	營運	外部物流作業	行銷和銷售	售後服務
• 即時整合時間安排、運送、倉儲管理，需求管理和規劃，以及公司與供應商間進一步的規劃和即時間安排 • 在公司各部門散布即時的進貨和庫存資料	• 把公司內部廠房、組裝承包商，以及零組件供應商這三者的資訊交換、時間表和決策整合 • 即時對銷售人員和通路提供可承諾數量和可承諾產能	• 即時處理從客戶、銷售人員或最終通路夥伴送來的訂單 • 把與顧客所訂的協議書和合約上的條件自動化處理 • 讓顧客和通路得知和悉產品開發和運送預估狀況 • 與顧客需求預估系統合作整合 • 整合通路管理，包括資訊交換、保固維修的要求和合約管理（解釋／流程控制）	• 包括網站和市集的線上銷售通路 • 讓內部和外部人員可以即時取得顧客資訊、產品型錄、價格調整辦法、可用存貨、線上報價和訂單輸入 • 線上產品結構 • 經由顧客資料整理，進行適合個別顧客的行銷方式 • 主動性廣告（push advertising） • 精心設計的線上途徑 • 透過網站調查、顧客選擇退出（opt-out）／選擇加入（opt-in）的行銷，和追蹤顧客對促銷方案的回應，得到即時的顧客反應	• 在網路上利用電子郵件回應管理工具、帳單整合、共同瀏覽、聊天室、網上即時回應、網路電話、以及其他視訊串流的運用，支援顧客服務代表 • 網上顧客自助服務，以及包括帳單和送貨最新情況的智慧型服務要求處理程序 • 讓實地服務（field service）能即時取得顧客帳戶檢視、概要的檢視、可用零件、以及訂貨、最新工單（work-order）和服務零件管理

← 線上供應鏈管理 →

　　無論如何，我們必須仔細考量網路在價值鏈中所能發揮的力量。雖然網路的應用對各項作業的成本和品質有重要影響，卻不是唯一或最主要的影響。傳統因素諸如規模、員工的技能、產品和流程的科技，以及實體資產上的投資，都扮演了重要的角色。網路在某些方面有改頭換面的效果，但許多傳統競爭優勢的來源，其重要性未曾改變。

註¹：請參閱波特（M. E. Michael）與米拉（V.E. Millar）的文章〈如何利用資訊形成競爭優勢〉，本書第三章。此文提供的架構，可幫助你了解網路目前的影響。

註²：這些討論引用自作者與布萊（Philip Bligh）所做的研究。

　　雖然如此，要獲得這些優勢，公司必須停止使用那些大家都適用、隨買隨用的套裝應用軟體，轉而針對他們特別的策略，調整網路科技的應用。雖然要把套裝軟體依各公司的需要修改仍然很困難，但最難的課題，還是在維持長久有效的競爭優勢。

網路為互補力量

　　要善加利用網路的潛在策略力量，企業主管和創業家都必須改變他們的觀念。有一個廣為接受的說法是，網路無堅不摧，最終將取代一切原有做生意的方式，完全推翻所有傳統的優勢。這實在是誇大其詞。無疑地，網路可能取代部分傳統的作業。例如在唱片產業，線上播放音樂可能減少對CD製造設

備的需要。不過，整體來看，這種替代效果在大多數的產業都不大。雖然網路將取代某些產業價值鏈的部分要素，但整條價值鏈完全被網路吃掉，會是極端少見的情形。就算是在音樂產業，許多傳統的作業，例如發掘新秀、宣傳、製作和錄製音樂，以及固守電台點播率，還是非常重要。

通路互相衝突的可能性通常也被高估了。當線上銷售變得愈來愈普遍之後，一開始對網路存疑的傳統通路，也開始張開雙臂擁抱網路。網路科技不但沒有把傳統通路消滅殆盡，反而還能增加許多傳統通路的機會。通路的中介角色會消失的威脅，現在看來是比一開始所預測的要低得多。

事實上，通常網路應用牽涉的活動，雖然是必要的，卻不是在競爭中具決定性影響力的要素，這些競爭諸如告知顧客、處理交易和採購投入原料。關鍵性的公司資產，例如技術純熟的人才、專屬的產品技術、有效率的物流系統，在應用網路之後其重要性並不受影響，這些資產通常還是夠強，能夠保持現有的競爭優勢。

在許多案例中，網路能夠補強，而不是吞噬公司傳統的作業和競爭方式。我們來看沃古林（Walgreens）這家美國最成功的連鎖藥房的例子。沃古林的網站能讓顧客得到大量資訊，也讓他們在線上買醫生開的處方藥。這個網站不但沒有吃掉這家公司的實體藥房，還加強了它們的價值。在線上訂購藥物的顧客中，整整有90%的人選擇自己到附近的藥房取藥，而不是讓沃古林送貨到家。雖然有些訂單轉移到網路，但沃古林發現，它散布各地的藥房仍然是一個重要的優勢。

另一個好例子是葛倫格（W.W. Grainger）這家公司，它是設備維修產品的經銷商，也販售備用零件給公司。葛倫格公司有遍布全美國的庫存中心，看起來它正是教科書裡要說明舊經濟公司注定被網路淘汰的一個案例。但是葛倫格反對網路將顛覆其策略這樣的假設。確實，它在網路上積極地出擊，也不忘把線上事業與傳統事業緊密地整合。葛倫格的成績亮麗，在線上購物的顧客，也繼續透過其他方式購買產品，該公司估計，那些在線上通路購物的顧客，其消費額的成長率，比只使用傳統方式購物的顧客的消費成長率，高出9%。

葛倫格就像沃古林一樣，也發現網路訂購增加了實體商店的價值。和買處方藥的顧客一樣，購買企業用物品的顧客通常也必須立刻用到要買的東西，如果他們自己去附近的葛倫格門市取貨，會比等送貨員送上門還要快、也更省錢。葛倫格公司把網站和庫存中心緊密結合，不只為顧客增加了整體價值，也減少了自己的成本。在網上接受和處理訂單，雖然比用傳統的方法更有效率，但是把貨物大批送到各庫存中心，卻比從一個總倉庫交寄出個別顧客訂購的貨物，要來得有效率。

葛倫格公司也發現，印刷型錄增加了它線上的營業額。許多公司把產品型錄的內容放到線上之後，第一個直覺想法，就是取消印刷型錄。但是葛倫格公司繼續印製型錄，而且每次一有新的型錄發出去，線上的訂購量就會暴增。印刷型錄已經被證實是宣傳網站的好工具，而且也是一個便於提供購買者大筆資訊的方法。

在某些產業，使用網路只是代表稍稍改變原來建立以久的

實務。對於郵購商如地極（Land's End）、電子資料交換服務
供應商如奇異、直接行銷商（direct marketer）如蓋科（Geico）
和先鋒，以及其他許多類型的公司，網路商務和傳統商務看起
來大同小異。這些產業的既有公司能從他們線上和傳統的事業
裡得到獨特的綜效，因此讓網路公司很難和它們競爭。檢視各
產業有哪些部分和這些支援性線上商務有相似之處（在這些
例子中顧客寧願選擇方便和低價，而不喜歡個人服務和快遞服
務），也能夠讓我們實際估算，網路的機會到底有多大。比方
說，1990年代後期，在處方藥物的事業中，郵購只占所有購買
方式的13%。線上藥房可能會比郵購通路吸引更多的顧客，卻
不會排擠它們的實體藥房。

　　虛擬作業並不會取代顧客對實體作業的需要，而且往往還
放大它們的重要性。因為以下的幾個原因，網路作業和傳統作
業之間產生了互補性。第一，當網路工具應用於某個活動時，
通常對價值鏈中其他實體活動的需求也會隨之增加。例如，直
接訂購讓倉管和郵遞更加重要。

　　第二，當網路工具應用於某個活動時，可能會帶來系統
性結果，而出現超出原來預期的，新的或需加強原有的實體活
動。例如網路上的工作搜尋服務，已經大為降低接觸應徵者的
成本，但它們也寄給雇主多不勝數的電子履歷表。它們只考慮
要讓找工作的人更容易送出履歷表，卻讓雇主浪費心力在許多
不合適的候選人中挑選。後端增加的成本（通常是發生在實體
活動），可能比前端省下來的還要多。這種問題通常在電子市
集中也可看到。供應商投身網路，可以降低接收訂單的交易成

本，但是通常也必須回應許多顧客額外的問題，例如要求提供資訊或報價，結果就為傳統活動增加了新的工作量。這些系統性的效果，讓我們不得不正視一個事實：網路科技不能獨立存在，它必須和整個價值鏈整合在一起。

第三，大部分網路應用和傳統方法一比，都有一些缺點。雖然今天網路科技可以做許多有用的事，而且未來還會更好，但網路不是什麼事都能做。網路的限制包括以下幾點：

- 顧客不能實際檢查、碰觸和試用產品，或是在使用和修理產品的時候，找到人幫忙。
- 可轉移的知識只限於數位化知識，忽略了只有和技巧純熟的人員互動，才能有的判斷和觸類旁通。
- 因為缺乏面對面的接觸，了解供應商和顧客（在他們購買習慣之外的部分）的能力受到限制。
- 由於缺乏和顧客的人際接觸，就失去鼓勵購買、談判買賣條件、提供建議和加強顧客信心的大好機會。
- 上網站尋找資訊可能會耽誤時間，貨物只能用郵寄的，也會造成延誤。
- 為了組裝、打包和搬運小項的訂貨，必須花費額外的物流成本。
- 公司無法利用銷售人員、配銷通路、購買部門，進行低成本、非交易功能的行為（例如，到顧客那裡進行小服務和維修的功能）。
- 缺乏實體場地與設備會使一些功能受到限制，減少加強

形象和建立信譽的機會。

- 網路上可得資訊和選擇購買的範圍不大,不容易吸引新顧客。

傳統活動經過調整,可以彌補這些限制,就好像傳統方法的缺點(例如缺乏即時資訊、面對面互動衍生的高成本,以及製造實體形式的資訊成本太高)能夠用網路的方法來彌補一樣。事實上,網路的應用和傳統方法是可以互惠互利的。比方說,許多公司發現,提供產品資訊和支持直接訂貨的網站,可以讓傳統的銷售人員更有生產力、也更有價值。銷售人員能夠彌補網站之短,例如提供個人化的建議和售後服務。網站也因為把交換日常的資訊自動化,並成為前置作業有效率的新管道,而能讓銷售人員更有生產力。公司各項活動之間的緊密組合是策略性定位的一大基石,透過應用網路科技而得以增強。

一旦經理人開始看網路互補的潛力,而不是網路的吞噬力,他們就能夠用截然不同的方法,組織他們在網路上所從事的各項活動。許多傳統公司因為相信新經濟依新的規則運行,能讓它們的網路事業獨立運作。有人說,害怕網路會吞噬傳統活動的心理,可能阻止主流的組織積極地採用網路。獨立的網路事業單位也有助於增進與投資人的關係,可以進一步從事股票公開發行、追蹤股票、衍生新事業,讓公司迎合市場熱愛網路新事業的胃口,還能提供特別的誘因吸引網路人才。

然而,組織上的分離雖可理解,卻往往損及公司獲得競爭優勢的能力。建立出獨立的網路策略,卻未把網路融入整體策略

中，公司就無法善加利用它們的傳統資產，反倒加強在相似產品上競爭的現象，並且加速競爭趨同。邦諾書店（Barnes & Noble）決定把它的網站Barnesandnoble.com設為一個獨立組織，就是一個活生生的例子。這家公司阻絕網路書店利用它實體書店所擁有的優勢，結果讓亞馬遜網路書店漁翁得利。

網路科技不能夠被孤立，它應該是一家公司所有部門的主流單位的責任。公司在資訊科技人員和外部的顧問協助下，應該策略性地使用網路科技來加強服務、增加效率，加倍發揮現有力量。雖然把網路事業獨立設為一個單位，在某些情況下是很適當，但組織中的每一個人都應該共同分享應用網路所帶來的成功。

新經濟的終結

因此，網路不會使現有產業或傳統公司崩潰瓦解，網路也很少會摧毀一個產業中競爭優勢的重要來源；在許多案例中，網路實際上還能讓這些來源變得更重要。當所有公司都漸漸擁抱網路科技，網路本身將被化為優勢的一個來源。基本的網路應用將成為賭注：沒有網路，公司將無法生存，但公司也不能從網路得到任何優勢。最強力的競爭優勢，將來自傳統的力量，諸如獨特的產品、專屬的內容、特殊的實體活動、優越的產品知識，以及強韌的個人服務和關係。網路科技或許能把一家公司的各項活動緊密結合成一個更獨特的系統，因而強化這些優勢，但是網路不可能取代這些優勢。

最終，能夠把網路和傳統競爭優勢，以及傳統競爭方法整合的策略，才能在許多產業稱雄。從需求面來看，把線上服務、個人服務和實體商店組合在一起，會比單單只有網站，更受到大部分購買者的青睞。購買者會想要有許多不同的通路、送貨，以及與公司交易的方式，供他們選擇。從供應面來看，生產和採購如果可以依據策略，同時納入網路和傳統方法，將更有效果。例如，使用網路的工具，可以直接購得客製化、特別生產的原料。商品或許可以在電子市場中購買，但是採購的人才、供應商的銷售人員和庫存的地點，往往也能夠提供有用、具附加價值的服務。

整合傳統和網路方法所產生的價值，能夠為傳統公司創造優勢。由它們採用、整合網路方法，比由網路公司採用、整合傳統方法，要容易得多。如果只是把網路移花接木，移植到傳統的競爭方法，做出簡單的「網路與實體融合」的樣子，這還不夠。傳統公司如果能夠把網路科技用來重組傳統的活動，或是找到新的方法來整合網路和傳統方法，會得到最大的成果。

網路公司首要做的事是，必須追求自己獨特的策略，而不是模仿別的網路公司或傳統公司的定位。網路公司必須脫離只靠價格競爭的模式，轉而注意產品的選擇、產品的設計、服務、形象，以及其他能讓它們創造差異化的事務。網路公司也能夠把網路和傳統方法結合。有些網路公司透過自己特殊的方法創造差異化而成功，有些公司則是因專注那些在網路上確實比傳統方法強的市場區隔而成功；在這些市場區隔裡，網路方法最能滿足特殊顧客群的需要，或是某些特殊產品或服務在沒

有實體資產的情況下，反而能帶給顧客最大的價值（參閱「網路公司和傳統公司的策略重點」）。

網路公司和傳統公司的策略重點

現今正值網路科技演進過程中的關鍵性轉折點，網路公司和傳統公司都面對不同的策略重點。網路公司必須開發能真正創造經濟價值的策略。它們必須明白，目前的競爭方式是破壞性的，不會有什麼效果，不只自己無法得利，對顧客也沒有什麼好處。傳統公司則必須停止把網路應用孤立出來的做法，而是要用網路來加強它們策略的特殊性。

最成功的網路公司，會專注於創造讓顧客願意付錢的利益，而不是著重向第三人收取廣告費和點閱的收入。要保持競爭力，它們需要常常擴展它們的價值鏈，在原有網路上的活動之外，也納進其他活動，並且開發其他資產，包括實體資產。許多網路公司已經這樣做。例如，有些線上零售商在2000年聖誕節假期期間，發送紙本產品型錄，方便它們的顧客選購產品。其他網路公司用它們的品牌名稱引進專屬產品，這樣做不只可以提高利潤，也加強差異性。網路公司是否能夠獲得競爭優勢的關鍵，正是在價值鏈上的新活動，而不是網站上些微的差異。網路的先鋒美國線上，就掌握了這些原則。美國線上在其他競爭者都不收費的時候，就為它提供的服務收費。它也沒有因為早期在網站和網路科技上的優勢（如即時訊息），就停止了腳步，反而很早就開始開發和收購專屬的內容。

　　然而，網路公司不能掉進模仿傳統公司的陷阱。如果只是單純加入傳統活動，則是一種追求「和別人一樣」（me-too）的策略，並不能帶來競爭優勢。相反地，網路公司需要的策略，是包含新的、混種的價值鏈，把虛擬和實體活動以獨特的方式組合起來。例如，電子交易公司（E*Trade）計劃為某些企業客戶設立服務站，這種服務站並不需要雇用全職員工。網路銀行虛擬銀行（VirtualBank）與企業聯合，創造出企業內的信用合作社。另一家線上銀行朱尼博（Juniper）讓顧客可以在民營郵局信箱郵遞公司（Mail Box Etc.）的分局存支票。雖然這些方式不一定能成功，但它們背後的策略思考是正確的。

　　另一個網路公司可以用的策略是做權衡取捨，專攻那些只用網路模式仍可以創造真實優勢的市場區隔。網路公司不應該把網路模式用到整個市場，而應該把目標放在那些對網路無法提供的功能沒有強烈需求的顧客，即使這些顧客只是整個產業中的一小部分。在這樣的區隔中，公司的挑戰是找出一種能夠把它和其他網路對手畫出界線，又能對付低進入障礙的價值主張。

　　成功的網路公司都有以下共同特徵：

■ 在網路科技上有很強的能力。
■ 有和傳統公司與其他網路公司迥然不同的策略，而且這些策略有清楚的焦點，以及有用的優勢。
■ 強調顧客價值的創造，並直接向顧客收費，而不是倚靠副業上的零星收入。
■ 用獨特的方式進行實體功能，並組合非網路的資產，以補

　　　　強它們的策略性定位。
　　■ 有深刻的產業知識，建立專屬的技能、資訊和關係。

　　大部分的傳統公司都不需要懼怕網路；有人預測傳統公司會敗在網路公司的手下，實在是誇大其詞。傳統公司手上握有的競爭優勢，往往還能繼續發揮效果，並且它們在運用網路科技上也有先天的長處。

　　傳統公司最大的威脅，是它們不去使用網路，或沒有策略性地使用網路。每一家公司需要一套積極計畫，把網路用在整條價值鏈，用這項科技來強化傳統的競爭優勢、補強現有的競爭方式。它們的重點不是去模仿競爭對手，而是把網路的應用調整得符合公司整體的策略，以擴展公司的競爭優勢，並讓這些優勢更持久。例如，嘉信投資公司（Charles Schwab）在開始線上交易之後，它的實體分支機構也擴張了三分之一，這就是擴大自己獨有、而網路上的競爭者欠缺的優勢。如果可以善加利用網路，就能夠支持更大的策略焦點，以及更緊密結合的作業系統。

　　艾德華瓊斯（Edward Jones）這家經紀公司，就是調整網路策略的一個好例子。它的策略是為投資人提供保守、個人化的服務，這些投資人看重資產價值的守成，需要個人化、值得信賴的投資建議。艾德華瓊斯公司的目標顧客包括退休人員，和小型企業的老闆。該公司沒有提供商品期貨、選擇權，或其他風險高的投資，而是強調長期持有的投資，包括共同基金、債券和藍籌股股票。艾德華瓊斯公司旗下有七千家小辦事處，其地點全都接近顧客，該公司也鼓勵交易員和顧客建立個人關係。

艾德華瓊斯把網路用在內部管理功能、招募人員（該公司25%的員工是透過網路招募來的），以及對顧客提供帳戶明細等資訊。然而，它並沒有打算像它的競爭者一樣，提供線上交易服務。顧客自助使用的線上交易，並不符合該公司的策略，也和它希望傳遞給顧客的價值不一致。該公司只以符合公司策略的方式來使用網路，而不是一味模仿競爭對手。這家公司比競爭對手表現得更優秀、業績蒸蒸日上，因為其對手使用網路的方式和別人並無二致，因而降低了自己的獨特性。

傳統公司之中最成功的，會使用網路科技來使傳統活動發揮更大效果，並且發現和應用新的、在過去不可能做到的方式，來組合虛擬和實體的活動。

這些原則已經在許多產業中反應出來。在這些產業裡，傳統公司的領導者重新重視它們原有的優點，網路公司也更集中於策略上。在股票經紀產業，嘉信投資公司在線上交易市場，比電子交易公司有更大的市占率（在1999年底，嘉信投資公司占有18%，而電子交易公司占有15%）。在商業銀行業中，傳統的機構，像是富國銀行、花旗銀行和富利銀行（Fleet），都比網路銀行有更多的顧客在線上開戶。傳統公司也在一些網路作業上扮演重要的角色，例如零售業、財務資訊和數位市集。最具成功相的網路公司，都用它們獨特的技能為顧客提供真實價值。例如ECollege這個提供全方位服務的供應商，就與大學

合作，把學校的課程移到網路上，替學校維持網站的運作來收取費用。這樣做比一些競爭者更為成功，競爭者多以自己的品牌、為大學提供免費的網站，指望能賺到廣告費和其他零星的收入。

從這個角度看，「新經濟」看起來比較不像一個新經濟，而比較像是使用了新科技的舊經濟。就連「新經濟」和「舊經濟」這些名詞，也正快速喪失之間的關聯性。傳統公司的舊經濟和網路公司的新經濟正漸漸融合，很快地，我們就很難區分這兩者的分野。把這些名詞棄之不用才是正途，因為在網路青春期中出現那些迷惑、混亂的想法，已經破壞了經濟價值。

在詢問網路有何不同的過程裡，我們無法看出網路有何相同的地方。雖然有新的經營商務方法出現，但競爭的基礎還是不變。在網路演進的下一階段，人們的思想將從電子商務轉移到商務，從電子策略轉移到策略。只有把網路整合入整體策略，這項有力的新科技才能在競爭優勢中，成為強大驅動力。

第五章

從競爭優勢
　到集團策略

麥可‧波特——著

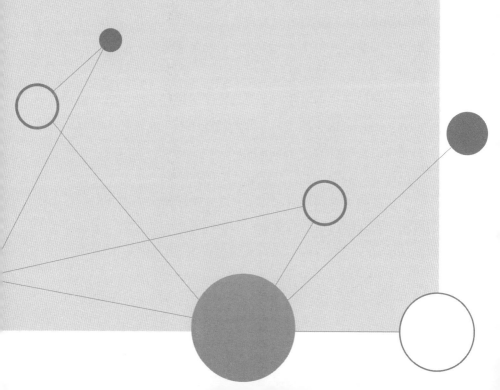

　　集團策略意指多角化企業的整體計畫，乃是當前管理實務界又愛又恨的課題。管理階層喜歡集團策略，原因是從1960年代起，執行長一頭鑽進多角化經營而無法自拔。但是業界對集團策略的真諦並無共識，更別說如何形成策略，此一情況又造成責難聲不斷。

　　多角化企業有兩個層面的策略：事業單位（或競爭）策略，以及企業（或全公司）策略。競爭策略考慮的是，企業如何在各個行業中創造競爭優勢。集團策略則關心兩個不同的問題：企業應該進入哪個行業競爭，以及總管理部門應該如何管理旗下的事業單位。集團策略的目的是，讓整個企業的力量大於旗下各事業單位力量的總和。集團策略的過往紀錄並不光彩。我研究1950年到1986年間，美國33家大型、聲譽卓著的企業集團多角化的紀錄，絕大多數是以併購，而非捍衛既有事業單位，以進行多角化。大多數公司的集團策略，往往導致削弱股票價值，而非創造股票價值。

　　重新思考集團策略的必要性已經是迫在眉睫。企業襲擊者（corporate raider）便是靠失敗的集團策略，而接管或解散那些公司。由於垃圾債券（junk bond）火上加油，規模再大、經營情況再佳的公司，都有讓襲擊者染指的機會。

　　正視過去多角化的錯誤，有些企業規劃大規模的結構重組計畫，有些則以不變應萬變。不管回應的方式為何，策略的問題依然存在。進行重組的企業必須決定下一步該如何進行，以避免重蹈覆轍；靜觀其變的企業則必須體認自身的弱點。要生存，企業必須了解何謂良好的集團策略？

一幅黯淡的景象

儘管集團策略成功的傳聞不絕於耳，卻沒有足夠的證據可衡量集團策略的成敗。大多數的研究都以併購者在股票市場造成價格的波動為指標；亦即企業宣布併購前後的股價變動。

這些研究顯示，併購者的市場價值變動不大，甚至造成微幅下跌，很難認真考慮這項變動的意義。然而，短期市場反應不足以評估長期是否成功，真正專業的管理人也不會以這種方式評估策略。

研究公司的長期多角化計畫，是檢驗集團策略成敗一種更有效的方式。我在研究33家管理聲譽甚佳的企業時，便採取一種獨特的方式，檢查大公司過往的紀錄（這項研究的細節，請參考「相關數據從哪來？」）。研究中，每家企業平均進入80種新產業，以及27個新領域。在這些新嘗試中，70%屬於併購，22%是成立新公司，另外8%是聯合投資。像IBM、艾克森（Exxon）、杜邦和3M，都把重心放在成立新公司。而ALCO標準（ALCO Standard）、碧翠斯（Beatrice）及莎拉李（Sara Lee）等公司的多角化，幾乎一面倒向併購（見表5.1）。

就成功機率而言，這些數據描繪出一張黯淡的景象（見表5.2）。平均下來，企業在新產業領域的併購對象，超過半數會被轉賣掉；如果企業進軍的是全新領域時，被併購的事業單位，又會有六成以上再被轉賣。其中14家企業新領域的單位轉賣率超過七成。在不相關產業的併購案中，轉賣的紀錄更嚴重，平均轉賣率高達74%（見表5.3）。即使像備受尊崇的奇異電

表5.1　　33家知名美商的多角化概況（1950-1986年）

公司	事業單 位總數	進入新產業 的事業單位	併購 百分比	聯合投資 百分比
ALCO標準	221	165	99%	0%
聯盟企業	77	49	67	10
碧翠斯	382	204	97	1
柏登	170	96	77	4
哥倫比亞廣播公司	148	81	67	16
大陸集團	75	47	77	6
康米斯引擎	30	24	54	17
杜邦	80	39	33	16
艾克森	79	56	34	5
奇異電器	160	108	47	20
通用食品公司	92	53	91	4
通用食坊	110	102	84	7
格雷斯	275	202	83	7
西方海灣公司	178	140	91	4
IBM	46	38	18	18
埃喜工業	67	41	85	3
國際電話電報公司	246	178	89	2
嬌生公司	88	77	77	0
美孚石油	41	32	53	16
寶鹼公司	28	23	61	0
雷神企業	70	58	86	9
RCA	53	46	35	15
洛克威爾公司	101	75	73	24
莎拉李	197	141	96	1
史考為	52	36	97	0
訊號	53	45	67	4
Tenneco	85	62	81	6
3M	144	125	54	2
TRW	119	82	77	10
聯合科技	62	49	57	18
西屋公司	129	73	63	11
威克斯	71	47	83	0
全錄	59	50	66	6
總數	3,788	2,644		
平均	114.8	80.1	70.3	7.9

註：碧翠斯、大陸集團、通用食坊、RCA、史考為和訊號等企業在本研究完成時，也被其他企業接管，這些企業的
　　數據只到被轉手為止，但不包含接管後的表現，由於企業被接管的緣故，平均百分比加總結果不必然等於百分
　　之百。

新設事業單位 百分比	進入全新領域的 新事業單位	併購百分比	聯合投資 百分比	新設事業單位 百分比
1%	56	100%	0%	0%
22	17	65	6	29
2	61	97	0	3
19	32	75	3	22
17	28	65	21	14
17	19	79	11	11
29	13	46	23	31
51	19	37	0	63
61	17	29	6	65
33	29	48	14	38
6	22	86	5	9
9	27	74	7	19
10	66	74	5	21
6	48	88	2	10
63	16	19	0	81
12	17	88	6	6
9	50	92	0	8
23	18	56	0	44
31	15	60	7	33
39	14	79	0	21
5	16	81	19	6
50	19	37	21	42
3	27	74	22	4
4	41	95	2	2
3	12	92	0	8
29	20	75	0	25
13	26	73	8	19
45	34	71	3	56
13	28	64	11	25
24	17	23	17	39
26	36	61	3	36
17	22	68	0	32
28	18	50	11	39
	906			
21.8	27.4	67.9	7.0	25.9

> ### 表5.2 美國知名多角化企業的併購紀錄，並依後來脫手的百分比排列（1950-1986年）
>
> | 公司 | 新產業的
併購案 | 1980年併購後
脫手的百分比 | 1975年併購後
脫手的百分比 |
> |---|---|---|---|
> | 嬌生公司 | 59 | 17% | 12% |
> | 寶鹼公司 | 14 | 17 | 17 |
> | 雷神企業 | 50 | 17 | 26 |
> | 聯合科技 | 28 | 25 | 13 |
> | 3M | 67 | 26 | 27 |
> | TRW | 63 | 27 | 31 |
> | IBM | 7 | 33 | 0* |
> | 杜邦 | 13 | 38 | 43 |
> | 美孚石油 | 17 | 38 | 57 |
> | 柏登 | 74 | 39 | 40 |
> | 埃喜工業 | 35 | 42 | 50 |
> | Tenneco | 50 | 43 | 47 |
> | 碧翠斯 | 198 | 46 | 45 |
> | 國際電話電報公司 | 159 | 52 | 52 |
> | 洛克威爾公司 | 55 | 56 | 57 |
> | 聯盟企業 | 33 | 57 | 45 |
> | 艾克森 | 19 | 62 | 20* |
> | 莎拉李 | 135 | 62 | 65 |
> | 通用食品公司 | 48 | 63 | 62 |
> | 史考為 | 35 | 64 | 77 |
> | 訊號 | 30 | 65 | 63 |
> | ALCO標準 | 164 | 65 | 70 |
> | 格雷斯 | 167 | 65 | 70 |
> | 奇異電器 | 51 | 65 | 78 |
> | 威克斯 | 38 | 67 | 72 |
> | 西屋公司 | 46 | 68 | 69 |
> | 全錄 | 33 | 71 | 79 |
> | 大陸集團 | 36 | 71 | 72 |
> | 通用食坊 | 86 | 75 | 73 |
> | 西方海灣公司 | 127 | 79 | 78 |
> | 康米斯引擎 | 13 | 80 | 80 |
> | RCA | 16 | 80 | 92 |
> | 哥倫比亞廣播公司 | 54 | 87 | 89 |
> | 總數 | 2,021 | | |
> | 企業平均值+ | 61.2 | 53.4% | 56.5% |
>
> ＊：在截止年份，併購事業數目為三家或更低的企業
> ＋：為將統計失真情形降至最低，在截止年份併購事業數目為三家或更低的企業不列入平均值
> 註：碧翠斯、大陸集團、通用食坊、RCA、史考為和訊號等企業在本研究完成時，也被其他企業接管，這些企業的數據只到被轉手為止，但不包含接管後的表現，由於企業被接管的緣故，平均百分比加總結果不必然等於百分之百。

屬於全新領域的產業併購	1980年併購後脫手的百分比	1975年併購後脫手的百分比
10	33%	14%
11	17	17
13	25	33
10	17	0
24	42	45
18	40	0*
3	33	75
7	60	50
9	50	50
24	45	44
15	46	33
19	27	51
59	52	61
46	61	71
20	71	67
11	80	50*
5	80	76
39	80	93
19	93	70
11	64	67
15	70	76
56	72	70
49	71	100
14	100	70
15	73	59
22	61	100
9	100	60
15	60	60
20	65	72
42	75	83
6	83	100
7	86	88
18	88	
661		
20.0	61.2%	61.1%

表5.3　在聯合投資、新設事業單位和不相關領域併購
的企業多角化表現，1950-1986年（企業順序依表5.2）

公司	新事業中聯合投資的比率	1980年前聯合投資，後來放棄	1975年前聯合投資，後來放棄	新事業中新設事業單位的比率
嬌生公司	0%	+	+	23%
寶鹼公司	0	+	+	39
雷神企業	9	60%	60%	5
聯合科技	18	50	50	24
3M	2	100*	100*	45
TRW	10	20	25	13
IBM	18	100*	+	63
杜邦	16	100*	+	51
美孚石油	16	33	33	31
柏登	4	33	33	19
埃喜工業	3	100*	100*	13
Tenneco	6	67	67	13
碧翠斯	1	+	+	2
國際電話電報公司	2	0*	+	8
洛克威爾公司	24	38	42	3
聯盟企業	10	100	75	22
艾克森	5	0	0	61
莎拉李	1	+	+	4
通用食品公司	4	+	+	6
史考為	0	+	+	3
訊號	4	+	+	29
ALCO標準	0	+	+	1
格雷斯	7	33	38	10
奇異電器	20	20	33	33
威克斯	0	+	+	17
西屋公司	11	0*	0*	26
全錄	6	100*	100*	28
大陸集團	6	67	67	17
通用食坊	7	71	71	9
西方海灣公司	4	75	50	6
康米斯引擎	17	50	50	29
RCA	15	67	67	50
哥倫比亞廣播公司	16	71	71	71
企業平均值++	7.9%	50.3%	48.9%	21.8

*：企業進入領域為兩個或少於兩個

+：本類目中並沒有進入情形。

++：為將統計失真情形降至最低，在截止年份，進入產業領域為兩個或少於兩個的企業不列入平均值。

註：碧翠斯、大陸集團、通用食坊、RCA、史考為和訊號等企業在本研究完成時，也被其他企業接管，這些企業的
數據只到被轉手為止，但不包含接管後的表現，由於企業被接管的緣故，平均百分比加總結果不必然等於百分
之百。

1980年前新設事業單位，後來放棄的百分比	1975年前新設事業單位，後來放棄的百分比	所有新產業的併購案中，不相關領域者的比率	1980年前併購，後來脫手的百分比	1975年前併購，後來脫手的百分比
14%	20%	0%	+	+
0	0	9	+	+
50	50	46	40%	40%
11	20	40	0*	0*
2	3	33	75	86
63	71	39	71	71
20	22	33	100*	100*
61	61	43	0*	0*
50	56	67	60	100
17	13	21	80	80
80	30	33	50	50
67	80	42	33	40
0	0	63	59	53
38	57	61	67	64
0	0	35	100	100
38	29	45	50	0
27	19	100	80	50*
75	100*	41	73	73
67	50	42	86	83
100	100*	45	80	100
20	11	67	50	50
+	+	63	79	81
71	71	39	65	65
33	44	36	100	100
63	57	60	80	75
44	44	36	57	67
50	56	22	100	100
14	0	40	83	100
89	80	65	77	67
100	100	74	77	74
0	0	67	100	100
99	55	36	100	100
86	80	39	100	100
44.0%	40.9%	46.1%	74.0%	74.4%

器，轉賣所併購事業單位的比率也很高。表5.2上方的企業很明顯是轉賣比率偏低的一群，其中它們有些是經過集團策略的深思熟慮，而維持低轉賣比率，其餘的則是母公司尚未面臨事業單位的問題，或是轉賣的考慮。

我計算這段期間每家公司股東的投資報酬總值（股價增值加上紅利），再以此與它的轉賣率比較。名單愈前面的企業，投資人獲利超過平均值愈多，但報酬率並不是衡量多角化成功與否的可靠指標。投資人獲利通常依賴公司核心產業的傳統吸引力。像哥倫比亞廣播公司（CBS）與通用食坊，因為本業獲利豐厚，因此得以補貼多角化的虧損。

我對一般使用股東價值評估企業表現的做法，持不同的意見。將股東的價值以量化方式評量多角化的表現，只能應用在多角化前後的股值比較上。由於無法做此種比較，因此不可能用來評估多角化的成敗。母公司多角化後保留原事業單位的數目，可能更適合擔任衡量企業多角化表現的指標。

我的數據指出一個全然失敗的集團策略。在這13家企業中，6家被接管（見表5.2的附註）。在這些收購案當中，只有律師、投資銀行、原賣主嚐到甜頭，投資大眾卻無利可圖。

相關數據從哪來？

我們研究了33家美國企業，從1950年到1986年的多角化紀錄。這些企業是從多項產業中隨機選出。我們選擇1950年為基期，是為了避免第二次世界大戰造成的扭曲，並以這一年企業所

在的行業為準。我們逐一查核每項併購、聯合投資以及新設公司的紀錄，直到1986年為止，總共有3,788件。我們將這些決策行動分門別類成三種屬性：進入一個全新的領域或產業部門（如金融服務），與母公司所在產業相關的新產業（如保險業），或現有產品（服務）的地理性擴張；同時將它們個別歸納為與既有事業單位有關聯或缺乏關聯。接下來，我們追蹤母公司旗下的事業單位是否被轉賣或關閉，這些情況又在何時發生，看看它們與企業能夠維持多長的時間。

我們所採用的資料，包括年度報告、美國年度報表補充資料（10K form）、F&S指數（F&S Index）及穆迪（Moody's）報告，再加上該產業的一般常識與判斷。在少數案例中，我們也會徵詢這些企業某些專業性問題。

要決定進入一個新領域是否成功，必須衡量其購買金額、開業價格、以往的獲利情形，該事業單位持續投資的時間與總金額數，乃至於帳面價值減少的註銷，以及銷售價格與銷售總量。

但我們採取一種衡量成功與否比較簡單的方法：這項新事業是被轉賣或關閉。這項假設的理由是，除非比較罕見的案例，企業不會無緣無故轉賣或結束一個成功的併購單位。在我們的研究中發現，多數企業會在五年內轉賣新購入的事業單位，反映了企業對那些單位績效的失望。轉賣案例很少不涉及損益。我們的轉賣案例中，超過半數有虧損紀錄。

表5.1的數據涵蓋整個1950年至1986年；不過，表5.2與表5.3的轉賣比率，並未將這段期間內新進與退出的案例拿來比較，因為如此會過分誇大了多角化的成功機率。企業通常不會馬上賣掉

或結束一個新的事業單位，而會給一點時間證明它能成功。我們的數據顯示，雖然許多轉賣案例在五年內發生，保留新事業單位的平均時間是五年到十年。要準確地衡量多角化的成功，我們計算了1975年和1980年進入新產業的平均值，以及1987年1月，它們被關閉與轉賣的情形。如果把更新的這類活動加進來，則會有高估成功率的偏差。

　　整體來說，這些數據可能低估了失敗的比率。企業慣於大肆宣告進入新產業，但是對於轉賣或關閉新事業單位卻保持低調。我們盡可能追溯每項交易，但無法保證絕無遺漏，不過這種情形應不會太多。

集團策略的前提

　　成功的集團策略必須具備幾項前提，而且這些前提不容更動，很多集團策略之所以會失敗，部分原因就是因為忽略了這些前提。

　　競爭的戰場在事業單位層級：多角化公司並不互相競爭，競爭是發生在各事業單位之間。除非集團策略將主要的注意力放在如何讓各個事業單位成功，否則無論策略設計得多巧妙，都注定失敗。成功的集團策略必須能強化事業單位的競爭策略，並以此為發展基礎。

　　多角化必然會增加事業單位的成本與限制：企業將總成本分攤給各單位，這項成本看似明顯，卻不如其他隱藏性成本與

限制來得重要和分明。事業單位必須向最高管理階層說明它的決定，又得花時間與企業集團其他系統的計畫配合，也會受到母公司章程與人事政策的約束，或放棄能直接激勵員工的配股政策。在多角化企業中，只能想辦法降低這些成本與限制，卻無法完全排除。

股票投資人也會隨時自行分散資產：投資人藉由選擇那些最能吻合其偏好和風險的股票，而將其股票投資組合予以多角化。投資人採取多角化的成本，要比企業多角化的成本為低，原因是他們以市價買股票，不像企業可能會溢價購買。這些前提意味著，集團策略要成功，除非它能提供事業單位有形的利益，增加它們的價值，並抵消因為喪失獨立性所衍生出來的成本。

通過基本測驗

要了解集團策略如何形成，必須更嚴謹地界定，哪些多角化條件能真正創造投資人的資產。這些條件可以摘要為以下三項測驗：

吸引力測驗：為多角化所選擇的產業，必須具有結構上的吸引力，或能產生吸引力。

進入成本測驗：進入市場成本不能侵蝕掉未來的利潤。

互相拉抬（better-off）測驗：新的事業單位將因與企業相連結而獲得競爭優勢，反之亦然。

　　當然，大多數公司會確定它們提出的策略，可通過以上數種測驗。我們的研究明確顯示，當企業忽略其中一到兩項測驗時，策略的成果通常會帶來災難。

這個產業的吸引力如何？

　　長期而言，在一個產業中競爭的可能報酬率，取決於這個產業的結構狀態，這部分我曾在《哈佛商業評論》另一篇文章中討論過。基本上，有吸引力、投資平均值很高的產業，通常不易進入。原因是它的進入障礙很高，供應商與買方的議價能力較弱，替代品或替代服務不多，競爭者之間的較勁也很穩定。像鋼鐵等吸引力不高的產業，有其結構上的瑕疵，包括替代性材料此起彼落、強勢並對價格敏感的客戶、過度競爭導致過高的固定成本，以及一大群背後擁有穩定支持者的競爭對手。

　　除非新產業本身的結構良好，能導致報酬率大於資金成本，否則多角化並不能為投資人帶來利益。假如產業的報酬率有限，企業必須有能力重建該產業的結構，或取得持續的競爭優勢，以使它能將報酬率維持在產業平均值之上。在多角化以前，產業未必具有吸引力。事實上，企業可以在產業的潛能尚未完全展現前，就搶先進入，並因此而從中獲利。多角化會使得該產業的結構轉型。

　　在我的研究中，企業主若含糊地認定該產業非常「適合」他的既有業務，便會擱置吸引力測驗。一旦企業主相信多角化可以帶來完美結局時，便會忽略產業結構的根本問題。除非適

合度可帶來持續的競爭優勢，否則一旦多角化的報酬率表現欠佳時，這樣的適合度會轉變為一種痛苦。當惡劣的產業結構壓倒垂直整合及製程技術能力的優勢時，多角化的經驗常常是不愉快的。荷蘭皇家殼牌石油公司（Royal Dutch Shell）和其他大型石油公司在化學產業上就有類似的經驗。

　　另一個忽略吸引力測驗的共通理由是：市場進入成本很低。低市場進入成本是因為買家有內線消息，或賣方急於脫手。但即使價格真的很低，眼前的甜頭並不能抵消該產業本身的老問題。幾乎千篇一律地，企業隨即發現它必須對新買下的事業單位進行再投資，例如更新固定資產或增加流動資金等。

　　一般而言，區別目標產業吸引力高低時，多角化企業傾向於採用能否快速成長或其他簡單的指標。許多急忙進入快速成長產業（像個人電腦、電視遊樂器、機器人等）的公司，通常結束得也很快，因為它們誤把初期的成長當作長期的獲利潛力。產業能否獲利，並不在於它看起來誘人或是屬於高科技產業，而是在於產業結構的吸引力。

市場進入成本大小？

　　進入一個新行業的成本，如果會侵蝕預期利潤，這類多角化並不能給投資人帶來好處；強大的市場力量正有這樣的能力。企業要進入新行業，手段不外乎併購或新設公司兩種。併購要面對的是愈來愈有效率的併購市場機能。併購者要占便宜，便要不斷壓低價格，並且要低到不足以反映新單位的前景才行。不過通常的情況是，市場上喊價者眾、消息快速散布，

投資銀行與其他仲介積極牽線，使得市場能充分發揮效率。近年來，像垃圾債券等新的投資工具引來大批新買家，即使大公司都有被併購的風險。併購價格愈來愈高，也愈來愈能反映被併購企業的遠景，有時甚至到離譜的程度。像菲利普莫里斯集團竟以高於帳面價值，買下七喜汽水（Seven-Up Company）。用最簡單的數學換算，若要維持原先的投資報酬率，利潤必須是併購前的四倍。既然菲利普莫里斯並不能以超凡的市場技術，讓七喜汽水在複雜的飲料市場大戰中脫穎而出，七喜汽水的財務收支注定不好看，結果自然不出轉賣的下場。

企業要新設公司，必須克服進入障礙。這是標準兩難（Catch 22）的狀況；因為一個產業如果有吸引力，進入障礙必然也高。在需要高成本的障礙下，潛在的利潤必然將喪失。否則，其他進入者可能早已將獲利性侵蝕得一乾二淨。

企業找到有潛力的產業，興奮之餘，有時會忘記運用市場進入成本測驗。新產業愈有吸引力，進入的代價就愈大。

企業與各事業單位會互相拉抬嗎？

企業必須賦予新的事業單位一些重要的競爭優勢，或新事業單位能為企業集團帶來重要的優勢。對事業單位而言，這種好處可能稍縱即逝，通常母公司會在進入產業之初便大肆翻修它的策略，或安排一流管理團隊進駐新事業單位。如果新事業單位可以與姊妹事業單位合作，分享更佳的配銷系統，使產品銷售更流暢，它的競爭優勢也可能持續得更久。這也是巴斯特公司（Baxter Travenol）與美國醫院用品公司（American

Hospital Supply）合併的主要理由。

如果新事業單位所帶來的好處稍縱而逝，母公司就不該長期持有。若一次改善就成效明朗，再投入的成本必將遠大於帶來的價值時，則最好將新事業單位賣掉，以保持資源靈活。

互相拉抬測驗並非意味，多角化企業以經營風險創造投資人的價值。問題是，幫投資人做一些他們自己也能做的事，並非集團策略的範圍（這種模式只適用於股票未上市公司，因為公司風險與股票風險是一致的，多角化本身有降低風險的價值）。避險式的多角化應該是集團策略的衍生產品，而非主要的動機。

經理人大多忽略互相拉抬測驗，或將其視為誇大造假的手法，而非確實的策略分析。之所以如此，原因之一是，他們把企業規模與投資人的價值混為一談了。在經營大公司的潮流下，經理人對工作失去準確的眼光，卻以多角化為由擱置互相拉抬測驗。一旦大企業大幅削減總管理處的幕僚，轉而賦予事業單位最大的自主權後，這些經理人便認為，他們已經避開經營管理上的問題。其實，這種思考與多角化完全扯不上關係，因為多角化的目的在於創造投資人的價值，而非加以破壞。

集團策略的概念

這三項成功多角化的測驗，為集團策略設下了遵循標準。要符合這些標準不容易，也導致大多數多角化是以失敗收場。多數企業缺少一個清晰、可以指引多角化方向的策略概念，或

只想追逐能夠迴避這三項測驗的概念。而其他的失敗則源自策略執行的不力。

我的研究協助我找出四個能將集團策略付諸行動的概念：資產組合管理（portfolio management）、企業重組（restructuring）、轉換技術（transferring skills）與共享活動（sharing activities）。這四個概念各有各的機制，企業可依此創造投資人的價值，每個概念也要求多角化企業以不同的方式進行組織管理工作。但這四個概念彼此並不必然互斥，其中前兩項要求各事業單位能獨立行事，後兩者則倚賴各事業單位之間的關聯性（見表5.4）。這四個策略概念各有其成功的環境，有些則比其他概念更適用於今天的情況。無視於這些概念猶如加速滅亡。

資產組合管理

在集團策略中，最常見的是資產組合管理，主要是透過收購來形成多角化。企業在公司能幹的管理幹部同意留任下，收購這些體質健全、有吸引力的公司。儘管所購買的企業未必是本行同業，資產組合管理一般會鎖定與本業相近的領域。這是受到管理當局專業知識的限制所致。

被買下的事業單位通常享有自主權，其經營團隊的酬庸也視表現結果而定。母公司提供資金與事業機會，由此建立專業管理技巧。在此同時，高階管理階層再對成果提出客觀的評估。資產組合經理人將知識單位分成有潛力與一般性兩類，並從已有現金收入的事業單位，轉移資源到那些有現金需求或獲

利潛力高的事業單位。

運用資產組合策略時，企業以數種方式來創造投資人的利益。它使用個別投資者缺少的專業知識和分析資源，找出有吸引力的潛力收購對象；企業也以有利的條件提供資金，表現出該企業整體的籌資能力；它也引介專業管理技巧和紀律進入整個集團；最後，它能提供有別於該行業既定做法的高品質評估與指導。

資產組合管理概念的邏輯，建立在一些重要的假設上。如果一家公司的多角化計畫是符合吸引力和市場進入成本的測驗，那麼就必須找出價值受到低估的公司。此時被收購的對象必須是價值受到低估的，原因是，母公司將其買下後，並不會特別為它做什麼。要通過互相拉抬測驗，企業必須提供重要的競爭優勢給被收購的事業單位，一旦事業單位進入高度自治的階段，它就必須擁有健全的產業策略，並能激勵經理人。

在大多數的國家，資產組合管理模式的集團策略概念已成過往雲煙。面對發展日趨成熟的資本市場，具有良好管理團隊又有吸引力的公司，幾乎受到所有買主的青睞，並且吸引了高價收購的資金。單單砸錢已經沒有多少吸引力。對中小型企業而言，提出一個健全的營運計畫很容易就能引來資金，因此並不需要一個多金的母公司。

資產組合管理方法的好處也已然消退。大企業無法再以專業管理技術而盤據市場；事實上，有愈來愈多的觀察家認為，如果缺少對產業的特定經驗和知識，經理人不可能做好管理的工作。資產組合管理概念的另一項優勢，如果客觀評估的話，

表5.4　集團策略的概念

	資產組合管理	重組	轉移技能	分享活動
策略的前提	在界定與收購被低估企業上，有卓越的洞察力	在界定重組機會上有卓越洞察力	擁有目標產業中收購競爭優勢之重要活動的專屬技能	能與新事業單位共享，以獲得競爭優勢的現有事業單位之活動
	當買家願意付很高的溢價時，迅速出售有競爭力的事業單位的意願，或同機將表現好的事業單位以高價賣出的意願	對所併購並需要轉型的事業單位，有干預的能力與意願	在持續的基礎下，在各事業單位之間技能移轉的能力	分享有好處遠超過其中的成本
	在資產組合的事業單位間，就經營型態訂出廣泛的指導原則，以便在高層督導時更有效率	整個資產組合中，事業單位有廣泛的相似性	在新產業中，併購灘頭堡做為前進基地	以新創業和收購做為進入的手段
	私人企業或尚未發展的資本市場	願意重組將重組的事業單位出售時有困難以減少損失的意願		在事業單位之間的合作上，擁有克服組織抗拒的能力
	當資本市場效率變高或企業組織龐大時，能由資產組合管理策略移轉的能力	當重組完成、結果清楚；而且市場狀況有利時，出售事業單位的意願		

組織方面的前提	自治的事業單位 總公司幕僚規模小而成本低 誘因主要來自事業單位的成果	自治的事業單位 總公司提供人才和資源，以指導所併購的事業單位，進行策略性重新定位和全盤改造 誘因主要來自併購的事業的表現	基本上屬於自治，但彼此合作的事業單位 總公司高級幕僚將自己看成整合者的角色 跨事業單位的委員會、專案小組和其他形式組織，做為移轉和掌握技術的活動焦點 生產部門經理的目標包含技術移轉 誘因部分來自總公司的經營成果	鼓勵策略性的事業單位彼此合作的活動 在事業群、事業部、總公司層級，扮演積極的策略規劃角色 總公司高級幕僚把自己看成整合者的角色 誘因主要來自事業群和總公司的經營成果
共通的缺點	一窩蜂地在資本市場有效率、擁有足夠事業管理人才的國家進行資產組合管理 漠視產業結構不具吸引力的事實	誤將快速成長或熱門產業當成重整機會的充分證據 在有麻煩的情況或管理高層介入之時，缺乏解決能力或資源 漠視產業結構不具吸引力的事實 口頭上大力強調要企業重整，但實際運作仍不脫消極的資產組合管理	誤將本身與新事業的相似或融洽當成多角化的充分基礎 缺乏實際可行的技術轉途徑 漠視產業結構不具吸引力的事實	共用來自自身需要，而不是因為它能導致競爭優勢 假設沒有高階經理人積極參與，共用仍能自然發生 漠視產業結構不具吸引力的事實

也是未有定論，因為在一個經營良好的資產組合中，光是附加價值的評估就已經受到質疑。

另一個令人質疑的課題是，允許事業單位完全自主營運的好處。透過結合新技術、擴大配銷通路、改變規則等方式，企業的事業單位之間交互關聯愈來愈密切，放手讓所有事業單位各自訂定策略，只會傷害事業單位的表現。在我的研究中，多角化成功的企業充分體認交互關聯的價值，也能理解到企業整體意識的重要性，絕不亞於事業單位財務上的表現。

但是這套管理任務極端複雜，甚至最佳的資產組合經理人也難逃陰溝裡翻船的命運。隨著企業的規模擴大，資產組合經理人需要找出更多的併購案來維持成長，監管數十個甚至上百個互不相連的事業單位，持續增加的壓力也會導致犯錯。同時，多角化企業還有無可避免的成本問題。一旦公司的投資報酬率每況愈下，事業單位的表現也會下滑。最後，一個新的管理團隊出現，提出大規模的轉賣計畫，並將整個集團回歸到注意事業的領域中。這種案例不勝枚舉，西方海灣公司（Gulf & Western）、康索立德食品（Consolidated Foods，即目前的莎拉李食品公司），以及國際電話電訊公司（ITT）都是新近的例子。在這些現實問題下，今天的美國資本市場對那些遵循資產組合管理模式的公司，以「增加集團綜效」做為獎勵：公司整體的表現，優於個別事業單位加總的結果。

在開發中國家，大企業的數目不多，資本市場還有待開發，專業化管理也付之闕如，因此仍有資產組合管理施展的空間。不過對進步的經濟體而言，這已不再是有效的集團策略模

式。英國為了積極支持有活力的股票市場，這套技術依然很耀眼。不過，這種熱潮終究會退去，資產組合管理已不再適於指導集團策略。

企業重整

不同於資產組合經理人扮演銀行家、評估者等被動角色，以企業重整為策略基礎的企業，變成針對事業單位的主動重整者。新的事業體未必與既有的事業單位有關，最重要的是它是否具有潛力。

企業重整策略尋找的是，尚待發展、有問題或受到威脅，而面臨重大轉變門檻的組織與產業。母公司的干預方式，通常是藉由大幅調整經營團隊與策略，或注入母公司的新技術來進行。接下來，母公司會繼續收購相關企業以形成關鍵多數，並出售不需要或無關聯的部分，以降低收購成本，結果便形成一家實力雄厚的公司，或是一項已轉型的產業。這套策略的尾聲是，隨著情勢明朗，母公司會將體質變強的事業單位賣掉，因為母公司已經不能再為它增加附加價值，高階管理者因而決定將注意力轉移到其他領域（參閱「韓森信託逆向操作企業重整」）。

韓森信託逆向操作企業重整

韓森信託（Hanson Trust）靠著企業重整概念的熟練技巧，成為英國最大的企業。做為一個跨足多項產業的集團，韓森信

託看起來很像資產組合經理人。事實上，韓森信託與另外一兩家集團，具有極為有效的集團策略。韓森信託曾買下倫敦磚廠（London Brick）、永備電池（Ever Ready Batteries）與SCM等，倫敦人眼中的「低科技」公司。

儘管成熟的企業會遭受低成長之苦，韓森信託並不只注意結構上具有吸引力的產業，也關心客戶與供應商中實力較弱、競爭尚不激烈的企業。韓森信託的目標對象是市場的領導者，資產豐富但管理欠佳。在收購價格上，韓森信託只支付少許該企業未來能產生現金流量的現值，甚至更進一步積極地出售無法改善的企業，以降低收購金額。透過這個方式，在正常的併購案成交前半年中，韓森信託只需籌募成本的三分之一資金。帝國集團（Imperial Group）在倫敦豐厚的財產，韓森信託只接管兩個月左右的時間，就將勇氣酒廠（Courage Breweries）賣給愛爾蘭企業（Elders），收回了14億英鎊（它當初收購帝國集團的價格是21億英鎊）。

如同高明的企業重整者，韓森信託接管每個事業單位時，均有一套模組式的操作程序，而且透過不斷重複修正而臻於完美。

韓森信託強調低成本與嚴密的財務控制，它曾刪除受併公司25％的人事成本，削減固定總成本，緊縮資本支出。為了強化控制成本的策略，韓森信託與各事業部經理合力規劃出較詳細的年度財務預算書，並透過寬鬆地採用按績效配發的紅利與配股選擇計畫，以形成經理人執行計畫的誘因。

要評估韓森信託是否會步上重整企業卻又尾大不掉的陷阱，為時尚早。如果它禁不起「大就是美」的誘惑，很可能會重蹈美

國集團的失敗覆轍。

　　如果執行順利，重整是個相當不錯的概念，因為它能通過成功多角化的三項測驗。重整者以購買的公司型態來滿足市場進入成本測驗；藉由買下有問題、前景黯淡或產業潛力尚待開發的公司，而壓低購價。企業對事業單位的干預，則明顯可以符合互相拉抬測驗的需求，而其所提供的目標產業具有結構上的吸引力，因此重整模式能為投資人創造出極大的利益。勞埃（Loew's）、BTR、通用電影（General Cinema）等公司就是走重整策略路線。諷刺的是，許多今天重整企業的獲利，竟是靠以往的資產組合策略。

　　企業管理團隊得對價值被低估的公司或需要劇烈轉型的產業有獨到的洞察力，才能讓重整策略運作。即使處於嶄新或不熟悉的行業中，也必須具有讓事業單位改頭換面的洞察力。

　　這些條件反映出，企業要能成功運用重整策略，是會面對相當的風險和時間的壓力。精明的提案人了解這項問題，清楚事業單位的錯誤所在，因而能果決地處理掉。最棒的企業知道，它們不只是收購一家公司而已，而是必須重整一個產業。除非能整合各個併購案，以創造出一個全新而完整的策略定位，否則他們只是虛有其表的資產組合經理人罷了。橫在眼前的另一個重要難題是，當許多企業都加入這項行動，勢必竭澤而漁，並導致收購價格上升。

　　然而，最大的麻煩還在於，企業一旦將買來的事業單位重整，並且使其運作良好後，便很難捨棄，也就是出現人性與經濟理性之間的天人交戰。此時企業規模取代股票價值，成為企業的中心目標。即使母公司已經不能為事業單位增加價值，仍然捨不得放手。轉型後的事業單位也許適合轉往其他相關行業發展，但是負責重整的公司仍然將其保留下來。漸漸地，負責重整的公司走上資產組合管理的路子。母公司的投資報酬率隨著事業單位重新投資的需求而下跌，而正常的營業風險終於抵消了重整所帶來的利益。保持成長的需求加快了併購的步調，如此導致行事標準不再、錯誤不斷。重整公司頂多也只能轉變成為利潤僅相當於產業平均水準的集團。

技術移轉

　　集團策略前兩個概念的目的，乃是透過母公司與旗下各自主事業單位之間的關係，創造出價值。企業所扮演的角色是選擇、融資和干預。

　　後兩項概念則是運用各事業單位之間的交互關係。然而，為了明確加以表達，事業單位必須先面對定義不清的綜效概念。問題是，想像的綜效遠比實際存在的綜效普通。通用汽車（GM）買下休斯飛機公司（Hughes Aircraft），只是考慮到可以增加汽車的電子控制程度，因為休斯的主力就在電子技術，這便顯示出一個很愚蠢的紙上談兵之綜效。對多角化企業而言，這類企業關聯性常常是事後追溯的合理性，當初的動機反而可能是由其他原因所造成。

　　綜效即使被清楚地定義，也未必能順利具體化。事業單位之間非但不合作，甚至還相互競爭。企業可以定義所要追求的綜效，可是在達成之前，卻會碰到組織的障礙。

　　可是對企業而言，掌握事業單位之間關係所帶來的利益，已經是迫在眉睫的課題。技術與競爭的發展，已經將許多行業連結起來，並為競爭優勢創造出許多新的可能。在金融服務、電腦、辦公室設備、娛樂、醫療保健等領域，如何在原本各自獨立的行業間形成交互關係，可能是策略的考量重心。

　　要了解集團策略中關聯性的角色，我們必須賦予這個定義不清的想法一些新的意義。價值鏈是一個很好的切入方法。每個事業單位都是個別活動的集合體，從銷售到會計等活動，我稱之為價值活動。競爭優勢的形成，源自這個層級，而非公司整體。我將這些活動歸納成九類：主要活動是創造產品（或服務）、送貨、上市、提供售後服務等，類別則包括進貨後勤、生產、出貨後勤、行銷、業務、服務等。支援活動則是讓主要活動順利進行之提供材料和基礎設施的相關活動，包括了公司的基礎設施、人力資源管理、技術發展和採購等。

　　價值鏈定義出兩種有可能創造綜效的交互關係型態：首先是企業在相似的價值鏈之間技術和專業移轉的能力，其次是共享活動的能力。比方說，兩個事業單位能共用同一個業務單位或後勤網路。

　　價值鏈能點出集團策略中的後兩個（也是最重要的）概念：其中一個概念的基礎是，如何在多角化公司中進行事業單位之間的技術移轉。當事業單位各自有本身的價值鏈時，有關

如何執行活動的知識，便在各事業單位之間移轉。以擅長便利品行銷的衛浴用品公司為例，若買下一個咳嗽糖漿領域的事業單位，在新定位概念、促銷技術與包裝上的想法，都可以加以移轉。既有事業單位的專業有助於新行業的經營，反之亦然。

當事業單位之間有類似的客戶和通路，價值活動之間就會產生一如政府部門之間的關係。當它們有類似的價值鏈（像管理多層次的服務性組織）或策略概念（如低成本）相同時，技術移轉的機會就大為增加。即使這些事業單位分頭運行，它們之間的相似性仍容許知識的共享。

當然，有些相似性很常見；它們也很可能出現在任何一組事業單位的部分層級中。無數的企業就因為這些相似性，很快地落入多角化的陷阱之中；這說明了單單有相似性還不夠。

唯有在各事業單位的相似性滿足下列三項條件時，技術移轉才能帶來競爭優勢：

- 各事業單位的活動類似到足以共用專業知識。太過廣泛的相似性（例如行銷密度，或共通的核心製程技術）並不足以成為多角化的基礎。這類技術移轉的結果，可能對競爭優勢的影響不大。
- 技術移轉涉及對競爭優勢具有舉足輕重地位的活動。在政府關係、地產投資等周邊活動的技術移轉，可能會帶來些許好處，但並非多角化的基礎。
- 對接收技術事業單位而言，技術移轉代表一個重大的競爭優勢來源。所移轉的專業知識或技能，必須比競爭者

能力更高或更具有專屬性。

技術移轉是一個主動的流程，會讓接收技術的事業單位出現策略或運作上的重大變化，而這樣的變化前景應該是明確而可以驗證的。有太多的企業陶醉於技術將會移轉的空洞前景與夢幻中，這幾乎可以確定投資人的利益將會落空。技術移轉不會意外出現或自然滲透。企業甚至必須重新調度重要人事，而對管理高層的參與與支持，也是技術移轉的要件。許多企業在技術移轉中功敗垂成，因為它們並沒有提供技術移轉的事業單位適當的誘因。

當企業將專屬技術進行跨單位的移動時，技術移轉便能通過多角化的測驗。因為它確保企業能抵消併購的溢價損失，或降低克服進入障礙的成本。

企業選擇做為多角化的產業，必須通過吸引力測驗。即使搭配良好，技術移轉機會極佳，仍無法克服產業結構不佳的問題。不過，技術移轉的機會可能有助於企業轉變新進入產業的結構，並提供它們有利的方向。

技術移轉可以一次完成，也可能持續進行。企業買下事業單位後，若已沒有注入新技術的可能，這個事業單位將會淪入轉賣的命運，因為企業不再能夠創造出股票價值。不過很少企業抓得住這個要點，多數企業則遭逢報酬率平平的境遇。企業朝多元化的產業進行多角化，未來可資技術移轉的方向也會愈來愈多。企業管理階層若能察覺自己在這方面的角色，並創造適當的組織機制以協助跨單位的互換，共享專業的機會就非空

中樓閣。

藉由收購與內部發展，企業便能建立技術移轉策略。有時候，強有力的技術基礎會創造出企業自內部進入其產業的機會，而不必一味地考慮併購。然而，成功的多角化業者在使用技術移轉概念時，通常會在目標產業中買下一家公司做為灘頭堡，並以其內部的專業知識予以鞏固。此種做法可以減少一些自內部進入的風險，並加速整個過程進行的速度。3M和百事可樂就是兩個運用技術移轉概念，而進行多角化的例子。

共享活動

第四個集團策略是，共享事業單位的價值鏈活動。例如寶鹼公司（P&G）的紙巾與紙尿布，便使用共同的配銷系統與業務人力。物流業龍頭麥卡森公司（McKesson），則透過超大賣場，來處理藥品和酒類等不同產品線的商品。

共享活動的能力是集團策略的有力基礎，因為共享可藉由降低成本與提高差異化，而強化競爭優勢。不過並非所有的共享都能導致競爭優勢，企業也可能面對強大的組織性抗拒。這些殘酷的事實導致許多企業過早地排斥綜效，並回復至簡單而不當的資產組合管理。

未來共享機會的成本利潤分析，可決定綜效是否可行。當企業達到經濟規模，並提高使用效率或縮短學習曲線，共享會降低成本。奇異電器在主要產品上的廣告、銷售和售後服務活動等成本很低，原因是它們橫跨龐大的電器產品線。分享也能提高差異性的潛力。像一套共用的訂單處理系統，可能讓客戶

認為是有價值的新功能與服務。共享也能降低差異化的成本，例如共享的服務網站能使服務更進步，服務技術在經濟上具有可行性。通常，共享容許活動整個重新設計，並戲劇化地提高競爭優勢。

共享必須包含攸關競爭優勢的活動，而非所有活動照單全收。以寶鹼為例，它所處的尿布與紙巾產業，體積大、運送成本高，因此寶鹼將其併為同一個配銷系統。反過來說，只為了有機會分攤企業總成本而進行多角化的做法，並不恰當。

共享活動無可避免地會涉及考量是否利多於弊。成本的考量之一是，共享活動需要較大規模的協調；更重要的是，在設計與表現活動上必須妥協，以便它能被共用。例如一名業務員負責兩個事業單位的產品銷售，他所表現出來的，就與這兩個行業獨立經營的方式不同。如果妥協的問題大到足以侵蝕事業單位的效率，共享可能就會降低而非提高競爭優勢。

許多企業只是從表面界定可供共享的項目，也可能在未考慮是否攸關經濟規模的情況下，就合併一些活動。一旦這些活動與經濟規模無關時，協調成本就會侵蝕利益。企業所犯的錯誤也可能是事前沒有界定共享的成本，無法掌握將這類成本降至最低的時機。重新設計共享活動，通常能減少妥協成本，如提供共用業務員電腦配備，便能大幅提高生產力並提供更多客戶資訊。未經深思熟慮就將各事業單位貿然合併，將會惡化共享的成本。

儘管有上述問題，由於技術、自由化與競爭的重大發展，共享活動形成優勢的機會也在增加。許多產業中電子與資訊

系統的融合,帶來產業連結的新機會。集團策略有併購與內部創業兩種型態,以發揮共享活動的功能。內部發展通常比較可行,因為企業在成立新的事業單位時,能提供明確的資源。新公司在整合上的困難度,也比併購來得低。企業應用共享活動概念,也能使併購成為登陸新產業的灘頭堡,並將事業單位整合。寶鹼、杜邦、IBM等公司,都是利用共享活動來發展多角化的重要例子。它們多角化所涉入的領域,其實是一個由緊密關聯的事業單位合成的群聚。萬豪酒店(Marriott)的例子,則顯示出共享活動長期下來的成敗。(參閱「萬豪酒店以親切服務增加價值」)

萬豪酒店以親切服務增加價值

萬豪酒店最早在華盛頓特區經營餐館行業。由於萬豪酒店的顧客經常直接外帶餐飲趕赴機場,因而導致萬豪酒店從事航空的餐飲服務。以此,萬豪酒店再躍進大機構的餐飲服務管理,並擴大其家庭式餐廳的基礎,進軍旅館產業。近年來,又揮軍進入餐廳、小吃店、機場候機大廳的商品街,以及高級餐廳。此外,萬豪酒店還從旅館產業轉朝主題公園、大宗旅遊仲介、遊艇平價汽車旅館與退休安養中心等領域發展。

萬豪酒店的多角化能力已開始在餐飲與親切服務上發展出完整技能。萬豪酒店廚房中所準備的食物,是依據超過六千種標準食譜所配製而成;旅館服務程序也標準化,且詳盡地登錄在製作精美的手冊中。萬豪酒店在各事業單位之間共享許多重要的活

動，它有一套餐飲服務的採購與配銷系統，由九個地區採購中心供應所有事業單位的需要。如此一來，在餐飲服務上，萬豪酒店的利潤比其他旅館企業高出50％以上。萬豪酒店也整合房地產業的事業單位，以致在收購新的營業據點，設計、建築所有營建設施時，都能發揮最大的力量。

萬豪酒店的多角化策略，是並行運用併購與新設公司兩種方式。新設公司或小型併購大多用在新產業的進入，端視機會共享的密切程度而定。為擴張勢力範圍，萬豪酒店則直接收購其他公司，然後拋售不適合的部分。

除了在這方面大有斬獲以外，萬豪酒店所併購或新設公司中，也有36％已被轉賣。儘管這已經是中上水準的成績，它的錯誤仍很明顯。萬豪酒店多角化進入高級餐館、主題公園、遊艇、大宗旅遊仲介等領域，多半慘遭滑鐵盧。在前三項行業中，萬豪酒店發現儘管有明顯的相似性，卻無法進行技術移轉。標準化菜單並不適用於高級餐廳；經營遊艇和主題公園更需要娛樂業或披薩店的基礎，而非旅館業與中價位餐廳一絲不苟的管理方式。大宗旅遊仲介從一開始就注定落入失敗的命運，因為萬豪酒店正與自己在旅館業的重要客戶競爭，而且缺少更強的獨家技術以供共享，形成提高價值的效果。

遵循共享活動模式，需要鼓勵經營單位強化組織關聯性，但高度自治的經營單位通常敵視這樣的合作。企業必須在組織

中放進許多我稱之為「水平機制」（horizontal mechanisms）的功能，諸如強烈的企業識別意識，清楚、明白展現企業集團使命，強調整合重要性的宣示，比個別經營單位表現更有吸引力的獎勵系統，跨事業單位的專案小組，以及其他整合的方式。

基於共享活動所形成的集團策略，明顯地可以通過互相拉抬測驗，因為事業單位可以從集團內其他部門獲得持續、有形的優勢。它也因降低克服障礙的開支，以內部進入方式通過市場進入成本測驗。併購對象缺少共享機會時，價碼也會比較低。不過，即使最廣泛的共享活動機會，也不代表企業可以避開吸引力測驗。許多多角化經營者會犯一個重大的錯誤，將多角化吸引力與吻合目標產業畫上等號。目標產業必須通過嚴格的測驗，證明它的結構具有吸引力，以及當多角化終於成功時，能與機會緊密結合。

選擇集團策略

多角化經營的企業可以應用前述的集團策略概念，以不同的方式創造出投資人的價值。如果企業所採用的概念能清楚地定義角色與目標、具備必要的技能、將事業單位組織成為適合策略的多角化方式，以及找出適當的資本市場環境時，這四種概念的任何一種都能成功。這也說明，資產組合管理只適用於特定的環境。

企業在選擇集團策略時，常受到過去經驗的影響。如果旗下的事業單位處於缺乏吸引力的產業，母公司就會將它除名。

一旦母公司的獨家技術或活動，只能在相關多角化領域有限地共通時，在研擬多角化時，勢必要應用其他概念。然而，集團策略絕不是一策定江山的選擇，它是個可隨時間演化的願景。企業應該選擇適合長期發展的概念，務實朝向起點邁進。

過去十年的研究顯示出，無論策略性邏輯和企業經驗都指向，公司如果將集團策略從資產組合管理調整為共享活動時，將能為投資人創造愈來愈大的利益。因為企業並不需要在企業能力、共享活動和技術移轉等方面，具備優異的觀察力或其他爭議性的假設，以為價值創造開拓出一條康莊大道。

各種集團策略的概念之間並不互斥，第三、四種概念更有相輔相成的優勢。在進行技術移轉和共享活動之時，企業也可同時應用重整策略。假如事業單位可交換技能的話，以共享活動概念出發的策略，會變得更加有力。如同萬豪酒店的案例所顯示出，企業可以追求兩種策略概念，並將重整的原則應用其中。當它選擇能技術移轉或共享活動的產業時，企業同時也該調查讓該產業結構轉型的可能性。企業以交互關係為策略基礎時，在創造投資人利益上，就比貿然投入不熟悉的產業策略，具有更廣大的基礎。

我的研究支持這項說法，就是以技術移轉或共享活動為基礎的集團策略比較健全。而企業多角化的數據則顯示，成功的多角化經營者具有重要的特質——涉足不相關的併購活動的比重很低。這裡的不相關可以定義為，在技術移轉和共享重要活動上並沒有明確的機會（見表5.3）。即使如3M、IBM、TRW等成功的多角化經營者，如果涉及不相關領域的併購，績效也令

人失望。要透過併購成功地涉足多角化領域，彼此之間必須要有關聯性。像寶鹼與IBM，分別進軍多達十八與十九個有交互關聯的領域，並享受許多技術移轉與共享活動的機會。

在併購紀錄上表現優異的企業，在新設公司與聯合投資的比重也高於其他公司。在一般的印象中，大多數企業會以購併方式進入新行業。我的研究結果則質疑這種傳統的觀點。表5.3顯示，雖然聯合投資的風險與併購一樣高，但是新設公司則不然。此外，類似3M、寶鹼、嬌生（Johnson & Johnson）、IBM與聯合科技（United Technologies）的個案則顯示，成功的企業通常在新設公司上有很好的紀錄。如果企業內部有能力新設一個事業單位，將可能會比僅靠收購，以及接下來處理整合問題的做法，要來得更為安全，成本也較為低廉。這種以自設公司進入新領域的做法，在日本企業多角化的歷史上得到充分的支持。

我手邊的數據也顯示，當產業結構欠佳或執行失當時，產業的關聯性即使再強，集團策略也難以奏功。全錄的併購活動是在相關領域進行，但是這些行業的結構欠佳，全錄本身的技術又不足以提供足夠的競爭優勢，以抵消執行面的問題。

行動方案

要將這套集團策略的原則轉換為成功的多角化，企業首先必須以客觀角度檢查它既有的行業，以及其對母公司所帶來的附加價值。只有透過這樣的評估，才能增長對正確的集團策略的理解。這項理解也將指引未來的多角化，以及選擇未來涉足

新行業的技術和活動的發展。下列行動方案為執行評估提供了一個具體的方式。企業可藉由下列各方式來選擇集團策略：

- 標示既有事業單位之間的交互關係。企業可從目前事業單位的資產組合中，找出所有共享活動或技術移轉的機會，以開始發展集團策略。企業不僅找出提高既有事業單位持續加強競爭優勢的方法，同時也開發更多可能多角化的路徑。找到資產組合中缺乏有意義的交互關係，也是一項重要的發現，因為這意味著必須證明企業所帶來的附加價值，或換個角度說，需要基本的重整。

- 選擇能成為集團策略基礎的核心事業。成功的多角化，始於認清可用於當作集團策略基礎的核心事業。核心事業是那些具有吸引力、有形成持續競爭優勢的潛力、與其他事業單位有重要交互關係，以及能提供代表多角化技術和活動的產業。企業首先必須藉由提升管理團隊、國際化的策略，或改進技術，以確保其核心事業的穩固基礎。研究顯示，無論是透過併購、聯合投資或成立新公司等方式，既有事業單位在地理上的擴張，其轉賣率都遠低於多角化的做法。對於非核心的事業，企業也要保持耐心，把它們賣掉將有助於靈活配置資源。某些案例中，處分資產意味著能立即得到流動現金，也有些企業會整頓這些事業單位，以等待更佳的市場時機，或特別有興趣的買主。

- 創造水平式的組織機制，以促進核心事業間的交互關

係，並形成未來相關產業多角化的基礎。高階主管要促進內部的交互關係，方法包括強調跨事業單位的合作、歸類事業單位的群組、修改誘因，以及逐步建立強烈的企業認同意識等。

- 追求需要共享活動的多角化機會。假如公司的策略能通過三項基本測驗的話，那麼它的集團策略將會極為有力。企業應該將現有事業單位中最能共享的活動，如強大的行銷通路或世界級的技術設備，予以集中應用。這些活動會引導出有開發潛力的新行業。企業也可以運用併購或新設公司做為灘頭堡，以發揮內部能力和減少整合的問題。

- 共享活動機會有限或不再時，設法透過技術移轉以達成多角化。企業可以透過併購來追求此一策略；如果既有事業單位具有重要技能並且能移轉的話，成立新公司亦不失為另一種適合的方式。此種多角化通常風險較高，因為它所需要滿足的條件最嚴苛。當企業面對這種不確定性時，必須避免只憑技術移轉的基礎來進行多角化。反過來說，共享活動可以被視為後續多角化的墊腳石。選擇新產業時，應以能自然導引至其他產業為準。此一目標是建立一個有關聯、而且能相互強化的事業單位所形成的產業聚群。該策略的邏輯意味著，企業不應該對進入新領域的初步行動，設定太高的報酬率標準。

- 管理技能適當或目前並無良好機會可打造企業內的交互關係時，便可以追求企業重整策略。當企業發現一家

經營不善的公司，而該企業本身具有足夠的管理能力與資源時，它就能運用企業重整策略。資本市場愈發達、市場對企業的影響愈大，就愈需要耐心地尋找特殊的機會，而非不論好壞地一味貪多。

- 發放股利以使投資人能成為資產組合經理人。發放股息，要比基礎不穩的多角化進而摧毀投資人利益來得好。有些企業以稅務理由來避免發放股利，但是企業如果不能展現獲利力，它就缺乏多角化的合理理由。

創造企業的宗旨

要確保企業能創造出投資人的利益，設計、定義企業的宗旨不失為一良策。正確的經營宗旨，有助於統合各事業單位的努力，並強化彼此間交互關聯的方法，以及在選擇進入新行業時能有其指導原則。以「電腦與通訊」（C&C）為經營宗旨的恩益禧（NEC），便是一個很好的例子。恩益禧處理它在電腦半導體、通訊與消費性電子產業時，就以電腦和通訊的觀點進行整合。

設計一個淺顯易懂的企業經營宗旨，說來容易做起來困難。像哥倫比亞廣播公司希望成為一個「娛樂事業集團」，因此建構一群與休閒生活有關的行業。它進軍玩具、遊艇、樂器、職業球隊及音響零售業。這個企業集團的經營宗旨看似不錯，認真想卻是雜而不實。這些行業彼此之間並沒有共享活動的機會，或進行技術移轉的可能，更甭說它們與廣播電視和唱

片等核心事業的關係。除了少數出版相關行業，因為與哥倫比亞集團存有相關性而得以存活外，其他大多在歷經龐大的虧損後被轉賣出去。在我的研究中，哥倫比亞公司因為廣播電視和唱片業的傑出表現所創造出的投資人利益，卻因拙劣無比的併購而侵蝕殆盡。

要由競爭策略拉高到集團策略，是一項如同通過百慕達三角洲那樣困難的任務。集團策略的失敗反映出一項事實，大多數多角化企業未曾認真思考如何增加附加價值。一個能真正加強各事業單位競爭優勢的集團策略，也就是對企業襲擊者的最佳防禦策略。如果企業更能把重心放在多角化測驗之上，並對集團策略的概念能力加以明確地選擇，往後的企業多角化紀錄將大不相同。

第二篇

地點的競爭力

第六章

國家競爭優勢

麥可·波特——著

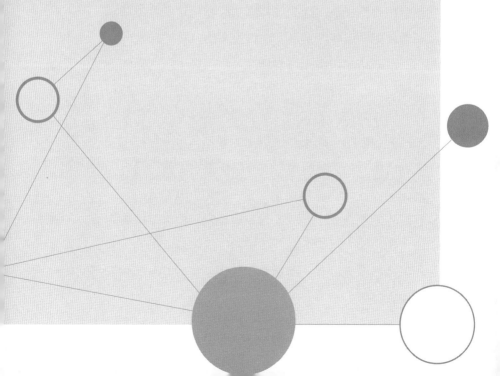

國家財富是後天形成，而非天生。它並不像古典經濟學所稱，與一個國家的天然資源、勞動人口、數量、利率、幣值有關。

國家的競爭力在於其產業創新與升級的能力。企業要能與世界最強的競爭者競爭，並仍有餘裕，關鍵在國內的壓力和挑戰。強悍的國內競爭對手、積極動作的本國供應商、挑剔的本國客戶，焠煉出這些企業過人的筋骨。

在國際競爭愈來愈激烈的世界，國家的角色不減反增。當競爭的基礎轉為創造和知識累積時，國家的角色就變得非常吃重，創造與持續競爭優勢也變成本土化的流程。國家在價值、文化、經濟結構、機構和歷史的差異，都與競爭發生關聯。不同國家有不同的競爭力型態，沒有哪個國家能在所有或大多數產業中獨領風騷。因此，各國都能在特定的產業成功，因為本國環境對於這些產業最有前瞻性、活力與挑戰性。

這些結論可說是這些年來，我們對十個貿易強國競爭成功的類型，進行研究所得到的成果，但也與許多政府和企業所抱持的傳統看法，尤其是目前美國的指導原則有所衝突（有關這項研究，參閱「國家競爭優勢的類型」）。根據普遍的看法，勞動成本、利率、匯率、經濟規模是左右競爭最有力的因素，而企業界流傳的語彙則是合併、聯盟、戰略性夥伴、合作、沒有國界的全球化。經理人對政府施壓，要求支持特定產業。政府之間也傾向透過各種政策實驗，從管理匯率到左右貿易到變相鼓勵壟斷等政策，但通常以適得其反收場。（參閱下文「何謂國家競爭力？」）

國家競爭優勢的類型————————————————

　　為了調查為什麼有些國家能在特定產業上出現競爭優勢，以及競爭優勢對企業策略與國家經濟的啟示，我主持了一個長達四年，涵蓋十個重要貿易國家的研究。這些國家分別是：丹麥、德國、義大利、日本、瑞典、瑞士、英國和美國。這個研究小組擁有三十多位成員，他們絕大多數是研究對象為本國的學者。但是使用的研究方法，則事前經過統一。

　　十個國家中，美國、日本、德國是世界級工業領先國，其他各國則在國土面積、人口總數、政府產業政策、社會文化方面各有差異。1985年時，它們的進出口金額占了全球貿易的50%。

　　大多數有關國家競爭優勢的研究，往往只針對單一國家的表現，或僅就兩國相互比較。藉由研究各國在特質和環境上的廣泛差異，本研究將特殊情況排除在國家競爭優勢的建構條件之外。

　　在這項研究中，被選中的國家都從兩方面著手。第一部分是透過既有的統計數字、出版資訊與深度訪談，找出各國具有國際競爭優勢的各類產業。我們對「國際成功」的定義是：該國這項產業是否擁有足以與世界級競爭對手較勁的競爭優勢。獲利程度等許多傳統衡量競爭優勢的指標，往往有誤導之嫌。我們選擇的指標包括：能對多國進行實際與持續的出口貿易；或在母國發展資產與技術，並藉以進行海外投資的企業。我們把國家視為是企業的根據地，不論這些企業是當地人持有的本土公司，或能獨立營運的外資子公司。我們觀察1971、1978和1985這三年，整理出各國有國際競爭實力的產業輪廓。在這些國家，有競爭力的產業形態絕非隨機發生：我們的任務就是解釋這個現象，以及這些類

型如何隨時間演變。還有一個很有趣的課題是，各國有競爭優勢的產業之間的關聯性。

　　這項研究的第二部分，則是藉著回顧一些特定產業競爭力的歷史，以了解競爭優勢是如何被創造出來。根據各國的國力調查，我們選擇超過一百種產業或產業體系進行詳細研究。我們盡可能回溯產業發展的歷史，藉以認識某個產業為何及如何在國家生根、成長，其下的企業又是在何時、以何種方式發展出國際競爭優勢，又如何持續或喪失這些國家競爭優勢的完整過程。這些產品史研究或許不是歷史學者巨細靡遺的大作，但是它提供我們產業發展與國家經濟的新視野。

　　被遴選為各國樣本的產業，必須能代表這個國家在特定產業經濟上的競爭優勢。它們都在該國貿易量中占有重要比例：在日本、德國和瑞士，具有競爭優勢的產業占了全國出口的20％；在南韓，具有競爭優勢的產業的出口占全國出口的40％以上。這當中不乏當代國際最著名的產業成功故事，諸如德國的高級轎車和化工產品、日本半導體和錄放影機產業、瑞士銀行和製藥業、義大利紡織和製鞋業、美國民航業與電影業等。我們也選擇一些知名度不高，但具有高度競爭優勢的產業進行研究，如南韓的鋼琴業、義大利的雪靴業和英國的糕餅業。另外，我們也注意到一些與傳統理論相互矛盾的產業：例如，在內需市場不存在的情況下，日本的英文打字機不但出口暢旺，而且還進行大量的海外投資。我們撇開高度依賴自然資源的產業，因為它們的競爭優勢問題比較適合採用傳統理論解釋，而且已不是進步經濟體系的骨幹。不過，我們的研究對象也包括，自然資源產業加工後轉換成

技術密集的產業，如新聞印刷業或農業化學業。

　　這裡選擇的國家和產業，為發展與測試國家如何形成競爭優勢，提供豐富的實證基礎。主文集中於個別產業形成競爭優勢的關鍵要素，並描繪出政府政策與企業策略實踐的整體面向。我在《國家競爭優勢》（ *The Competitive Advantage of Nations* ）書中，發展出更完整的理論和應用原則，並提及更多案例。該書也包含對所研究國家更詳細的描述，以及經濟發展的未來展望。

何謂國家競爭力？

　　國家競爭力的盛衰，一直是個熱門話題，但是各家說法卻經常相互矛盾，更缺少放諸四海皆準的理論。更重要的是，我們對有競爭力的企業之說法愈來愈清楚之際，卻對有競爭力的國家之概念模糊不清。直到今天，我們並沒有一個能應用在國家「競爭力」的定義。

　　有些人把國家競爭力看成是由匯率、利率、政府預算赤字等變數所引導的總體經濟現象。但是有預算赤字問題的日本、義大利、南韓，面臨貨幣升值壓力的德國，以及實施高利率政策的義大利和南韓，這些國家的生活水準仍在快速提升。

　　有些人則主張，國家競爭力源自廉價而充沛的勞動力。然而，如德國、瑞士或瑞典等國家，不但薪資高，而且勞力短缺，但它們的經濟照樣繁榮。此外，高薪下的競爭力似乎代表一個更合理的競爭力目標。

　　還有一派將競爭力與國家資源豐富與否畫上等號。不過，又該如何解釋德國、日本、瑞士、義大利和南韓，同是資源有限，必須仰賴進口原料的國家？

　　近年來，也有人將左右競爭力的源頭指向政府政策：政府的產業目標、保護政策、獎勵出口和補貼等，推波助瀾的結果，日本與南韓的汽車、鋼鐵、造船、半導體產業紛紛登上世界主要舞台。但仔細檢查就會發現，這類推論並沒有確切的資料佐證。在義大利，政府干預的效果奇差，但是義大利產業的出口成長率一度僅次於日本，高居世界第二位。德國政府很少直接干預出口產業。即使在日本與南韓，傳真機、印表機、機器人、高級材料等重要產業中，政府的影響力薄弱；而一般認為是政府主導成功的日本縫紉機、鋼鐵、造船等產業，早已過時。

　　最後，還有一種蔚為風行的國家競爭力說法，認為是由各國管理模式差異造成的。然而，這類解釋也有它的問題。因為不同產業需要不同的管理方式，在義大利，小型、私人與鬆散的家族企業構成製鞋、紡織和珠寶等產業的骨幹。這類產業的成功管理模式，如果移植到德國汽車、化工或瑞士藥廠、美國飛機公司，結果可能是一場災難。不可能找出管理與勞資關係之間的通則。一般說法認為，工會太強大會傷害競爭優勢，但是在德國和瑞典，工會都非常強勢，卻無礙於這兩國發展出國際知名的大企業。

　　很清楚地，前面的解釋並不能令人滿意，更沒有哪一種說法能清楚說明，在國際競爭中，產業與國家的關係。它們似乎各自成理，但是競爭優勢顯然來自更廣泛也更複雜的力量。

　　眾說紛紜的觀點也暴露一個更根本的問題。一個國家必須

具備哪些條件才能被稱為「有競爭力」？一個「有競爭力」的國家，它的產業與企業是否也都是競爭高手？似乎沒有哪個國家符合這個標準。即使在日本，大部分的產業與企業遠遠落於國際競爭對手之後。

「有競爭力」的國家是否意味，它的匯率應該使該國產品價格能在國家市場競爭？問題是，無論德國或日本，儘管長期面臨貨幣升值的壓力，它們的生活水準仍大幅提升。「有競爭力」的國家是否表示它擁有大量的貿易順差？然而，瑞士的貿易收支只能勉強平衡，義大利經常出現貿易赤字。但是這兩個國家的國民所得都在上升。「有競爭力」的國家是否必須是低工資和低勞動成本？印度與墨西哥符合這個標準，但似乎都缺乏吸引力。

在國家層級上，競爭力的唯一意義就是「生產力」。國家的基本目標是提供人民高水準的生活，實踐能力則來自運用勞動與資本等國家資源所得到的生產力。生產力是每個單位勞動與資金的產出價值，並且視產品品質、性能（這兩者決定產品價格），以及生產效率決定。生產力是國民平均所得的根源，因此也是決定一個國家長期生活水準的關鍵。人力資源的生產力決定員工薪資；資本的生產力則表現在投資人回收的多寡。

國家生活水準的高下，端視企業達到高層次生產力，以及繼續增加的能力。生產力的持續成長需要經濟持續升級。企業持續改善產品的做法，不外乎提高產品品質、增加必要性能、改善產品科技或提高生產效率等。它們必須發展出，在生產力要求愈來愈高，愈來愈精緻的產業區隔的競爭能力。最後，它們必須發展出能在全新的、更精緻的產業競爭實力。

　　國際貿易與海外投資猶如一把利劍的雙刃，一方面帶給國家提升生產力的機會，但同時也威脅該國的生產力。由於國際貿易，一國得以專注於企業生產力較高的特定產業或產業區隔，並進口生產力不如外國競爭對手的產品與勞務。沒有哪個國家能在所有產業中所向無敵，理想的狀態是，有限的資源被運用在最有生產力的領域。即使是在先進國家，也非每家企業都有競爭力。

　　當然，國際貿易與海外投資也可能威脅生產力的成長。它們讓國家的產業暴露在國際標準之下。與國外的競爭者相比，如果產業的生產力並未高到足以抵消國內的較高薪資，就會面臨被淘汰的命運。如果一個國家無法在高生產力／高薪資產業中競爭，它的國民生活水準便會受到威脅。

　　這也是為什麼貿易盈餘或貿易平衡不代表一個國家有競爭力。一個國家如果以低工資和貨幣貶值擴張出口，同時又仰賴進口精密高層次產品，縱使創造貿易順差或貿易平衡，卻可能損及國民生活水準。競爭力也不等於創造就業機會。決定經濟繁榮的因素，並非以低工資創造就業機會，而取決於工作的「型態」。

　　尋求國家「競爭力」的解釋，本身就是個錯誤的開始。我們必須先認識決定生產力的因素，以及生產力成長速度。為此，我們不能只看整體經濟表現，也要針對個別產業和產業區隔的表現來了解生產力。我們必須知道，有商業價值的技能和技術是何時及如何創造出來的，這些問題只有對特定產業進行全面觀察才能得到解答。在特定產業與產業區隔中，企業為了勝過外國對手，在特定產品或產業上嘗試成千上百的生產流程設計與改善。國家生產力的升級正是奠基在這個過程中。

　　如果我們仔細觀察任何國家的經濟，將會發現，能在國際競爭中脫穎而出的產業，通常各有不同的競爭優勢，而且這些優勢都集中在特定產品或產業區隔上。德國出口的汽車集中在高級車種，韓國的出口主力則在汽車零件或零組件。在許多產業和產業區隔裡，真正具有國際競爭優勢者，往往就是那少數幾個國家。

　　因此我們要找出，使得某國之企業在特定領域創造和持續競爭優勢的決定性特質──也就是找出國家的競爭優勢。我們特別關心技術與技能密集產業或產業區隔，在國際上嶄露頭角的關鍵要素，因為它們是生產力的基礎。

　　古典理論解釋國家在特定產業成功，主要是根據土地、勞動力和天然資源等所謂的生產因素。國家可從自身擁有最豐富，可以密集使用的因素中，獲得比較性的優勢。不過在科技力量與全球化競爭之下，先進產業與進步的經濟體卻顛覆了古典理論。

　　新的理論必須承認，在現代化的國際競爭中，企業的全球策略不僅涉及貿易，還包括海外投資。新理論必須解釋，為什麼國家能提供本國企業一個在國際競爭中有利的環境？母國基地通常是企業持續與創造實質的競爭優勢所在。企業在這裡制定策略，發展與維繫核心產品和製程技術，創造最有生產力的工作與最先進的技能。企業在一個國家建立企業總部，對當地的相關產業和國家經濟，都會產生極大的正面影響。雖然企業的所有權通常集中於母國，但投資人的國籍卻未必如此。

　　新的理論必須超越比較利益的層次，提升到國家的競爭優勢。它必須反映市場區隔、產品差異、技術差異和規模經濟等更豐富的競爭概念。新理論必須超越成本觀念，解釋為什麼有些企

業比外國對手有品質、性能和新產品創新的優勢。新理論必須以動態與不斷進化的競爭為前提。它必須回答下列問題：為什麼有些企業比外國對手更能創新？為什麼有些國家更能提供企業所需改善與創新的環境？

這些當前廣受政府與企業青睞的方法，問題其實很大。它們根本上誤解競爭優勢的真正來源。追求這些短期上很有吸引力的目標，絕對會讓美國與其他先進國家，無法達成實質且可持續的競爭優勢。

我們需要新的理論和工具——一種與傳統意識型態或理論風尚無關，真正源自國際化成功產業的競爭力分析。我們需要知道哪種方法行得通？為什麼行得通？接下來必須加以應用。

企業如何在國際市場致勝

全球各地，成為國際性產業龍頭的企業，各有不同的策略。儘管成功的企業各有它的獨門兵法與特別的操作規矩，但是它們的特質與成功的軌跡，其實大同小異。

企業透過創新形成競爭優勢。它們在各種領域，包括新科技與新的做事方式中發展創新、察覺新的競爭基礎，或從舊的方法中找出更好的競爭手法。創新可以放在新的產品設計、新的生產流程、新的行銷方法，或是一種新的訓練方式。許多創

新是平凡觀點的累積，靠的是些微的領先與洞察力累積，而非單一、重大的科技突破。創新的點子通常並不「新」──隨處可見卻很少被重視。創新常涉及在技術與知識上，以及有形資產與品牌聲譽的投資。

有些創新是靠察覺一個受到忽略的全新市場機會，或為新的市場區隔提供服務。當競爭者反應太慢，這類創新就導致競爭優勢。以汽車和家電業為例，日本企業靠它們最早提出輕薄短小的產品型態，加上外國競爭者認為獲利不高、不重要、缺乏吸引力而不當一回事，於是形成競爭優勢。

在國際市場中，引發競爭優勢的創新是不分國界的。比方說，當國際間愈來愈在意產品安全時，瑞典的富豪汽車（Volvo）、新寧（Atlas Copco）與AGA企業的成功，就在預見這個領域的市場機會。另一方面，如果本國市場所關心之事與狀況並未與國際同步，這類創新只會減緩企業的國際競爭力的速度。美國龐大國防市場的誘惑，就扭轉了美國材料與工具機業者對全球市場的注意力。

在改善與創新的過程中，資訊扮演了重要的角色──資訊可能是競爭對手無法取得，或是並未設法取得的事物。有時候，資訊只是很單純地從研究發展或市場研究中冒出來；更多時候，它來自努力、開放，不受傳統觀點或盲目假設的影響，追求正確的態度。

這也是為什麼創新者通常是來自產業外的人士，或來自不同的國家。創新也可能來自新公司，因為它的老闆可能非科班出身，或是在老字號大公司中懷才不遇。當資深經理人是該產

業的新人，便更能察覺與追求機會，創新也就可能透過他們在現有公司內發生。企業在多角化引進新的資源、技能或對其他產業的觀點時，也可能因此發生創新。還有，創新可能來自不同環境或不同競爭方式的國家。

撇開極少數例外不談，創新是不尋常的努力結果。企業能成功執行嶄新或更好的競爭方式，大多靠著不屈不撓的決心，克服嚴苛的批評與艱辛的障礙。事實上，成功的創新通常是由身處逆境、面對壓力、勢在必行的力量所激發出來。這股沒有退路的恐懼力量，遠比希望有所得的誘因強大許多。

一旦企業透過創新形成競爭優勢，持續的不二法門就是無止境的改善。競爭優勢都有其局限性。南韓企業在大量生產標準化彩色電視機與錄放影機上，已經與日本對手旗鼓相當；在休閒鞋的設計與組裝技術上，巴西廠商也不遜於義大利的競爭對手。

任何企業一旦停止改善與創新，終將被競爭者取代。有時候，僵化的企業可能因顧客關係、既有技術的經濟規模、配銷通路的忠誠度等早期進入優勢，而使得它能繼續維持地位達數年、甚至十年之久。但遲早更有活力的對手會找出創新優勢的方法，或創造出一個更好或成本更低廉的做事方法。義大利的家電廠商雖然成功透過大型零售通路，以低成本的優勢銷售中小型的家電用品，而坐擁一段為時不短的初期優勢。德國競爭廠商則藉由發展差異性更強的產品，創造高知名度的品牌，而開始攻城掠地。

最後，持續競爭優勢的唯一之道是升級——朝愈來愈精緻

的型態發展,這也是日本汽車廠商的做法。它們最初以較低的勞動成本為基礎,發展出品質尚可的小型、廉價車,而滲透外國市場。而且即使勞動成本優勢仍在,日本廠商已開始著手升級:它們大量投資,興建大型現代化工廠,以獲取經濟規模。然後,它們轉向製程技術的創新,領先推出零庫存生產的做法,並成為品質與生產力的盟主。

這些流程的改善導致更佳的產品品質、更好的維修紀錄、更高的客戶滿意度。近年來,日本汽車又成為生產技術的領先者,頻頻推出高價位的新品牌,足以與全球最受推崇的轎車一決雌雄。

日本汽車廠商的例子,維持競爭優勢還需要兩個前提。首先,企業的策略必須包含全球化的思考。它必須透過自己掌握的國際市場通路,向全球銷售自有品牌的產品。一個真正的全球化做法,可能需要企業將生產與研發設備移出海外,以順利進入當地市場、利用低工資,或獲取外國技術等優勢。第二,要創造更能持久的優勢,企業在握有優勢時,就必須未雨綢繆——即使它目前看來仍具優勢。日本汽車廠商很清楚這一點,它們若不自行放棄既有優勢、爭取新優勢,就會被其他競爭者取而代之。

這個例子告訴我們,變革與創新是密不可分的。但是變革並非自然產生,尤其對成功的廠商而言,變革會面臨強大的排斥與反撲的力量。過去的做法已成為標準作業程序與管理控制的機制:各項訓練強調做事的正確方法只有一種;專業且集中的設施,將過去的做法凝聚為牢不可破的磚牆;既有策略瀰漫

著一股不容侵犯的氣勢，並深植於公司的文化之中。

成功的企業很容易在預測能力和穩定性上出現偏差。它們重要的工作就是保護既有的一切。改革會受到排斥，因為它會帶來喪失太多的恐懼。組織中的各個層級，會主動過濾掉能建議新做法、修正或偏離常規的資訊。企業內部環境的運作如同免疫系統，會隔離或驅逐挑戰現有方向、企圖建立新思考的「有敵意」個人。創新因而停止，企業開始僵化；被更強的競爭對手取代，只是時間早晚的問題而已。

國家優勢的鑽石體系

為什麼在有些國家中，部分的企業能持續創新？為什麼它們鍥而不捨地進行改善，尋找更精緻的競爭優勢來源？為什麼它們能克服改變與創新的實質障礙，進而獲得成功？

答案繫於一個國家的四大特質，這些特質各自獨立，又能系統性地組合成國家優勢的鑽石體系。在組成此一鑽石體系的各領域中，各國可據以建立其產業，並加以營運。這些特質分別是：

- **生產因素條件**：該國生產因素的地位，例如熟練的勞工或基礎建設，這些是產業必備的競爭要素。
- **需求條件**：本地市場對產品或服務的需求本質。
- **支援與相關產業表現**：該國是否具備這項產業的支援與相關產業，又這些產業是否具有國際競爭力。

● **企業策略、結構與競爭狀態**：該國的企業是如何創建、組織與管理的相關條件，以及該國的國內競爭型態。

這些關鍵要素創造出國家環境；企業在其中誕生並學習如何競爭（**見圖6.1**）。鑽石體系的每個點，以及體系本身，都會影響企業在國際競爭成功的基本條件。例如，是否具有形成產業競爭優勢的必要資源與技術；是否擁有能讓企業察覺趨勢方向，調度資源與技術機會的充分訊息；以及企業主、經理人與員工的目標。而最重要的是，企業投資與創新的壓力（參閱「鑽石體系如何運作：義大利瓷磚產業」）。

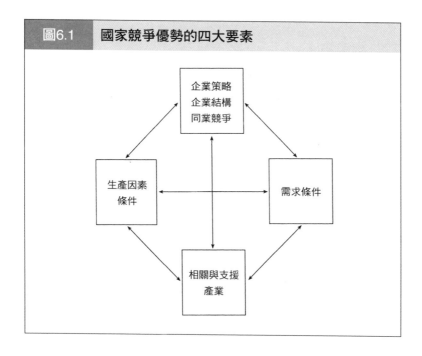

圖6.1　國家競爭優勢的四大要素

鑽石體系如何運作：義大利瓷磚產業

1987年時，義大利瓷磚產業年產值達100億美元，是名符其實的瓷磚生產和出口王國。義大利瓷磚廠商主要集中在艾米拉諾曼加省（Emilia-Romagna）的薩梭羅鎮（Sassuolo）。當地生產的瓷磚占全球產量的三成，國際市場的六成，並為義大利帶來14億美元的貿易順差。

從義大利瓷磚產業在競爭優勢的發展，可以看出攸關國家優勢的鑽石體系如何運作。薩梭羅鎮持續在瓷磚方面的競爭優勢，並非始於靜態優勢或歷史淵源，而是產業內部的活力與變革。這裡面有精緻而挑剔型的本地客戶、強勁而獨特的經銷通路，與本地廠商之間的貼身肉搏，業者因此面臨持續創新的壓力。不停的實驗，累積的製造經驗，讓瓷磚知識快速成長。加上企業對鄉土的感情與責任，又讓業者持續投資，絕不輕言放棄。

在當地，高度發展的設備供應商和支援產業，形成材料供應、服務和基礎建設源源不絕，也是薩梭羅瓷磚產業的一大優勢。這些世界一流的相關產業強化了義大利在瓷磚上的實力。最後，產業群聚的地理集中性主導整個過程。時至今日，外國廠商要競爭的，事實上是一套完整的文化。這套系統的機制本質，代表了薩梭羅瓷磚廠商最有持續力的優勢。

產業的起源

薩梭羅鎮的瓷磚生產，源自十三世紀當地陶器與瓦器的製造業。直到二次大戰結束，當地從事瓷磚製造的廠商依然屈指可數，也只限於本地市場。

　　戰後的義大利，瓷磚的需求出現戲劇性的成長。因為重建計畫需要大量建材，義大利本地對瓷磚的需求尤其強勁，原因是瓷磚滿足氣候、本地品味和建築技術的需要。和義大利其他地區相比，薩梭羅鎮的經濟條件小康，當地人以小額資本加上必要的組織技術，就開始設立瓷磚工廠。1955年時，當地共有14家瓷磚廠商，到了1962年，數目增為102家。

　　這些新企業得力於當地充沛而有經驗的技術工人。環繞薩梭羅是法拉利汽車（Ferrari）、瑪撒拉帝跑車（Maserati）、藍寶堅尼（Lamborghini），以及其他精密技術廠商所在地。當瓷磚產業開始成長繁榮，許多技術精良的工人和工程師聞風而至，湧入這些成功的企業中工作。

產業的崛起

　　義大利瓷磚產業發展之初，黏土與生產技術完全仰賴國外。1950年代，瓷磚的材料是白色高嶺土（kaolin clays），薩梭羅當地並沒有這種材料，必須由英國進口。窯爐由德國、美國和法國進口，磚板平軋機由德國進口。即使是最簡單的上釉機，也得仰賴進口。

　　時間一久，磚廠商學習到如何修改進口設備，以適應本地環境：以當地的天然氣取代重油，紅土取代白土。薩梭羅鎮的技師一旦有所成就，往往離開東家，自己成立瓷磚機械廠，形成本地的瓷磚機械產業。到了1970年代，義大利自製的窯爐與平軋機不但世界一流，而且開始外銷。形勢逆轉：早期薩梭羅鎮廠商進口外國窯來生產紅土瓷磚，如今外國廠商反而向當地採購窯爐。

由於設備製造商與瓷磚生產商幾乎比鄰而居，他們之間也有異常緊密的關係。1980年代中期，義大利大約有200家瓷磚機械製造商，60％匯集在薩梭羅地區。為了本地的商機，他們彼此競爭激烈，瓷磚廠商採購設備的價格通常低於外國競爭者，並能提早取得最新發表的設備。

隨著薩梭羅地區瓷磚產業集中，形成群聚，這個產業的工程師、生產技師、維修工人、服務技師、設計人員等專業族群也持續成長。這種地理集中性，鼓勵了模具、釉料、包裝材料、運輸服務等其他支援和相關產業的形成。小型專業化的諮詢顧問公司也應運而生，提供瓷磚業者在工廠設計、物料管理、財務、廣告和行銷等方面的服務。

由於義大利瓷磚產業公會（Assopiastrelle）的成員大多在薩梭羅一地，這個公會也逐漸開始對會員提供如大宗採購、國際市場調查、法律事務和財務諮詢等一般服務。瓷磚產業群聚不斷成長，又刺激了更多新的專業性研究生產因素機構的形成：1976年時，波隆那大學（University of Bologna）、地區代理商，以及瓷磚產業公會聯合組成了「波隆那中央瓷磚協會」（Centro Ceramico di Bologna），進行產品分析與生產製程的研究。

精緻型的國內需求

整個1960年代，義大利可能是全球瓷磚每人平均消耗量最高的國家。義大利瓷磚市場也是全球最精緻高級的市場。義大利的消費者會率先使用新設計與新性能的產品，瓷磚生產商則持續創新以改善生產方式，並推出新造型，形成雙向互動的良性循環。

這種獨特而精緻的國內需求特質，也延伸到展示零售領域。1960年代，義大利開始出現瓷磚專門展示店；1985年時，這類展示店數目將近7,600家，並掌控近八成的國內銷售量，比例遠高於其他國家。1976年時，皮耶姆公司（Piemme）率先推出由著名設計師設計的瓷磚產品，目的在使產品擠上專賣店的展示架，並在消費者心中建立品牌形象。這些創新得力於義大利設計服務產業，因為義大利的設計服務業全球數一數二，每年出口值超過100億美元。

薩梭羅當地的競爭

薩梭羅地區的瓷磚廠商密度太高，造成競爭接近白熱化。任何有關產品或製程的創新一出現就傳揚開來，迫使企圖在技術、設計、配銷上領先的廠商，必須持續改善。

比鄰而居的激烈競爭也摻雜了個人因素。因為這些公司大多是自營性質或家族企業，企業主在同一個地區生活，彼此熟識，也是鎮上的領袖人物。

升級的壓力

在1970年代的早期，義大利瓷磚業面對國內的強烈競爭、零售消費者的壓力，及1973年石油危機的衝擊，業者必須辛苦地降低汽油和勞動成本。這些努力導致技術突破，出現快速的單燒法（single-firing process）。這種方式使得瓷土硬化、質變和上釉等步驟，能在窯內一次完成。使用單燒法，讓原本需要115名工人進行的雙燒法產品，減少到只需90人即可完成。製程時間也從16至

20小時,降至50至55分鐘。

這種新式、體積較小、重量更輕的一次燒窯設備,也更容易外銷。1980年代早期,義大利設備製造業者的外銷數量首度超過內銷。1988年時,設備業者的營業額中,近八成來自外銷。

在瓷磚廠商和設備業者的合作下,1970年代中、晚期,義大利瓷磚產業出現另一次重大突破:進料流程一貫化作業取代傳統單窯作業。這項創新大幅減少勞動成本,該項成本一直是義大利瓷磚生產的不利因素。

在當時一般認為,義大利勞動成本遠低於美國和德國。其實,美國與德國在各行各業的薪資差異很大。在義大利,技能等級的薪資落差並不大,法令也嚴格限制業者要求工人加班或上大夜班。這項限制為業者帶來可觀的成本:因為燒窯冷卻後再啟動的成本非常可觀,最好是二十四小時持續作業。由於這項不利生產因素,義大利廠商成為第一個發展自動化生產製程的國家。

國際化

義大利瓷磚市場在1970年進入飽和,停滯的國內市場迫使廠商更勤快地擴展海外市場。在瓷磚外銷上,相關與支援產業也助上一臂之力。瓷磚廠商通常會在國內外專業建築雜誌上刊登廣告,而義大利的室內設計與裝潢雜誌,原本就擁有大量海外建築師、設計師和消費者訂戶。雜誌的優勢連帶強化義大利瓷磚的形象。另外,義大利在大理石、建材、衛浴設備、燈飾、室內用品等產品都是世界一流,這些產業的形象有助於瓷磚業的外銷。

1980年,義大利瓷磚產業公會在美國成立產品促銷據點;德

國與法國的促銷據點則分別在四年和七年後成立。它舉辦的商展
從義大利波隆那到美國的邁阿密，同時大量刊登精美的廣告，促
銷義大利瓷磚。整個1980至1987年間，這個組織對美國市場促銷
的經費，約800萬美元左右。

當一個國家的環境能以最快的速度累積專業資產與技
術——有時只是因為努力與承諾——企業就會獲得競爭優勢。
國家環境持續提供更好的產品與製程的資訊及洞察力時，企業
也會從中獲得競爭優勢。最後，當國家環境逼迫企業創新與投
資時，企業不但會形成競爭優勢，也會持續提升這些優勢。

生產因素條件

根據傳統經濟理論，生產因素條件如：勞動力、土地、天
然資源、資本、基礎設施，會決定貿易的流向。出口國所出口
的商品，必然是在使用生產因素條件上占有相對優勢的項目。
這個理論可以回溯到亞當‧史密斯（Adam Smith）與大衛‧李
嘉圖（David Ricardo）的古典經濟學。

但是一個國家要有能支撐任何進步經濟的精密產業，大多
數生產因素條件，如技術勞動力或科技基礎等，並非天生，而
是創造出來的。更重要的是，特定時間內，該國擁有生產因素
的多寡，遠不及在特定產業內創造、提升與使用這些因素的效
率來得重要。

最重要的生產因素條件，是那些涉及持續與大量投資，以及專業化的部分。基本生產要素，如勞動人口、天然資源等，並不能建構知識密集產業的優勢。企業可以透過全球化策略，接近那些基本生產要素，或以技術克服這些因素。不同於傳統觀點，現代的國際競爭中，光是靠大量只有高中學歷或大學程度的一般勞動力，並沒有任何競爭優勢可言。要支持競爭優勢，這項條件必須在一個產業的特定需求上高度專業化，如在光學專業方面的研究機構，支持軟體公司的大量資金等。對外國競爭者而言，這些因素比較稀少，也更難模仿，而且需要持續投資才能形成。

國家會在最能創造生產因素的產業上成功。競爭優勢源於率先創造專業化因素，並有持續提升它們的世界一流組織。丹麥有兩家醫院專注於研究與治療糖尿病，結果丹麥便成為出口胰島素的全球龍頭；荷蘭擁有世界一流的花卉繁殖、包裝和運輸的研究機構，也就成為花卉出口的龍頭角色。

微妙的是，基本生產因素也可能會妨礙企業創新與升級。因此，從靜態競爭來看的所謂「劣勢」，通常是動態競爭中的一項優勢。當一國的勞動力充沛，天然資源豐富廉價時，企業會依賴這些優勢，並導致欠缺效率。如果企業面對選擇性的劣勢，如土地昂貴、勞力短缺或本地缺乏天然資源等，想要在市場上競爭，就必須創新與升級。

日本人經常掛在嘴邊的一句話，「我們是個缺乏天然資源的島國」，就充分顯示，這些缺憾有助於激發日本人的競爭創新。像零庫存生產就是節約運用昂貴空間下的產物。義大利在

巴夏爾地區（Brescia）的鋼鐵生產，也面對了相似的劣勢：高資金成本、高能源成本及缺乏天然資源。這些位居北倫巴底（Northern Lombardy）的民間企業，面對著沒有效率的國營運輸系統，以及遙遠的南方港口，後勤運籌成本因而大增。這些劣勢也導致它們率先推出只需要相對較低的資金、能源，和可利用回收廢鐵的進步冶礦技術、講求小規模、高效率，容許生產商將工廠設在接近鐵屑來源與最終使用者的地點。換句話說，它們將不利的生產因素轉為競爭優勢。

要把劣勢轉化為優勢，必須具備下列條件。首先，必須提供企業關於環境的適當訊息，好讓企業能比外國競爭對手搶先一步創新。以瑞士為例，二次大戰後，這個國家首先經歷勞力不足的問題。瑞士企業以提升勞動生產力、尋求更高價值，以及更能持久的市場區隔來回應這項劣勢。大多數外國廠商當時仍處於勞力充沛的情況下，專注於其他事務，導致升級緩慢。

第二個將劣勢轉為優勢的條件是，鑽石體系具有其他有利的條件。企業要創新，必須擁有適當的人員與技術，以及能提供適當訊息的本國市場需求。此外也需要激烈的國內競爭，形成創新的壓力。另一個前提是企業要對產業有永續經營的信念，缺少這樣的承諾與激烈的競爭，企業會安逸於劣勢而非因勢利導刺激創新。

以美國消費性電子廠商為例，它們面對相對較高的勞動成本時，便選擇移往台灣等勞力密集活動為主的亞洲國家，以維持產品與生產製程的不變。另一方面，日本競爭者面對密集的國內競爭與飽和的國內市場時，卻選擇以自動化淘汰勞力作

業。此舉導致裝配成本降低，產品的零組件更少，並改善了品質與可靠性。很快地，日本廠商就在美國廠商大舉遷出的美國本土，建立裝配工廠。

需求條件

乍看之下，全球化競爭會減少國內需求的重要性。實際情形卻正好相反。國內市場的特質與組成，通常會影響企業如何察覺、解釋與反應客戶的需求。在具有競爭優勢的產業上，本地市場會給企業預告一個清楚的客戶需求圖像，而挑剔型的客戶會迫使企業拚命創新，達到比外國競爭對手更精密的競爭優勢。從重要性來看，國內需求的特質遠勝過規模大小。

當特定產業區隔或國內市場的規模可觀時，國內市場需求條件便有助於建立競爭優勢。一個國家的市場區隔愈大，企業的注意力就愈高；當市場區隔較小時，企業的興趣順位也較低。一個很好的例子是，在其他先進國家中，水力挖掘機（hydraulic excavator）可能只是其他先進國家中一個很小的市場區隔，卻是日本國內市場使用最廣泛的營建設備。這個市場區隔因而成為國際競爭中，日本廠商表現最為強悍的領域，也是凱特彼勒（Caterpillar）在世界市場中無法維持實質占有率的一環。

比市場區隔組合更重要的是國內客戶的本質。當國內客戶對產品或服務的要求是全球最挑剔、也最精緻時，企業會因此獲得競爭優勢。精緻需求型客戶是廠商邁向高級客戶需求的一扇窗；他們對廠商施加高標準的壓力，激勵廠商改善、創新、

提升自我，以進入更高級的市場區隔。一如生產因素條件，需求條件也是以強迫廠商面對最嚴苛挑戰的方式，而令廠商形成優勢。

本地的價值觀與環境會導致極端嚴苛的需求。比方說，日本消費者居住在小型、緊密的家庭，必須面對溼熱的夏季與高成本的電力能源，這真是充滿挑戰組合的環境。為了要回應這樣的環境需求，日本廠商搶先開發出小型、安靜，且具有省電型壓縮機的冷氣機。一個產業接一個產業，日本市場嚴苛的限制強迫企業從事創新，引導產品走向輕薄短小（kei-haku-tan-sho），並獲得國際社會接受。

當本地客戶的需求能被預期，甚或他們的需求為全球市場趨勢提供持續性的「早期預警指標」（early-warning indicators），而能夠改變其他國家的需求型態時，本地客戶其實可以協助本國廠商獲得優勢。有時候會因為一個國家的政治價值改變，影響到其他方面的需求，進而引發新的需求。瑞典長期關心殘障人士，引導出相關產業愈來愈大的競爭力。丹麥的環保意識，造就對水污染控制設備和風車產業的成功。

一般而言，當該國的價值觀在海外擴散時，企業便可以預期到，本國的價值觀與品味將成為全球化趨勢。美國企業在速食和信用卡方面的全球性成功，反映出美國人對便利的需求，以及把這種經驗傳播至世界各地。國家要向外傳遞價值觀和品味，可以透過媒體、訓練外國人，或靠政治影響力與本國企業和公民的海外活動等管道。

相關與支援性產業

　　第三個國家優勢的關鍵要素是，該國在相關與支援性產業的國際競爭力。具有國際競爭力的本國供應商，以數種方式在下游產業中創造優勢：首先，它們以有效率、及早、快速，有時甚至是優惠的方式，傳送最符合成本效益的原物料。義大利金銀珠寶廠商能獨領風騷，部分原因是，其他義大利廠商供應全球三分之二的珠寶製造與貴金屬的回收機械。

　　然而，比零組件和機械更重要的是，本國相關與支援性產業所提供創新與升級的優勢。這也是一種基於密切工作關係形成的優勢。供應商與最終使用者比鄰而居，在溝通距離、速度和資訊流通，以及持續交換想法、創新上，都占有優勢。企業有機會影響供應商的技術，也能充當研究發展工作的測試地點，加速創新的步伐。

　　圖6.2「義大利鞋類的產業群聚」說明，一群緊密結合的支援產業，如何在交互關聯的產業領域中創造國際競爭優勢。以皮鞋製造商為例，它們定期與皮革製造商進行互動，就新款式和製造技術、開發階段的新紋路和色樣進行討論。皮革製造商從中取得研判風尚的洞察力，協助規劃新產品。這種互動是相互受益與自我強化的效果，但並非自然形成的：它的形成與地點鄰近有關，更重要的是製造商與供應商共同合作。

　　當供應商本身是國際市場的競爭者時，本國廠商受益最大。若是有哪個國家或企業試圖「俘虜」那些完全依賴國內產業的供應商，阻止其與國外競爭者交鋒，只會弄巧成拙。同樣

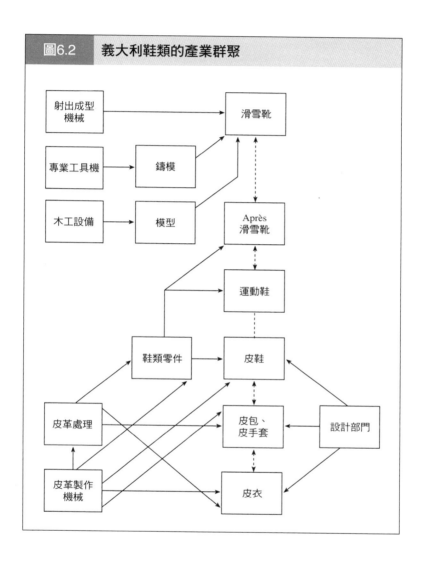

圖6.2　義大利鞋類的產業群聚

地，任何國家並不需為了企業的競爭優勢，而強迫自己在所有
的支援性產業，都具備競爭力。企業即便未能對產業產品的功
能或創新產生重要的影響力，仍能從海外獲得原料、零組件或

技術。電子或軟體等產業在應用領域的一般性技術，就是很好的例子。

　　本國市場在相關產業的競爭，也有類似的效果：訊息流通與技術交流，會加速創新與升級。本國相關產業也會增加企業取得新技術的可能性，同時提供新進廠商進入該產業的管道，而導致新的競爭方式。瑞士在製藥業的成功，來自染料產業的國際競爭力；而日本主宰電子合成音樂鍵盤，源自它在消費性電子產品的地位和樂器的成功。

企業策略、結構和競爭

　　國家狀況與所處的時空背景，會創造一種強大的趨勢，關係到企業如何創造、組織和管理，以及國內競爭的本質。以義大利為例，成功的國際級廠商，大多是私人經營、家族型的中小型企業；德國正好相反，企業傾向嚴謹的組織階層與管理實務，高階經理人通常是技術背景出身。

　　管理制度沒有絕對的好壞，當前走紅的日本式管理也不例外。特定產業的競爭力，來自能匯集這個國家具有優勢的管理實務與組織模式，以及產業的競爭優勢來源。在義大利，如照明、家具、皮鞋、毛織品以及包裝機械等世界級龍頭廠商，其策略重心為鎖定市場、客戶導向產品、利基行銷、快速變化和具有驚人的彈性；如此種種都是為了適應產業的動態和義大利管理制度的特質。德國式的管理制度正好相反，著重於技術或工程導向的產業，如光學、化學、精密工具機等，主要是複雜的產品需要精密的製造、仔細的開發流程、售後服務，因此是

一個高度紀律化的管理架構。德國很少在消費品和服務上成功，因為這些產業在競爭上更強調形象行銷——快速推出新的功能，以及更新舊機種。

企業與個人所追求的目標，各國之間也有極大的差異。企業目標會反映出該國資本市場的特質，與經理人的待遇實務做法。以德國和瑞士為例，銀行股票投資人大多數是長期持股，而且很少交易，因此，需要在研發和新設備上持續投資，且報酬率不高的成熟產業中，企業通常表現得相當好。美國正好是另一個極端，它的創業投資基金規模大、股票上市公司也很多，投資人看重各季和各年的股票價格損益。經理人的待遇高低，端視與個人表現有關的年度分紅而定。美國表現較佳的企業，大多在軟體、生物科技等相對較新的產業，以及如專業電子與服務等。這些產業會因新公司的資金挹注而帶動國內市場競爭。不過，因為投資不足所帶來的壓力，會使成熟型產業受到傷害。

個人工作與擴展自身技能的動機，也攸關競爭優勢。在任何國家，傑出技能的人才都是稀有資源。一個國家成功與否，相當依賴優秀人才選擇的教育方式、所從事的行業，以及他們對工作的努力和承諾。國家機制的目標與價值，也會影響個人和企業，以及形成某些產業的特殊地位，進而引導人才與資金往其中流動，結果直接影響某些產業的競爭表現。國家通常會在人民有興趣，或出現英雄人物的活動上具競爭力。在瑞士，是製藥和銀行業；在以色列，地位最高的則是農業與國防領域。有時候，我們很難區別其中的因果關係。一旦能在國際競

爭成功，產業地位自然大增，並強化它的優勢。

　　最後，要刺激競爭優勢的持續力和創造力，還要看本地的競爭狀態。小國如瑞士，製藥廠商如羅氏（Hoffmann-La Roche）、汽巴嘉基（Ciba-Geigy）、山德士（Sandoz），都位居全球領導地位。美國則是電腦與軟體產業。論競爭之激烈，尤以日本為最。在工具機產業有112家廠商競爭；在半導體產業中，有34家爭雄；音響器材方面有25家奪霸；照相機領域則有15家角逐。事實上，日本能在全球市場扮演主宰地位的產業，通常都有十家以上的本國廠商相互廝殺（**見表**6.1）。在鑽石體系的各點當中，國內競爭最被受到重視，因為它會強烈刺激其他的要素。

　　傳統看法主張，國內的競爭有浪費資源之嫌。因為它會導致心力重複，妨礙廠商達到規模經濟。「正確的解決之道」（right solution）是形成一至兩家大廠，挾規模與力量和外國競爭者對抗，加上政府保障它們取得必要的資源。事實上，即使政府大量補貼和保護，大多數國家塑造的大廠都缺乏競爭力。在那些只有一兩家廠商競爭的重要產業，如航太和電信產業中，政府的角色往往扭曲了競爭的本質。

　　當國內競爭出現時，靜態效率往往不如動態的改善來得重要。國內競爭一如任何競爭，會創造企業創新和改善的壓力。本地競爭會促使廠商提出更低的成本、改善品質和服務，並創造新的產品和製程。不過，不同於與國外廠商競爭，比較依賴分析並有距離感，本地競爭常不只是純粹的經濟或商業競爭，還有更強烈的個人之爭。它們的競爭不只是為市場占有率，

表6.1	在選擇的日本產業中，互相競爭的廠商估計家數

產業別	廠商家數
冷氣機	13
音響設備	25
汽車	9
相機	15
汽車音響	12
碳纖維	7
營造設備*	15
複印機	14
傳真機	10
大型電腦	6
堆高機	8
工具機	112
微波設備	5
機車	4
樂器	4
個人電腦	16
半導體	34
縫紉機	20
造船**	33
鋼	5
合成纖維	8
電視機	15
卡車的巴士輪胎	5
卡車	11
打字機	14
錄影機	10

資料來源：實地訪問；《日本工業公報》；《日本工業年鑑》；矢野經濟研究所，《市場占有比例事典》（1987）；研究者的評估。

* 廠商家數因產品領域不同。最少的是生產堆土機的廠商，只有10家。生產鏟土機、堆高機和鋪柏油設備的有15家。日本特別擅長的水壓開鑿機則有20家廠商。

** 其中6家廠商的年生產量上萬噸。

還包括人力資源、技術優勢，以及「炫耀的權利」（bragging rights）。當一家廠商在競爭中脫穎而出，證明進步是可能的，同時就會引來更多競爭者加入。廠商常把國外競爭者的成功歸因「不公平」的優勢。在國內競爭中，這項藉口並不存在。

地理上的集中性會強化國內競爭的力道。此種模式放諸四海皆準：義大利珠寶商集中在瓦倫查坡（Valenza Po）與阿瑞索（Arezzo）兩個城市；餐具廠商群聚於西德的索寧根（Solingen）與日本的關（Seki），大藥廠在瑞士巴夏爾（Basel），摩托車與樂器在日本的濱松（Hamamatsu）。競爭愈本地化，競爭愈激烈；競爭愈激烈，競爭優勢愈大。

國內競爭的另一個好處是，它所創造的壓力將會使競爭優勢持續升級。國內競爭者出現後，會自動破解原來廠商既有的優勢，如生產因素、接近本地市場，或外國競爭者進入市場的成本等。廠商被迫超越這些優勢，並導致更能持續的優勢。此外，廠商對政府支持也傾向要求公平待遇，比較不會為政府工程所麻痺，或依賴產業保護主義。相反地，產業將會尋找更具建設性的政府支持作為，如協助打開外國市場，投資重點式的教育機構或其他專業性因素，並因此受益。

激烈的國內競爭最終將形成廠商尋求全球市場的壓力，並使它們名揚海外。特別是當已達到規模經濟時，本國廠商將迫使彼此向外眺望外國市場，以獲取更佳的效益與更高的獲利力。由於已經通過本國市場激烈競爭的測試，這些強悍的廠商蓄勢待發地準備在國外市場攻城掠地。如果迪吉多電腦能對抗IBM、通用數據（Data General）、第一電腦（Prime）、惠普科

技（Hewlett-Packard）等美國廠商，它與西門子（Siemens）、布爾電腦（Machines Bull）等歐洲廠商的競爭，應該不至於會太艱苦。

鑽石體系

這四種特質定義形成國家優勢之鑽石體系的每個頂點：各點的作用要看其他點的表現。像精緻型客戶要能帶動先進產品，前提是該國的人力資源夠水準，能夠讓廠商滿足客戶需求。某些生產因素方面的不利因素無法刺激創新，除非競爭激烈，而且廠商要能持續投資其所設定的目標。任何一個點出問題，都將限制整個產業進步與升級的潛力。

每個點也會自我強化，構築成一個體系。國內競爭與地理集中性這兩項因素，尤其會將整個鑽石體系轉變成一個系統。因為國內競爭能促進其他關鍵要素的改善，地理集中性會提高並擴大這四股互不相屬的影響力互動。

國內競爭的角色顯示了此一鑽石體系自我強化的方式。激烈的國內競爭，尤其是集中在某個城市或地區時，會刺激獨特而專業因素的發展：像加州大學戴維斯分校（University of California at Davis）與當地釀酒業緊密合作，使它成為全球釀酒研究的頂尖機構。在家具與鞋業方面，因為上百家義大利廠商密集的競爭，加快了新產品的發展速度，也使得義大利消費者更在意更快更好的新產品。國內競爭也促使相關與支援性產業的成型。日本的世界級半導體製造商，也蘊育出世界級的日

本半導體設備製造商。

這種效果在各個方向都能發揮作用：有時候世界級的供應商會轉為下游的新進廠商。而高度精緻型客戶，尤其是在擁有相關技術，並對新產業擁有策略性觀點時，更會揮軍回攻上游。以日本機器人產業為例，松下（Matsushita）與川崎（Kawasaki）最初設計機器人的目的是供內部使用，然後才逐步向外銷售。今天它們已經成為機器人產業的強勁競爭者。在瑞典，山域企業（Sandvik）從特殊鋼領域發展到鑿岩機，SKF則由特殊鋼轉戰滾珠軸承。

此種鑽石體系本質的另一個效果是，國家很少只有一種具競爭力的產業，鑽石體系會創造一個以有競爭力的產業為主的群聚環境。有競爭力的產業很少落單出現；相反地，它們通常彼此以垂直（客戶／供應商）或水平（共同客戶／技術／通路）的關係連結。產業群聚也很少個別獨立，一般會形成地理上的集中現象。一個有競爭力的產業會帶起另一個產業的競爭力，彼此之間又進入相互強化的過程。日本在消費性電子產業的實力，帶動對記憶晶片、積體電路的需要，進而形成半導體產業的成功。比起在電腦產業其他領域的表現平平，日本在筆記型電腦的實力，反映出它在其他可攜帶、輕薄產品的優勢基礎，以及由計算機與手錶產業帶出的液晶顯示器的專業實力。

一旦產業群聚成型，整個產業群便開始相互提攜。所帶來的好處會朝前、後、水平方向流動。某一個產業的激烈競爭，會透過企業分割、議價力量的競逐、大企業多角化動作，而對群聚中的其他產業造成影響。由群聚內其他產業來的力量，會

藉由刺激研發方法的多元化，並使新的策略和技巧更容易引進，而帶動升級。與競爭對手多有接觸的供應商或消費者的引薦，資訊得以自由流通，各項發明得以擴散。產業群聚內令人意想不到的交互關係，會帶來一些新的競爭的方式與新機會的想法。產業群聚成為一種工具，使其中成員維持多元化，並克服只重視內部、慣性與缺乏彈性，而且包容那些有礙競爭升級與進入新產業的競爭對手。

政府的角色

在國家競爭力的持續辯論中，最富爭議性、也最模糊的話題，就是政府的角色。許多人將政府看成產業的支持者或實質協助者，利用政策直接影響策略性產業或目標產業的競爭表現。其他人則接受「自由市場」的概念，認為經濟運作應該留給那隻看不見的手來決定。

這兩種觀點都不正確。根據它們的邏輯推理，長期而言，兩者都將導致侵蝕國家競爭能力。一方面，呼籲政府對產業提供協助的人所提出之政策，就長期而言，反而會對企業造成傷害，讓它們更需要協助。另一方面，呼籲降低政府介入的人卻忽略了，政府在打造產業環境和組織架構，以及創造一個能刺激企業獲得競爭優勢的環境，所扮演的合理角色。

政府適當的角色是觸媒與挑戰者；它應該鼓勵或促使企業提升想像力，邁向更高層次的競爭優勢，即使這個過程先天就是痛苦和困難的。政府無法創造有競爭力的產業，只有企業自

己才辦得到。政府所扮演的角色，在先天上便無法做到公平，唯有按照鑽石體系的基本條件運作，才能獲得成功。不過，政府在傳遞並豐富鑽石體系力量上的角色，可說是十分重大。政府政策能成功，因為它創造一個企業能從其中獲得競爭優勢的環境，而非政府直接介入整個過程；唯一的例外是，整體經濟還在開發階段。所以政府的角色是間接導引，而非直接干預。

　　日本政府很了解自己的角色，包括該國所通過競爭發展各階段的點上，政府角色都能隨經濟的演進，而適當的轉移。日本政府加速創新的步調，必須刺激先進產品的早期需求、並面對需要最新技術的產業、營造共同合作計畫的意涵、設立獎項以獎勵品質，進而追逐能強化鑽石體系力量的政策。但是一如其他國家的政府官員，日本官僚也會犯相同的錯誤：企圖操控產業結構，長期保護市場，容許以政治力來保護孤立、無效率的零售業、農夫、經銷商與工業品的公司，使它們免於競爭的威脅。

　　在追逐國家競爭力時，為什麼會有那麼多政府犯下相同的錯誤，其實並不難理解，原因在於：企業競爭的時機與政府執政時間不同。產業要創造競爭優勢，通常需要十年以上的時間——整個過程包括人員技能的長期提升，在產品與製程上投資，建構產業群聚，並滲透國外市場等。以日本汽車工業為例，廠商進入出口階段是1950年代，但一直到了1970年代，才達到堅強的國際地位。

　　但在政治上，十年等於永恆。通常，政府最喜歡的政策，是那些很容易就能察覺的短期利益，例如補貼、保護、合併

等。問題是,這些政策只會延誤創新。大多數要能有實質差異的政策,不僅速度太慢,而且需要政客付出太多耐心;或更嚴重的,還會帶來短期的陣痛。將受保護的產業自由化,短期內看到的是破產,但不久之後便會看到實力更堅強、更有競爭力的企業。

會帶來靜態、短期成本優勢的政策,會不知不覺地對創新與動力造成傷害,這也是政府產業政策最常見的錯誤。在等待援助的期待之下,政府很容易就採用一些可避免「浪費」研發資源的聯合作業計畫,結果導致活力與競爭受損。即使因達到經濟規模而能節省10%的成本,也容易被快速的產品和製程改良,以及追逐全球市場的格局所抵消。這便是此種政策之害。

政府在扮演適當支持國家競爭力的角色時,有一些簡單的基本原則,例如鼓勵改變、促進國內市場競爭,與刺激創新等。有些特殊的政策做法,能引導國家獲得競爭優勢,它們分別是:

把重心放在創造專業性因素

在部分基礎事務上,如小學與中學教育體系、基本國家基礎建設、醫療保健等廣泛的領域,政府具有重要的創新責任。不過,創造這些常態性建設的心力,很少能產生競爭優勢。反過來說,能轉換成競爭優勢的因素,是那些能與先進、專業性產業或產業群相結合者。例如專業化實習課程,與產業相結合的學術研究,以及最重要的,企業的私人投資最終創造出能產生競爭優勢的機制。

避免介入生產因素與貨幣市場

　　政府藉著介入生產因素與貨幣市場，希望創造較低的生產因素成本，或較佳的匯率，以協助企業在國際市場上更有效率地競爭。證據顯示，如雷根政府的美元貶值等政策，通常反而會對生產力造成傷害。它們通常會妨礙產業升級，以及更能持續的競爭優勢。

　　比起德國與瑞士的經驗，日本的做法特別具有參考價值。過去二十年間，日本人因尼克森突如其來的貨幣貶值而受到震撼，其後接連兩次石油危機，還有近年來的日圓升值，都迫使日本企業的競爭優勢得以升級。此處的重點，並非政府應該追求企圖左右生產因素成本或匯率的政策。相反地，當市場力量促使生產因素成本提高，或更高的匯率時，政府應該抗拒這種誘惑，並將它們推回原點。

執行嚴格的產品、安全性和環境標準

　　藉嚴苛的政府法規刺激、提高國內需求，也能促進競爭優勢。嚴格的產品性能、產品安全性和環境影響等標準，都將迫使廠商改善品質、提升技術，並提供能回應消費者與社會需求的功能。放鬆這些標準，可能達到反生產力的效果。

　　當嚴格的標準擴散到國際間，會使得廠商在發展其他重要的產品或服務時，被視為扮演火車頭的角色。瑞典嚴格的環保標準，使它在其他產業也發揮了競爭優勢。像新寧生產安靜的壓縮機，適合人口密集地區，因為它對住戶的干擾最少。嚴格

的標準必須搭配迅速而流暢的立法流程，以免耗費資源且導致
延誤。

大幅限制產業競爭對手間的直接合作

目前最普遍的全球策略，是更多的合作研究與產業集團。
我們認為，各競爭廠商從事「閉門造車」式的研究，會造成重
複與浪費，應該透過合作努力以達成規模經濟，而且個別廠商
也可能減少研究發展的投資，因為它們不可能通吃所有的好
處。政府也很贊成這種直接合作的想法。在美國，反托拉斯法
開始修正，以容許更多研發方面的合作；在歐洲，大型計畫如
攸關資訊科技的ESPRIT，結合好幾個國家的企業。這種思考
的背後，則是歐洲各國政府的奇想。它們認為日本競爭力的崛
起，似乎與日本通產省（MITI）支持無數的合作研究計畫有
關。這一點，其實是根本上的誤解。

其實，貼近觀察日本的合作計畫，就會發現截然不同的結
果。日本廠商參加通產省的計畫，目的是維持與通產省的良好
關係，以保持企業形象，並阻擋競爭者異軍突起的風險，這些
大多是防禦性的理由。企業很少將最佳的研究人員和工程師送
進合作研究計畫，反而在公司內部研究上投入更多。典型的情
況是，政府只是提供有限的經費支持這項計畫。

日本合作研究的真正價值在於，顯示出新興科技領域的重
要性，並刺激企業的專屬研究。合作計畫會加速廠商對這些新
領域的探索，並增加內部的研發經費，因為廠商知道國內競爭
對手也在研究這些項目。

在一定條件下，合作研發確有好處。這些計畫應該針對那些基礎性產品和流程研究，而非接近企業優勢專屬資源的項目。在任何領域中，合作研發的項目應該只占企業整體研究的一小部分。合作研究應該是間接的，參與廠商應該透過獨立研究機構的穿針引線。組織結構——如傑出的大學實驗室與研究中心，會減少管理問題，並將競爭風險降至最低。最後，最有用的合作計畫通常涉及好個產業，以及需要實質的研發投資。

推動能導致持續投資的目標

政府在塑造投資人、經理人和員工的目標上，可以透過各種不同領域的政策，而扮演重要的角色。比方說，規範資金市場的方式，會影響投資誘因和企業行為。政府應該鼓勵在人力資源、創新及有形資產方面的持續投資。或許最有力、最能提升產業持續投資的工具，是運用提稅率長期資本利得（五年甚至更長），限制只能投資在企業的股票上。企業的長期資本利得誘因，也應該適用於退休基金，以及其公司目前未課稅、常做短線的投資人身上。

競爭鬆綁

政府如果維持壟斷狀態，控制企業進入特定產業的權利，或提出規範競爭的價格政策，將會產生兩種負面結果：當企業一味地與立法者打交道並保護現有權利時，會窒礙創新與競爭；此外，也將使產業缺乏活力，同時會造就出乏善可陳的供應商或客戶。不過，自由化和民營化要成功，需要強烈的國內

競爭搭配，以及一個強而持續的反托拉斯法案。

實施有力的國內反托拉斯政策

一個強有力的反托拉斯政策，尤其是反對橫向併購、聯盟和共謀的行為，可說是創新的基本要素。今日，流行的說法是，併購或策略聯盟的目的，是為了全球化，或成為國內盟主；這些做法其實會傷害競爭優勢的發展。真正的國家競爭力需要政府拒絕收購、合併，以及產業龍頭間的結盟；此外，本國廠商與外商，應該適用相同的併購和聯盟標準。最後，在收購的做法上，政府應該鼓勵企業在國內與海外從事當地收購。政府應准許企業收購相關產業的小公司，以促進技術移轉而創造競爭優勢。

對貿易說不

在處理國家競爭力衰退的問題時，對貿易加以管制逐漸成為一種趨勢。設定各市場數量目標的行銷協議，自動設限協議或其他工具，其實是危險、無效率而且會大幅增加消費者成本的做法。此種做法為效率欠佳的公司提供市場的保證，對於該國產業的創新並無助益。

政府的貿易政策應該追求各國市場的開放。要達到更佳的政策，貿易政策不該是消極的工具；它不能只回應抱怨或尋求政治保護的產業。貿易政策應該協助廠商尋求有競爭優勢的海外開放市場，並且主動提及新興產業與早期發生的問題。

當政府發現其他國家設有貿易壁壘時，它應該努力消除這

些壁壘，而非規範進出口貨品。以日本為例，它實施貿易管制的效果，遠不如施壓令其加速開放進口商品的速度。以關稅懲罰有不公平貿易行為的廠商，也比訂出市場配額要好。其他日益頻繁重要的工具是，限制外國廠商在本國併購企業或投資生產設備，以阻止不公平貿易國家的企業，利用它們的國家優勢建立起不會受到制裁的灘頭堡。

任何藥方都有後遺症。要找到一種既能處理不公平貿易，又能避免減少國內廠商創新與出口的動機，並且不傷害到本國客戶的藥方，幾乎是不可能。藥方成份應該不斷調整，以達到沒有後遺症的程度。

企業的議題

最終，只有企業本身能達成並維繫競爭優勢。要做到這一點，企業必須按照上述的基本條件行事。更重要的是，企業必須體認創新的核心角色，以及創新源自壓力與挑戰等令人不快的事實。這導致領導階層必須創造出一個動態、有挑戰的環境，並體認所有在競爭優勢途中看似容易的脫逃路徑，其實卻是通往失敗的捷徑。比方說，企業很容易受到誘惑，依賴合作式的研發計畫，藉以降低研究的風險與成本，但是它們也會轉移企業對專屬研究努力的注意力和資源，並造成真正的創新遭到扼殺。

競爭優勢來自領導階層，他們會為鑽石體系打理一切，並使其更豐富，以促進創新和升級。以下是一些能支持這種努力

的企業政策：

創造創新的壓力

　　企業應該尋求挑戰與壓力，而非迴避。策略的一部分就在於利用本國優勢，以形成創新的原動力。要做到這一點，企業應該將產品賣給最精緻與挑剔的客戶和通路、尋求需求最嚴苛的客戶、建立能力超越最嚴格產品法規的標準、與最先進的供應商合作，並將員工視為永久的夥伴，以刺激技能的升級。

尋求最強的競爭者以激勵自己

　　要激發組織變革，強而有力的競爭者與普受尊敬的對手，都是不可輕忽的對象。最佳的經理人永遠會有危機意識；他們尊敬並研究競爭對手。為了要保持動力，企業必須將面臨挑戰變成組織常態的一部分。若是企業遊說反對嚴苛的產品標準時，便反映了該公司領導階層的熱情已然消退。企業重視穩定的乖乖牌客戶、依賴甚深的供應商，以及欲振乏力的競爭對手時，便意味著擁抱惰性，終究會導致失敗的結局。

建立早期預警系統

　　早期預警訊號可轉換成早期行動優勢。企業採取行動以協助它們看清變化的訊號及反應，並在競爭局勢中超越對手。例如，找出客戶或通路最期盼的需求，並針對此提供服務；新的客戶或通路進行調查；可以找到可能引發新規則的法規；或將外部人士引進管理團隊，並與研究中心和優秀人才來源維持持

續的關係。

改善國家鑽石體系

將國內環境改善到更適於成為國際舞台時，企業會有一個極大的風險。企業的一部分責任是，在組成產業群聚上扮演主動的角色，並與國內客戶、供應商、通路合作，以協助它們升級與延伸其競爭優勢。為了提升國內的需求，山葉（Yamaha）、河合（Kawai）與鈴木（Suzuki）等日本樂器廠商直接開設音樂班。同樣地，企業可以刺激與支援本地重要特殊元件供應商，鼓勵它們從事全球競爭。健康而有實力的產業群聚，只會提高企業創新與升級的速度。

幾乎每個有競爭力的產業中，領導廠商會採取一些意在言外的步驟，以創造專業性生產因素，例如人力資源、科技知識或基礎建設上。比方說，在毛紡織品、瓷磚、照明設備等產業中，義大利的同業公會在市場資訊、製程技術，與共用的基礎建設上，都有投資。企業可透過將企業總部和其他關鍵性的事業單位，設立於精緻型客戶、重要供應商，或大學與實驗室等創造專業生產因素的機制附近，以加速創新。

擁抱國內競爭對手

要從事全球競爭，企業需要強勁的國內競爭和激烈的國內競爭對手。尤其是今日的美國與歐洲，經理人習於抱怨過度競爭，對可望產生規模經濟與關鍵多數的併購案，也都有不同的看法。這些抱怨是天性，但是這些論點卻完全錯誤。激烈的國

內競爭會創造出持續的競爭優勢。此外，揚威國際也比在國內稱王要好。假如企業希望併購一個能加速其國際化，並加強其國內競爭優勢，或抵消其國內競爭劣勢的國外公司，通常比併購國內主要競爭對手要好。

選擇性地尋求海外優勢

今天，許多企業在追求「全球化」策略時，往往捨棄本國鑽石體系不顧。問題是，為了創造競爭優勢，採取全球化觀點有其重要性。依賴海外活動以補充本國實力，絕對是次佳的選擇。企業以創新抵消本地不利的生產因素，會比採行外包的方式要好；發展本國供應商與客戶，也比全盤依賴外國廠商要好。除非將支撐競爭力的關鍵要素留在國內，否則企業很難長期維持競爭優勢。企業的目標應該是提升國內的能力，以便海外活動應該只具有選擇性與補充性，以達成全面性的競爭優勢。

正確的全球化做法是，選擇性地連接其他國家鑽石體系具優勢的源頭。比方說，找出其他國家精緻型客戶，有助於企業了解不同的需求，並強化刺激加速創新的壓力。此外，無論本國鑽石體系如何有利，還是應該了解外國重要研究的情形。要取得外國研究的優勢，企業必須將高素質人力派到海外基地，並提升科技研發水準。要從國外研究中得到好處，企業必須先要有開放的心胸——認知競爭優勢來自持續的改善，而非保護今日的祕密。

選擇性結盟

　　與外國廠商結盟是另一個管理界時髦的萬靈丹：這代表企業在不放棄獨立性的前提下，希望藉由外國廠商的優勢來解決自身問題，或是規避風險。然而現實中，結盟固然能達成一些選擇性的好處，也會帶來很高的成本：這涉及到兩個個別組織的協調，與一個獨立實體溝通組織目標，創造一個競爭對手，並放棄既有的利潤。這些成本終將導致大多數聯盟變成短期工具，而非長期穩定的關係。

　　最重要的，將結盟當成一個方向性的策略，只會使廠商表現平平，而無法成為國際性的領導廠商。沒有企業可以依賴外界以取得攸關自身競爭優勢的技術與資產。結盟最好當成一種選擇性工具，用在暫時性或非核心的活動上。

選擇企業總部地點以做為競爭優勢的後盾

　　跨國企業最重要的決策之一，是決定旗下各企業總部的所在國家地點。涉足不同行業與產業區隔的企業，可設立不同的企業總部。競爭優勢必須存在於母國：它是制定策略、創造核心產品與製程技術，以及關鍵多數生產的所在地。母國的環境必須有助於創新，否則企業別無選擇，只能將總部遷往能刺激創新，並能提供全球競爭的最佳環境。這裡面沒有妥協之道：整個管理團隊必須一致行動。

領導階層的角色

　　有太多的企業和高階經理人誤解了競爭的本質與任務，因而將工作重心放在改善財務績效，呼籲政府提供協助，追求穩定性，以及透過結盟與合併來降低風險。

　　今天的競爭則要求領導能力。領導人相信環境瞬息變化，所以他們致力於激勵組織持續創新，並能體認母國是構成競爭成功的一部分，所以願為提升母國環境而努力。最重要的是，領導人體認到壓力與挑戰的必要性。因為這些領導人支持適當、甚至痛苦的政府政策和法規，因此贏得「政治家」的封號，他們自己卻不這麼認為。領導人準備犧牲安逸的生活，只為了迎接困難的挑戰；他們的終極目標是持續競爭優勢。這也必須是國家和企業的目標：不只是為了生存而已，還要達到具有國際競爭力。

　　這一切作為絕非偶一為之，必須持之以恆。

第七章

產業群聚與競爭

企業、政府和機構的新議題

麥可‧波特——著

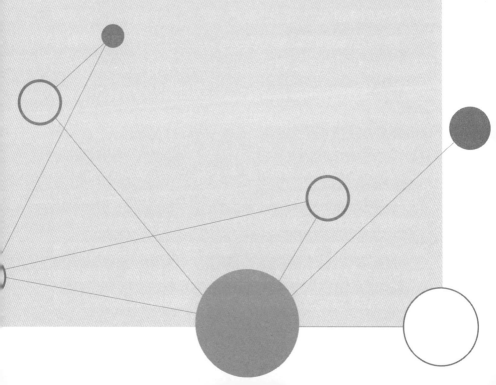

　　企業思考問題，普遍從企業策略和競爭的角度著手。地方和中央政府談競爭力，則仍習慣視經濟為一個整體，並且將經濟政策看成主要的影響力。至於地點在競爭和競爭力上的角色，則是一片空白。主流思潮的趨勢更愈來愈不重視地點的重要性。全球化使企業到處蒐集資金、財貨和技術，在最有成本效益的地方設立營運據點。因此，在全球競爭中，普遍不看好政府的影響力。

　　這個廣泛流傳的觀點並不符合競爭現實。在1990年出版的《國家競爭優勢》中，我率先提出全球經濟之下有關中央、地方和地區競爭力的理論。這個理論中，產業群聚扮演很重要的角色。產業群聚是指在特定領域中，同時具有競爭與合作關係，且在地理上集中，有交互關聯性的企業、專業化供應商、服務供應商、相關產業廠商，以及相關的機構（如大學、制定標準化的機構、產業公會等）。它會形成產業在特定領域，競爭成功的關鍵多數。產業群聚明顯的特質，常見於每一個國家、地區、州，甚至大都會的經濟體。這一點在經濟先進國家中尤其明顯。

　　儘管產業群聚的現象已在多篇文獻中探討過，但若不從競爭理論及全球經濟、地點的影響力等方面著手，恐怕便無法理解其中的奧妙（參閱「產業群聚理論在歷史與學術上的文獻探討」）。在經濟體中，普遍可以見到產業群聚，而非零星孤立的企業或產業，此一現象足以揭示競爭本質的重要性，以及競爭優勢中地點所扮演的角色。即使全球化造成昔日形成產業群聚的理由減弱，產業群聚在競爭日趨複雜、知識導向和動態的

經濟體中，其角色也愈來愈重要。

產業群聚的概念，代表一種思考國家和城鎮經濟體的新方式，並指出企業、政府和其他法人機構致力於提升競爭力的新角色。產業群聚的出現，意味著許多競爭優勢來自企業外部、甚至產業的外部，而非該事業單位所在的地點。像波士頓要經營出一家世界級的共同基金公司，成功機會便比在其他地方高；同樣的道理，也適用在南卡羅萊納州、北卡羅萊納州的紡織廠商，德國南部的高性能汽車廠商，或義大利的流行鞋業。

產業群聚的重要性，創造了一些尚未被充分認識的新管理議題。除了稅率、電力成本、工資水準等一般因素之外，在企業所處的環境中，還存有一種有形的風險。企業是否健康，其實是與產業群聚的體質有關。企業也許可因本地競爭廠商的出現而從中獲益。除了遊說和社會性組織之外，產業公會也可以是一項競爭資產。

產業群聚也打造政府的新角色。有助於培養競爭力的適當總體經濟政策，愈來愈為人所了解，但了解的程度尚嫌不足。政府更具決定性的影響，通常是在個體經濟層面。政府的首要之務是，除去有礙目前與新興產業群聚成長和升級的障礙。產業群聚是增加出口的推動力，也是吸引外資的磁鐵。此外，產業群聚還會建構出一個公共論壇，讓企業、政府和法人機構（如學校、大學、公用事業）在其中進行新型態的對話。

自從《國家競爭優勢》出版後，關於產業群聚理論的認識已有所提升，並且持續地擴散，進而引發更多城市、地方、國家，甚至區域層級之產業群聚的成長（如中美洲）。在本文

中，我將評估產業群聚理論的知識現況在競爭中的角色，以及所代表的意涵。我也將描述產業群聚理論之成長與衰退的過程；民間、政府和其他法人機構，在產業群聚升級上的適當角色，以及一些產業群聚對企業策略所具有的意涵。最後，我將回顧許多我研究過的產業群聚案例和計畫，還有其他相關研究文獻，以找出組織改良產業群聚的最佳做法，進而加速經濟的改善。

何謂產業群聚？

產業群聚是在某特定領域中，一群在地理上鄰近、有交互關聯的企業和相關法人機構，並以彼此的共通性和互補性相連結。產業群聚的規模，可以從單一城市、整個州、一個國家，甚至到一些鄰國聯繫成的網絡。產業群聚具有許多不同的形式，端視其縱深程度和複雜性而定。不過，絕大多數產業群聚包含最終產品或服務廠商，專業元件、零組件、機器設備與服務供應商、金融機構，及其相關產業的廠商。產業群聚也包含下游產業的成員（如通路、顧客），互補性產品製造商，專業化基本架構的供應商，政府與其他提供專業化訓練、教育、資訊、研究和技術支援的機構（如大學、智庫、職訓機構），以及制定標準的機關。對產業群聚有重大影響力的政府機關，也可視為它的一部分。最後，產業群聚還包括同業公會，和其他支持產業群聚成員的民間團體（參閱「產業群聚理論在歷史與學術上的文獻探討」）。

　　要找出產業群聚的組成要素，應該從大企業或類似廠商的集中情形開始，然後觀察垂直鏈上企業和法人機構的上下游關係。下一步是水平觀察那些透過共同通路，或生產互補性產品和服務的產業。要界定產業的其他水平連結，必須根據使用類似的專業元件或技術，或以其他供應面相連結。界定出一個產業群聚的產業與廠商後，再下一步是找出提供它們專業化技能、技術、資訊、資金或基礎建設的機構，與其他包含產業群聚成員的集合體。最後一步才是，尋找會對產業群聚成員產生重大影響的政府或其他制定規範的機構。

　　圖7.1與7.2分別是義大利皮鞋和流行產業，以及加州葡萄酒產業群聚的圖示。雖然這些圖表並不能囊括每個產業群聚所有的組成個體，但每個圖表都描繪出該產業群聚的重要特質。比方說，圖7.1顯示，義大利的皮鞋與流行產業群聚，包含好幾個彼此連接的相關產業，如不同形態的皮革製品（互補性產品，有共同性、使用共同元件、類似技術）、其他形態的鞋子（通路上互相重疊、類似元件和技術），以及不同類型的流行產品（互補性產品）。這些產業也使用共同的行銷媒體，並在類似顧客區隔中，以類似的形象從事競爭。義大利產業群聚的超強實力，至少有部分與數種跨廠商的連結，以及與義大利廠商所享有的綜效有關。

　　加州葡萄酒產業群聚則包含葡萄種植、釀酒廠，到範圍廣泛的支援性產業。在種植葡萄方面，又與大型加州農業產業群聚有密切的連結。在釀酒方面，則與加州餐廳和食物供應產業（互補性產業）連結，甚至可以延伸到其他釀酒地區，以及位

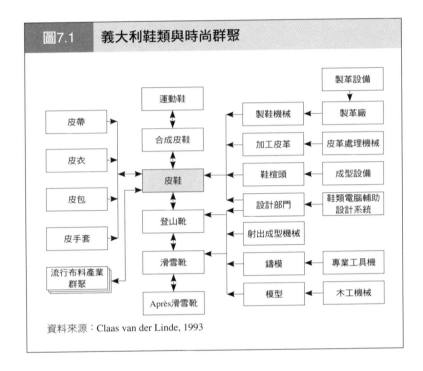

圖7.1　義大利鞋類與時尚群聚

資料來源：Claas van der Linde, 1993

在納珀市（Napa）的旅遊產業群聚。圖7.2呈現當地與酒相關的機構，如全球知名的加州大學戴維斯分校葡萄栽培和釀酒學課程，以及加州參眾兩院相關的特別委員會。

　　描繪產業群聚的疆界時，常常會出現程度上的差異，而且在這創造的過程裡，往往要藉由了解跨產業與跨機構間最重要的連結與互補性來達成。這些「溢出」（spillovers）的力量強弱，以及對生產力和創新的重要性，會決定該產業群聚的最終疆界。密西根州激流市（Grand Rapids）的辦公家具產業群聚，說明了在描繪產業群聚疆界時，可能採取的選擇（見圖7.3）。辦公家具和隔板產業當然屬於這個產業群聚，就如同運

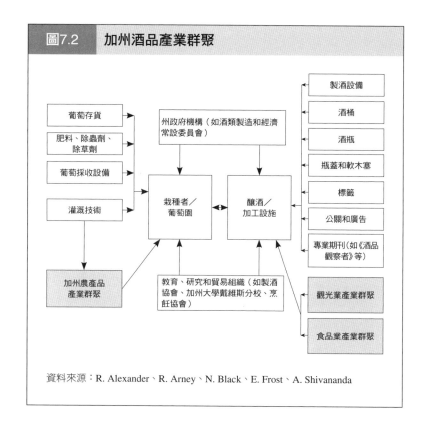

圖7.2　加州酒品產業群聚

資料來源：R. Alexander、R. Arney、N. Black、E. Frost、A. Shivananda

動場、教室、運輸工具的座椅產業一樣。因為在產品特質、功能、零組件和技術上，這些產品具有重要的共通性。臨近的金屬零件和設備製造廠商、塑膠廠商及印刷公司，都算是這個產業群聚的供應商。這些供應商產業因為要服務其他類型客戶，例如汽車製造廠商等，也可能是其他產業群聚的一部分。特別在金屬零件方面，為了服務附近的底特律汽車產業而存在的供應商，對於家具業的發展也厥功至偉。產業群聚的範圍，應該包含所有緊密連接的廠商、產業和機構，不論它們是具有水

圖7-3　大激流地區的大型產業群聚

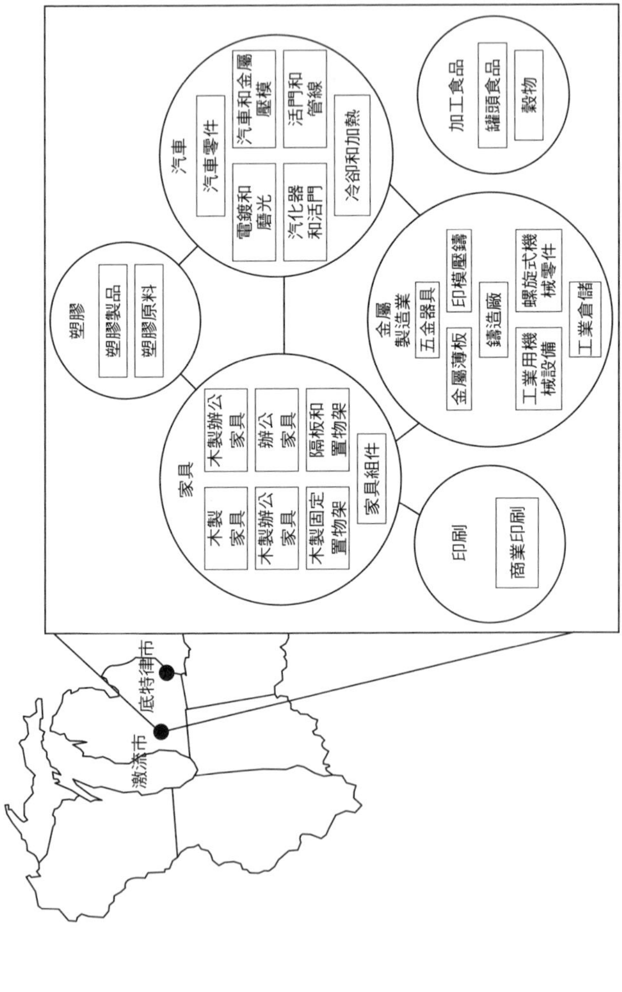

塑膠
- 塑膠製品
- 塑膠原料

汽車
- 汽車零件
- 電鍍和磨光
- 汽化器和活門
- 汽車和金屬壓模
- 活門和管線
- 冷卻和加熱

加工食品
- 罐頭食品
- 穀物

家具
- 木製辦公家具
- 木製家具
- 辦公家具
- 隔板和置物架
- 木製辦公家具
- 木製固定置物架
- 家具組件

金屬製造業
- 五金器具
- 金屬薄板
- 工業用機械設備
- 印模壓鑄
- 鑄造廠
- 蝶旋式機械零件
- 工業倉語

印刷
- 商業印刷

激流市
底特律市

平、垂直與上下游的關係；那些連結性不大或沒有關係的產業或廠商，則可加以省略。

　　產業群聚包含如製造、消費性商品或高科技等廣泛的群組時，往往因牽扯太廣而難以想像。這樣的聚集雖然涉及產業之間微弱的關聯性，但是有關產業群聚限制與瓶頸的討論，恐會落入泛泛之論。反過來說，將單一產業貼上產業群聚的標籤，則會忽略極重要、會強烈影響競爭力的跨產業和機構的交互關聯性。

　　產業群聚見諸許多類型的產業中，規模可大可小，甚至可以出現在餐廳、汽車經銷商、古董店等地方性的行業。它們所在的經濟體也可大可小，可能在鄉下、可能在市區，也可能跨好幾個地理層級（例如國家、州、大都會地區以及城市）。無論先進或開發中經濟體，都有可能出現產業群聚，不過在先進的經濟體中，產業群聚通常會有比較好的發展。

　　產業群聚的疆界，很少吻合標準的產業分類體系。原因是，此種分類方式並未掌握到許多攸關競爭的重要角色，以及跨產業的連接點。產業群聚基本上是，由被歸類在不同類別的最終產品、機械、材料與服務業所組成。它們通常同時涉及（或有可能涉及）傳統產業與高科技產業。產業群聚代表了一種檢視經濟體，轉化成經濟數據的不同方法。

　　由於產業群聚通常含括不同的傳統產業與服務業類別，重要的產業群聚很可能因此模糊不清，甚至不易察覺。譬如麻薩諸塞州的醫療器材領域，涉及超過四百家以上的企業，提供至少三萬九千份高薪工作。不過長期以來，這個產業群聚完全被

歸在好幾個大型而互相重疊的產業分類中（像電子儀器、塑膠產品等），因此完全被忽略掉。這個產業群聚的經理人儘管遭遇相同的限制、問題和機會，彼此卻從未聚在一起討論。這個產業群聚被發現後，麻州醫療協會（MassMedic）這個因此而成立的組織，以及與政府之間進行建設性的對話機制，正蓄勢待發。

產業群聚的大小、廣度、發展狀態各有不同。有些產業群聚主要是由中小企業組成（如義大利鞋業與北卡羅萊納州家具產業群聚）；有些產業群聚則同時存在大型和小型企業（如好萊塢或德國化學品群聚）；有些產業群聚的核心是研究型大學；有些則根本和大學產生重要的關聯性。各產業群聚在本質上的差異，反映出其所屬產業的結構差異。發展愈健全的產業群聚，就擁有愈多專業化供應商、愈多元化的相關產業，以及愈廣泛的支援性法人機構。

產業群聚的疆界，會隨著新廠商與新產業的出現、既有產業萎縮或衰落，或本地法人機構有了新發展與改變，而隨之不斷演化。技術與市場的發展，會醞釀出新的產業、創造新的連結點，或改變所服務的市場。規範的改變也會對變遷中的產業群聚疆界造成影響，例如電信業和運輸業。

我們可用不同層次的聚合經濟體檢視產業群聚，並揭露不同的問題。比方描繪分析加州大型農業綜合產業群聚時，便會找到一些有關競爭的重要觀點。前面說明的酒類產業群聚，就是這個大型產業群聚的一部分。在這個層面的分析，可看到一些更特定不同的問題（例如與旅遊產業群聚的連接）。

　　在不同的地方，對產業群聚的適當定義也會有所改變，端視該產業所處的競爭區隔以及所應用的策略而定。例如下曼哈頓地區的多媒體產業群聚，主要包括了節目提供廠商與其他相關產業的廠商，如出版業、廣電媒體、繪圖和視覺藝術產業等。舊金山灣區的多媒體產業群聚正好相反，它包含許多可推動科技的硬體和軟體產業。

　　我們為什麼要從產業群聚的焦點，而非從較為傳統的群組，如公司、產業、製造業或服務業等產業部門，來檢視各經濟體呢？首先是因為產業群聚更貼近競爭的本質，以及競爭優勢的來源。產業群聚的範圍比產業要大，因此能掌握到跨廠商和產業的重要連接點、互補性、技術的溢出效果、技能、資訊、行銷和顧客需求。這些連結是競爭、生產力，以及新事業形成和創新的方向和速度之基本要素。大多數產業群聚內的成員並不直接競爭，彼此有自己要服務的產業區隔。然而，它們仍有許多共同的需求和機會，並會面對許多生產力方面的限制與障礙。

　　將一群企業和法人機構看成一個產業群聚，會凸顯共同關心的領域中，協調和合作改善的機會，同時又不威脅、扭曲競爭，或限制競爭強度。產業群聚在相關企業和供應商、政府及其他重要機構之間，提供了一個建設性且有效率的對話論壇。為了改善產業群聚狀況所作的公家與民間投資，將使許多企業雨露均霑。

　　反過來說，從產業或汽車產品等狹窄的部門來分析，通常會墜入任由特定企業遊說補貼或優惠稅率的困境。由此而生的

公共投資所產生的溢出效果，很少能惠及其他產業，甚至還扭曲市場。因為很大比例的成員都在直接競爭，彼此造成威脅，並使競爭的強度逐漸減弱。企業遲遲不敢參與，理由是怕惠及直接的競爭對手。因此，由單一產業或狹隘的產業部門觀點，很容易造成扭曲競爭的結果；而產業群聚的觀點，則會強化競爭。以下討論產業群聚對政府與企業的意涵時，還會再補充。

產業群聚理論在歷史與學術上的文獻探討

　　早在數世紀前，討論經濟面貌時，學者就注意到貿易的地理集中性，和企業在特定產業的地理集中性。不過，產業群聚角色的討論則相當有限。隨著競爭演化和現代經濟日趨複雜，產業群聚的深度和廣度也隨之增加。全球化加上崛起中的知識密集趨勢，已大幅地改變產業群聚在競爭中的角色。

　　學術界對產業群聚的討論，可以回溯到馬歇爾（Alfred Marshall）。在《經濟學原理》（*Principles of Economics*）中，他以非常有趣的專章，討論特定產業地點的外部條件。在本世紀上半葉，部分延伸的文獻也把經濟地理納入討論的範圍。不過，二十世紀中葉，熱門的新古典經濟學派，並未將地點放進經濟的主流思潮中。晚近，一些新的成長與國貿理論中，增加盈收成為新焦點，對於有關經濟地理領域的興趣，也日益蓬勃。

　　在管理學的文獻中，對地理或地點的關心度向來很低。總體而言，地理已被降低為在不同國家經商時，評估文化與其他差異的考慮因素。企業地點被視為營運管理的次要特性。近來風行的

全球化，更創造出地點的重要性不如以往的趨勢。

許多學術文獻的內容，都或多或少注意到或強調產業群聚的現象。諸如成長標竿、前後整合、聚合經濟體、經濟地理、都會與區域經濟、國家的創新系統，或區域性科學、工業區、社會網絡等，都與產業群聚有關。

都會經濟的文獻，以及區域性科學的文獻，都以一般化的都市聚合群聚為重心，反映出其中的基礎建設、通訊技術、材料可及性、多元化的產業基地，以及都會地帶的市場。這些經濟型態，與現有的產業與產業群聚的型態無關。對開發中國家而言，這些經濟型態具有舉足輕重的重要性。不過整體而言，一般的都會聚合經濟之重要性，正隨著貿易開放、通訊和運輸成本降低、更容易接近原料和市場，甚至更多地點與國家發展為數不少的基礎建設，而逐漸縮減。

其他研究則著重在特定領域。企業集中某地營運的現象，可視為產業群聚的特殊案例。由主宰當地經濟的中小型廠商所組成之義大利式工業區，在某些產業中具有舉足輕重的地位。在有些領域，則是本國和外商大企業，加上小型企業的配套模式。

有些產業群聚以研究型大學為中心，有些則幾乎不靠正式技術研究機構的資源。產業群聚的現象會同時出現在傳統產業與高科技產業中，以及製造業和服務業之中。事實上，產業群聚通常包含有高科技、傳統科技、製造業和服務業。有些區域只有一個產業群聚獨占鰲頭，有些則不只一個。產業群聚既發生在先進國家，也出現在開發中國家。不過，開發中國家的產業群聚缺乏深度，而成為發展的限制。

　　早期的研究，主要是幫助我們了解產業群聚對於競爭的影響力。研究聚合經濟體（agglomeration economy）的文獻強調，原料成本最小化、專業化，是靠當地市場或緊臨市場的優勢所形成。經濟發展的文獻，則把重心放在供給與誘因，也是形成產業群聚的元素之一。不過，這種前後連結觀念的標準意涵，強調特定產業必須與其他產業建立連結。相反地，產業群聚理論卻鼓吹企業能夠集中發展，並以最緊密的連接或各產業群聚間的溢出效果，來鼓勵這些領域的發展。

　　總體而言，過去的理論大多強調產業群聚的特定面向，或特定形式的產業群聚。許多傳統聚合經濟對於產業群聚的觀點，已經受到全球化供應來源與市場的威脅。然而，現代化、以知識為基礎的經濟體，其實為產業群聚創造出更具結構性的角色。

　　產業群聚在競爭中所扮演的更多元角色，已愈來愈為大眾所熟知。要了解這個角色，需要將成長中的產業群聚放在更廣泛、也更有活力的競爭理論中看待。這裡面包含了確認全球市場與生產要素，競爭中的成本與差異性，以及靜態的效率和持續的改善與創新。有些重要的聚合經濟體就呈現這些動態狀況，而不只是靜態的效率、創新與學習速度而已。在現代經濟體中，產業群聚其實是一個比以往認知更為複雜的整合性角色。

　　因此，產業群聚構成一個重要的多元組織化形式，並且是有明顯市場經濟特質，能影響競爭成敗的中心。產業群聚的狀態，可以看出它的生產潛力、未來可能的發展限制。產業群聚在競爭中的角色，對企業、政府和其他法人機構，也變得益發重要。

地點與競爭

近數十年來，思考地點對競爭的影響力，往往放在企業的競爭方式這種簡單思維中。在一些比較封閉的經濟體中，競爭經常被視為是大致上屬於靜態，而且以成本極小化為手段。在這種情況下，生產因素（勞力與資金）的比較性優勢，乃是決定成敗的關鍵；在近來大部分分析中，規模經濟則取而代之。

不過，這幅圖像無法代表真實的競爭。競爭具有動態性，其成敗取決於創新與策略性的差異。生產因素和原料的價值在降低，因為下列三個條件：隨著愈來愈多國家對全球經濟開放，原料供應也正在擴張；國家與國際間的生產因素市場，運作得愈來愈有效率；競爭中，生產因素的重要性日漸減輕。相反地，與客戶、供應商、相關機構的緊密連結，不僅為企業帶來效率，也加快改善和創新的速度。延伸的垂直整合（如內部自行生產零件、提供服務、進行訓練），曾一度是標準做法，但是一個愈來愈有活力的環境，會讓垂直整合相對比較缺乏效率與效益，並失去彈性。

用這種更廣泛也更動態的觀點看競爭，地點會透過它對「生產力」、特別是對「生產力成長」的影響，進而對競爭優勢產生影響。生產力是經由每天工作、每個單位資本或有形資源應用所創造的價值。一般性的生產因素通常很充沛，而且可隨時取得。經濟是否繁榮，端視在某特定地點中，所運用和提升的生產力要素而定。

地點的生產力與繁榮，並非取決於廠商在哪一產業競爭，

而在於其競爭的方式。無論在製鞋業、農業或半導體產業，企業都可以靠更精緻的方法，使用先進技術，提供獨特的產品與服務，而提升生產力。事實上，所有產業都能運用高科技；所有產業都可以是知識密集產業。但一般印象認為，高科技是指資訊科技與生物科技，好像與一般企業並沒有關聯。更清楚地說，高科技是指使用具「推動能力的科技」（enabling technology），它代表的是可在許多產業中提供強化科技工具的領域。

反過來說，一個產業如果徒具高科技的表象，企業的生產力卻不高，並不保證它會欣欣向榮。傳統上對產業的分野，如高科技或傳統技術、製造業或服務業，資源導向或知識基礎導向等，其實並沒有必然關係。適當的目標是改善所有產業的生產力，藉著直接和間接方式提高繁榮。某個產業生產力的改善，也可拉抬其他產業的生產力。

地點的繁榮則繫於企業在當地業務的生產力。這些抉擇會影響企業所獲取的利潤，和員工的薪資水準。無論是本國或外國廠商，都是促進地方繁榮的力量，差別只在於廠商的生產力有所不同而已。先進的外國大廠進駐時，通常會提升本國企業的生產力，反之亦然。

在地競爭的企業，其生產力和精緻程度會受到當地產業環境品質的重大影響。比方說，除非當地擁有高素質的基礎運輸建設，否則企業就無法使用先進的後勤技術；除非企業能聘雇高級人才，否則無法運用完善服務的策略；如果當地法令多如牛毛，事事需要與政府對話，或司法體系無法快速而公平地解

決爭議，企業的運作就無法展現效率。

這些情況會消耗資源與經理人的時間，對顧客價值卻毫無幫助。道路系統、企業稅率、司法體系等產業環境的各個面向，會對所有產業都造成影響。這種整個經濟面向（或水平切面），也可以說是開發中國家競爭力無法發展的障礙。不過，無論是先進國家或其他地方，較具關鍵的產業環境面向是特定產業群聚（例如出現特定型態的供應商或大學科系）。產業群聚因此成為企業策略，和經濟政策中重要的角色。

要掌握某地點產業環境的本質，主要挑戰是當地對生產力和生產力成長的大量影響因素。在《國家競爭優勢》書中，我以鑽石圖形的四股交互關聯的影響力，來模擬地點對競爭的影響力。這套鑽石體系可以簡化整套理論（見圖7.4）。此架構中有些要素特別值得予以強調，因為它們有助於我們了解群聚在競爭中所扮演的角色。

如圖7.4顯示，生產因素元件包括有形資產（如有形的基礎建設）、資訊、法律體系、大學研究機構等企業賴以競爭的要件。要增加生產力，生產因素元件必須改善其效率、品質，最後還必須專業化，以迎合特定產業群聚。專業化生產因素，尤其是那些將創新與升級加以整合者（如專業的大學研究機構），不僅能培養高度的生產力，而且也比較無法透過交易，在其他地方出現。

企業策略與競爭的時空背景，也就是商場規則、誘因，與規範當地競爭型態和激烈程度的標準。經濟體生產力不高，當地的競爭通常也不激烈。假如有競爭的話，大多數是來自進口

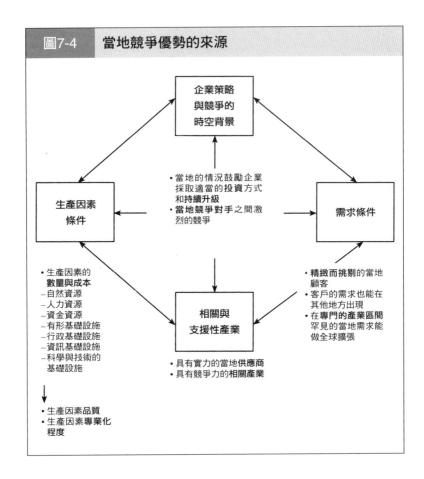

圖7-4　當地競爭優勢的來源

企業策略
與競爭的
時空背景

• 當地的情況鼓勵企業
採取適當的投資方式
和持續升級
• 當地競爭對手之間激
烈的競爭

生產因素
條件

需求條件

相關與
支援性產業

• 生產因素的
數量與成本
－自然資源
－人力資源
－資金資源
－有形基礎設施
－行政基礎設施
－資訊基礎設施
－科學與技術的
基礎設施

• **精緻而挑剔的當地**
顧客
• 客戶的需求也能在
其他地方出現
• 在**專門的產業區間**
罕見的當地需求能
做全球擴張

• 具有實力的當地供應商
• 具有競爭力的相關產業

• 生產因素品質
• 生產因素專業化
程度

品；至於本地廠商的競爭，則僅止於模仿的層次。價格也是決定競爭的唯一變數，企業因此力圖壓低工資以降低成本。這類競爭只需極小的投資。

邁向先進經濟體，需要發展激烈的當地競爭。競爭行為必須從低工資改為低廉的總成本，也就是必須提高製造和運送的效率。最後，競爭行為必須超越成本的層次，而逐漸包含差異

化的層面。競爭行為必須從模仿轉變為創新，從低度投資變成大量投資，不僅在有形資產上如此，同時也能在技能、技術等無形資產上創新、投資。產業群聚在轉型過程中的角色，將會愈來愈明顯。

　　策略與競爭行為的背景，可以分成兩個基本層面。一個是不同形式的投資大環境。要支持更複雜的競爭，以及更高層次的生產力，提高投資的競爭強度有其必要。總體競爭和政治穩定對這類投資有幫助，但是個體經濟政策，如稅務制度的架構、企業管理系統、影響勞動力發展誘因的勞動市場政策、智慧財產規則與執行方式等，同樣也扮演了重要的角色。

　　另一個競爭背景的面向是，影響競爭行為表現的當地政策。當地政府對貿易和外資開放、公營事業、品牌授權、反托拉斯政策，以及貪污的影響等，都是決定當地競爭程度的關鍵角色。競爭行為的特質，也受到現有生產因素，與當地需求狀況等其他產業環境面向的影響。

　　本國的需求狀況，與企業是否能夠或願意從模仿、低品質產品與服務，轉變為能靠差異化來競爭，具有莫大的關聯。在生產力低的經濟體中，企業對於市場需求的學習，主要是靠外國市場；但進步仍需要靠本地市場需求的發展。本地客戶精緻化和需求的萌芽，會迫使企業進行改良，並對現在及未來的需求有所理解。本地需求也會展現企業可進行差異化的市場區隔。在一個全球經濟體系中，本地需求的「品質」，其重要性遠遠超過它的規模。連結產業的產業群聚在設定需求條件上，扮演了關鍵性角色。

產業群聚與競爭優勢

相關與支援性產業，組成產業群聚鑽石體系的一個面向，可視為其他面向互動的證明。產業群聚以三種主要形式影響競爭：首先，它增加內部企業或產業的生產力；其次，它增加創新的能力，並因此導致生產力提升；第三，它刺激新企業的成型，進而支援創新並擴大整個產業群聚。許多產業群聚的優勢，視外部經濟體系或跨廠商、跨產業的溢出效果而定（許多產業群聚的優點，也可以應用在企業內的研發和生產等次級單位），因此群聚可被界定為將企業和法人組織交互牽連而成的系統，整體系統的價值要比個別成員價值的總和還來得大。

如前所述，學者試圖以聚合經濟體，解釋企業的集中現象。這種現象一般出現在產業的層級，或一個多角化的都會經濟體中。許多聚合經濟的解釋強調，原料和市場的鄰近，讓企業得以達到成本最小化。但這類解釋，多少受到日漸普及的市場全球化，技術、供貨來源、增加的流動性，以及更低的通訊和運輸成本傷害。今天，聚合經濟的本質已經改變，它在產業群聚層級上的重要性日增，而不只限於狹隘定義下的產業。

儘管產業群聚在經濟體中極為常見，但是每個產業群聚在競爭優勢的表現上並不相同。一般說來，產業群聚的優勢愈強，可以交易的產品或服務愈多，可做為產業群聚地點的數目就愈少。產業群聚的重要性會因競爭的複雜化而提高，意味著經濟發展會使產業群聚的數目增加。

產業群聚對競爭的三大影響，視其中成員的人際交往、面

對面溝通，及個人與法人機構在網絡中互動的延伸程度而定。當一個地方出現產業群聚時，確實較有助於這類關係的發展，而且運作得更有成效，但是它的進展並非自動發生。正式與非正式的組織機制和文化規範，通常會影響產業群聚的發展和運作。後文將對此有更進一步的說明。

產業群聚與生產力

比起其他如垂直整合、與外界企業策略聯盟，或從遠地「進口」原料等做法，企業坐落於產業群聚內，更有機會接近優異的、低成本的最佳專業化元件，如零組件、機器、企業服務與人力資源。因此當本地供應商競爭激烈時，產業群聚代表一種先天上更有效、且更有效率分配資源的組織形式。當具有實力的本地供應商並不存在時，產業群聚就必須在外界尋求資源，但這並非是最理想的安排。

接近專業員工和元件

向產業群聚內部成員尋求資源（「當地」採購），遠比到遠地採購的交易成本低。當地採購會使庫存需求降至最低、遏止供應商哄抬價格、違約背信的投機行為，並使活動透明化；但相反地，任何供應商差勁的表現，都會影響產業群聚裡的其他成員的信譽。在產業群聚內部採購，使得溝通更方便，也可以減少修改的成本，並使輔助性和支援性的合作，如安裝、除錯、人員使用訓練、檢修、即時維修等更方便容易。當其他條件一致時，在地採購通常優於遠距採購，尤其是涉及基礎技

術、資訊、服務內容的先進專業化元件（要注意，此處所指的「在地」，意味企業即使總部不在當地，但仍在產業群聚內有技術資源等實質性投資）。

與遠距離的供應商進行正式的策略聯盟，可以減輕遠距採購的某些不利性。然而，正式的聯盟會帶來複雜的交涉，以及監督上的問題，並使得企業缺乏彈性。企業在當地產業群聚中，緊密、非正式的關係，則能提供絕佳的解決方案。

在產業群聚內部採購元件，也比垂直整合更具效益和效率。在生產零組件和訓練等領域，藉助外部的專業人員通常更能節省成本，也比內部單位的回應更迅速。垂直整合則會消耗管理階層的注意力。反過來說，從鄰近的專業供應商取得元件，也會帶來成本和品質的優勢。緊臨的賣方讓企業獲得近似垂直整合的效率，同時仍維持強烈的發展誘因。

單一地點內特定供應商元件供應的範圍擴張，已經被看成是聚合經濟的好處之一。即使市場全球化，仍無損於此一觀點。勞動力的劃分，已不再受到市場的限制，因為市場已經國際化。

在現代化經濟中，供應商在產業群聚中的深化和專業化程度愈高，愈能察覺市場機會，並且因為多元的當地客戶而減少自身的風險。此外，成熟的產業群聚不僅是單一產業，而是由好幾個相關產業所組成。這些產業通常需要共通或非常相似的元件，因此提供了供應商擴張的機會。基於這樣的理由，再加上產業群聚外溢出效果和外部化的影響，從競爭優勢的角度來看，一個產業群聚的深度和廣度，遠比產業群聚內個別企業或

產業的規模來得更重要。

　　產業群聚也會提供比遠距採購更多的優勢。產業群聚的出現，降低了遠距元件的輸入成本，因為供應商會提供更好的價格，廠商也能使用更有效率的送貨方式（供應商降低價格，不僅因為要滲透到一個大型、集中、有潛力的市場，同時也反映出服務的效率）。供應商也願意擴大投資，使它們的產品或服務更容易被取得。例如波士頓由於金融服務產業群聚的縱深程度，而成為企業高階主管在舉辦公開上市說明會時，都會不約而同地選擇波士頓，進而降低波士頓法人機構對所投資企業之管理階層的直接接觸成本。

　　在尋求優勢的廠商眼中，產業群聚也是一個提供專業化和有經驗員工的集中地。產業群聚如同這類員工的人才庫，它降低了招募時的搜尋與交易成本，也盡可能使工作配對更有效率。除此之外，因為產業群聚代表了機會，降低了員工改變工作地點所可能發生的風險，也減少了企業到其他地方尋求專業人才的成本。

　　產業群聚有可能因產業的集中，而造成組裝元件和勞動力的稀少，進而增加企業成本，反而損及其在這兩項資源上的優勢（另一個形成產業群聚的可能成本是，擁擠的代價。這通常出現在大型、多角化的都會中，而非產業群聚自身的問題）。如此一來，在當地採購大量元件的能力便會低於在外地採購。由此可知，更重要的是，產業群聚出現時，不僅創造當地對專業化元件的需求，同時也增加了它們的供應。產業群聚所在之處，便會有專業人力、服務和零組件，以及許多創造它們的組

織，其程度遠超過其他地點。雖然這裡的競爭比較激烈，但仍不失為明顯的好處。

當地缺乏有實力的供應商，也會影響產業群聚在元件上的優勢。如果供應商或其他法人機構流失，遠距採購或正式的聯盟可能是必要的。然而，產業群聚與生俱來的好處，仍會鼓舞本地供應商升級，當地企業也會鼓勵新的供應商加入，或由遠地供應商到此投資。

接近資訊

延伸性的市場、技術和其他專業化資訊，會累積在產業群聚內的企業和機構，使得資訊更容易取得，或以較低的成本取得，因此讓企業提高生產力，更接近生產力疆界。這種效應也出現在同一家企業內，各單位之間的資訊流通。鄰近性、供應和技術的連結，以及往返的人際關係，社群內部的緊密結合，鞏固了產業群聚內部可靠而便利的資訊流通（這些條件都讓攸關存亡的資訊更容易轉換）。在產業群聚的資訊優勢中，一個很重要的情況是能提供，滿足買方需求的資訊。精緻型買方通常是產業群聚的一部分，其他成員通常會得到並分享有關買方需求的資訊。

互補性

產業群聚提高生產力，不僅可以藉由取得和組裝元件，同時也靠產業群聚成員之間更便利的互補性。最明顯的互補形式是在產品之間。譬如在觀光業，遊客經驗的好壞，不僅視主要

名勝的吸引力（如名勝或古蹟），同時也看當地旅館、餐廳、紀念品商店、機場，其他運輸設施的舒適性與服務而定。這個例子顯示，旅遊產業群聚的內部成員通常是互相依賴的。產業群聚中任何一個成員的惡劣表現，都可能傷害到其他成員。

這種跨產品創造顧客價值的互補性很普遍，不僅在服務送貨上，也出現在產品設計、運籌管理和售後服務上。在產業群聚的成員之間，協調和改善的內部壓力，是靠在同一地點改良整體的品質和效率而來。在同一地點讓技術聯繫和持續協調變得更容易。關於取得元件方面，在產業群聚內部達成各類互補性，它的優勢遠勝過正式的策略聯盟。

行銷則提供產業群聚內其他形式的互補性。一群相關的企業和產業在同一地點出現，提供了共同行銷的效率（例如企業推薦、商展、經貿雜誌和其他行銷代表團體）。它也能提高該地在特定領域上的聲譽，使得買方更願意考慮當地的供應商或製造商。以義大利為例，它就建立起在流行和設計上的聲譽，讓製鞋、時裝、皮件和婦女飾品廠商蒙受好處。這類聲譽成為義大利時尚相關產業的公共財。

產業群聚出現，也會提高買賣的效率。到當地的買家能一次就接觸許多廠商。對有些產品或服務而言，單一地點的多重供貨來源，可降低採購風險，因為它提供買方可能的多重管道，或當需求改變時能迅速更換廠商。香港能成功地成為時裝的產地，部分就是靠這樣的理由。

產業群聚內的其他互補性，涉及內部成員更好的活動整合。以木工製品產業群聚為例，鋸木廠的效率是靠可靠而品質

良好的木材供應，以及能讓木材發揮最大效用的能力，不論是用在家具（最高品質）上、做成木板及箱子（次高品質），或成為木片（最低品質）。葡萄牙的鋸木廠受制於品質不佳的木料，原因是林主不願意在木料管理上投資。因此大多數木料只能做貨板和木箱，屬於較低層次的利用，也使得鋸木廠付給林主的價格受到限制。要解決這個問題，可能途徑之一是，在生產力上做實質性的改善，條件是整個產業群聚的幾個部分必須同時進行改變。比方說，伐木作業必須修改砍木和分類的程序，而鋸木廠必須發展更精緻的流程能力。協調發展標準的木料分類與評估，也是必要的步驟。與產業群聚中各分散的成員相比，這類的連結點最易被辨認與掌握。

接近法人機構和公共財

產業群聚讓許多原本價格很高的元件，變成公共財或準公共財。比方說，當地擁有人員招募訓練計畫，會使企業省下或降低內部訓練的成本。企業通常能得到的好處包括，以非常低的成本享受專業性基礎設施，或當地機構的專家提供諮詢。事實上，產業群聚的資訊在內部流通時，本身就可視為一種準公共財。

產業群聚所持有的公共財，不如稱之為準公共財來得更貼切，因為取得準公共財仍涉及一定程度的成本，雖然遠比原先的成本低。經濟體中公共財的分析，基本上屬於政府功能中某一狹隘的領域。產業群聚會創造更開闊的環境，提高其中特定的公共財資產，同時包含許多由民營機構和投資創造的案例。

在產業群聚中，有些公共財或準公共財，與傳統的公共財很類似，因為它們與政府或公營機構有密切的關係。產業群聚成員的數量與能見度，以及可能從公共投資中經歷溢出效果好處的廠商數目，通常會鼓勵在專業基礎設施、教育計畫、資訊、商展和其他形式的公共投資。產業群聚的成員所能取得的其他準公共財，自然會成為競爭的副產品。這些準公共財包括充沛的資訊和技術，由產業群聚地點所形成的聲譽，以及一些前面提過行銷和資源上的優勢。

此外，產業群聚所在地的公共財或準公共財，通常來自民間對訓練計畫、基礎設施、品管中心等方面的投資。儘管公共財大多來自公營機構，它們也可能與產業群聚所在地的民營或半民營機構有關（比方說，測試實驗室或經貿刊物）。這類民間投資很普遍，因為產業群聚成員會察覺到集體利益的潛力。通常，這類投資是透過同業公會或其他集體性機制而產生。

誘因與表現評估

產業群聚會協助解決或減少地點孤立的問題，或垂直整合程度較高企業的問題。產業群聚改善企業內部生產力的誘因，乃是基於幾項理由。首先是競爭壓力。本地競爭廠商具有特別強的誘因效果，因為最容易拿來加以比較，也因為這些競爭是發生在類似的大環境中（例如勞工成本和本地市場接觸能力），因此競爭必須移往其他領域。此外，同儕壓力更擴大了產業群聚內部的競爭壓力，即使沒有直接競爭或無競爭關係的廠商也不例外。希望在本地人面前揚眉吐氣的動機，則讓企業

嘗試超越其他對手。

產業群聚也使內部活動的表現更容易評估，因為通常其他本地企業也有類似的功能。由於附近就有可以比較的對象，經理人有非常多的機會比較內部成本和外移的差別，也會降低比較員工表現的監督成本。例如產業群聚在金融機構知識上的累積，會使借貸決策和其他財務決策享有更多的資訊，並改善顧客的監督。如前所述，當其中成員占別人便宜或提供劣等產品、服務時，產業群聚也提供限制投機行為的優勢。因為反覆的互動、資訊流暢地擴散、聲譽的傳播，以及渴望在當地社群維持地位，產業群聚的成員通常致力於建立互動關係，此種關係可良性地影響其長期利益。

如前所述，產業群聚中許多生產力的優勢，都與特定地點的公共財或利益有關，它們受惠於有形的鄰近性、面對面的接觸、緊密而持續的關係，以及內線資訊。因此，除非企業積極主動成為產業群聚的成員，並在當地有重要表現，否則將很難享受到其中的好處。產業群聚也可以包含當地的外商公司，但僅限於在當地進行長期投資，在當地有重要表現的外商。

產業群聚的許多優勢，也惠及個別企業的次級單位。同一地點的研發、零組件製造、裝配、行銷、顧客服務，以及其他活動，會讓採購和資訊流通的內部效率更高，還有互補性與其他好處。企業有時候分散事業單位，目的在降低勞工、設施及賦稅的成本，因此不知不覺地犧牲了產業群聚中強而有力系統的成本好處，以及它們培養活力和創新的優勢。

產業群聚與創新

相對於在孤立的地點，產業群聚在生產力成長與創新方面所帶來的好處，可能比目前的生產力更為重要，雖然它們具有一些風險。有些可強化目前生產力的產業群聚特徵，甚至對創新而言更為重要。

在產業群聚內，企業通常能夠更清楚、更迅速地察覺到新的客戶需求。正如它與當前顧客需求的關係，在產業群聚內，企業得利於諸多集中的同業握有的客戶知識與關係、相關產業中平行發展的企業、集中而專業化的資訊機構，以及精緻型的客戶。產業群聚中的企業，通常比單打獨鬥的競爭對手更能迅速地認清客戶的趨勢。比方說，矽谷與德州奧斯汀地區的電腦公司，迅速且有效地直接滿足客戶需求與發展趨勢的做法，便令其他地區難以望其項背。

在感受可能的新科技、作業或送貨方式等方面，產業群聚也提供了優勢。產業群聚的成員會及早而持續地學到，有關發展中的技術、零組件、機械設備可及性、服務與行銷的概念等。這些因為與群聚內其他實體持續的關係、有互訪的便利性、經常面對面接觸，都有助於此種學習過程。產業群聚的成員可直接觀察其他企業。相反地，孤立的企業在蒐集資訊上，必須面對較高的成本與更陡峭的障礙，而且必須投入資源而將此種知識予以內化，以回應日益增加的需求。

產業群聚的潛在優勢，在感受創新的需求與機會上，可說是相當大。不過同樣重要的是，它也能形成企業的彈性，和對

這些洞察力更快反應的能力。在產業群聚內，企業能更快速地掌握到新零組件、服務、機器和其他執行創新上所需要的元素，無論是一條新的產品線、一套新的製程或後勤運籌模式。當地供應商和夥伴能夠在創新過程中，緊密地合作，才能確保所提供的材料能滿足企業的需要。當地通常也能聘雇到新的專業人才，以填補因發展新做法所造成的人力缺口。創新過程中的互補性，在緊鄰的成員之間更容易達成。

在產業群聚內，企業更能以較低成本做實驗，並延緩大規模的計劃承諾，直到它們確信一個新產品、新製程或服務能夠橫掃千軍為止。相反地，依賴遠距採購的企業在訂立契約、確保運送時間、獲得相關的技術與服務支援，以及協調互補性企業上，都面臨了更大的挑戰。而依賴垂直整合的公司，不但面對了慣性、創新侵蝕內部資產價值時的困境，同時也面對了若必須維持目前的產品或過程，而同時又發展新產品時的限制。

強化這些創新的其他優勢，完全來自於壓力，如競爭壓力、同儕競爭、持續性比較等，這些壓力都會出現在地理上集中的產業群聚。基本狀態的相似（如勞動和設備成本），迫使廠商必須以創意的方式來作自我區隔。創新壓力節節升高。產業群聚中，個別企業很難長期保持領先，但是當中的許多企業都比其他地點的公司進步更快。

然而，在特定環境中，產業群聚的成員也可能延緩創新。當產業群聚具有一致性的競爭方式時，群體思考通常會強化原有的行為模式，抑制新的點子，造成排斥採納創新的僵化做法。產業群聚也不會支持真正激進的創新，因為此種創新可能

會使既有的能力、資訊、供應商和基礎建設逐漸喪失影響力。原則上，在這些環境中，產業群聚的成員不會比單打獨鬥的廠商更糟（當兩者都是向外採購資源時），但是前者在感受改變的障礙反而比較高，而且在已無關競爭優勢的過去關係上，也會遭遇慣性的作用。在討論產業群聚的興衰過程時，我將會有進一步的說明。

產業群聚之所以依地理集中，原因是彼此鄰近有助於生產力和創新，讓產業群聚獲得好處。交易成本下降、資訊的創造流通得到改善、本地機構更能隨時回應產業群聚的專業化需求，也更容易感受到同儕壓力和競爭壓力。

產業群聚很清楚地代表一種合作與競爭的組合。激烈的競爭發生在爭取顧客與保留顧客之時。多重競爭和強烈誘因的出現，常常會加強產業群聚之間的競爭強度。然而合作也必定會發生在我所界定的一些領域內。許多合作的關係是屬於垂直合作的關係，它們常涉及到相關產業與當地法人機構。競爭和合作能同時並存，原因是它們發生在不同的面向中，和不同的成員之間；在某些層面的合作，有助於其他層面成功的競爭。

在許多學術文獻的研究發現中，產業群聚透過這些機制，影響到生產力和創新。管理研究報告顯示，大家對於供應商和客戶之間緊密連結的重要性，以及委外或夥伴關係的價值，有愈來愈深刻的了解。這些有關創新的研究文獻凸顯出，顧客、供應商和大學在創新過程中所扮演的角色。至於研究創新會擴散的文獻則強調，展示效果、感染、實驗性和是否容易觀察等概念，明顯都會受到產業群聚出現的影響。許多經濟學的研

究，都強調交易成本的重要性，其他研究則探索有礙效率的組織誘因問題。

不過，這類思想很少與地點發生關聯，彷彿連結點、交易成本、資訊流通等，是發生在時間、空間之外，然而地點的鄰近關係，明顯影響了連結點和交易成本。誘因不一致時也很難以契約解決，且這類契約也使得廠商處於地點和產業群聚反覆互動的強烈影響。儘管誘因和監督問題更複雜，訴諸正式的夥伴關係和聯盟關係，卻忽略了以更簡單、非正式的方式來達成同樣的好處。我們將這些理論性觀點放在一起，加上對地點和產業群聚的了解，將能延伸它們的用處，並且加深產業群聚對競爭所帶來之衝擊的了解。

更廣義地來看，這代表一種在市場和科層之間強大的組織形式，唯學界在這方面的探討還非常有限。地點能有力地改變市場與科層之間的不足之處。在交易成本上，產業群聚提供了比其他形式更明顯的優勢，而且似乎可改善許多誘因的問題。在產業群聚結構內，重複的互動和非正式的接觸，導源於在某地理環境領域中的生活與工作、培養信任、開放溝通，以及降低服務和重組市場關係的成本。

產業群聚與發展新事業

在產業群聚內，新事業（如企業總部，而非辦事處或輔助單位）的數目，明顯多於其他孤立的地點。造成這種現象的理由很多：首先，產業群聚透過更多更佳的商情機會，提供進入誘因。產業群聚本身就代表了機會。在產業群聚內或附近工作

的人，更容易察覺到產品、服務或供應商有待加強的地方。擁有這樣的洞察力，這些人更容易離開東家，瞄準那些空白地帶自行創業。

　　企業在產業群聚裡追求當地的商機，是因為當地的進入障礙比其他地方為低。所需的資產、技能、元件和人員等，通常很容易在當地獲得，對發展新事業帶來很大的便利。當地的金融機構和投資者，由於對這個產業群聚有相當程度的熟悉，因此所需的資金風險溢酬（risk premium）較小。此外，產業群聚通常代表一個重要的本地市場。企業家要從現成關係上尋求好處，通常優先考慮相同的社區。所有的這些因素——較低的進入障礙、許多潛在的當地顧客、既有的關係，以及其他「促成」這些形式的本地廠商，都會減少廠商進入的認知風險。產業群聚的退出障礙也比較低，因為廠商所需的專業化投資較少、專業化資產的市場較深入，以及一些其他生產因素。

　　產業群聚固然吸引當地的企業家，外地的企業家通常也會遷移進入。吸引他們的固然是較低的進入障礙，還包括在產業群聚內能發揮他們的點子和技能，創造更多經濟價值的潛力，以及更有生產力的作業能力。

　　不在產業群聚所在地點的企業（包括外商或本國廠商），通常也會在產業群聚內設立分公司，尋求前述的生產力好處，以及創新的優勢。當產業群聚出現，不僅降低群聚外廠商的進入障礙，也減少可能的風險（這種情形特別出現在「國外」企業已經進駐的產業群聚）。許多企業已經將整個事業單位移入產業群聚所在地，或重新設計它們位在產業群聚內的分公司，

將它調整為該特定事業的區域或全球性總部。

在發展新事業方面，產業群聚還有一個優勢是，它在加速產業群聚創新的過程中，會扮演主要的角色。在許多創新項目上，大企業通常會面對限制或障礙。但有時候，衍生的企業正是由母公司推動成立（比方說，大公司通常會支援一個本身不會進入，規模比較小，但是走利基路線的企業）。產業群聚內的大公司會與創新型的小企業發展緊密的關係，協助它們生存，一旦對方開始成功，就將它們買下來。

由於新事業的組成，時間一久，產業群聚通常會朝深度與廣度兩個面向成長，進一步提高產業群聚的優勢。產業群聚內部密集的競爭，加上較低的進入、退出障礙，有時候會導致企業在這些地區頻繁地進出。兩相抵消後，許多在產業群聚內存活下來的企業，擁有與其他地方競爭對手正面迎戰的實力。產業群聚的地點與狀態，不僅影響進出障礙，也會影響產業結構的其他很多面向。關於地點與產業組織之間關聯的探討分析，才正方興未艾。

產業群聚的社會經濟學

一個地點如果僅有廠商、供應商或法人機構，將只能創造潛在的經濟價值，而不必然確保這種潛能得到充分發揮。產業群聚的社會性會將成員連結在一起，並產生價值創造的流程。產業群聚的許多競爭優勢，有賴於資訊的自由流通、發現交易或交換中的附加價值、排定議題與跨組織工作的意願，以及強

烈的創新動機。關係、網絡和共同利益的意識，由下而上地強化了這個環境。產業群聚的社會結構，因此有實質重要性。

　　愈來愈多經濟與組織學方面的文獻，在以效率見長的企業和社群中，檢視網絡關係的重要性。在這些地方，經濟活動被視為埋藏在持續的社會關係之中。許多研究也著眼於描繪這些網絡，以了解這些節點的數量，並證明反覆互動的重要性，以及時間與網絡效率的關係等。學界檢視網絡的結構發現，人際之間的社會關係或他們的「社會資產」，讓他們在接觸重要的資源和訊息上，產生很大的便利。

　　產業群聚理論的重心在於，在某特定地點中，經濟上具有關聯性的廠商和機構，如何共同影響競爭力。有些產業群聚的優勢擁有足以支持其獨立於社會關係的條件（比如當地擁有的人力或資金數量），大多數則多少還和社會存在某種關係。根據產業群聚理論，企業自我認同當地社區意識，來自它是產業群聚成員，以及「公民交流」的影響，遠超過它狹隘的自我看法，認為自己僅僅是一個有經濟價值的實體。產業群聚理論進一步擴張這個社會資產的概念，透過在特定地理區，有利於特定企業產生優勢的網絡關係的結構，探索整個活動的機制。在一個地區或城市裡，互信與組織滲透能力，會透過反覆互動與相互依賴的感覺加以鞏固、潤滑，並提高生產力、激發創新，結果便能創造新的事業。

　　產業群聚理論可以將網絡理論和競爭連結起來，一個產業群聚是一個地理區域中的一種網絡形式。在該地，鄰近的企業和法人機構會確保特定的共同性，並增加互動的頻率與影

響力。運作良好的產業群聚會超越科層型網絡，形成許多點狀的重疊，讓其中的個人、企業和法人機構流暢地連結。這些聯繫經常反覆改變，延伸到相關產業中。這裡面既有「強制連結」，也有「自然連結」。產業群聚內關係型態的改變，與生產力和創新方向有重大的因果關係。

　　要了解產業群聚運作的方式，產業群聚如何變得更有生產力，網絡理論居功甚大。我將在以下提出更多討論，說明升級成功的產業群聚，要靠成員高度關心關係的建立，因為這是產業群聚自主發展很重要的特質。同業公會可以讓這類網絡的組成變得更容易。

　　產業群聚理論也提供了連結網絡理論、社會資本、民間交流與企業競爭，甚至經濟繁榮各個面向更緊密的途徑，以讓這些面向延伸到更廣泛的範圍。產業群聚理論界定整個網絡中，誰必須是其中的成員、彼此之間的關係，以及為什麼有這樣的關係。藉由產業群聚內部的網絡、社會資產和民間交流，以及對競爭和市場結果的影響，這個理論提供一個探索這些機制的新方法。這個理論也協助分離出網絡中最有利的形式。比方說，企業的結盟會導致卡特爾（cartels，聯合壟斷），進而傷害經濟價值；至於在顧客和供應商之間開放而便利的資訊交換，則會提高雙方的利益。產業群聚的研究工作也建議，比起企業或企業與法人機構之間正式或科層的關係，網路結構中可能的效率和彈性，其實來自於地理位置上的鄰近和非正式的本地連結。產業結構理論也揭露了網絡關係如何組成，社會資產如何獲得，有助於解讀因果關係的問題。比方說，是否會因為

產業群聚存在，使得企業更容易產生緊密的關係和聯盟，或者既有的網絡會使得產業群聚更容易發展？因此，產業群聚理論能幫助呈現網絡結構的成因，網絡中的實質活動，以及在網絡特質與結果之間的關聯。

產業群聚與經濟地理

專業化會強化城市、州、省和國家的經濟地理特質，特別是在比較繁華的地區，這種效應也會促使經濟體變得愈來愈先進。在一個地理區域中，相對小規模的產業群聚，通常占了經濟體的主要產出，同時成為具有壓倒性比重的外銷經濟活動。比方說，以當地為根據地的企業，會自發地進行出口或到外地投資的活動。外銷型導向的產業群聚，會與其他兩種型態的事業並存。其中一類是只在本地競爭的產業與產業群聚，例如餐廳、娛樂業、運籌服務業、房地產和營建業等；另一類是母公司在其他地方，主要服務本地市場而且有競爭力的分公司，例如營業所、顧客支援中心、辦事處和裝備工廠。

在地理區域中，對外導向的產業群聚是導引該地長期經濟成長與繁榮的主要來源。這類產業群聚的成長遠超過本地市場的規模，也會吸收生產力比較低的企業和產業的勞工。相對地，對本地產業的需求，先天會受到限制，因而直接或間接地導源於對外導向產業群聚的成功。

圖7.5是先進經濟體之部分產業群聚的地理分布圖。這張地圖顯示，美國具有地理集中性的一些產業群聚，從大家熟悉

的好萊塢娛樂產業、紐約市的金融產業、北卡羅萊納高點鎮
（High Point）的房屋家具產業，一直到比較不出名的產業群
聚，如卡斯巴德市（Carlsbad）的高爾夫器材產業、亞利桑納
州的光學儀器產業等。圖7.6顯示，像葡萄牙等經濟體中的區
域性產業體系；圖7.7是美國麻省最主要的產業群聚；而圖7.8
顯示美國單一都會大匹茲堡的產業群聚。這些地圖缺少鄰近的
經濟區域在產業專業化上的比較：比方說，麻省經濟就與鄰近
的康乃狄克州看起來很不一樣。

在這些產業群聚中，外銷導向的產業必須與那些主要服務
本地市場的產業進行區分。每個經濟體包含本地產業群聚，如
房地產和營建業，以及總公司在其他地點、本地作業的出口導
向外銷產業群聚。很重要的是，確認一個產業群聚中，各個部
分即使存在，也並不等於該產業群聚內部就能有效率地聯絡與
互動。比方在匹茲堡，產業群聚內部與跨群聚上，創新的潛力
就尚未被完全發掘。

產業群聚的疆域通常與行政上的疆域吻合，但是它們也有
可能跨州或跨國家。在麻省，一個欣欣向榮的光子（或稱為電
子光學）產業群聚，是以史塔布利基（Sturbridge）為中心，一
路延伸到康乃狄克州，而且在康州又有135家公司。整個產業
群聚中大約150家緊鄰麻省州界。在另一個例子中，一個歐洲
化學工業群聚，包含德國與瑞士德語區的企業。產業群聚比較
可能從政治疆界做輻射狀擴散，這些地區的特性是具有共同語
言、短程的地理距離（如在產業地點方圓兩百哩內）、相似的
法律體系和其他機構，以及最低限度的貿易或投資障礙。

圖7-5　具競爭力的美國區域性產業群聚

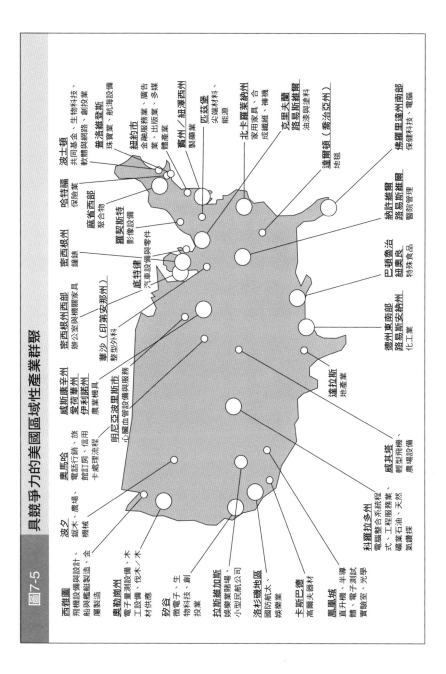

西雅圖
飛機設備與設計、
船與艦艇製造、金
屬製造

奧勒岡州
電子量測設備、木
工設備、伐木／木
材快應

矽谷
微電子、生
物科技、創
投業

拉斯維加斯
娛樂業賭場、
小型民航公司

洛杉磯地區
國防航太、
娛樂業

卡斯巴德
高爾夫器材

鳳凰城
直升機、半導
體、電子測試
室、實驗室、光學

波夕
鋸木、農場、
機械

科羅拉多州
電腦整合系統程
式、工程服務業、
礦業石油、天然
氣鑽探

奧馬哈
電話行銷、旅
館訂房、信用
卡處理流程

威斯康辛州
愛荷華州
伊利諾州
農業機具

明尼亞波里斯市
心臟血管設備與服務

密西根州西部
辦公室與機關家具

華沙（印第安那州）
整型外科

威其塔
輕型飛機、
農場設備

達拉斯
地產業

德州東南部
路易斯安納州
化工業

巴頓魯治
紐奧良
特殊食品

密西根州
鐘錶

羅契斯特
影像設備

底特律
汽車設備與零件

波士頓
共同基金、生物科技、
軟體與網路、創投業

麻省西部
聚合物

哈特福
保險業

紐約市
金融服務業、廣告
業、出版業、
體產業

普洛維登斯
珠寶業、航海設備

賓州／紐澤西州
製藥業

匹茲堡
尖端材料、
能源

北卡羅萊納州
家用家具、合
成纖維、褲襪

克里夫蘭
路易斯維爾
油漆與塗料

納許維爾
醫院管理

達爾頓（喬治亞州）
地毯

佛羅里達州南部
保健科技、電腦

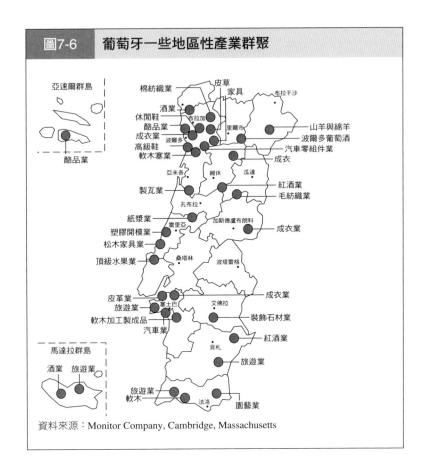

圖7-6　葡萄牙一些地區性產業群聚

資料來源：Monitor Company, Cambridge, Massachusetts

產業群聚和開發中的經濟體

　　產業群聚大多出現在先進的經濟體，這類產業群聚的深度與廣度通常較大。在開發中的經濟體，產業往往以本地為根據地，或是外商子公司鎖定的本地市場。外銷產業一般比較是勞力密集或資源密集。在開發中經濟體的產業群聚，似乎都根基不深，主要仰賴外國的零組件、服務和和技術。在這些地點的

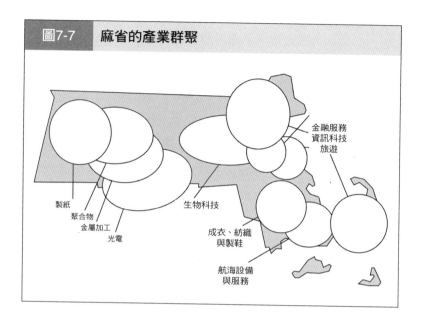

圖7-7　麻省的產業群聚

金融服務
資訊科技
旅遊

製紙
聚合物
金屬加工
光電

生物科技

成衣、紡織
與製鞋

航海設備
與服務

企業通常會進行垂直整合，不僅生產自己需要的零組件、備份的電子產品，有時候，它們還得自行建立與運作實體的基礎建設，甚至由公司來經營學校和其他服務性設施。在開發中經濟體的其他有相對競爭力的企業，則傾向獨立運作，而不以產業群聚中的成員自居。圖7.9對照瑞典的林木產業群聚。這是一個比較先進的經濟體，還有一個中度規模的葡萄牙產業群聚，可以看出它們之間的一些差異。

比起那些在先進經濟體中的產業群聚，在開發中經濟體的產業群聚不僅成員比較少，而且在社會經濟型態上也有差別。開發中經濟體的產業群聚成員，許多是垂直或從屬的關係、中心邊陲關係，由少數大型企業、政府機構或配銷商發展出來的網絡。群聚內部的溝通很有限，在既有企業和機構之間的連結

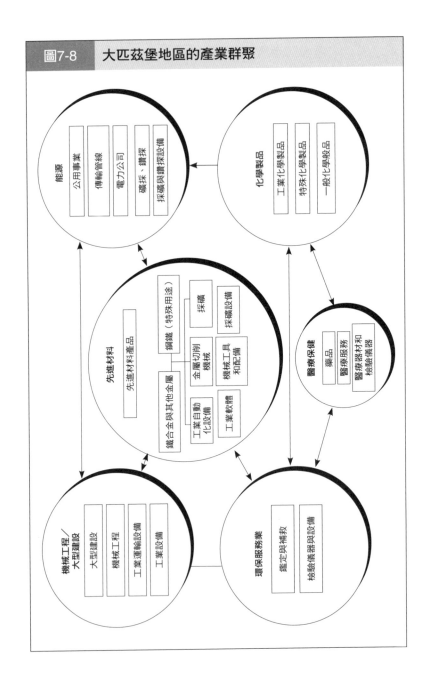

圖7-8 　大匹茲堡地區的產業群聚

能源
- 公用事業
- 傳輸管線
- 電力公司
- 礦採、鑽探
- 採礦與鑽探設備

化學製品
- 工業化學製品
- 特殊化學製品
- 一般化學製品

先進材料
先進材料產品
- 鋼鐵（特殊用途）
  - 金屬切削機械
  - 採礦
  - 採礦設備
- 鐵合金與其他金屬
  - 機械工具和配備
  - 工業自動化設備
  - 工業軟體

醫療保健
- 藥品
- 醫療服務
- 醫療器材和檢驗儀器

機械工程／大型建設
- 大型建設
- 機械工程
- 工業運輸設備
- 工業設備

環保服務業
- 鑑定與補救
- 檢驗儀器與設備

不充分。反過來說，先進經濟體中成功的產業群聚，包括有密集的網眼，它們是由持續演進中的關係和連結所組成的。

運作良好的產業群聚，是邁向進步經濟體的根本階段。在開發中經濟體，產業群聚的組成受制於教育程度和技術能力過低、技術不強、缺乏資金，以及發展實力太弱的法人機構。政府政策也與產業群聚的組成唱反調，不但限制產業地點，並意圖以補貼政策，人為干預來擴張企業投資地點。大學和技術學院的課程，偏重填鴨式教學，無法適應產業群聚的需要。最後，政府會讓企業受到保護、免於競爭、樂於壟斷，這些行為進一步延緩產業群聚的發展。

開發中國家缺乏產業群聚，並不意味這些國家就無法競爭，但是終將妨礙升級和生產力的改善。根據低成本的本地勞工或天然資源，採用進口的技術等方式，固然能讓出口有一時的成長，這類方法終究有其限度。要改善獲利、薪資和生活標準，假以時日的挑戰是提高生產力和增加產品價值。要讓一個地點更有生產力，發展本地能力改善產品和製程，最終達到創新的目標，就必須花時間經營產業群聚。否則時間一久，本地成本提升，並且缺乏反制之道，而其他能提供更低成本的生產因素，或有更大的補貼機會出現時，生產線將會整個移出。

因此，經濟發展成功，其實是產業群聚成功深化與廣化的整合結果。在由較低的中產階級收入（平均每人年收入8,000到15,000美元），邁向進步經濟體的過程中，產業群聚發展似乎是一個控制因素。即使在進步、高薪資的經濟體中，產業群聚升級的需求也沒有止境，它始終需要生產力和收入的持續提

升。經濟體要富裕,就需要在產品、服務、生產方法上真正創新,以支持升高的薪資,並以改善效率來調節工作。

內部貿易與投資

隨著國際貿易與投資被廣泛認定是促成生產力成長的力量,國內貿易和投資的角色,卻未受到應有的重視。一般說來,分散各地的產業群聚和以專業化表現形成的產業群聚,是構成先進國家最大的力量。在類似美國、義大利、瑞士、德國等國家,國內的專業化、貿易和投資,對生產力及其成長貢獻極大。由於州政府和地方政府以及地方法人機構所受到的競爭壓力,大於聯邦政府或壟斷性機制,因此內部競爭經常會激發改善。國內的貿易因為地域上的鄰近、民族性類似以及較少的貿易障礙,也是提供企業建構國際化所需技能的墊腳石。

在開發中國家,大部分經濟活動集中在類似曼谷、波哥大等首都型大都市。這種集中性,反映出偏遠地區缺乏基礎建設和法人機構,以及普遍缺乏必要的供應商。這也反映中央政府會在控制競爭中,扮演了干預的角色,它的力量導致企業緊臨權力中心或政府機構,以使獲得核准的速度加快。在許多開發中國家,產業擁擠成一團,偏遠地區除了農業與原料生產外,幾乎沒有商業活動。

比起地理分散和專業化的經濟,開發中國家型態的經濟地理,會增強生產力的高成本。壅塞、瓶頸、缺乏彈性,會導致昂貴的行政成本與嚴重的缺乏效率,更不用說生活品質的日漸低落。話說回來,企業不能遠離政治中心,原因是,離開政治

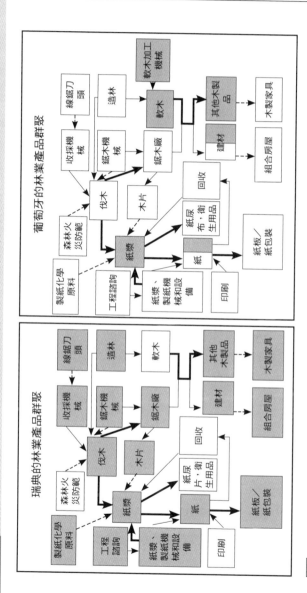

圖7-9 瑞典和葡萄牙的林業產品群聚

資料來源：Monitor Company(1994) and Porter, Sölvell, and Zander(1991)

中心到規模較小的城鎮，那裡既沒有基礎建設，又沒有基本的產業群聚。要從集中式的經濟轉換成分散式的經濟，並且形成專業化的產業和產業群聚，也是經濟發展的另一個基本挑戰（在開發中國家，建立旅遊產業群聚，也是一個改善偏遠地區基礎建設與分散經濟活動的做法）。

然而，即使在先進經濟體，經濟活動仍可能集中在少數地理區域。日本有50％的製造裝運活動在東京和大阪，正是一個鮮活的例子。這是因為其他偏遠地區缺少足夠的基礎建設，以及中央政府在機構和政策上過度偏向中央，過度強勢並干預產業活動所致。日本的案例說明，即使在先進國家，只要做法不當，照樣缺乏效率。

傳統處理經濟地理的做法，通常強調高度多元化都會經濟的好處，凸顯可及的原料、基礎建設、通訊和接近大型本地市場等好處。全球化的力量大規模地削弱了都市化的好處，但也增加產業群聚專業化的優勢。在先進國家，即使大型都會地區，它的出口產業群聚通常十分專業化。經濟地理區域特質受到許多都會區域左右，區域之間相互搭配形成產業群聚，在專業化組織方面，也明顯比在一、兩個大型多元化城市的產業更有生產力。至於大多數開發中國家，問題就在缺少多元化都會區，以便彼此相互競爭。

地點的弔詭

經濟地理在全球競爭的時代裡，涉及一個弔詭的問題；當一個經濟體擁有快速的運輸和通訊，很容易接近全球市場時，

地點仍是競爭的根本。可是，一般看法認定，技術和競爭的改變，會削弱地點許多傳統的角色。像資源、資金和其他原料，都能很有效率地從全球市場取得。無法移動的原料，企業也能從合作網絡獲得，而不再需要坐落在大型市場附近。

當然，也許對全球化的第一個反應就是，把裝配廠和其他生產成本敏感的活動，遷移到成本較低的地點，以追求全球化所帶來的好處。不過，任何能從遠方有效率地取得的好處，在先進的國家中，已經不被視為競爭優勢。資訊和關係的建立等，能夠由外界接近，並透過傳真或電子郵件獲得的優勢，你能得到，別人也能獲得。當全球性的資源搜尋和通訊減低了地點的不利因素時，地點並沒有因此創造優勢。此外，從總體生產力和創新來看，與進入一個充滿競爭的本地產業群聚相較，遠距尋求資源通常是次佳的解決方案。

因此地點的矛盾在於，要在一個全球經濟體中持續競爭優勢，通常又必須高度當地化，競爭力也是來自一個特定國家或區域中，高度專精於專業化的技能和知識、機構、競爭、相關行業，以及精緻型顧客。地利之便、文化和組織上的條件，會讓企業取得特別管道、特殊關係、更佳的資訊、強有力的誘因，以及其他在生產力成長方面的優勢，而這些都不是遠地資源所能企及的。標準化的元件、資訊和技術很容易透過全球化取得，但是更高層面的競爭仍然有其地域界限。進入二十一世紀後，與地點相關的事務只會更多元。

然而，全球的經濟地理仍處在重大轉型之中。相較之下，許多國家在貿易與投資障礙的鬆綁仍未完成。運輸和通訊成本

的下降速度雖然很快，可是工廠和設備的投資通常要數十年。如此一來，如何活絡許多領土寬闊的國家和類似國家的經濟體，仍是重要的課題，因為許多國家或地區內的產業群聚，仍缺乏實際的競爭優勢。

產業群聚的誕生、發展和衰亡

產業群聚的緣起，通常可以回溯到該地在特定歷史情境下，形成鑽石體系的部分條件。早期企業的形成，一個很明顯的動機是，像專業化技能、大學中研究的知識、有效率的實體地點、特別的或適當的基礎建設等生產因素，不但充分且取得容易。例如許多麻省的產業群聚，便受惠於麻省理工學院或哈佛大學的研究成果，而芬蘭的產業群聚萌芽於自然資源條件；荷蘭的運輸產業群聚則與本身坐落於歐洲中央點，擁有網狀的水道、鹿特丹港口的效率和技能和源遠流長的海運歷史有關。

產業群聚也可能從不尋常、精緻或嚴苛的本地需求中產生。以色列灌溉設備和其他先進農業技術的產業群聚，來自該國強烈自給自足的食物供應需要，加上氣候炎熱乾燥又缺乏水等惡劣條件。芬蘭環保產業群聚源於本地產業所製造的污染問題（例如金屬、林業、化工、能源等產業），大匹茲堡地區的環保產業群聚亦然（參見圖7.8）。

原有的供應商產業、相關產業或完整的相關產業群聚，也可能是新產業群聚的種籽。比方靠近聖地牙哥的高爾夫球桿產業群聚，與加州南部航太產業群聚有關。這個產業群聚創造了

豐富而充沛的鑄造和先進材料，以及發展這些技術上不可缺少的工程師。

新產業群聚也可能因一、兩家創新能力強的廠商，刺激其他同業發展而出現。在明尼亞波里市的醫療設備產業群聚中，電子醫學公司（Medtronic）就扮演這樣的角色。同樣地，在華盛頓特區的電訊產業群聚中，MCI公司和美國線上的擴散作用功不可沒。

對產業群聚的誕生而言，機會事件也是很重要的。一個地方早期出現的企業，通常與當地有利的狀況不完全有關，而是反映出創業的行動。換句話說，這些企業也會出現在其他類似的地點。產業群聚先驅者卡拉威高爾夫球（Callaway Golf）在卡斯巴德，而不在南加州其他城鎮成立，「機會」便是其中的關鍵因素。

機運與地點的關聯性

不過，常常是先有地點，才造就了機會，使得機會的角色不若首次出現時重要。設於明尼亞波里市的脈波器先驅廠商電子醫學公司就是一個有趣例子。如今已超過12,000員工的電子醫學公司，就像在明尼蘇達醫療器材產業群聚內散播種子，明尼蘇達市裡上百家當地企業，統統可以回溯到電子醫學公司的員工或技術。1949年，貝肯伯爵（Earl Bakken）這位電機工程所的研究生，在明尼亞波里市立醫院兼差工作，並且與帕爾馬·荷馬德斯里（Palmer Hermundslie）合作成立醫療器材修護的電子醫學公司。到了1950年代早期，這家公司與率先研

究開心手術的明尼蘇達大學醫學院李理黑（C.W. Lillehei）博士合作。明尼蘇達大學在手術和電機工程兩方面，都享有全國性知名度。電子醫學公司的工程師與李理黑博士合作，改善能刺激心跳的龐大而危險之器材。到了1957年，突破性的貝肯電池脈搏器率先推出使用。下一個突破是，1958年推出電極式脈搏器。這也是該公司與聖保羅市的聖約瑟醫院山繆・韓特（Samuel Hunter）博士合作的成果。1960年時，電子醫學公司已經是全球知名的脈搏器廠商。這些導致該公司最初成功的因素，多少與機運有關，該公司的成立與成功，又與當地大學和醫療機構的關聯性有關。

在導致企業發生、創造優勢生產因素或需求條件的因果關係鏈中，機運條件也很重要。比方說，內華達州奧瑪哈市（Omaha）的電話行銷（telemarketing）產業群聚，多少與戰略空軍指揮部坐落於當地有關。在美國核武嚇阻策略中，戰略空軍指揮部居主宰的角色。因此當地也是全美國率先裝設光纖通訊電纜的地方。此外，當地貝爾電話公司（Bell）〔目前改名美國西方電話公司（U.S. West）〕因為與這樣挑剔的顧客周旋，而練就出一番非比尋常的能力。奧瑪哈當地特別的電訊基礎建設，再加上當地正好屬於美國中央特區，本地口音不重等因素，提供了成為電話行銷產業群聚的基礎。

近來有些產業的發展，過分強調機運，但是機運必須考慮到地點的關聯性。看起來像是機運的情況，很多實與當地既有的情勢有關。前面所舉例子已經很多。此外，即使機運是一個發展的主要解釋，它也不大可能是唯一的解釋。地點的影響力

不僅提高機運事件發生的可能，也增加機運事件對廠商和產業的競爭能力。單獨看機運，不大能解釋為什麼會發生一個產業群聚，或它的後續發展與成長表現。

有些地方並沒有任何重要優勢存在，照樣能發生產業群聚，這也說明用機運解釋的局限性。討論產業群聚發展，比較適當的政策應該是，建構已經存在或正在萌芽中，且已經通過市場測試的領域，這也是後面還要再探討的課題。

產業群聚的發展

產業群聚的誕生可能有很多原因，但其隨後的發展或停滯則比較容易預測。產業群聚雖未必一帆風順，可是一旦啟動，就會出現連鎖反應，因果關係也很快變得模糊。整個流程大量仰賴鑽石體系中各箭頭的效能，或回饋環的功能表現。例如當地的教育法規、其他法人機構對產業群聚需求的回應，或供應商面對產業群聚機會時，回應能力的快慢。這裡面有三個領域特別值得關注：本地競爭的密集程度、本地培養新事業的環境，以及將產業群聚成員聚合起來，正式或非正式機制的效能。良性的競爭是企業家精神和企業改善的根本動力。創業精神的氣氛非常重要，因為創造新企業和新機構是產業群聚發展過程中不可或缺的一部分。最後，組織和關係的建構制機也很必要，因為一個產業群聚的優勢，密切仰賴個人和群體之間的連結點和關聯。

在一個健全的產業群聚中，企業數目達到最初的關鍵多數時，會觸發自我強化的過程。在其中，專業化供應商開始萌

芽，資訊累積，本地機構發展出訓練、研發、基礎建設和適當的法規。而產業群聚的面貌愈來愈清楚，也在同步成長。企業家看到潛在的市場機會，而且進入障礙也在降低，因而成立新公司；從既有企業中擴散，新的供應商也在萌芽，產業群聚的存在獲得再一次的確認。當愈來愈多機構和企業承認這個產業群聚的重要性，專業化產品和服務數量開始成長，本地金融服務業者、營造廠商等行業，便開始回應這個產業群聚的需要。正式與非正式的組織和溝通模式，開始涉及產業群聚成員的發展，當產業群聚成長，影響力與日俱增，不僅凌駕個別廠商的作為，也將左右公、民營機構和政府政策。會妨礙產業群聚升級的政策，通常會被修改。

根據許多案例研究顯示，產業群聚的發展要兼顧深度與廣度，通常需要十年甚至更長的時間，才能獲得實質性的競爭優勢。這也是為什麼政府企圖創造產業群聚的作為常常失敗的原因。不同地點的產業群聚，通常發展出領域內獨一無二的專業化表現，並在產品環節上獨領風騷，擁有配套的供應商和互補性產業，以及在競爭上取得上風。

在內部的交會點上，產業群聚的發展通常特別激烈。在暴風眼中，來自不同領域的洞察力、技能和技術匯聚在一起，激發出新的事業。多重交會的產業群聚出現後，會進一步降低進入障礙，因為潛在的加入者和擴散效應來自好幾個方向，多角化的學習也刺激創新。例如，德國廠商就同時擁有家庭餐具和家具兩個產業群聚，在這兩個產業群聚的交會點上是原有的廚具和五金產業，也是德國人在全球出口上享有很高占有比率的

領域。圖7.10顯示，麻省有些產業群聚的交會點已經被證實，它們同時也是新企業的沃壤。

在一個全國性或全球性的經濟體中，產業群聚的發展可以因吸引外地或外國的產業群聚成員加入，進而加快本身的發展。一個成長中的產業群聚，始於吸引外商參與製造和服務業務，以及供應商設備上的直接投資。企業從比較沒有生產力的地方遷移或投資成立子公司，以接近這個產業群聚在特定區隔的專長。比方說，這種情形就出現在高爾夫球具的產業。當東岸的製造商紛紛在加州卡斯巴德設置研發中心和生產廠，供應商便遷移到這些新興的地區，目的是取得與這個產業群聚環境更好的接觸和緊密的關係。

發展中的產業群聚也會讓成員更努力尋求，各式各樣能強化這個產業群聚的人員和想法。成長中的產業群聚會以更佳的機會，來吸引有經驗的人才。具有創意的企業家或個人，會從其他地方遷移到產業群聚中，因為產業群聚不斷散發出機會的訊號。產業群聚的成功故事，也會吸引最優秀的人才加入。

如前所述，產業群聚的成員通常在這個過程中扮演重要的角色，它們四處尋求人才、技術甚至供應商。電子醫學公司後來的發展故事，就是很好的例子。在1960年代，兩名紐約州水牛城的醫師和一位電機工程師，合作發表一篇關於自行消毒、晶片移植的脈搏器之論文。電子醫學公司也正在研發這類產品，因此在幾個月內就買下這項技術的專利權，並獨家開發這項新產品。因為本地缺乏相關產業群聚，水牛城的發明家很快就發現，如果當地有正在成長的產業群聚，其中的企業將能把

圖7-10　麻省的產業群聚交流情形

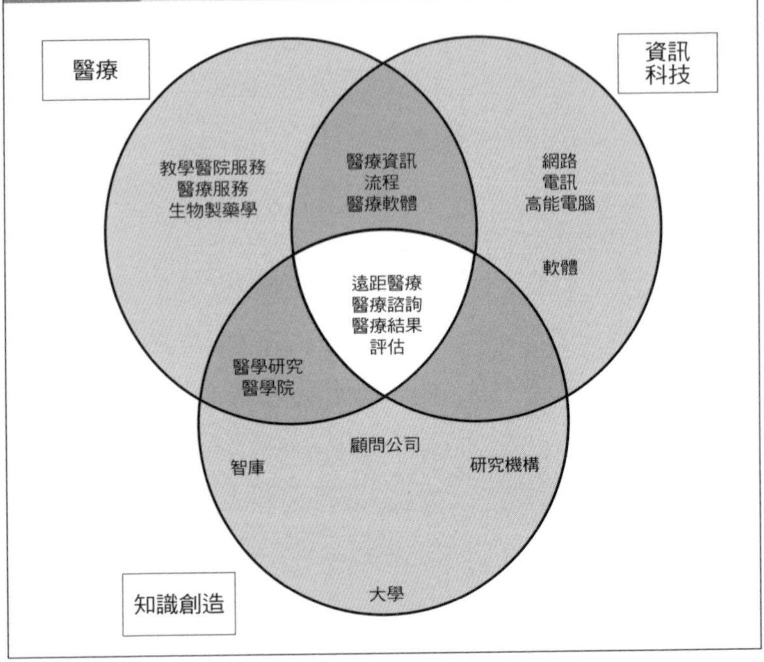

他們的成果予以商品化，他們的成就就會更有經濟價值。

　　一個發展中的產業群聚，成員大多傾向逐漸增加全球性策略。這些廠商在愈來愈多的國家進行產品行銷，有時候也會從其他地方尋求比較一般性或基本的元件來源。假以時日，比較沒有生產力的活動被移往成本較低的地方，同時也增加進軍外國市場的條件。這類國際化通常不是出自內部的僵化，而是主動追尋機會的結果。這個過程讓產業群聚的競爭力更強。一旦產業群聚的成員加入全球的競爭，這個產業群聚便朝良性發展

前進，因為它不僅打開更多的機會，而且更豐富本身的知識，刺激新的想法。任何企圖維持產業群聚成員只在本地活動，以確保優勢的做法，都是錯誤的，最後還會造成反效果。

如果市場力量和回饋環的表現微弱，或無法在初期發生作用，產業群聚將注定無法有進一步的發展。這種情況出現在本地機構可能採取其他的議題，企圖進入的外資可能受制於政府政策，居主導地位的企業或卡特爾便可能排斥新的競爭，也或許是主導的供應商被阻隔在其他地方。發展新事業的人為障礙，可能妨礙到競爭，並延遲創新和專業化。政府政策也可能妨礙產業群聚的形成和升級。

在一個全球經濟體系中，許多國家和地方性市場仍受到某種程度的保護，或處於緩慢的開放過程，也有許多產業群聚實際缺乏任何競爭優勢。當愈來愈多的經濟體開放競爭時，這些產業群聚將會萎縮凋零。

產業群聚衰亡

產業群聚可以讓某個地方生機昂揚、蓬勃競爭，持續數世紀之久。大多數成功的產業群聚也都有數十年的繁榮。不過一個產業群聚的蓬勃發展，並不保證它能持續本身的競爭能力。

產業群聚萎縮和衰亡的原因，可以在鑽石體系的條件中發現。它們可以歸納成兩種類型：內生的，或源自地方本身；外來的，或因為外部環境持續發展，或中斷發展所造成的。

造成衰亡的內部因素，起源於內部的僵化，進而減少生產力和創造力。這起源於聯合的規範或缺乏彈性的法規，導致改

善生產力的步伐減緩。過度鞏固、相互默契、卡特爾或其他妨礙競爭的做法，都會傷害本地的競爭。如學校、大學等機構，也會因本身的僵化、惰於升級或因應改變，而受到傷害。產業群聚成員的集體思考模式，則是另一種僵化的形式。

當客戶需求改變，會造成本地需求與外界需求的分歧，形成另一個對產業群聚生產力和創新的外部威脅。比方說，在美國許多產業群聚中，企業因全球各地都開始將能源效益視為重要課題之際，美國本土仍維持較低的能源價格，這造成企業在創新上的延宕，進而受到傷害。然而，正如這個例子顯示，外界發展出來的威脅，通常與本地的選擇和政策有關。

當產業群聚的競爭力出現內部的威脅時，進取心強的本地廠商，一時之間或能以全球化來彌補外界的斷裂問題。它可以從其他地方取得技術或購買專利，可以遷往其他地方，或向外採購零組件和設備。不過隨著時間拉長，本地如果遲遲無法建立一種重大的新技術，或迎合重大的新需求時，它仍然難逃萎縮的命運，也不可能做為有創新能力的企業之大本營。

一個產業群聚在競爭力上的衰退，不同於因為升級造成的人事精簡或總產值的減少。薪資與利潤的提高，其實是經濟成功的表現。它意味比較沒有技能或生產力的活動必須移往其他地方。一個產業群聚健康與否，最終的考驗是它創新的速度。產業群聚如果持續投資或創新，它的問題就比透過縮小或向外採購來改善競爭力要小。

政府的角色

在經濟上，政府無可避免要扮演多重的角色。認清自己角色的多元性，有助於政府處理產業群聚相關政策上的適切性。

在經濟上，政府最大的角色，是形成總體經濟和政治上的穩定性。要做到這一點，靠的是穩健的政府機構，持續一貫的經濟基礎架構，以及健全的總體經濟政策。這裡面包括謹慎的政府財政和低通貨膨脹。政府的第二個角色是，改善經濟體中個體經濟的一般能力。這主要靠改善一般資源的效率和品質，例如高素質的教育人才、適當的硬體建設、準確而即時的經濟資訊，以及有相關機構提供這些條件。這些投入應該遍及整個經濟體系中的所有事業，並成為所有其他事物的基礎。政府的第三個角色，是建立整體的個體經濟規則，與監督競爭的誘因，而且此種競爭有助於生產力的提升。

這些遍布整個鑽石體系的規範和誘因，包括促進競爭的政策、鼓勵投資的賦稅系統和智慧財產權法律、公平而有效率的立法系統、有利於消費者的法律、能適當考評管理者績效的企業監管規則，以及能促進創新、而非予以凍結的有效率之規範流程。

儘管政府這些角色是促成經濟進步的必要條件，但是有了這些仍未必足夠。尤其當政府開始它更基本的角色，也是第四個角色：使產業群聚的發展與升級更順暢，其實更形重要。政府的目標應該是強化所有產業群聚的發展與升級，而不是在其中選擇。當一般商業環境成為影響競爭力的主要因素，產業群

聚環境的重要性會日漸增加，並讓全國經濟脫離生產因素與成本層面的競爭。政府的政策無可避免會影響升級中的產業群聚之機會。在此同時，產業群聚在生產力和創新方面的優勢，是否受外界影響，或形成溢出效果，也要看政府的作為。政府除了修正本身的政策與作為外，也能激勵、化繁為簡，和提供民間部門集體行動的誘因（在產業群聚的發展與升級方面，政府的角色並不是一般所謂的產業政策，請參閱「產業群聚vs.產業政策」）。

在經濟上，政府最後的角色是，發展與執行一個積極、有區隔、且長期的經濟活動方案，或改變流程，使政府、企業、機關和人民，既能提升一般的商業環境素質，也能形成本地產業的配套條件。經濟挫敗有可能是政府消極無所作為，但也可能是缺乏知識，發展步伐不當的緣故。當反對經濟升級的力量過於強大，無論是對競爭力過時的觀點，與現狀難以分割的利害關係，都會造成傷害。只有一個長期的過程，加上各機關的配合，才能反制這些力量。這個過程必須讓所有關鍵性的成員都參與，並超越各個特定行政組織或政府的政治。這個流程必須包括會影響所有產業，以及產業升級的一般性條件。理想的情況，這個流程不僅出現在全國性層次，也會出現在州和城市的層級。

在產業群聚層次的政府政策

所有產業群聚，即使是封閉性的，都會提供改善生產力和提高工資的機會。每個產業群聚不僅直接對國家生產力產生貢

獻，也會影響到其他產業群聚的生產力。這意味農業等傳統產業群聚非但不該放棄，反而應該升級。促使產業升級的努力必須務實，但是最後還是要把發展目標納入思考。當然不是所有的產業群聚都會成功，有些產業群聚升級時，會因為廠商遷往更有生產力的地方，而出現員工減少現象。這些結果都應該由市場的力量來決定，而不是仰賴政府的決策。

產業群聚在萌芽或發展時，政府可以強化或提供協助，但不應該企圖創造一個全新的產業群聚。新的產業與產業群聚最好是由既有的群聚中萌芽。能應用高科技的產業決不是憑空出現，而是從原本沒有那麼精密的領域進步而來。大多數產業群聚的成長，是獨立於政府行動之外。產業群聚的成型，出自當地既有優勢的基礎，要判斷一個產業群聚是否值得繼續發展，得視它的基本元素是否已經通過市場的考驗。

發展產業群聚的努力，必須結合競爭優勢與特殊性，而不是全面模仿其他地方的做法。這需要以當地的差異性和獨特來源為基礎，將它們變成優勢所在。要尋找這些專業性的領域，又比直接與已具規模的地點硬拚更有效果。專業化也能提供滿足新需求與擴張市場的潛力。

產業群聚的發展，也可以由外商直接投資而埋下種子，並獲得加強。吸引外商直接投資的最有效做法，是以吸引相同產業的多家公司為主，並透過在專業化訓練、基礎建設和其他攸關商業環境的方面做平行投資，來提供支援。

產業群聚升級涉及認知既有產業群聚的存在，然後為其去除障礙、鬆綁限制和刪除妨礙生產力和創新的無效率做法。這

類限制包括人力資源、基礎設施和法規。有些部分靠著民間業者積極努力，就能做程度不等的修改，有些則與政府政策、機關的表現息息相關，非得由政府來執行。比方說，政府的法規可能創造不必要的浪費或消耗，可能缺少重要的基礎建設，教育與訓練政策可能忽略產業群聚的需求。理論上，所有的政策只會增加企業的成本，如果沒有相對的補償，長期的企業價值一定會減弱，甚至消失。因此，讓產業群聚升級，不只要改善一般性商業的環境，必要時還應該改變會影響特定的相關企業和產業的政府與政策。

政府通常喜歡開補貼或技術獎勵等建設支票，目的在提高個別廠商的競爭力。許多政策關心的焦點也是放在產業層次，而不及於產業群聚；但其他的政策思考又過於廣泛，如機械業、製造業或服務業等。這些做法並不能與現代化的競爭緊密切合，針對個別廠商設計的政策會誤導市場，並使政府在資源運用上缺乏效率。鎖定產業層級的政策，又犯了先入為主、認定某些產業比另一些產業要好的危險，結果造成誤導的重大風險或限制競爭。通常，企業與對手較勁時的小心程度不在話下，產業部門的情況卻正好相反，因為範圍太廣，無法顯現競爭的重要，而且有關製造業、服務業、高科技、傳統科技等的分類，根本沒有意義。

產業群聚會鎖定攸關競爭的外部因素、連接點、溢出及支援性機構。它將廠商、供應商、相關產業，服務廠商和機構，政府法案和投資結合起來，強調許多企業和產業的共通問題，並且不影響到企業組織之間的競爭。因此，在產業群聚升級

中，政府的角色是鼓勵競爭而非扭曲競爭。產業群聚也會鼓勵那些能影響產業連結的公共財或準公共財的建立。政府投資的重心，應放在改善產業群聚內的產業環境，其他事項則是平等相待，此舉會比把目標放在個別廠商或產業，甚至更大的經濟體上，獲得更高的報酬率。

強調產業群聚，看似鼓勵不健康的經濟發展，但是選擇讓所有產業群聚升級，而不是在其中選擇其一，才能避免這樣的問題。此外，新的產業群聚通常源自既有的產業，因此產業群聚具有形成新產業強力推手的功能。產業群聚出現後，也會加速本地廠商面對經濟條件變遷的調整能力，減少本地經濟的風險，而不是增加風險。

更廣泛地看，產業群聚代表以一種新的角度且互補的方式，對一個經濟體予以分割與了解、對經濟發展的思考與實務加以組織，以及制定公共政策。產業群聚加上鑽石體系模式，可以顯示出一個經濟體創造財富的過程，讓競爭力更具體、運作得更順暢；非營利機構尤其能從這種競爭中得到好處。政策分析與建議也將能更有系統地針對產業的需要。例如荷蘭，產業群聚的發展代表政府施政的優先順序。產業群聚成為廠商、政府和當地機構建設性對話，討論如何升級，提供政商合作機制的重要途徑。以比較廣泛的產業為對象的對話，可以避免空泛的一般環境課題，如賦稅、幣值或對政府通盤性的抱怨。產業只求對政府的怨氣一吐為快，但很快就喪失耐心，如此一來，政府並未能獲得任何建設性的資訊，也會很快厭倦反覆周旋在相同舊議題的遊說活動。將產業與政府的對話限定在範圍

較小的產業領域，可以形成參與成員之間建設性的意見交換，並在競爭者面前節制自己的需要，避免洩漏自身的問題；老式的對話通常會導引到補貼、進口保護和限制競爭等領域。反過來說，藉由把所有受影響的成員聚在一起、重心置於一般常見的限制，與相關廠商間的連結性，產業群聚成員之間的對話，可避免這些難題。供應商、通路和一般顧客的參與，會形成啟動超越競爭的力量。

產業群聚 vs. 產業政策

　　一個以產業群聚為基礎的經濟發展方式，有時候會與產業政策發生混淆。在現實中，產業群聚理論和產業政策有本質上的差異，這主要出現在政府政策的知識基礎和執行方式。

　　產業政策根據國際（或國內）競爭觀點，其中有些產業的前景比其他產業更看好。被看好的產業不論是成長中的產業，或應用高科技的產業，都應該被「鎖定」為受政府支持的對象。產業政策因此把競爭優勢，視為是銷售報酬率逐步攀高的結果。當政府將規模的重要性放進來時，就應該列出培育萌芽期產業的優先順序，方法包括補貼、消除「破壞性」或「浪費性」的競爭，在進口中提供選擇性的保護，以及限制外國投資等，直到這些重點產業接近關鍵多數為止。補貼與遏止內部競爭應該集中在有規模敏感性的領域，如研發、設備投資等方面。經過這樣的干預，政府嘗試將競爭的結果，導引到對該國有利的一面（或國際市場的占有率上）。有時候，產業政策的概念似乎反映一種零和的國際

競爭觀點。在這種競爭中，需求量是固定的，目標就是為特定國家取得較大的占有率。

產業群聚理論有很大的區別。產業群聚的概念，來自廠商和所在地點之生產力更有活力的競爭觀點。一個產業群聚中的交互關聯與溢出效果對生產力成長的影響，通常遠超過個別企業的規模。

因此，所有的產業群聚都有其價值，並提供形成繁榮的潛力。影響它們的不是某個國家（或地點）在其中競爭什麼？而是如何競爭。因此不同於「策略性」產業，所有目前和萌芽中的產業群聚都值得關注。所有產業群聚能改善自己的生產力，而不需要排除外國廠商的競爭。事實上，產業群聚理論反而歡迎外商加入競爭。外國企業會提高產業群聚的外部因素和生產力，外商在該國的活動，會直接令地方就業和投資受惠。

產業群聚不談封鎖進口，而是強調及時並穩定地開放本地市場，以提高當地的效率，提供所需的元件，提升本地的需求條件，以及刺激競爭。

產業政策的目標，在於扭曲競爭以讓特定地點受惠；產業群聚理論則專注於移開妨礙生產力和生產力成長的障礙。

產業群聚理論不強調市場占有率，而是強調動態的改善。此舉造成競爭上良性的基礎。只要更能生產和創新，將導致生產力的改善、市場貿易擴張和許多地點的繁榮。

政府對產業群聚升級的影響

圖7.11呈現一些政府在產業群聚中特定的角色，政府對產業群聚的影響力可見於整個鑽石體系中。在整個光譜的一端，政府可能召集所有企業、機構、相關政府單位形成論壇。在另一端，政府則有更直接的角色，著力於集合與彙整與產業群聚相關的專業資訊；設定教育政策，以鼓勵公立大學和學校回應當地產業群聚需要；釐清與簡化攸關產業群聚發展的重要政策；改善本地對產業群聚產品與服務需求的精緻程度。假以時日，產業群聚的升級會變成公家和民間共同投資的集合動作。以紐西蘭的林業為例，這個產業群聚集中在北島，主要的大學研究機構則是位於南島的坎特伯里（Canterbury）大學。這個特殊的案例，請參閱「嘉泰羅尼亞（Catalonia）的個體產業群聚」。產業群聚提供政府一個新的蒐集和組織資訊的方法。比方說，標準的分類系統，常讓產業群聚之間無法合作，無法真正展開競爭；將產業分成如機械業、製造業和服務業，無法掌握它們之間最重要的連結關係。像麻省等地區，儘管才剛剛起步，但已經開始針對產業群聚重新設計經濟數據。

隨著產業群聚發展與成熟，它們的競爭優勢來源開始轉變，政府施政的優先順序也應隨著改變。早期的優先順序涉及改善基礎建設，和解決鑽石體系中的不利因素；後期的角色則更偏重去除限制創新的障礙與限制。

在開發中國家，鼓勵產業群聚成長的重要工具之一，便是吸引外資。在特定領域中，吸引一、兩家大型跨國企業進入，

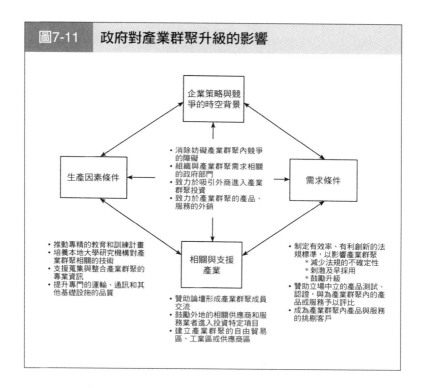

圖7-11　政府對產業群聚升級的影響

企業策略與競爭的時空背景

生產因素條件

需求條件

相關與支援產業

- 消除妨礙產業群聚內競爭的障礙
- 組織與產業群聚需求相關的政府部門
- 致力於吸引外商進入產業群聚投資
- 致力於產業群聚的產品、服務的外銷

- 推動專精的教育和訓練計畫
- 培養本地大學研究機構對產業群聚相關的技術
- 支援蒐集與整合產業群聚的專業資訊
- 提升專門的運輸、通訊和其他基礎設施的品質

- 制定有效率、有利創新的法規標準，以影響產業群聚
　* 減少法規的不確定性
　* 刺激及早採用
　* 鼓勵升級
- 贊助立場中立的產品測試、認證，與為產業群聚內的產品或服務予以評比
- 成為產業群聚內產品與服務的挑剔客戶

- 贊助論壇形成產業群聚成員交流
- 鼓勵外地的相關供應商和服務業者進入投資特定項目
- 建立產業群聚的自由貿易區、工業區或供應商區

會引來更多外商，進而帶動當地的發展。比方說，在哥斯大黎加，英特爾（Intel）於1996年11月在當地設廠，微軟馬上在1997年9月宣布到該國投資，這都有助於該國吸引其他重要資訊大廠的注意。然而，單單靠外商投資並不足以建立產業群聚，同時還需要包括從改善當地的鑽石體系條件著手的系統性努力。哥斯大黎加創造資訊科技產業群聚的計畫，還包含改善人力訓練計畫、提高數據通訊的基礎建設，以及鼓勵學校使用電腦等。

　　不過，即使要以外資來扶持產業群聚，仍需要在地點上先

具備一定的優勢方能成功。哥斯大黎加的教育經費占國民生產毛額的6％，這也是這個區域中最高的比例。該國也建立研究中心的網絡，同時是拉丁美洲電腦平均使用量最高的國家。這些條件加上政治上長期穩定，讓英特爾與微軟將該地投資放在第一順位。

在開發中國家，海外招商、自由貿易區和工業園區等做法，同樣是有利於產業群聚成長的政策工具。如果當地已有產業群聚而非一般性考量時，自由貿易區和工業園區比較能扶持經濟升級。一旦該國商業環境效率不佳，一切原料仍須進口，所有產品都是準備出口，整個經濟活動與國內其他地區關聯不大時，自由貿易區與工業園區，一開始便可以規劃成境外地區。不過隨著時間推演，這類地區仍須與該國經濟產生聯繫。比方說，各項計畫和法規必須朝鼓勵向本地供應商採購，調整本地教育和訓練機構的聯繫等。此外，政府必須更積極改善基礎建設，並減少整個經濟體的低效率。絕不能因為「境外」的做法，就降低對整體產業環境的必要改善，因為唯有整體經濟環境的成功，才能帶來真正的繁榮。

產業群聚與整體經濟政策

圖7.12顯示，產業群聚的概念提供一個整合許多政策領域，超越經濟體一般需求的思考方式。以產業群聚為基礎的思考，會協助指引科學、技術、教育、訓練、促進外銷和外商投資等政策。比方說，一個最能吸引外商投資和促進外銷的地點，主要便是靠它既有或發展中的產業群聚。

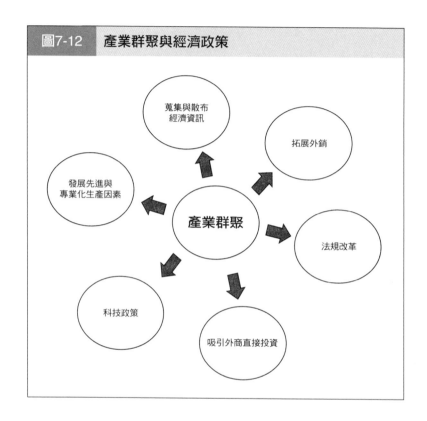

圖7-12　產業群聚與經濟政策

蒐集與散布經濟資訊

拓展外銷

發展先進與專業化生產因素

產業群聚

法規改革

科技政策

吸引外商直接投資

　　產業群聚導向的做法，足以凸顯政府許多部門對競爭力擁有的影響力，但是政府本身卻未必會注意到。產業群聚理論可以釐清政府政策的影響力，同時也讓各項做法變得更可行。有效率的解決之道，通常需要政府內各部門之間的充分合作（例證參閱「嘉泰羅尼亞的個體產業群聚」）。

　　在某些地點，有些與產業相關的政府機構，已經展開內部組織與當地產業群聚的密切合作。例如亞利桑納州，商務局官員過去的焦點放在如何吸引外資（如日本或加拿大），如今則

努力成為特定產業群聚的專家。政府施政採產業群聚導向時，可以讓官員更清楚特定政策的成本和好處，並且更願意節約政府成本。政府持續進行產業群聚評估，意味政府擁有一項明確且有效的產業政策工具，能夠幫助政府找出實際的解決方案。當好幾個不同的產業群聚，都面臨相同的問題時，很清楚地，那就是施政要點。

最後，產業群聚思考也會凸顯政府在地理上的重要角色。傳統上，經濟政策的焦點是整個國家，強調的不外乎是如何提高整體產業環境。近年來，全球化已經將注意力放在世界性多邊機構。然而，對產業環境的地點而言，國家、都會型地區和地方政府，仍有重要的影響力。在產業群聚層次，這些機構的影響力舉足輕重，因此對產業群聚的想法，應該是國家或地方經濟政策的重要部分。

各級政府對產業環境和產業群聚的影響力並不相同。全國性政策應該制定起碼的標準，同時讓地方政府來選擇公共投資，並且避免中央集權和法令僵化，那將導致政策在國家和地方執行上的障礙。經濟發展計畫應該逐漸讓各級政府參與。例如紐西蘭，產業群聚發展始於國家層級，但是已經延伸到省和地方的層面，紐西蘭大約四分之三的地方經濟發展單位，都是採用界定產業群聚和促使升級，做為它們活動的整合機制。

最後，儘管比較不常見，政府對生產力，甚至是對跨國界的產業群聚，都能產生各種程度的影響力。特別是政府與其他相鄰國家進行運輸系統、能源網絡及其他領域的協調工作時，便能超越海關和自由貿易區的藩籬，使生產力獲得改善。鄰近

國家組合起來，也能形成建構經濟政策的共同角色。圖7.13顯示，在現代的競爭中，跨越地理政策分析的重要性。

企業在產業群聚中的角色

產業群聚的存在，表示企業不僅要透過作業效益和獨特的策略形成競爭優勢，也要看公司的外部情況，甚至整個產業的外部狀態。發展表現良好的產業群聚，對企業的生產力和創新能力帶來重大的好處，這些都是不在當地的企業難以匹敵的。通常在一個特定領域中，全球僅有極少數地方，能夠達到那樣的環境。

即使產業群聚提供明顯的競爭好處，經理人最初的反應通常仍是迴避。他們的顧慮不外是，產業群聚擴張會帶來不必要的競爭，導致員工和元件的成本提高。重要員工向對手投誠或自行創業，都是管理者揮之不去的夢魘。不過，一旦他們理解產業群聚的概念，就會知道許多產業群聚中的成員，並非直接的競爭對手。雖然各企業仍然在員工和元件上有所競爭，但是產業群聚出現後，也將擴張業者的供應來源。企業身處產業群聚中，專業技能、專業服務、專業技術和專業資訊，通常會因此增加，也更容易接觸。產業群聚內的競爭加劇，但是也帶來生產力、彈性和創新能力提高的好處。

產業群聚理論意味，企業會具有新角色和新任務。產業群聚分析必須成為企業分析和產業分析之外，另一個競爭力評估的重要部分。圖7.14顯示，產業群聚升級時，民間部門的角色

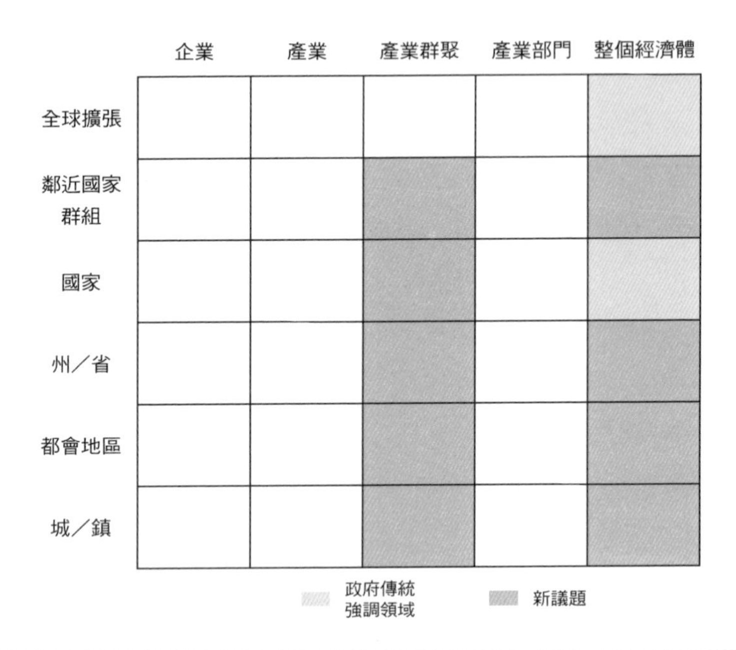

圖7-13　政府對競爭力的影響

	企業	產業	產業群聚	產業部門	整個經濟體
全球擴張					
鄰近國家群組					
國家					
州／省					
都會地區					
城／鎮					

政府傳統強調領域　　新議題

可見諸於鑽石體系的各個角落。最明顯的例子是生產因素條件的改善，包含提供更適當的人力訓練、影響當地大學研究更適當與更高品質的課題、創造更專業的實體基礎設施，與供應與產業群聚有關的特定資訊。產業群聚與政府、當地機構，如公用設施、學校和研究團體的持續關係，都是達到這些好處的必要條件。在建立共同的專業化基礎設施，如港口、裝卸載運設備、衛星通訊聯繫、測試實驗室等，民間投資也會扮演一定的角色。通常可以透過大學或同業公會等第三者，來達成或管理

這類投資。

在相關與支援性產業中，企業扮演了產業群聚中吸引供應商、服務廠商、互補性產品製造商，以及組成填補空隙的供應商角色。聯合投資的目的是，有時是為了建立當地支援性產業的能力。

產業群聚的成員，有告知並且刺激政府注意管轄範圍內的限制或弱點之義務，因為這些限制或弱點，是會橫貫整個鑽石體系的各個部分。會影響到產業群聚的政府個別部門或單位，在法律和政策效果上，都是溝通與教育的對象，並且必須注意到服務的品質。開放的、建設性的對話，必須取代只顧自己的

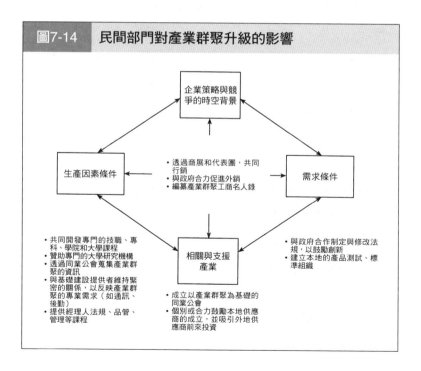

圖7-14　民間部門對產業群聚升級的影響

遊說或黨同伐異的關係。

同業公會與共同體的角色

可單獨影響產業群聚發展的個別廠商,往往是產業群聚的先驅者或領導廠商,因為它們從中獲利最豐。不過,涉及產業群聚的重要外部因素和公共財的問題,就需要靠非正式的網絡、正式的同業公會、企業集團,和其他共同體(collective bodies)等組織,它們在運作上會更合適。

比起產業中的個別成員,同業公會代表全體或部分重要的產業群聚成員,因此能引發更大的注意力,或取得更大的影響力,如聯合研究中心或測試實驗室等協會或共同體組織,也可分攤部分成本。

許多同業公會除了遊說政府、編製一些統計數字,或主持同業社交場合外,似乎沒有什麼作用。其實,在提升產業群聚競爭力上,公會有很多機會,因為公會或共同體組織能建構產業群聚的連結點。除了做為界定共同需求、共同限制、共同機會的中立論壇外,它也可以成為強調這些事務的焦點。公會通常組織領導全國性或國際性的展覽與代表團,同時也可以是業界與本地機構發展訓練計畫的連結點,建立大學為主的研究計畫和測試設施,集合產業群聚的相關資訊,提供共同管理課題的論壇,調查環境課題的解決方案,以及尋求其他許多共同利益。這些活動使它們在傳統上成為地方、州與中央政府之間的界面外,還有更多的表現空間,並使它們在指導立法改革上,代表產業群聚與其他商業團體互動。

　　對於以中小企業為主的產業群聚，同業公會的功能更為重要。例如旅遊業、餐具業、農業等產業群聚，尤其需要一個集體組織以進行攸關規模的功能。以荷蘭為例，花農合作建立專業的拍賣會與相關設備，是荷蘭花卉產業最大的競爭優勢。荷蘭花卉委員會與花農研究團體，凝聚了絕大多數的相關業者，還執行如行銷和應用研究等其他功能。

　　有時候，由產業群聚所組成的同業公會並不存在。或者我們可以說，目前的產業同業公會似乎太過狹隘，只包括產業成員，而未包含供應商、相關產業廠商或當地機構。在規模上，既有的同業公會可能是全國性而非地方性的組織。大多數全國性協會的作業內容，乃是以遊說政府為主，並把中央政府列為主要目標。在訓練、基礎設施及其他與產業群聚相關的重要事務上，就很少有突出的表現。地方性商業組織中，另一個重要的型態是商會、圓桌會議或跨整個經濟體的委員會。這些組織仍無可避免地把重心放在政府遊說與一般性商業事務上，因此以產業群聚為主的協會便有其必要。在許多案例中，有些協會如果調整功能，進行組合或協調，將有更大的效果。試想，個人與企業參與協會，無論時間或金錢都是有限，團體的整合努力愈多，效果就愈佳。

　　很難想像的是，產業群聚的成員通常很少晤面，政府或社會也很少肯定產業群聚對當地經濟的重要性。在麻省醫療器材產業群聚中，這兩種情況都存在。儘管有形的組織付之闕如，它仍應該是當地經濟發展的一個議題。在麻省，由州長直轄的經濟成長與技術委員會，正對此採取某些措施。這個非官方的

顧問組織，包含了企業、大學、其他機構的領導人，並安排了一系列工作任務，檢視麻省的產業群聚，進而在通訊和醫療器材領域中，成立嶄新而長久性的正式協會。

企業的地點

全球化、運輸與通訊的便利，導致企業往低薪資、低賦稅與較低的公共設施費率等地點遷移。有些活動藉助外力，是為了能降低元件成本，減少本地實質上的劣勢。不過產業群聚理論指出，一個更複雜的企業選擇地點之觀點——企業選擇地點，絕不僅限於辦公室和工廠的單純考量而已。

首先，產業群聚理論建議，地點選擇應該衡量整體生產力的潛能，而不只是元件成本或賦稅問題。在價值活動的地點選擇上，目標是降低總體成本。具有低工資和低賦稅的地點，通常缺乏有效率的基礎建設、供應商、即時維修，以及其他產業群聚所能提供的條件。後勤運籌成本和引進新機型的成本其實都很可觀。許多公司就發現，這類生產力上的劣勢，往往很難抵消。然而，低薪資、低賦稅、低公用設施成本的效果，比較容易評估，至於生產力的成本則很難釐清。

因此，落腳於一個已具規模，或正在發展中的產業群聚，通常會帶來系統運作較低的總成本，對創新也有很大的改善能力。許多一度以高度分散活動以節約成本的公司，目前逐漸遷回產業群聚。這個趨勢在選擇國際化地點上尤其明顯，它們通常遷回美國本土或某個地點（如加州新興產業區或其他地點的產業群聚）。

其次，企業必須掌握跨地點分散活動的成本優勢，同時仍享有產業群聚的優勢（第八章會提供更完整全球化策略的方案，與廣泛而跨地點的競爭）。對許多活動而言，地點方面要考慮的關鍵要素並不相同，如裝配工廠、製造穩定、勞力密集的元件，或軟體轉換的活動，地點的選擇通常受生產因素條件和打進市場的因素左右。不過，就我所說的「母國基地」性質的活動，選擇的基礎又不一樣。在母國基地進行的活動，涉及創造和更新企業產品、製程及服務。這些活動包含製造那些需經常重新設計，且涉及實質性及持續改變的零組件。

母國基地的地點應該考慮系統成本和創新潛力，而產業群聚通常提供有利於創新的條件。如果某些國家擁有活力四射的產業群聚，母國基地的活動便不應考慮企業主要持有人的國籍，大可直接就在那些國家進行總管理的業務。這項規則適用於整個事業單位，特別是生產線方面。區域總部的地點也應該考慮產業群聚，而不僅是稅率或行政的便利。

產業群聚的思考也強調，不是將許多活動分散到更多的州與國家，而是將許多活動群組移到同一個地方。群組的方式會降低系統的總成本，讓內部分享活動資訊、設備與擴散創新、創造足夠的支援性企業基礎建設與設施，擴張深化在當地產業群聚的根，以增加掌握外部效應和擴散效應的能力。

最後，當企業與同業競爭，但是活動卻在與其他企業隔離的地方時，就需要開始建構一個產業群聚。整個過程要求爭取供應商，鼓勵當地機構進行支援性投資，發掘建立本地專業元件的資源。企業地點因此不僅是代表一個作業單位，更是完整

策略的一部分。

建構產業群聚發展計畫

　　如表7.1顯示，在許多國家、州、城市的層級，正有許多與產業群聚相關的計畫，其目的是為了組織成員、評估優劣點，並催化公共與民間的動作。在中南美洲與中東地區，近期已經在產業群聚附近展開計畫，甚至跨越國家的疆界。這樣的動作當然會讓周邊區域受益。

　　比起傳統降低成本做生意和提高整體產業環境的做法，產業群聚計畫提供一個組織經濟發展的新途徑。比起廣泛、整體經濟面的努力，偏重如賦稅政策、擴大外銷等一般性課題，著眼產業群聚的努力，更能吸引企業的興趣和參與熱情。企業、政府和大學間的對話，也會在比較具體的層面提高行動可行性。產業群聚計畫不僅能鎖定政府政策的討論，也能揭露並協助民間部門的事務。

　　在本章最後的「嘉泰羅尼亞的個體產業群聚」中，提供了一個產業群聚計畫的面向。同樣的心力也出現在亞歷桑納州、荷蘭奇華華市（Chihuahua），以及紐西蘭等地。

　　這些成功的產業群聚計畫有下列共同特質：

共同理解競爭力和產業群聚在競爭優勢中的角色

　　競爭力的定義，並非低工資、低賦稅或貨幣貶值，而是生產力和創新。產業群聚的成員了解，生產力對競爭的影響力，

表7-1	產業聚群提案的例子		
多國區域	國家	地區／州／省	城市／都會地區
中南美洲 中東地區	安道爾 百慕達 波利維亞 保加利亞 加拿大 哥倫比亞 哥斯大黎加 丹麥 埃及 薩爾瓦多 芬蘭 香港 印度 以色列 約旦 馬來西亞 摩洛哥 北愛爾蘭 挪威 荷蘭 紐西蘭 巴拿馬 葡萄牙 秘魯 愛爾蘭共和國 南非 瑞典 韃靼斯坦 委內瑞拉	亞歷桑納州 濱大西洋諸省 　（加拿大） 巴斯克地區 　（西班牙） 加州 加泰羅尼亞 康乃狄格州 奇華華 麻省 明尼蘇達州 北卡羅萊納州 俄亥俄州 奧勒崗州 蘇格蘭 魁北克	波哥大 夏洛特 基督城 長島 明尼亞波利市 鹿特丹 矽谷 索羅馬（加州） 坦帕 威靈頓 伍斯特（麻省）

以及產業群聚如何提升本身的生產力。產業與政府的角色很清楚，不會因市場扭曲與市場贏家而混淆。早期與持續的溝通和討論，讓產業群聚成員了解關於競爭力的定義，並有助於轉換心態。政府、企業和其他建制，都分享同樣的競爭力概念。工會與非政府組織，傳統上害怕裁員、低薪資，以及法規對安全、工作條件、環境影響力放水，如今它們也能理解，競爭力是來自生產力，並有助於提高薪資、持續改善生活品質。

焦點鎖定除去產業群聚升級的障礙與限制

在產業群聚發展計畫之初，即明白直接地討論目標，並且定期強化這些目標，有助於克服尋求補貼或限制競爭的要求。在產業群聚發展過程中，供應商和客戶的出現，將是制衡這些惡質化趨勢的自然機制。有些產業群聚成員可能傾向維持現狀，參與產業群聚發展計畫的目的，僅在於影響它的發展方向。成功的產業群聚發展計畫，則會對這些不利趨勢維持預警功能。

能在國內、州內包含所有產業群聚的結構

設計產業群聚發展的優先順序，既是不當的經濟行為，也會造成民間資源的大量錯置。成功的產業群聚發展計畫，既包含農業、旅遊等傳統產業群聚，甚至夕陽產業群聚，也包含萌芽中或已經成形的產業群聚。在創造一個缺乏資產可資依賴的產業群聚時，為了避免受到誤導，這些新興的產業群聚至少應該具備本地的基礎，以及已通過市場測試的廠商班底。實際運作上，也許必須篩選產業群聚的方案。但是，早期的產業群聚發展工作，仍應該兼容並蓄，將各種類型、有代表性的產業群聚都包含在內，形成一個完整的光譜。比方說，傳統型產業群聚、萌芽中產業群聚，以及衰退中的產業群聚等，據此展現出產業群聚做法的價值。早期而謹慎的選擇，有助於散佈產業群聚的概念和發展流程，並讓後續動作變得更順利。

適當的產業群聚界限

從定義上看，產業群聚應該包含有重要聯繫，並且能形成溢出效果的產業與機構，而不是定義鬆散的產業部門，如製造業或高科技產業；或是定義太狹隘的個別產業，如塑膠機械業或義大利餐館業等。產業群聚的界限，應該反映經濟現實，因此未必就是行政區域的界限。比方說，在加拿大的鄰近大西洋的幾個省份，有好幾個產業群聚已跨越省界，而且該國的產業群聚發展計畫，也是根據這個觀點來加以建構。

產業群聚的成員和相關機構廣泛參與

產業群聚發展計畫，應該包括各種規模的企業，以及具有代表性的重要組成份子。將它們當中任何一個排除在外，即使是將比較難纏的對象加以排除，都會遭來不必要的反對。固然，任何個別的努力都會摻雜懷疑、偏執、各行其事、機會主義等成份，但是最成功的產業群聚發展計畫，會造成教育其中成員，形成自我努力的效果。因此，任何選擇不參與的個體，也會比較沒有批評或反對的立場。最後，產業群聚發展計畫，會使得成員願意努力改善條件。

民間部門領導

政府在民間部門領導下，積極參與產業群聚的發展，絕對比政府全盤掌控，更有機會讓產業群聚發展成功。企業通常比政府更能找出它們發展途徑上的障礙、限制與機會。由民間部

門領軍,也會降低產業群聚發展計畫的政治問題,並具備民間執行能力的優勢。產業群聚發展計畫,應該是超黨派,獨立於各個政黨、行政部門之間的議題。立法部門、行政部門、反對黨,以及所有擁有政治權力的人,都應該參與產業群聚的發展計畫。理想的情況,產業群聚發展計畫最好是由一個立場超然的政府推動,否則一旦政權易手,原本看好的心力隨即落空。

密切注意個人關係

　　一個已經成形或萌芽中的產業群聚,並不保證內部的連結功能一定良好。許多產業群聚的好處是,個人關係更容易連結、大家支持開放溝通,建立起信任感。當產業群聚計畫結束時,資訊應該是生產力的一部分,而成員之間的關係,更能改善內部狀態,使得這個產業群聚能持續並繼續強化。具煽動性的溝通是成功產業群聚發展計畫的關鍵。在內部原本缺乏信任的基礎,彼此關係又未發展之時,中性的溝通機制通常有助於形成溝通。從時程表來看,主要的心力應該放在確保具有效率,和定期性的內、外部溝通。任何成功的事蹟,都應該廣為公布。

對行動的執著

　　產業群聚發展計畫的動機,乃是渴望達成結果的期待,它不應由學術機構、智庫、政府機構等,傳統上是為研究而研究的單位來發動。對話和寬廣的未來願景,必須組織成具體和行動的步驟。無論政府或民間部門,都需要強有力、資深幹才來

推動此事。企業家精神的領導和意見領袖的參與，正是所有成功計畫的特色。

機制化

產業群聚升級是長期性的過程，需要數十年的光陰，非短促的努力能成功。它需要整個概念、關係、各組成之間聯繫的機制化。在民間部門，新生或重生的同業公會通常在產業群聚升級上，扮演了領導的角色。在政府部門，產業群聚升級可能由適當組成的政府機構、組織，透過蒐集與散布經濟統計數據、控制產業結構，並成為產業諮詢群組的成員等方式，以形成產業群聚升級。

本章摘要

產業群聚是一個廠商與機構交互關聯的體系，它的總和遠大於個體的集合。產業群聚在競爭中扮演很重要的角色。它的出現對企業、政府、大學和經濟體中的其他機構，都具有很重要的啟示。

在了解一個經濟體、建構經濟發展與設定公共政策等方面，產業群聚代表一種補充性的新途徑。了解一個地方的產業群聚狀態，會對該經濟體的生產力潛能，以及未來發展的限制，提供非常重要的洞察力。因此弔詭的是，在全球化經濟趨勢中，區域型經濟通常是最具競爭優勢的體系。

嘉泰羅尼亞的個體產業群聚

歷史

在西班牙，嘉泰羅尼亞是十七個自治行政區中的一個，擁有全國13％的人口，但是提供了20％的國民生產毛額，而且在工業出口方面，更占全國的40％。在1989年12月，安東尼‧蘇畢亞（Antoni Subirà）擔任該地區工商經貿部長，沒多久，他就開始研讀《國家競爭優勢》這本書，並將部分章節在工商經貿部裡流傳討論，1992年，當西班牙面臨加入歐洲共同市場的決定時，蘇畢亞開始思索以產業群聚為中樞骨幹，該地區可以有什麼新穎的產業政策。

從那時開始，他大約針對二十個嘉泰羅尼亞人的產業群聚詳細做了研究。直到1997年，產業群聚仍是評估地區競爭力，成為政府確認需要改善環境的重點地區之主要工具。

角色

起初，蘇畢亞要求位在巴賽隆納一所知名商學院的兩位教授，應用產業群聚的方法來研究嘉泰羅尼亞的產業。他們的前期工作是展開階段性研究，並與監察顧問公司（Monitor Company）合作。這份報告提供對該地區全面性的診斷，指出當地的優缺點，也對界定產業群聚的群組（如大眾市場消費性商品），提供一般性的指引，點出哪些需要提升，以提高這些產業群聚的競爭優勢。

蘇畢亞也決定，行動必須更進一步，更詳細地研究各產業群聚之細節。以工商經貿部既有的能力，再加上當地一家「產業群

聚競爭力」管理顧問公司，提出了一系列產業群聚發展計畫。每個研究案的成員都包含廠商、供應商、商學院、同業公會、大學和許多政府部門。

產業群聚的定義

　　嘉泰羅尼亞人的產業群聚包含木製玩具、農業機械、珠寶、針織、肉品加工、出版、消費性電子和家具等。每個產業都以較小的範圍來做界定。以家具業為例，當地共有三個互不關聯、坐落三處的產業群聚，各自在不同的產業區隔中競爭，並面對不同的挑戰。評估指出，嘉泰羅尼亞擁有超過一百個這種規模的小型產業群聚。

　　每個小型產業群聚的研究，都包含廠商、供應商、大學和很廣泛的相關成員。研究結果呈現出產業群聚的界限和參與的成員。整個作業過程的規則是自我選擇，所有有興趣參與的廠商，都被列為這個產業群聚的一部分。

　　所有的產業群聚都受平等看待，賦予相同的期望。不過從實務上來考量，產業群聚的研究仍有輕重之別。有些產業群聚的發展確實是比其他更有組織。這個流程的目標就是，建立有效的貿易組織來服務每個產業群聚。

變革的過程

　　嘉泰羅尼亞的產業群聚研究可分成三個階段。

　　首先是界定產業群聚的基本問題和機會，像如何提升目標，而不是哪些做法可以打壓競爭。時間一久，這項研究揭露出與傳

統觀點截然不同的產業群聚發展問題。以製革產業群聚的成員為例，他們原本將競爭力下滑歸咎於地方環境法規。研究卻發現，業者最主要的競爭對手義大利廠商，它們所面對的環境法規，其實比嘉泰羅尼亞還要嚴苛。如此一來，嘉泰羅尼亞的製革業者，便一改過去要求政府放寬環境法規的態度，轉而決定集資興建一座製革清理場，以及共同研發中心。這個產業群聚的研究過程說服了業者，多關心環境事實上會改善他們的競爭力。

　　整個研究過程的第二階段，涉及嘗試取得大家對產業群聚未來願景的共識，以使成員團結一致，讓變革更容易。在第三階段，產業群聚成員為完成願景，創造行動與策略的步驟，並選出特定人士領導擬定的行動。

結果

　　產業群聚的過程，讓嘉泰羅尼亞政府具備更容易影響西班牙政府政策所需的知識。更重要的是，在嘉泰羅尼亞，它創造一個政府與產業之間嶄新、更有生產力的對話機制。原本以廣泛的產業部門為主的組織，做法不脫補貼、減稅等一般性的思考。產業群聚發展過程，則容許產業以更專業、可以操作的論點，評估本身的競爭地位。廠商需要政府支援建立研究實驗室，或推廣外貿等更專業，更有競爭力的協助。成員們也同意，這個地區的產業競爭力，明顯地是從產業群聚觀點形成競爭優勢。

　　產業群聚的做法，協助許多廠商（其中很多是中小企業）以更具策略性的觀點，思考自身的問題。一個例子就是爭取巴賽隆納大學的皮革研究中心，在伊瓜拉達（Igualada）附近成立分支

機構；一系列研討會則協助紡織廠商，將經營焦點從生產轉為零售；還有一個協助成立當地本田、山葉和德比（Derbi）等機車廠的共同裝配中心的專案。有些產業群聚缺乏有效率的協會來推動計畫，如Montsia的家具產業群聚；有些產業群聚的問題是，這類組織所代表的價值太過空泛，如木工機具產業；更有些產業群聚的促進會根本缺乏效率，如伊瓜拉達的製革產業群聚。不過在產業群聚的努力下，會創造出新而更專業導向的協會，而舊的協會則獲得新生。

嘉泰羅尼亞政府的政策，也朝向促進產業群聚升級的轉變，如改善產業群聚接近市場的情形，便利外商直接投資，引進產品認證計畫，建構提升技術的政策。比方說，根據產業群聚研究，政府在帕拉福格（Parafrugell）設立一個木料的研究與應用中心，目前已發展出研究木料品質的國際標準。不過有些廠商也指出，政府最佳的服務是，刺激產業群聚成員間的對話。

整個產業群聚的發展過程中，一個最主要的收穫是，讓政府官員轉變成知識豐富，並願意聆聽廠商的聽眾。政府內部不同機構、部門之間的對話，同樣也在增加，協調也有所改善。

嘉泰羅尼亞的經驗，提供應用產業群聚方法很多寶貴的教訓。首先，產業群聚發展時，一個最大的好處是，大家會尋求共同的機會，而不只是討論共同的問題。其次，領導人在強調產業群聚的價值時，應該維持低姿態；開始時的文宣，應該有所節制，避免創造不成熟、不實際的期待，並減少政治與反對力量；第三，在產業群聚中崛起的領導人，往往攸關改善這個產業群聚發展的成敗。最後，產業群聚計畫受惠於蘇畢亞部長積極密切的

支持推動。蘇畢亞部長根據他的商業訓練和出身，將這項流程從政治中脫離出來。

第八章

跨地點的競爭

透過全球化策略增強競爭優勢

麥可‧波特——著

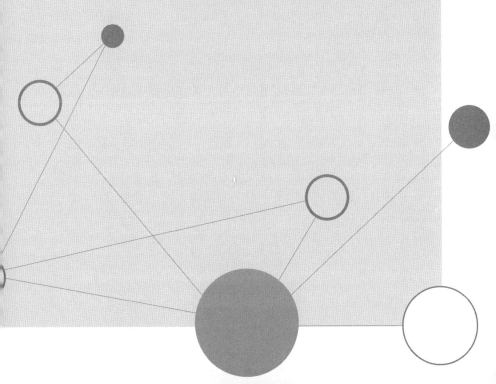

　　從第二次世界大戰後,影響企業最巨的力量之一是全球化競爭。我們看到運輸和通訊成本降低、資訊與技術跨國界的情形大增;國家基礎建設愈來愈類似,貿易與投資的障礙愈來愈低,結果造成國際投資和貿易大幅成長。產業的類型愈來愈廣泛,企業既要本土化、也要全球化的策略。

　　因此,當全球化競爭愈來愈明顯,在國際策略方面的研究和企業實務也愈來愈重要,畢竟國際化策略已經讓許多國際企業全球化並達成競爭優勢。全球化策略不僅涉及跨越好幾個國家的營運,也是獲取規模經濟,吸收與回應國際市場需求,更有效率地組合資金、勞動力、原料、技術等世界各地資源的有力手段。許多學者如大前研一、瑞赫(Reich)、巴特雷(Bartlett)和高夏爾(Ghoshal)等,都將全球化企業視為國家疆域的延伸。根據這個觀點,企業的國籍,已被無國界的策略典範所取代。

　　然而,考慮全球化競爭時,我們必須面對一個明顯的兩難。儘管企業是在全球競爭原料、資金和科技知識等元件,如今也自由地在世界各地流通;但是種種證據又顯示,地點在競爭優勢上持續扮演重要的角色。首先,各國的經濟表現仍有明顯的差別,甚至在一國之內的州和城市之間亦然。其次,在許多產業中,全球領先的競爭廠商大多奠基於一兩個國家;當產業競爭與策略關係密切,並且把政府政策過度干預競爭的產業表現排除在外時,這種趨勢又更加明顯。這個地理集中性的競爭優勢很明顯,不僅出現在汽車、工具機等成熟型產業,同時也出現在軟體、生物科技和先進材料等新產業。第三,全球化

企業事實上將本身活動分散在許多國家，但是它們持續將產品線中，攸關競爭的活動，放在特定地點。有趣的是，這些「大本營」未必一定是在母國，或相同的國家。

本文目標放在，將這些看似分歧的觀點調和在一個架構下，以了解國際競爭的本質，以及在特定產業內，將本國策略轉換成全球化策略。在創造競爭優勢方面，全球化策略必須整合地點和全球化活動網絡。為了要讓這套架構更生活化，我將從三個重要的全球化競爭廠商開始談起。這三家廠商分別是，總公司在丹麥的諾和諾德工業（Novo-Nordisk Group），總公司在美國的惠普科技，以及總公司在日本的本田公司（參閱「三家全球化競爭廠商的個案研究」）。這篇文章包含如何應用這套架構，以在特定產業內發展具體的全球化策略。

儘管這裡的討論課題是全球化競爭，但是所引用的原則是更具普遍性。這套應用在「跨地點的競爭」的架構，可以用在從城市、州、地區，或一群臨近國家等各個層級。同樣的思考流程，也可用在打算從事全國性競爭的當地廠商，或一個試圖從事區域競爭的全國性廠商。

三家全球化競爭廠商的個案研究

為了要讓全球化策略的討論更生活化，我選擇三家典型的全球化企業之國際活動做説明。這些成功的國際化領導廠商，總部分別在歐洲、日本和美國，它們國際化營運的面面觀，可以讓外界看到國際化的運作和活動之間的協調。

諾和諾德工業

　　這家公司的總部在丹麥，是領先全球的胰島素和工業酵素出口廠商。諾和諾德工業的營收當中，有90％來自丹麥以外，並且在歐洲、美國和日本有很強的競爭力。1991年的數據顯示，它的員工當中，27％不在丹麥本土。該公司19％的總資產是在歐洲以外地區。在丹麥以外，諾和諾德工業有七個研究機構和九間工廠。該公司的產品暢銷一百多國，並在43個國家設有經銷子公司。該公司產品的關鍵性原料是動物的胰腺，採購來源超過二十國。它也從全球汲取資金，短期債信的資金中，有83％來自國外，長期債信中亦有54％並非丹麥盾。該公司也在倫敦和紐約兩地的證券交易所上市。

本田企業

　　總部設在日本，本田企業是全球汽車和機車產業的領導廠商。在1991年時，本田企業的營收中，有61％來自國外，產品在亞洲、北美洲的競爭力特別強。它的員工有22％不在日本本土，總資產中有39％不在日本國內，並在39個國家設有生產和裝配廠。它的機車和汽車行銷150個國家。原料和資金也是來自全球各地；這家公司在東京、紐約的證券交易所上市。

惠普科技

　　總部設在美國，惠普科技是全球最大，也最多元化的電子量測設備和測試儀器製造商，同時也是印表機、醫療器材和電腦等產品的領導廠商。1991年時，惠普科技的營收中，54％來自美國

以外的地區。在它93,000名員工中，38％不在美國本土。總資產中有50％散布於世界各地，並在全球設有600個銷售和支援辦事處，以及在110個國家設有經銷商。它在倫敦、巴黎、東京、法蘭克福、司圖嘉特、瑞士和太平洋地區的證券交易所上市。

全球化讓這些企業的活動遍及世界各地。惠普科技選擇地點的哲學是，技術層次不高的製造活動，和需要較多直接人工的項目，放在低成本的地區，這讓它省下大約40～75％的成本。比方說，有些個人電腦的零組件組裝和製造作業，就在新加坡進行，而電子零組件製造則在馬來西亞。惠普科技也把一些需要中等技能的活動，放在成本較低的國家。比方說，有些產品和製程的工程活動（如降低製造成本計畫），就放在新加坡的個人電腦工廠內進行；一些新的電子產品之製程技術，則移轉到馬來西亞的製造工廠；還有些軟體和維修則發包給印度、中國、東歐和前蘇聯等國家，因為這些國家受過大學教育的程式設計師的薪資，比美國本地低了40～60％。

全球化策略的一般性架構

無論是對本土化或全球化的企業，競爭策略中絕大多數的議題都是相同的。像企業所處產業的吸引力，以及企業在這些產業的相對定位，都會影響企業是否成功。企業在產業內的表現，又要取決於它面對競爭對手時的競爭優勢（或劣勢）的程度。競爭優勢又視它的成本是否低於競爭對手，或是否有能力

使產品差異化的成本，低於超收價格的成本而定。有些競爭優勢是來自於作業效益的變化，但是最能持續的優勢，則來自獨特的競爭地位。無論是本土化或全球化企業，都必須了解它所在產業的結構，找出競爭優勢的來源，並且分析競爭對手。

因此，「全球化」策略意味著，當企業跨國競爭時所產生的特別議題。企業是否需要全球化策略，要看那個產業的國際競爭本質。產業不同，國際競爭的類型也不同，因此並非所有產業都需要全球化策略。產業的國際競爭本質，可以化約成一條光譜，一端是所謂的「跨國本土化」產業，它出現在許多國家（甚至所有國家），但是競爭上，每個國家彼此間的關聯性不高，甚至沒有關聯。這類例子像大多數的零售業、金屬製造業、營建業和許多服務行業。事實上，許多產業是屬於國內的區域型產業，或甚至是本土性產業。在光譜的另一端，則是真正的全球化產業。在這裡，不同國家之間的競爭會相互連結，因為企業在某個國家的競爭地位，會對其他地方的競爭產生重大影響。像民航機、消費性電子與各類型的工業機械，都是明顯的例子。

在跨國本土化產業領域，企業並不需要全球化策略。在這裡，國際化策略應該是一系列不同的國內競爭策略。各國的事業單位應該被賦予廣泛的空間和自治權。在全球化產業內，企業則必須創造在許多國家同時進行的整合性策略。因此，企業走向國際，並不意味它絕對需要全球化策略。全球化策略的問題本質在於：國際化的綜效會在什麼時間出現？又如何能超越在各國分頭經營的總和？

企業要了解競爭優勢的基礎，以及全球化策略的貢獻，就需要知道「價值鏈」（**見圖8.1**）。企業在一個特定行業競爭，會表現出許多彼此有區隔，但是又相互關聯的經濟活動。比方說，它必須組裝產品，業務員要拜訪客戶，需要訂貨流程，招聘和訓練員工，也需要幕僚和採購原料等。所有活動通常涉及一些程序和例行公事、人力資源、有形資產、可用技術以及創造和應用資訊。企業的「實力」、「競爭力」、「產能」和「資源」，這些我們通常用來討論策略的用語，如果放在這些特定活動上觀察，最容易加以了解。

價值鏈將企業的活動分成好幾類，包含根據直接涉及生產、行銷、運輸和支援產品與服務的活動；或是創造、尋求貨源、改善原料和技術方面的活動；以及執行所有的功能，如籌募資金或通盤性決策等。每一類都有很明顯的活動或經濟性／組織性流程。至於像現場維修、接收進料和儲存、帳單，以及評估和獎勵員工等特定活動，又部分與這個行業有關。

價值活動所形成的競爭優勢基礎，不外乎在成本或差異性兩方面。如前所述，讓企業有能力以比競爭對手整體成本更低的方式，來執行所需的活動，或是以獨特的方式執行活動，而創造出與價格無關的顧客價值，並得以收取較高的價格。換句話說，是否能創造客戶價值，則視企業如何影響本身的通路活動和最終使用者而定。

活動上的競爭優勢，可能來自作業效益和策略。作業效益意謂以最佳做法，來執行特定或相同的活動。這包括使用最符合成本效益的採購原料、管理實務等。全球化策略就在透過如

圖8-1 | **價值鏈**

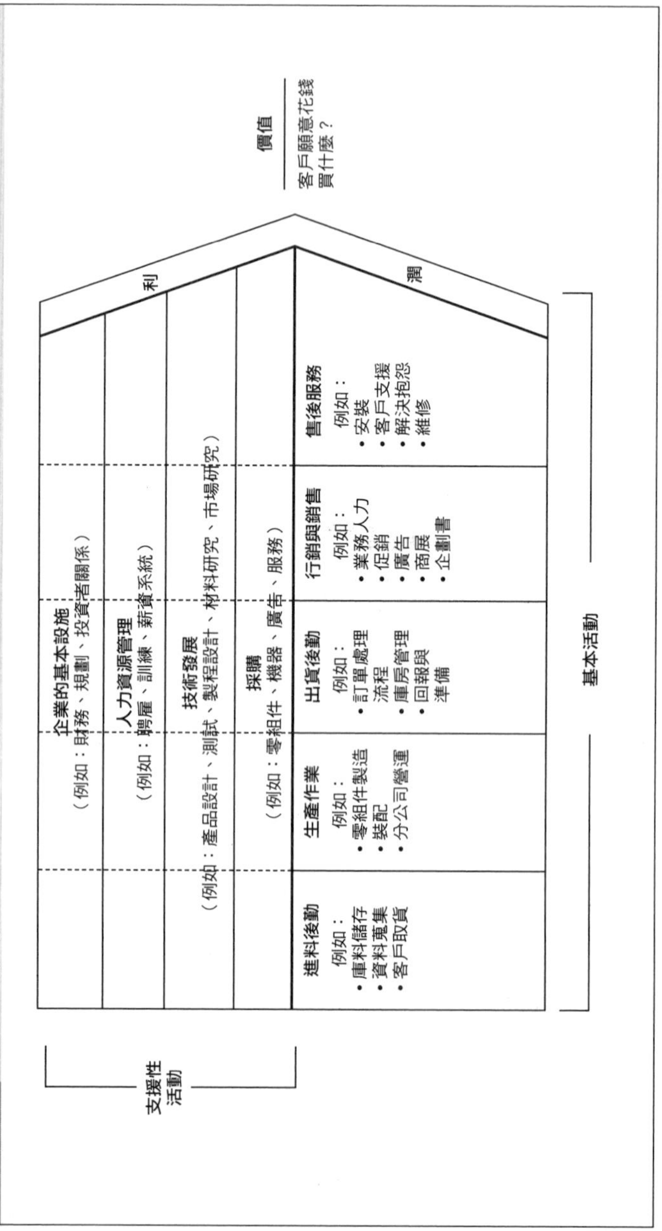

支援性
活動

	企業的基本設施 （例如：財務、規劃、投資者關係）			
	人力資源管理 （例如：聘雇、訓練、薪資系統）			
	技術發展 （例如：產品設計、測試、製程設計、材料研究、市場研究）			
	採購 （例如：零組件、機器、廣告、服務）			
進料後勤 例如： ・庫存品儲存 ・資料蒐集 ・客戶取貨	生產作業 例如： ・零組件製造 ・裝配 ・分公司營運	出貨後勤 例如： ・訂單處理 ・流程 ・庫房管理 ・回報與 　準備	行銷與銷售 例如： ・業務人力 ・促銷 ・廣告 ・商展 ・企劃書	售後服務 例如： ・安裝 ・客戶支援 ・解決抱怨 ・維修

基本活動

利 潤

價值

客戶願意花錢
買什麼？

海外採購和知識移轉等方法，提高作業效益。

　　企業的策略會界定它活動的特定功能，以及活動之間如何整合。不同的策略性定位，涉及特別設計活動以生產特定產品或服務，滿足特定顧客群的特殊需求，或以最有效益的方式來接觸特定型態顧客。目標廣泛的競爭廠商，會以跨產業區間的活動共享，尋求優勢。目標較為狹窄的競爭廠商（我稱為「目標集中者」），則藉由量身打造活動，來滿足某個特定區間的需求，以形成優勢。全球化策略就是以量身打造活動的能力，來形成策略性地位。

　　價值鏈本身，有利用獨特的策略活動凸顯全球化策略的功能。無論本土化或跨國企業都有價值鏈。本土性或跨國本土化企業的所有活動，都在本國內進行（或各國的國內）。不過區別全球化策略的，正是價值鏈在各國分布的廣度。基本的選擇可以歸類成兩個領域：

　　1. **配置性**：配置性的重心，在於企業價值鏈的每項活動在「哪裡」發生。比方說，裝配在一個國家，產品研發則是在另一個國家。此外，特定的活動可以發生在一個地點，或分散到許多地點進行。

　　2. **協調性**：協調性的重心在於「被協調」之各活動的本質，或維持「自主性」的程度，也就是為本地的情況量身打造合適的做法。

　　任何企業進行國際化競爭，必須在許多國家內部競爭。有

些活動如涉及通路和業務的活動，就與客戶所在地點，有密不可分的關係。企業要在一個國家銷售，必須在當地建立自己的行銷和業務，以及實體的通路活動，或依靠其他外力（例如經銷商或合資夥伴）。不過，價值鏈中某些與客戶無關的活動，就給這個國際企業決定活動地點和數量的空間。在跨國本土化策略中，企業將完整的價值鏈放在每個國家中；每個國家的子公司接近完全自主，並將活動設計得適合當地國家。在全球化策略中，企業選擇性地在不同國家安排活動，並在各國之間進行協調，以駕馭、延伸整個網絡的競爭優勢。

活動的配置

　　企業活動的國際化配置，是靠選擇「在什麼地點」進行哪一種活動，以及「該有多少據點」，而創造出競爭優勢。選擇活動的適合地點來自比較性利益（comparative advantage），如某地擁有成本效益最高的原料和人力。有些跨國本土化軟體公司，選擇印度做為軟體除錯和程式維修活動的地點，目的在於取得低成本而高品質的程式設計師。因為地點的差異對活動具有比較性利益，全球化企業可能以跨地點來獲取最大的比較性利益。

　　第二個地點選擇動機，是「競爭」或「生產力」上的優勢。這方面通常比較少被注意到，後文會有進一步討論。這種選擇是，將某項活動或一群活動放在最能創新或提高生產力，或最有吸引力的環境之中。

　　活動地點的選擇不僅包括「在哪裡」，還必須決定據點的

數目。一項活動可以在單一國家進行，由它供應全球，也可以同時在好幾個國家或地點進行。企業能透過活動的進行，獲得規模經濟或快速進步、縮短學習曲線的好處。集中一群有關聯的活動在同一個地點，也可使企業在這些活動中達成最好的協調。反過來說，活動分散在好幾個地點，可能有助於節省運輸與儲存的成本、避免將活動放在單一國家的可能風險、特別設計那些易受當地市場差異影響的活動，以及有助於學習到各個國家和市場的狀況，並將訊息傳回總公司，以回應當地政府的壓力。

　　為了獲得這些好處所必須執行的活動，全球化企業應該加以分散。如果企業能盡可能把許多活動的地點置於一處的話，會提高它的效率和創新的容易度，使轉運和協調成本降至最低。有時候，企業必須把活動遷往一個國家的目的，在於獲得可在其他地方致力發展其他活動的能力（或得到當地政府許可）。比方說，企業在許多國家建立當地的裝配廠，有助於它進口需要量產的零組件，同時在其他地方致力生產其他更重視量產與否的零組件。企業必須分散的特定活動，應該是那些儘量不會犧牲規模經濟或學習曲線，以及最不需與其他活動緊密協調的活動。

活動的協調

　　全球化策略也能藉由協調跨地點的活動，而有助於競爭優勢。協調各地活動的方法、技術和產出決策，會激發一些潛在的競爭優勢。這裡面包括，回應比較性利益變動的能力（像原

料價格或匯率）；分享不同國家的經驗；針對在不同國家購物的流動性客戶，強化企業品牌聲譽（如麥當勞或可口可樂）；服務跨國型客戶時，可以增加本身差異化或更有效率；藉著擴張或緊縮當地業務的「棒子與胡蘿蔔」策略，增加與政府談判的籌碼；或是藉由選擇競爭的地點，以最具成本效益的方式，來回應競爭上的威脅。有些好處是與作業效益有關，有些則能強化公司的獨特性地位。將協調活動的潛在優勢，與企業讓每項活動單位自主運作的好處相較，然後再依當地狀況來量身打造活動。當本地需求和條件不同於其他地方，且所有的顧客都是當地人，又沒有規模經濟顧慮時，國際化策略容許分散式活動享有高度自主性，便可以帶來好處。實務上，協調和自主性之間的平衡，要視活動性質而定。

跨地點的協調確實有一些固定的形式，包含設定共同標準、交換資訊，以及分配據點之間的責任。涉及跨國分配責任的協調，例如指定以生產特定機型給不同地點的全球性責任，將能形成規模經濟。涉及資訊交換的協調，則能獲取全球性學習的好處。如此一來，協調便能讓企業體認分散活動的優勢。反過來說，協調活動失敗將會減少這些優勢。協調的核心事務是，如何將分散各地的活動資訊、技術和其他知識，放在特定地點進行整合，並反映在產品、製程和其他活動上面。母國大本營常執行這些基本的功能。

跨地理區域、分散地點的協調，對組織的挑戰非常高。挑戰來自如何將語言和文化的差異，個別經理人和子公司的誘因，與全球化企業連結為一體。有些形式的協調，例如在不同

地點進行零組件生產的責任分配，就不需要持續地交互進行。

全球化策略的類型

全球化策略的部分競爭優勢，來自於地點；而另一些則來自整體的全球網絡，及其運作方式。全球化策略通常始於地點上的優勢，以反映企業的競爭地位。這項優勢讓企業滲透到國際市場，並克服在其他國家競爭上的先天性劣勢。若企業在不同國家的競爭不會出現不對稱的情形，競爭將會維持跨國本土化的形式。

最初選擇的地點優勢，可以透過全球化網絡予以延伸和補充。其他地點的優勢，也能藉由分散式活動獲得。全球化競爭絕非只有單一形式，主要是看特定活動是採集中或分散進行，各種活動的所在地點，以及活動之間如何協調等。在跨國本土化產業中，產業結構有利於高度分散式的配置，每個國家事實上會包含整個價值鏈。在這類產業中，由於各國事業單位幾乎具有完全的自主性，因此帶來豐厚的獲利。當全球化網絡的競爭優勢，足以克服本土化重心和握有當地知識，或以國家為中心的競爭廠商時，產業的競爭便會全球化。

全球化策略因此千變萬化。在速食產業中，麥當勞使用特定的全球化策略，迴然不同於英特爾在微處理器產業，或波音公司在民航機產業的做法。圖8.2描繪花旗銀行的全球化策略：如同在許多服務性產業中，花旗銀行將分行業務、行銷，甚至許多形式的流程活動分散，並主動協調各分行的形象、設計和服務標準；至於各地自主性，則相對比較少加以著墨。

圖8-2	花旗集團：在零售銀行的全球布局與協調

集 中	擴 散
•共同品牌名稱 •產品開發 •軟體開發 •全球化資訊基礎架構 •信用卡清算系統 •人力資源訓練計畫發展	•分支機構與自動提款機網絡 •電子銀行中心 •廣告和促銷 •地區型處理中心
協 調	分 權
•一致的企業形象 •分支機構一致性的設計 •一致的服務表現	•適應當地語言與企業文化 •遵守法規

　　透過以全球化策略對抗本土化策略，企業可在成本和利益上扮演要角。企業可以透過策略性創新，增加全球化策略的優勢，或減少不利的因素，以重新定義競爭。比方說，貝迪公司（Becton Dickinson）創造了全球性用過即棄的皮下注射器的需求，比起可重複使用的玻璃針筒更好用。部分是因為貝迪公司首先採取行動，因而崛起成為世界性龍頭廠商。其他廠商則以推出競逐規模經濟的新方法，或推出新產品設計或製程以降低滿足不同國家需求之產品成本，來推動本身的全球化。許多全球化產業的盟主能夠崛起，原因是他們很早就能有所察覺，並且切中目標。1983年，希奧多・李維特（Theodore Levitt）對全球化市場的研究，將企業興起的原因歸因於世界性產品所帶來的好處。然而，一般人常忽略、也是這篇文章更強調的：企業

並非被動地回應既有需求，而是藉著率先採用新的區隔和行銷方式，來「創造」世界性產品。

地點與全球化競爭

全球化競爭使企業藉著跨國協調活動，而獲得與地點無關的競爭優勢。不過，全球化並未抹煞地點在競爭上的重要性。經過對數百個產業的研究，其中包含服務業、軟體、先進材料和生物科技等新崛起的領域，產業龍頭一般將總部設在少數幾個國家，有時候就是某一個國家。附文中的三家企業案例都吻合這個規則。本田企業不僅是日本在汽車和機車產業成功的例子：汽車業中有九家大廠，機車業中有四家大廠，它們都是日本企業。同樣地，惠普科技並非美國在這個產業中唯一成功的企業。領導電腦工作站、個人電腦、醫療設備和測試量測儀器等領域的廠商，正是美國企業。主導胰島素出口的諾和諾德工業，是1989年由兩家丹麥企業合併而來。諾和諾德工業雖是全球工業酵素的龍頭大廠，其他丹麥企業在這個領域也很活躍。

領導廠商集中於少數幾個國家的特性，清楚顯示了地點對競爭的重要性。美國就是一個特別有趣的例子。儘管美國境內貿易自由，語言和法律相同，各州也有很大的類似性，然而特定產業中，成功的競爭廠商所在地點，並非平均分配在各州。出版業者大量集中在紐約市；電影和電視產業在好萊塢；辦公家具業在密西根州西部；針織品與家庭裝飾產業在北卡羅萊納州；製藥業在費城和紐澤西州；人工髖骨和關節在印第安那

州，此外還有其他許許多多的例子。在每個先進國家，或多或少可以發現類似型態的地理集中性。

進一步檢視諾和諾德工業、惠普科技，和本田企業等全球化企業，在活動上的配置和協調，也可以顯示地點的強烈影響。單單看跨國企業在各國分散活動的做法，很可能形成誤導。企業的多角化通常意味在外國的活動頻繁，但是這些活動可能是擴張到全然不同的產品領域。事實上，在某些行業中，很少有分散性的活動。

在評估地理的分散性時，更重要的分野是，不同國家的活動型態之間的差異。國際企業傾向集中在單一國家進行它們最複雜的活動。這些地點通常，應該說大多時候，也就是企業的母國。諾和諾德工業的胰島素產品市場遍布全球，有些資源的取材也是全球性，但是它在價值鏈中最具策略重要性的活動，例如所有生產和核心產品、製程研發等，都設在丹麥。本田企業的製造和行銷遍及全球，但是日本仍是它擬定策略、設計，以及生產最精密零組件，例如所有引擎核心研發的所在地。惠普科技的營運項目，超過一萬六千種行銷全球的產品，然而它把每項產品的全球責任集中於某一特定地點，包含核心製造、研發和決策。

另外一個證據來自艾波比（Asea Brown Boveri，ABB），通常我們認為艾波比公司是企業無國界的典範。艾波比在全球有多個營運據點，但也將建立企業策略，選擇產品開發的優先順序，與分配各國某一地區的產品生產之全球化責任，予以釐清。像德國在變電器上居於領先全球的地位，電子驅動器在芬

蘭，流程自動化在美國等。此外，跨國企業在重新安排特定產業的總部，從一國遷往另一國的頻率，似乎也正在增加。

比較性利益 vs. 競爭優勢

　　強勢的全球化競爭與本地領導角色，明顯存在著競爭優勢的矛盾，我們也可以藉此認清各地點之間的競爭，正從比較性利益模式轉變成更廣義的競爭優勢模式。

　　基於成本較低的生產因素（如勞動力、原料、資金或基礎建設等），或規模所形成的比較性利益，已不再是大多數產業的競爭優勢，更無法帶來較高的薪資。今天，全球化讓企業藉著到海外尋求如原料、資金和一般性的科學知識等資源，甚至有選擇地分散活動，以獲得低成本勞動力或資金的優勢，而形成比較性利益。全球化企業必須這麼做以獲得作業效益，若未能分散活動以獲得比較性利益，將會落入競爭上的劣勢。不過即使這麼做，也未必就能給企業帶來直接明顯的優勢。

　　同樣地，本國市場的規模，遠不及企業滲透海外市場的能力。先進科技讓企業有能力降低、抵消或克服許多比較性利益上的弱點。就好比日本廠商儘管有國內土地和能源的高成本難題，卻藉由率先進行精簡生產，進行節約空間和能源的創新，而在許多產業稱雄。新科技會減低規模經濟的影響力；同時向外尋求專業化供應商的做法，讓垂直整合的重要性大不如前。

　　地點的競爭優勢，並非來自是否可取得低成本原料，或是規模等傳統條件，而是來自運用原料所造成的卓越生產力：基本原料只會造成競爭上的劣勢，而非優勢。一個地點能維持它

的優勢，在於這個環境能提供企業更有生產力的作業、持續創新，自我升級到更精密的層次競爭。創新不只是狹義的技術，還包括行銷、產品定位和提供服務的方法。在這樣的地點，最有活力和創新能力的企業，會比其他地方的競爭對手加快腳步超前，甚至侵入原本靠傳統方式作業，憑藉較低成本的生產因素，或規模經濟的競爭對手領域。在生產力的競爭中，企業在全球進行活動，尋求海外的資源，並接近市場，但是競爭優勢實際上來自創新的過程與生產力的成長，這些都與該公司特定產品的極度本土化有關：例如策略發展的地點、核心產品和製程研發，以及企業在精緻生產（或供應服務）上的關鍵多數，以及流程創新與生產力的成長。本國大本營通常保留最重要的技能和技術；它也是整合海外各地原料和資訊的場所，以及最有生產力的工作所在地。

　　企業主或企業總部所在地點的重要性，遠不及各策略性行業的活動大本營所在地點來得重要。

地點的競爭優勢

　　地點的競爭優勢，繫於它所提供的環境品質，此一環境可讓某一特定領域，達成高度且不斷成長的生產力。一般認為競爭優勢的來源主要來自企業內部，然而企業潛在的優勢與許多必要的原料，主要是存在於鄰近的環境之中。如此才能解釋，為什麼在某個領域成功的企業，大多出自同一個國家，甚至是該國的相同地區。

　　我的研究凸顯了國家在環境上的四個面向（州和地方的情

況相同），透過這四個面向，可以看到成長、創新和生產力之間的關聯性。這四個面向分別是：生產因素條件（原料）、策略與競爭的時空背景、需求條件，和相關與支援性產業。我稱之為「鑽石」體系，它有助於解釋為什麼設立於某些特定地點的企業能持續創新，並能在特定領域升級（見圖8.3）。鑽石理論在第六、七章有相當多的說明，這裡只大略敘述，以做為討論全球化策略的基礎。

生產因素（原料）條件

對競爭而言，生產因素是基本的元素，包括土地、勞動

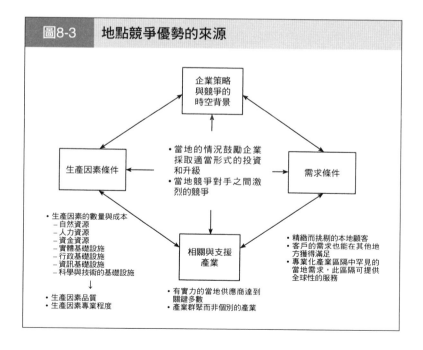

圖8-3　地點競爭優勢的來源

企業策略與競爭的時空背景

生產因素條件

需求條件

相關與支援產業

- 當地的情況鼓勵企業採取適當形式的投資和升級
- 當地競爭對手之間激烈的競爭

- 生產因素的數量與成本
  - 自然資源
  - 人力資源
  - 資金資源
  - 實體基礎設施
  - 行政基礎設施
  - 資訊基礎設施
  - 科學與技術的基礎設施
- 生產因素品質
- 生產因素專業程度

- 有實力的當地供應商達到關鍵多數
- 產業群聚而非個別的產業

- 精緻而挑剔的本地顧客
- 客戶的需求也能在其他地方獲得滿足
- 專業化產業區中罕見的當地需求，此區隔可提供全球性的服務

力、資金、有形的基礎建設、商業和行政的基礎建設、自然資源，以及科學知識等。比較性利益概念一般是指，這些資源的可及性與成本。例如良好的道路、港灣，或以大專學歷為主的員工，這些一般性資源都是避免競爭劣勢所需，但並非獲得地點優勢的充分條件。

地點在生產力競爭上的優勢，來自高品質的原料，尤其是專業化的元素，例如充沛的技能、應用技術和實體的基礎建設、法規政體、立法程序、資訊，以及適合特定產業需求的資金來源等。以美國為例，它能在電腦軟體產業稱雄，是靠高度集中且訓練良好的程式設計師、電腦科學家、電腦相關理論的研究計畫、很有效率規範軟體的授權和使用，以及成熟專業、針對軟體公司的創投基金（許多美國創投公司的專長就在軟體）。惠普科技在電腦相關行業的表現，就得力於這些優勢。對於沒有這類生產因素與精緻化競爭的國家和地區，它們就必須創造這些條件。這又要看當地表現，以及專業法人機構在教育、訓練、研究和數據蒐集等領域的品質。這些機構變成地方性優勢的一個重要來源。

矛盾的是，當地點的優勢卻是某些生產因素的劣勢時，反而可能會導致競爭優勢，因為它們會引發創新，並刺激專業性機構的發展。例如在荷蘭，惡劣的天候和土地匱乏，讓廠商在溫室種植、栽培、切花處理等技術上的創新，並有每年60％的花卉產品是出口的佳績。相反地，有些地點因為擁有充沛的勞工、廉價的土地和豐富的天然資源，企業傾向濫用這些資源而不考慮生產力，形成它們面對不同地方、生產力高的競爭對手

時的弱點。

當專業化資源充沛，當地機構能創造並更新這些資源，就形成地點的外部優勢和集體資產。這項公共財需要花時間建設，並透過許多企業、機構和政府部門的累積投資。這些外部優勢一旦出現，便會減輕個別企業的內部成本。企業雖然能以全球化、運用外地資產化解問題，但是很多地點並非那麼容易接近。

策略與競爭的時空背景

當法規、社會規範和誘因所處的時空背景，在生產力競爭上具有地點的優勢時，它們會以適當的形式，鞏固企業對特定產業持續投資。投資形式不僅包括固定資產，也包含研發、訓練和市場發展等。

稅務系統、智慧財產權規則、總體經濟的穩定性，以及政治環境，明顯影響地方的投資氣候。企業主和管理法則也會產生重大影響。美國的創投體系和公共建設，對許多產業而言都是重要的優勢。至於法人投資者和散戶交易頻繁，則不利於企業在成長較緩、生命週期較長的產業領域競爭。有時候，文化性因素會提高或降低某些行業或領域的權威性，因此造成投資的流動。

當地的競爭程度也會形成地點競爭力的另一個主要層面。在組合有利的投資氣候上，當地競爭也許是最強大的競爭優勢。例如，企業除非在本國市場遭遇強大的競爭對手，否則很少在海外成功。例如本田企業就在國內面對八家日本廠商的競

爭，它們全都走上國際競爭。一群以本地為基地的競爭者，會強化企業創新和升級的壓力。在本地競爭者中，相對表現的比較，也會刺激快速的改善。本地競爭對手面對相同的材料成本和接近本地市場的因素，於是被迫尋求其他競爭方式。地方的投資氣候不佳時，競爭對手便可能流於削價競爭。

當地點條件支持投資時，競爭又成為鞏固升級的力量。當無人能輕鬆地主導本國市場時，競爭對手將迫使企業走上國際化。例如，相較於其他胰島素市場處於國營壟斷的局面，丹麥因為本國有強勁的競爭對手，諾和諾德工業很早就從事出口的業務。密集的本地競爭，讓個別企業保持領先地位的難度增加，可是整個本地產業的進步速度，會超越其他地方的競爭對手。

需求條件

本地優勢的第三種型態，來自本地市場的特質。當本地市場擁有精緻而挑剔型客戶，或客戶有特殊的專業化需求，並且能與其他地方連結時，優勢就會產生。精緻、挑剔型客戶會迫使廠商採取高標準，針對滿足客戶需求的進步努力，甚至受刺激而積極創新，朝更進步的產業區隔邁進。如果本國客戶的需求和期待，會進一步改變其他國家客戶的需求時，本國客戶便又更有價值，是全球市場趨勢的「早期預警指標」。當本地市場凸顯其他地區所忽略的產業區隔時，本地需求也會創造優勢。在生產力的競爭上，本地需求特質的重要性，遠超過它的規模大小。

　　本地需求條件反映本地的需要、精緻化程度、採購實力，以及對特定產品的文化品味。政府政策會以好幾種方式，直接或間接影響需求條件，如產品、安全和環境法規等。如果標準的彈性足以容納新的方式時，嚴苛的環境或能源節約標準，會刺激創新和生產力的改善。

　　本地需求的優勢根植於資訊和誘因，因此很難從其他地點取得。本地客戶是清晰可辨的，容易取得溝通，而且有機會合作。本章提到的三家全球化領導廠商，都受惠於本地精緻的需求。比方說，諾和諾德工業的本地客戶，可能是全球糖尿病領域最精緻的醫療專業客戶群，而且是在補貼新療法最大方的醫療體系內運作。

相關與支援性產業

　　在生產力競爭上，地點優勢的最後一種型態是，專業化供應商和相關產業的出現。當專業零組件供應商，與提供機器、服務的相關廠商緊鄰時，會帶來效率、知識，並有利於創新。

　　強有力的本地供應商，會降低可觀的交易成本，企業比較不需要進口，或與遠地經銷商打交道，而且也使得維修與解決問題更形便利。至於企業在垂直整合的空間上，也有更多選擇。當相關領域強有力的本地廠商出現時，也對廠商的效率有所幫助，因為它在研發、經銷和行銷方面的互補會更便利。

　　本地供應商和相關產業不僅帶來效率，它們還為產業帶來更重要的創新和動力。緊鄰的供應商和相關行業的廠商，會讓資訊加速流通、帶來科技合作與聯合開發。廠商因為部分製程

可以外包，會增加推出新產品的速度和彈性。更廣泛地說，廠商也更容易影響其供應商在技術上的努力，並且將當地當成新產品的實驗據點，加速創新的步伐。本田企業無論在汽車或機車產業，都得力於強勁的本地供應商網絡，惠普科技在所有主要行業的情況也不例外。諾和諾德工業則從丹麥在相關領域，如釀造和乳製品應用的相關技術、技能和機械設備，獲得特殊的優勢。

關於需求優勢，本地供應商與相關產業所帶來的好處，將使得發展出來的創新很難讓他人從遠地複製。高度應用技術和專業化技能是很難學習、累積和轉移的。原料、標準零組件，以及一般用途的機器設備，不太需要相關資訊與技術交換的話，全球化搜尋來源將可發揮最大的效果。海外尋求物料來源，雖然會降低彈性，但是涉及較低的交易成本，並且也對創新過程的影響較小。

本地供應商和相關領域廠商的重要性，加上本地需求條件，構築了交互關聯產業的產業群聚基礎。關於產業群聚，在第七章中有詳細的討論。產業群聚包括專業化供應商、提供服務廠商、下游（如通路或顧客）產業、提供資訊廠商、提供基礎設施廠商，以及相關領域的企業等。關聯性機構如同業公會、標準制定機構，以及大學相關科系，也是建構產業群聚的一部分。產業群聚代表一個集體資產，它會創造一個企業可以很容易並有效率地組合資訊、技能和原料的環境。這會提高生產力和創新速度。

本地的鑽石體系

　　這四類地點優勢結合起來所形成的鑽石體系，遠比其中單一部分都重要。鑽石體系中，單一部分在生產力的影響，要看其他部分的狀態而定。本地激烈的競爭會刺激生產力成長，牽動本地相關支援性投資（如策略和競爭對手），以及本地客戶尋求高品質的產品（需求條件）。否則，競爭將會因為削價競爭而衰退。同樣地，除非企業在研發和改善製程上投資，並且由足夠的供應商支持創新導向的策略，光是改善高素質工程師的供應（生產因素條件），並不能帶動生產力。鑽石體系的任何部分如有嚴重弱點，都將限制產業在生產力的成長潛力。

　　給予適當機制和連結，地點優勢的四種型態更會互相強化。比方說，激烈的本土競爭，會導致獨一無二且充沛的專業化技能和技術的發展。競爭廠商雲集會鼓勵大學院校等本地機構及提供訓練廠商，適應並支援產業有特色的需求。主動的本地競爭，也會促進本地供應商產業的成型與升級，因為當地市場已經存在。

　　產業群聚的形成與升級的過程，不是絕對的。回饋循環（feedback loop）的健康程度，要視本地關係的力量、資訊開放程度，以及各種企業和研究機構的相互回應性而定。密集的本地競爭和投資氣候尤其重要，因為它們會左右企業的行動。有些地點比其他地點的組織在改善、升級等方面的表現更佳，是因為鑽石體系累積和自我強化的本質，以及建構專業化機構、知識和關鍵多數的廠商所需的時間，使得通常只有幾處地點真

正有利於特定產業的競爭。新進業者也會由較弱的地點轉移陣地。例如在製藥產業，費城／紐澤西州的鑽石體系，吸引來自德國、瑞士、英國和日本等地的製藥廠商，因為當地擁有卓越的鑽石條件和最佳途徑，可接近專業化生產因素。最後，有好點子和專業化技能的人才，也會被吸引到這些地點，因為當地提供更多的挑戰和薪資待遇。只有當主要技術變化超越本地技能、供應商和其他優勢，或因為本地競爭廠商消失、精緻型買主不復以往，造成升級力量分散時，此種循環才會被打破。

雖然競爭愈來愈全國化和全球化，但是競爭優勢的關鍵資源通常還是在地方上。競爭優勢仍取決於特定地點，是否出現足夠的高度專業化和交互關聯的技能、應用科技、企業、供應商和法人機構。當地點在材料成本上的競爭優勢，可以透過全球化網路輕易取代，地點在生產力的競爭上，便需要鄰近性的優勢。任何可以透過遠距爭取或全球性網路的活動，對手也都能取得，因此不能再被看成是競爭優勢的強力來源。地點最重要的優勢逐漸移到當地性的事物，如與知識的關係、動機等，這也是遠距離的競爭對手所無法複製的。

跨地點競爭：從地方到全球化策略

現在，我們要將全球網絡的競爭優勢以及地方性的競爭優勢，整合為全球化策略的概念。跨地點的競爭，涉及一系列的選擇，這些選擇都能在惠普科技、諾和諾德工業和本田企業中看到。

全球化應建立在獨一無二的競爭定位之基礎上

　　全球化（或跨地點）的策略必須從獨特的競爭定位開始，這可導致明確的競爭優勢。企業除非能從成本或差異化上形成重大優勢，否則很難克服進軍陌生市場的障礙。比方說，諾和諾德工業在胰島素產業，就有很清楚的差異性，除了率先探索高純度的胰島素，並在產品純度和運送技術上領先。它的研究室常有重大的科學成就，並與糖尿病醫院保持良好的關係，以及主辦國際性醫學會議。諾和諾德工業的差異化讓它在進入新的外國市場時，都能把產品順利銷往當地醫院和醫政機構。

　　應用這項原則的必然結果是，企業應該從本身最有獨特優勢的行業和產品線開始全球化。這些產品領域代表國際化競爭成功的最大機會。

以一致的定位進行國際市場的滲透

　　國際化會打開龐大而不斷成長的國際市場。一套全球化策略需要以耐心、長期計畫，進入每一個重要的海外市場，同時還能發揮該公司獨特的策略性定位。諾和諾德工業、本田企業和惠普科技都遵循這套做法。海外市場現成可及的部分，會帶給企業一套特定的策略，但是每個國家的情況，則視當地的購買力與需求的種類而定（此一狀況可做為進入各國市場順序的參考指南）。然而，在各國都維持一致性的策略，將可強化公司的競爭優勢。公司策略所設定的目標市場會逐漸成長，它的基礎在於該國的經濟發展，與教育此市場有關該公司獨特之產

品活動的心力。

視各國的機會來修正公司的競爭定位，以求達成國際化的目標，此種做法成功的機會不大。不要收購一連串定位不同的公司，除非這些公司在本質上有所不同；另一個做法是，將它們予以重新定位，整合於母公司的策略之下。少了一致的定位，企業將缺少實質性競爭優勢，而且無法累積聲譽。此外，跨國的整合活動努力也會因此事倍功半，以受挫告終。

適當的地理擴充，仍是使企業能夠成長，但不危及特定策略的最好方式之一。在一致性定位下的全球化擴張，將會強化企業本身的優勢。反過來說，一味收割既有市場的策略，將會危及企業本身獨特性的風險。在較小國家中的企業，它們最大的成功障礙是，想要通吃所有產業區隔。正確的做法應該是，留在鎖定的產業區隔，並追求更大的國際市場機會。

針對每一類產業，建立一個清楚的母國基地

要在每一個在戰略上有所不同的行業內競爭，企業必須要有不同的母國基地（公司總部坐落的地點並不重要，只不過反映出歷史因素或便利性而已）。

行業的母國基地，是策略制定、核心產品與製程技術創造和維持，以及關鍵多數的精密製造和服務性活動所在地。僅僅只是一個協調中心是不夠的。這類活動的關鍵多數，如果都坐落在一處，將能造成更容易的溝通、更好的跨功能協調、更快的決策，而達到鞏固快速進步的效果。企業選擇的地點，也最好位居地方性的產業群聚，以便掌握生產力和創新的好處，因

為這種地點本身就提供很多的活動。母國基地應該對所進行的產業提供全球性責任，應該扮演元件、生產活動、資訊，和其他地方技術來源的協調和整合點。

母國基地應該坐落在特定行業的鑽石體系表現最佳的國家或區域，這是提供創新和生產力成長的最佳環境。最有利的母國基地可以不必是企業主所在的國家。諾和諾德工業、惠普科技和本田企業在它們主要的行業，都有很清楚的母國基地。諾和諾德工業在胰島素產業的母國基地是丹麥（無論併購前的諾和或諾德都一樣）。這家公司即使有95％的產品是銷往海外，所有提煉胰島素（整個製程中最關鍵的活動）的工廠設施，仍然設在丹麥本地，因為丹麥大型養豬場產業最初提供所有最重要的原料（豬的胰腺）。胰島素的萃取不僅需要大型投資，也需要專業設備、高技能技工以及品質管制系統。

丹麥是關鍵機器、其他專業化生產原料的供應商來源，一部分原因是丹麥在啤酒和乳酪業的強大地位，因為後兩者都需要相關的技術和技能。所有諾和諾德工業的核心產品和製程研發也是放在丹麥，當地也是一系列世界級的糖尿病研究機構，和兩家最好的糖尿病醫院所在地。在丹麥，胰島素的需求條件也領先其他國家。這個國家在醫療健保系統上，很大方地提供新型糖尿病測試和治療的基金。丹麥醫師不僅檢查病患，也有了解病人飲食習慣的追蹤計畫。諾和諾德工業經常直接與醫師維持人際接觸，以獲得關於新產品是否成功，以及面對糖尿病新問題的快速回饋。

本田企業在機車和汽車的母國基地都在日本，那裡也是本

田企業最精密活動的所在地。日本市場占了本田企業機車產能的76％，以及68％的汽車產能。海外生產工廠主要是裝配場，應用來自日本的精密零件。比方說，本田的日本機車廠平均生產396,000單位的零件，而海外廠平均生產75,000單位。本田的研發活動更集中：所有引擎核心的研究，以及95％的研發人員都在日本。駐在海外的研發人員，必須經過兩年在東京本田研究中心的訓練，才能到海外工作。

惠普科技比本田企業、諾和諾德工業多元化，但是每一種行業仍有很清楚的母國基地。每項產品線的全球性責任，包括核心研究、最精密的製造活動、決策等，都集中在特定地點。美國占惠普科技行銷活動的43％，但是在製造、研發和管理方面，卻占77％。在母國基地，有專業技能的工程師與全球各地的專家聯絡，所用的方式包括電子郵件，或定期到子公司出差。區域性子公司則擔負起部分製程導向的研發、產品本土化，以及本土行銷的工作。

利用不同的地點，調節產品線的母國基地

若是企業的產品種類廣泛，有些產品線的母國基地可以設在不同的國家，企業應該以當地在特定產業上，擁有最佳本地鑽石體系的國家，進行產品線責任和國際化的專業活動。這種做法遠比在好幾個國家同時進行複製產品和研發活動高明，因為那麼做是一種缺乏效率，而且會削弱創新的做法。取代的做法是，每個主要子公司應該專長於最有利鑽石體系的模組，服務這個產業區隔的全球市場。企業既然將活動個別分散，它應

該將包含產品線活動群的母國基地，坐落於有本地優勢的國家。在這些概念上，惠普科技就提供很有趣的示範。惠普科技將許多產品線放在美國以外的地方，例如它將噴墨式印表機的生產活動，集中在英屬哥倫比亞省的溫哥華，而區域型市場和裝配的地點則在巴賽隆納；有些雷射印表機新型產品線的全球性責任，則是放在新加坡，這條產品線包含由溫哥華轉移過來的印表機技術，加上亞洲的專家。在美國，惠普科技同樣集中產品線的責任，將個人電腦和電腦工作站的責任放在加州（幾乎是所有全球個人電腦和電腦工作站領導品牌所在地），醫療器材放在麻省（當然是全球知名的研究醫院和無數醫療器材領導廠商特別關注的地點）。

本田企業則將汽車完全放在日本，同時也正根據產品線觀念，將休旅車的基地放在美國。這款產品以日本房車設計和工程能力為基礎，由美國發展房車的構想、設計和開發。美國被視為全球最進步的休旅車市場，擁有最完善的房車零組件供應商網絡。本田加州研發設計小組，負責創造車型和規格大小，再由俄亥俄州的研發廠製造原型車；而主要生產機具包括壓模，是由美國本田工程公司負責。本田企業宣稱，美國將成為它的休旅車全球總部，美國設計師和工程師將持續發展和進行產品升級。美國本田企業也負責全球市場中，兩門喜美小轎車的開發工作。在1990年代結束時，美國本田計畫從美國出口70,000輛汽車到二十多個國家。

分散活動以延伸母國基地的優勢

當母國基地是核心活動所在地時，其他活動應該予以分散，以擴張企業的競爭定位。企業應該有系統地檢查價值鏈中的每一項活動，看看有沒有這樣的機會，這類行動大致可歸納為三種形式。

- **尋求比較性利益**：並未整合到創新過程的元件，例如技能程度很低的裝配工、原料、一般用途的零組件或資金等，應該也從最有成本效益的地方尋求。按照這個方式，全球化的競爭者從好幾處地點來發揮原料成本優勢。全球化競爭者因此能使用許多地點的比較性利益，並抵消母國基地的成本劣勢。

- **確保或改善海外市場的接近性**：選擇一些活動在市場所在地附近進行，象徵企業對海外顧客的承諾，也會讓它的產品更能迎合當地需求與偏好的形式。為了達成這個目標，許多企業將部分研發活動打散，以支援產品的修正工作，迎合當地的法規。不過，現代的彈性製造系統，力量日增的資訊和通信科技，使得分散活動以支援當地需求的情況減輕。技術標準化帶來更大的和諧，而貿易障礙的減低，都有相同的效果。顧客導向式地服務當地需求，通常可以透過單一工廠就能輕鬆地達成。

    有些活動必須進行分散，並非基於提升競爭力，而是為了回應當地政府實際的要求，或受制於政府壓力而

被迫如此。比方說，日本許多汽車和消費性電子產品的裝配廠設在美國，就反映出這樣的考慮。一旦企業必須回應政府壓力，它應該分散那些與規模較無關，或較不需要協調和整合的活動。企業的目標是，透過與政府談判，儘量不犧牲效率，尤其不影響到創新的速度。

- **選擇性掌握其他地點的競爭優勢**：母國基地的地點無論有多優越，很少能提供所有重要的專業和前景看好的技術。要接近其他地點的好處，全球化競爭者應該選擇在其他能創新的地點活動。不過，一旦掌握當地鑽石體系的能力，母國基地必須扮演互補的角色，而非只是一味複製或取代。企業的最終目標，應該是改善母國基地的重要技能或技術，以利於更快速的創新。過度依賴其他地方的資源優勢，會威脅到本身的創新能力。整體而言，企業應該在前述三種型態的好處下，將相關活動進行分散化。

諾和諾德工業在它的價值鏈中，展示了這三種機能。在採購方面，諾和諾德工業對傳統原料——豬胰腺的採購，分散到二十個國家。全球性的採購不僅使它能接近大型供應商，而且能以有利的價格和匯率，在原料國家進行採購。為了獲得低成本的資金，諾和諾德工業83％的長期債信，並非丹麥盾，而是在外國債券市場中取得，美國就是其中之一。為了更容易接近市場，取得較低的運輸成本，滿足當地政府的需求障礙，諾和諾德工業將胰島素製造流程工廠分別設在法國、南非、日本

與美國。諾和諾德工業這四座丹麥以外的工廠，並非產能滿載的生產據點，它們靠進口丹麥的胰島素結晶，然後包裝上市銷售。分散這些比較不具規模敏感性的製程工廠，可以節省運輸成本。更重要的是，這讓諾和諾德工業繼續在丹麥集中心力於更需要規模或技能的主要生產工作上面。

在行銷和銷售方面，諾和諾德工業與許多國家的企業合資行銷，以改善它與當地醫療社群和政府健保體系的接觸成績。最後在研發方面，諾和諾德工業少數設在外國的高度專業研究中心，以貼近本國尚無的特定技能與技術。像設在華盛頓州西雅圖的奇摩科技（Zymotech），就著眼於當地基因工程技術，這也是美國的長處所在；設在日本的研究機構用意相同。由於丹麥數度延誤相關法規的制定，諾和諾德工業乾脆在法規通過比較迅速的日本，建立一座基因工程胰島素製造工廠。不過，諾和諾德工業並未將本身的核心技術轉到海外作業，本身的基因工程產能仍在丹麥擴充。諾和諾德工業也將自美國和日本取得的技術知識轉回丹麥，建立本身的胰島素基因生產能力。

本田企業在分散活動上，也是基於上述三種理由。它的汽車裝配分散在十一個國家，機車裝配分散在十三個國家，以減少運輸和關稅成本，並尋求成本較低的勞動力。由於各國對日本車進口的關切持續升高，本田企業為了接近市場，已在美國廠投資超過20億美元。其中包括兩座裝配廠，一座生產引擎傳動系統和懸吊零件工廠，一個工程中心和一座研發工廠。本田企業在美國的活動享有較低的作業成本，並把重心放在修改產品和製程，以因應美國市場需要，至於創新工作仍然留在日

本。最後，本田企業在加州發展風格設計方面的專業，又在德國蒐集高性能設計能力，主要是透過當地的小型設計中心，將知識移轉回日本的基地，然後再轉到新車型的開發上面。

協調與整合各分散的活動

將競爭優勢由分散的活動中釋放出來，需要進行全球性的活動協調。協調可以確保並強化跨國性活動之間的一致性，提高差異化。要在分散的活動中產生學習與技術，並且與母國基地進行整合，協調也有其必要。

協調的形式很多，前文已討論過它們所形成的特定優勢。本章所列舉的三家企業都表現出這些好處，不過諾和諾德工業的案例特別有趣。在原料採購方面，諾和諾德工業的原料來源多達二十個國家，而協調工作主要在獲取價格和匯率上的優勢。在行銷方面，諾和諾德工業的所有子公司、仲介和經銷商使用相同的促銷材料，並訓練相關人員一致的銷售手法。諾和諾德工業很努力確保在國際間有共同的形象，並且定期在海外贊助糖尿病醫師的會議。

不過，跨國地點之間的協調，將帶來巨大的組織挑戰，語言、文化和遠距離，都與溝通和一般思考方式大不相同。外國子公司很自然會希望自主運作，並將它們的活動修正到能適應當地環境。成功的全球化競爭廠商以幾種方式克服這種挑戰。首先，它們會建立一個清楚的定位，以及概念上淺顯易懂的全球化策略。其次，子公司經理人承認，整體的全球定位擁有自己國家很難追上的優勢來源。因此它們會很小心，在不傷害企

業全球化策略的前提下，修正當地的活動。第三，維持全球各
單位在資訊和會計系統的一致性。無論紀錄的格式與代碼都規
格化，以便於作業的協調、跨地點資訊的比較和交換。第四，
企業主動努力鼓勵子公司經理之間的人際關係和學習經驗的交
流，以便於鞏固雙方的了解，並給予人性化的界面。

最後，任何企業尋求國際化策略時，必須安排一套誘因系
統，既要能衡量海外子公司的表現，還能評估它們對企業的整
體貢獻。

在事業單位中保留國家識別

企業在特定產業中的國家識別，並不像部分觀察家所建議
的應該去除；而是正好相反，應該予以保留。在一個行業中，
企業的競爭優勢通常是由所在母國環境的特殊條件所形成；
諸如所在地點對企業的影響和對競爭方式的改變。海外客戶
很看重國家識別與文化，以及這兩者所意味的公司特徵。比方
說，大多數美國人喜歡德國車，是因為德國產品意味高標準的
設計、性能和工藝水準，而非德國汽車廠商開始「美國化」或
「全球化」。

一旦企業接觸海外市場，就必須修改產品以滿足當地需
求，並顯示出對當地產業事務具有敏感度。然而，企業並不因
此喪失它獨特的定位和自我識別，還應該在當地分公司灌輸培
養這些認識與觀念。比方說，本田企業派駐海外子公司的經理
人，必須在日本總公司訓練兩年後，才能赴海外履行責任。

結盟是全球化的工具，而非全球化策略

　　一旦企業了解如何設計它在行業中的全球化網絡，要與其他地區的企業進行結盟，將可以是一個更有效率或更快達成預期設計的方法。結盟是一個建構分散式活動網絡的方法，而非目標，它能讓母國基地以外的活動更有效率地運作。例如，企業通常可以經由當地合作夥伴強化接觸市場的動作。在一個新的地點尋求資源，或爭取先進技能和技術，也需要有一個已站穩腳步的合作夥伴。話說回來，結盟也可能模糊企業的定位，並使它喪失在每個市場中定位的一致性。結盟會使協調變得很複雜，並且減緩創新速度。

　　最佳的結盟是有高度選擇性的：它們把重心放在特定活動，以及獲得特定的競爭優勢之上。好比諾和諾德工業與許多公司合作投資，目的在接近特定國家的市場。結盟範圍太廣，兼顧許多活動和市場時，往往會影響到企業本身的發展，反而會泯滅或減緩公司建構品牌或發展自有產品的急迫感。最佳的結盟通常是一項過渡型的工具，它協助企業學習並建立實力。長期而言，結盟夥伴會找出不同的方式或提升結盟至併購的程度。企業絕不能在攸關自身競爭優勢的關鍵資產上，依賴結盟夥伴。

在享有地點優勢的產業和產業區隔中擴張事業

　　地點的競爭優勢提供標示產業的方法，企業並由此形成面對其他地區的競爭對手時，獨一無二的競爭優勢。新事業的發

展也應該集中在這些地點。

最新有關生產力競爭的典範，提醒大家有關處理擴張垂直整合的問題。垂直整合會消耗資源並造成缺乏彈性，因此應該限制在與總體活動密切聯繫的活動上。其他方面，企業最好能發展與當地特殊工具機和原料供應商密切的關係。

多角化也應該循產業群聚的路徑進行。藉由多角化，企業不僅能調節本身的內部資產，也能應用接觸特定地點的獨一無二資產，例如供應商、研發中心和技術人力等。惠普科技從量測儀器到資訊系統和醫療設備的多角化，正是依循這些原則，而且取得美國在這些領域獨一無二的實力；諾和諾德工業從胰島素到工業酵素的發展，也是依循產業群聚的路徑；本田企業由機車到汽車的多角化亦不例外。相關的技術和技能開始結合時，創新通常已在產業與產業群聚之間的夾縫中萌芽。比方說，本田開展它的汽車工業，是靠本身在製造機車的小型引擎技術專業。它結合這項條件和日本汽車產業群聚的資產，包括數目眾多的供應商，鼓勵輕薄短小設計和省油的需求條件。

母國基地升級

企業在一個行業中的競爭優勢，不僅要看企業內部，還與行業所在的當地環境有關。如果缺乏一個基礎穩健的母國基地，產業在生產力成長和快速創新的能力都將會式微，也無法組合資源、技能、技術和攸關競爭優勢的資訊。儘管分散精密生產或向外尋求關鍵零組件與工具機的行動，通常能彌補母國基地的弱點，並看到短期成效，但是企業的長期創新能力將會

受到威脅。

　　外部競爭優勢的出現，會增加企業策略的陌生領域。企業應該支持專業化訓練計畫，促進大學在相關產業領域的研究，並培養當地供應商升級（大量依靠遠地供應商會抵消潛在的競爭優勢）。企業應該指引並迫使當地基礎設施提供者滿足他們的需求，並確保政府法規能提升生產力。產業公會應該在贊助訓練計畫、研究標準和強化技術、蒐集市場資訊等方面扮演重要角色，這些機會，在第七章中有更周延的討論。不幸的是，很少企業將當地環境視為重要的競爭資源。例如在美國，許多公司將他們的供應商視為理所當然，並認為教育和訓練是政府的責任。

　　諾和諾德工業的例子說明，全球化龍頭廠商如何在提升母國環境上，扮演主動的角色。在諾德和諾和兩家企業合併之前，諾德設立了諾德胰島素基金會（Nordic Insulin Fund；成立於1926年），以支持斯堪地那維亞和史丹諾紀念醫院（Steno Memorial Hospital；成立於1932年）的胰島素專案研究工作，並做為研究和治療糖尿病的中心。諾和則成立韋鐸糖尿病醫院（Hvidore Diabetes Hospital），並在1957年設立海巨鐸研究所（Hagedoorn Research Institute），專門從事糖尿病的基礎研究。1964年時，該公司再成立諾和研究所（Novo Research Institute），以研究導致糖尿病的起因。今天，史丹諾糖尿病中心和韋鐸糖尿病醫院每年治療6,000名糖尿病患，並主導25,000件糖尿病諮詢工作。諾和諾德工業也在丹麥本地贊助國際性的糖尿病研討會，將本地和來自全球的專家和醫師聚集起來。

丹麥胰島素產業的歷史顯示，積極的本地競爭引發持續創新的力量。這兩家企業很清楚，它們之間合併後可能達成一些效率，但也潛伏一些危機，例如傷害到原本各自的活力。母公司希望，藉由維持兩家子公司獨立作業來處理這些風險。無論如何，它秉持的原則依然是：在本地競爭創造優勢。大多數時候，尋求消弭本地競爭的做法，恐怕是方向錯誤了。

「必要時」可重新選擇母國基地

假如消費者的要求不夠多、需要新型態的供應廠商、本地機構缺乏效率或其他因素，導致企業在特定行業的母國基地活力不再時，企業的第一個反應應該是提升母國水準。不過如果已耗費心力卻仍徒勞無功時，企業可能需要轉移母國基地到更有利的地點。這也許是全球化競爭的終極證據。

有愈來愈多的跨國企業在不同國家之間轉移母國基地。當全球競爭將企業推向世界最佳的競爭對手，並讓取得資金、原料和勞動力等傳統比較性利益不再有用時，本國鑽石體系不佳的傷害也隨之增加。然而，企業應該盡可能避免遷移母國基地的決定，因為接踵而來的是必須融入一個新的地點，成為當地人並接受全新的文化。

企業很少完全遷移整個公司的母國基地。事實上，它們大多是遷移特定產品線或事業區隔的母國基地。這種轉變的其中一個觸媒（或活力源），是企業在一個欣欣向榮的地點，買下一家已具有規模的企業。假以時日，這種併購讓新的母國基地，增加對特定行業和產業區隔提供關鍵多數產量的全球性責

任。比方雀巢公司買下麥克英達許（Rowntree MacIntosh）企業後，將它的糖果糕餅製造事業全球總部遷移到英國。原因是英國有講究甜食的消費者、分工最細密的零售商、先進的廣告公司，以及高度競爭的媒體，在大宗糖果市場上，這些條件建構起一個比瑞士更有活力的環境。同樣地，雀巢也將它的瓶裝水事業總部遷到法國，該地也是相關產業競爭最激烈的地點。

雖然我們的範例，如諾和諾德工業、惠普科技和本田企業持續在它們的本業中，享有強有力的本土鑽石體系，但並非所有企業的運氣都這麼好。例如北方電訊公司（Northern Telecom）把中央機房數據交換機設備的母國基地，從加拿大遷往美國。1977年時，北方電訊在美國製造和安裝了第一套當地的數據交換機DMS-10。隨後美國電話電報公司多角化，美國電信服務與設備業市場獲得重新設計，進而導致北方電訊開始迅速擴張它在美國的業務。1991年時，這家企業將它中央機房交換機的世界總部遷往美國。如今，它在美國進行這類產品線所有的研發活動，員工人數有上千人，所有中央機房的交換機製造，也都是在北卡羅萊納州進行。

北方電訊將總部遷往美國的道理在於，可以看成是因美國在電訊設備方面的鑽石體系的實力。與加拿大相比，美國表現出獨一無二的專業配套因素，包括精密的軟體工程，在電腦科學和通訊領域世界級的大學研究計畫。美國的客戶和最終用戶絕對是世界最挑剔的族群，而二十到二十五家大型獨立交換機用戶，導致密集的競爭，並且讓北方電訊的顧客持續將他們的中央機房交換機能力升級。美國企業在積體電路的製造和系統

軟體設計上，提供相關產業強勁的支援能力。美國市場對外國競爭對手的開放性，甚至遠超過美國本地廠商之間的競爭（在電訊設備方面，外國政府一般傾向保護本地市場，支持獨占的供應商）。

另一個很有趣的例子是，威森（Wesson）在1993年研究中描述，當韓國的現代企業（Hyundai）發現無法跟上世界潮流時，就將個人電腦母國基地從韓國遷往矽谷。在個人電腦產業，當所有競爭廠商都在國際間尋求低成本的零件，脫穎而出的關鍵就在快速推出新機種，滿足不斷演進的顧客需求，和是否能成功地取得變化中的經銷商通路。在這些領域，美國的條件遠超過其他地方。傳統上，海外直接投資（FDI）已經被視為一種母國基地的優勢。威森使用數字證據證實，母國基地廣泛地「尋求」海外直接投資，也就是說，海外直接投資的方向，在於取得其他地點的優勢，甚至要將企業的母國基地遷往他處也未嘗不可。

由開發中國家進行全球化競爭

在國際經濟中，開發中國家已經變成一塊快速成長的版圖，許多開發中國家的企業是出口廠商。問題是，開發中國家的舞台，也引發部分企業走向全球化策略的特定課題。

最基本的挑戰是，如何從比較性利益轉變成競爭優勢。大多數開發中國家的企業國際化，是透過向跨國公司接單，出口資源、勞力密集商品，或產品代工，這主要是靠資源和勞動成

本。這類出口主要對象是先進經濟體。要擴張到其他開發中市場，包括鄰近國家，其機會就受到生產因素條件和政府保護政策等類似的限制。

要超越這些傳統國際化的模式，開發中國家的企業需要創造出與眾不同的策略。這些企業發現，如果沒有自己的產品或服務、生產方式或聲譽，它們很難打入海外市場。企業也必須將本身的價值鏈擴張到包含國際通路、行銷、尋求原料來源和最終產品的體系。開發中國家國際化策略的最佳機會，常繫於區域內部或其他類似的經濟體中。企業雖然可以繼續以比較性利益的優勢，對先進國家出口產品，它同時也應該利用鄰近國家的開放市場，建構本身的區域性網絡。它的挑戰就在於建構與眾不同的產品和生產方式，同時又獲得國際行銷和通路上的知識與控制力。假以時日，企業必須建立足夠強大的創新能力，根據競爭優勢而非比較性利益，進入更多的先進市場。

整合本地和全球化競爭

從1950年代開始，全球化已經對競爭策略發揮愈來愈強大的影響力。累積的數字證實，已經有愈來愈多的企業在銷售和作業上採取全球化的策略。傳統比較性利益的角色已經被取代，並引導出一個似是而非的論點：許多企業如今已超越國籍的界限。

然而，經過深入研究後可發現，地點在競爭優勢上仍有絕對力量。這個明顯的矛盾可以解釋為，生產力和創新造就了國

際競爭的新典範。企業必須發揮許多地點的比較性利益,並且避免其中的不利之處。企業之所以優於其他同業,通常是靠可提升生產力的地點競爭優勢。這個典範將會引發新的全球化策略思考,以全新的方法,將本土化和全球化整合起來。

本土化曾一度被視為達成全球化策略的必要之惡。相反地,母國基地所在地點,應該被看成競爭優勢的根源。全球化策略應該將這種優勢,透過分散活動尋求比較性利益、接近市場,或爭取特定技能或技術的延伸。話說回來,要演出這樣的角色,必須協調分散活動之間的落差。地點在競爭優勢中複雜的角色,將主導未來十年的競爭。

第三篇

以競爭力的方式
來解決社會問題

第九章

綠色競爭力：
解開僵局

麥可・波特、卡拉斯・林德——合著

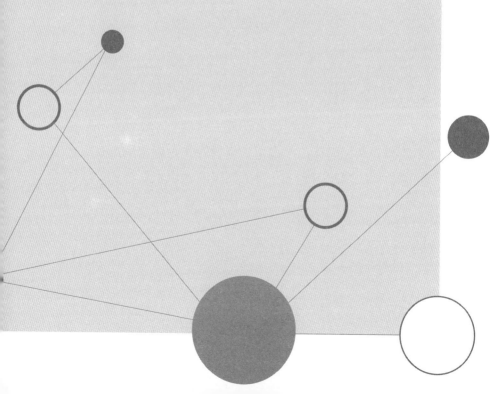

環境保護法規的需求正逐漸散布開來，但是也產生了一些雜音。此種需求逐漸受到重視的原因是，每個人都希望有個適於居住的地球，而雜音則來自擺脫不掉的信念，認為環境法規將會腐蝕競爭力。一般的看法是，在生態與經濟的對立狀態下，目前正處於根深柢固的兩難處境。一方面，嚴格的環保標準可以提高社會利益；另一方面則是，產業預防和處理的成本，會導致更高的價格和降低競爭力。也就是說，環境品質的進步變成一種腕力較勁的競賽。一方施壓追求更嚴格的標準，另一方則嘗試拉回原點，主流的政治風向，則決定這兩股力量拉扯的平衡點。

從靜態的環境法規來看，除了法規本身，所有事物都是不變的。這個觀點其實並不正確。如果科技、產品、製程和客戶需求都是固定的，那麼「提高成本在所難免」的結論很合理。但是，企業是在真實而充滿競爭力的世界運作，絕非處於靜態的經濟理論中。面對來自競爭對手、客戶、法規等各式各樣的壓力，它們經常以創新的解決方法來因應。

妥善設計的環保標準有助於引發創新，降低產品的總成本或改善產品的價值。這類的創新容許企業使用更有生產力的原料、能源及勞動力，降低為了改善環境而增加的成本，不但能終結僵持的局面，還能提高「資源生產力」（resource productivity），使得企業更有競爭力。

試想荷蘭的花卉產業如何回應它的環境問題。在一個狹小的區域密集種植花卉，會導致殺蟲劑、除草劑和肥料污染土地和地表水。面對使用化學藥劑日漸嚴苛的法規，荷蘭人知道，

唯一有效的方式是發展封閉性循環系統。在先進的荷蘭溫室中，花卉如今培育在水中和石綿中，而非土壤。這套做法降低了寄生蟲感染的風險、施肥與殺蟲劑的需求，而且能讓水分循環再利用。

這套緊密監視的封閉式循環系統，也降低花卉成長條件的變數，改善了花卉產品的品質。因為花卉是在專業設計的環境下生產，因而降低處理成本。著眼於環境問題，讓荷蘭人在栽培方法上創新，提高所需資源的生產力。這項結果不僅大幅降低對環境的衝擊，也降低成本，獲得更佳的產品品質，進而提升荷蘭花卉在全球的競爭力。（請參閱「創新帶來競爭力：荷蘭花卉產業的例子」）

創新帶來競爭力：荷蘭花卉產業的例子

荷蘭出口的切花占全球市場數量的65%。如果考慮土地和氣候這兩項花卉生產事業最重要的資源，荷蘭似乎創下令人難以置信的數字。去過荷蘭的人都知道，這個國家的土地和氣候條件惡劣，荷蘭更是長期以來與海爭地。

從傳統觀點來看，在極度缺乏比較性利益的情況下，荷蘭是如何做到全球花卉產業的盟主？原因雖然很多，最主要的還是，荷蘭人在整個花卉產業價值鏈的每個步驟，都有創新的表現，創造了技術和高度專業化的原料，使得資源的生產力得以提高，並且抵消國家在天然條件上的劣勢。

以銷售和通路為例，荷蘭有五個制式設計的拍賣場，專門進

行花卉買賣。一輛輛花卉推車在電腦指引的路徑下自動進入拍賣場,叫價流程幾分鐘內就完成。客戶坐在階梯式座位區,每車花卉的價格顯示在拍賣電子板上,一旦有人按鍵買下就達成交易。該花卉推車上會自動登錄下買家的號碼,並且繼續移動到這家公司的運貨和處理區。幾分鐘內,這些花卉被送進某個區域性市場的卡車上;或比較特殊的情況下,送進預先冷藏的冷凍櫃,準備送往鄰近的雪佛(Schiphol)機場。世界各地處處可見嶄新的機場和高速公路系統,但是荷蘭在基礎建設上專業化的創新,讓它擁有競爭優勢,並形成非常高的生產力。這套體系運作得非常成功,以致其他國家會將花卉預先送到荷蘭進行處理,銷售和再出口的情形愈來愈多。

弔詭的是,某個產業如果條件不佳,或根本缺乏原料,有時候反而會轉變成一種優勢。如果荷蘭的土地充沛,氣候宜人,該國在花卉產業上發展與競爭的做法,可能便與其他國家無異。正是因為條件惡劣,迫使荷蘭不得不採取創新的做法,因而發展出全年溫室種植的高科技系統。荷蘭持續改善這套獨一無二、專業化的技術,創造更高的資源生產力,以維繫其競爭力於不墜。

反觀其他國家,豐富的土壤和自然資源,或缺乏環保壓力下,可能導致企業更無效率地消耗天然資源。利用更便宜的天然資源競爭,可以不考慮材料本身的生產力,這種情況可以在封閉的情況下存在,但不可能在日漸全球化的今天生存。當前,全球經濟體系中出現愈來愈多以低廉的勞動力和原料競爭的國家,原來的策略很難持續下去。

荷蘭花卉產業的例子顯示，為什麼關於競爭力與環境之間的說法有誤。政策制定者、商業領袖、環境學家只注意環保法規靜態的成本影響，卻忽略掉更重要的，從創新而來的利益。他們經常在提高成本或降低環境品質進步的事物上打轉。這些靜態的思考模式因此創造了自我滿足的論述，導致更高成本的環保法規。立法者傾向制定不利於創新的規範，企業則竭力反對與抗拒立法，而不是以創新來因應。整個過程只讓律師和顧問業從中興起，耗盡了真正解決問題所需的資源。

污染＝無效率

荷蘭花卉產業的表現究竟是個例外，還是常態？同時降低污染與提高競爭力，此一想法是不是太過天真？我們並不如此認為，理由是，污染通常是資源浪費的一種形式。當廢料、有害物質或能源的使用不完全、缺乏效率，或沒有效能時，就會轉變成環境中的一種污染。此外，企業這時還要提供增加成本、造成對客戶毫無價值的額外活動：譬如廢棄物的處理、儲存或棄置。

資源生產力的概念，是探索任何產品中成本與價值關聯的新方法。在企業裡，資源利用的無效率，通常表現在物料使用不完全，或是製程管制太差，並導致沒有必要的浪費、缺失和儲存材料。但是這裡面也有許多其他隱藏性成本，埋藏在產品的生命週期裡。比方說，經銷商或客戶任意拋棄包裝材料，浪費資源也增加成本。當產品包含可用材料但卻被丟棄，當客戶

直接或間接為廢棄產品付費時，都形同資源的喪失。

　　傳統上，改善環境的努力常忽略掉這些系統性成本。企業的注意力常放在製程、排放廢物的污染，這也是比較浪費成本的做法。近年來，愈來愈多先進企業和立法者接受預防污染的概念；它有時被稱為節約資源。這個概念使用替代材料、封閉式循環系統等方法，在污染處理前便予以限制。

　　但是，儘管預防污染是正確方向上很重要的一步，企業終究必須學習建構以資源生產力為主的環境改善。今天，經理人和立法者把重心放在減少或處理污染的實際成本，他們還應該將注意力延伸到污染的機會成本，如浪費的資源、浪費的心力，和產品價值逐漸降低等。在這個層次的資源生產力上，環境改善和競爭力是合而為一的。

　　這種將資源無效率看成污染的新觀點，造成1980年代的品質革命（quality revolution）。就在今天，我們深信創新可以改善品質，降低成本。但是在十五年前，經理人還認為這兩者之間必然有取捨效應存在。改善品質所費不貲，因為達到它必須經過檢查，以及對「無可避免」的缺失重新作業，產品本身也必須脫離生產線。這套舊觀點背後的論述是，假設產品設計和生產流程是固定的。當經理人把舊式心態放一邊，重新思考品質課題時，他們會將缺點視為生產和製程設計缺乏效率的一個象徵，而不是製造上無可避免的部分，光是這一點就是一個重大突破。企業如今努力建立整個流程的品質。新心態釋放出創新力量，並鬆動或淘汰企業先前接受必然有取捨效應的想法。

　　污染一如產品缺點，通常在產品設計或生產流程中顯現。

降低污染的做法與廣泛運用於品管計畫上的基本原理相同：更有效率地使用原料，以及淘汰不必要的活動。一項對十家印刷電路板大廠所做主要製程變化的研究顯示，三十三項重大改革中，其中有十三項是由污染控制人員所提出。這十三項改革中，十二項是用在降低成本，八項是在品質改善，五項在發揮產能。毫不意外地，全面品質管理（total quality management, TQM）開始成為降低污染的一個思考來源，而且能創造出因低污染所帶來的好處。比方說，透過程序統計，陶氏化學找出品質改善與環境表現之間的關聯性，進而降低製程中的變數與降低浪費的情形。

創新與資源生產力

1991年時，我們與企業暨環境管理研究所（Management Institute for Environment and Business, MEB）合作，進行一系列受到環境法規嚴重衝擊的產業，與產業部門的跨國性調查，以研究創新在其中扮演的角色，以及它在改善環境與資源生產力之間的聯繫性。這些接受調查的產業包括：紙漿與製紙產業、油漆與塗料產業、電子製造業、電冰箱、乾電池與印刷油墨等（見表9.1）。這項研究的數據清楚地顯示，如果經由創新產生其他方面的競爭優勢，環境法規的成本將能降至最低程度。

以化工部門為例，很多人相信生態與經濟的衝突，乃是高度兩難的問題。一項研究發現，29家工廠為了避免浪費而進行的創新活動，成功地藉由提高資源生產力而抵消了環境保護

表9-1	環境法規具有競爭的意涵		

部門／產業	環保議題	創新的解決方案	創新的代價
紙漿與造紙	用氯漂白釋放戴奧辛	改善加熱和洗濯過程。洗濯時使用氧、臭氧或過氧化物，將氯清除；封閉式循環流程（目前仍有問題）	因更高的能源使用，成本作業變得最低
油漆和塗料	溶劑中含有易揮發的有機複合物	新的印刷形式（溶劑含量較低的油漆）改良應用技術粉狀或氣體形式的塗料	對無溶劑的油漆做額外補貼；改善某些領域的塗料品質；工人更安全；更高的塗料轉換效率；透過節省材料達到降低塗料成本
電子零組件的製造	清洗物中含有易揮發的有機複合物	水溶性，含烯化合物的清洗劑；封閉式的循環系統；應儘量減少清洗	增加清洗品質進而提高產品品質；降低30%至80%的清洗成本，通常一年內可以回收；淘汰不必要的製程步驟
電冰箱	冷媒用氟氯碳化物；使用能源的處理	另類冷媒（丙烷、異丁烷化合物）；較厚的絕緣體；更佳的襯墊；改良壓縮機	相同成本提高10%的能源效率；「綠色」電冰箱起價高出傳統冰箱5至10%
乾電池	填埋時會釋放出鎘、鈷、鉛、鋅、汞、鋰、鎳等毒素（或焚燒後污染空氣）	氫化物充電電池（可用在某些產品上）；充電鋰電池（發展中）	相同成本，效率提高兩倍；更高的能源效率；未來的價格應更有競爭力
印刷油墨	油墨中含有揮發性有機複合物	水性或豆質類的油墨	較高的效率，更鮮艷的色彩與更佳的印刷效果（根據用途而定）

資料來源：Benjamin C. Bonifant, Ian Ratcliffe, and Claas van der Linde

的衝擊。在它們181項預防浪費的動作中，只有一項的結果導致成本增加。在70項改變文書程序的動作中，有68項的結果是增加良率；平均下來，每修正20項文書的程序，能提高7％的良率。這些創新的投資成本奇低，回收期短。在48項改善計畫中，有四分之一幾乎不需要真正投入資金；在38項有回收階段數據的提案中，近三分之二是在六個月內回收投資。每年節省下來的資源，在27件附有計算數據的提案中，平均每一塊錢創造出3.49元的價值。這項研究也發現，節約資源活動的兩個主要動力，來自廢棄物處理成本和環保法規。

　　回應環保法規的創新主要落在兩大領域：第一項是污染一旦發生，能將成本降至最低的新技術與新做法。這些做法的關鍵通常繫於處理造成污染的資源，並將它們轉換成有價值的東西。在處理有毒物質和放射性物質、回收廢料、改善再處理程序上，企業愈來愈聰明。比方說，在法國夏蘭（Chalampe）省的朗恩—浦朗克（Rhône-Poulenc）廠，尼龍的副產品二價酸化合物通常被焚化處理。該公司投資7,600百萬法郎，安裝新的設備做再處理，並將二價酸化合物當成染料和硝皮凝結劑觸媒的添加物銷售，這項新的回收流程，讓公司每年增加2,010餘萬法郎的收入。位於麻省的熱電子公司（Thermo Electron Corporation）在諸多競爭者之間，發展出新的脫墨技術，使它能更廣泛地使用再生紙。麻省另一家熔化金屬科技（Molten Metal Technology）企業，發展出能節省成本的抽取催化法（catalytic extraction），並應用在許多危險廢料的處理上。

　　第二項，也是更有趣且更重要的創新形態，著眼於造成污

染的根源，並將改善資源生產力放在首位。創新的效應形式很多，包括更有效率地使用特定原料、更佳的產品良率、更好的產品等。（參閱「改善環境有利於資源生產力」）

改善環境有利於資源生產力

製程上的好處

- 從更完全的製程、取代、再使用，或生產原料的回收，達到節省材料的好處
- 增加製程的良率
- 透過更小心的監視和維修，達到更少的停工期
- 更佳的副產品使用率
- 將廢棄物轉變成有價值的形式
- 在生產過程中降低能源消耗率
- 降低材料儲存和處理成本
- 從更安全的工作現場條件，節省成本
- 排除或降低涉及排放活動、廢棄物處理、運輸和棄置成本
- 改良產品達到改善製程的作用（如更佳的製程控制）

產品的利益

- 更高的品質，更一致的產品形式
- 較低的產品成本（如透過替代性材料）
- 較低的包裝材料
- 更有效的資源利用

■ 更安全的產品

■ 較低的產品廢棄成本

■ 較高的產品再銷售和廢料價值

當更便宜的材料成為替代品，或出現更佳的材料時，資源生產力就會有所改善。陶氏化學的加州廠以苛性鈉去除氯化氫氣體，生產種類繁多的化學產品。這家公司過去一直以蒸發池儲存廢水，但是當地法規則要求該公司於1988年關閉蒸發池。因此，在服從新法規的壓力下，該公司在前一年重新設計產品製程。結果反而讓該公司達到降低每年使用不到6,000公噸苛性鈉蘇打的成績，而氯化氫的酸廢料每年只有八噸。該公司也發現，它能將部分廢水送到工廠的其他部門，提煉成可再利用的新材料。執行這套策略，耗資不過25萬美元，但是讓陶氏化學每年省下240萬美元的支出。

3M公司也是改善資源生產力的例子。3M被迫因應新的法律規定，降低90％的溶劑揮發物，因而發現一種避免使用溶劑且更安全的水性塗料。這家公司因此在競爭者之間，在產品發展上取得提早行動的優勢，因為許多競爭者後來也轉向這種做法。該公司也因此縮短產品上市時間，因為水性塗料的溶劑並不需要政府核可的程序。

3M發現，創新能同時改善製程，降低停工期以及實質成本。這家公司過去向來生產大批的黏著劑，並將它轉入儲存櫃

中，劣質的黏著劑會毀掉整櫃的存貨，結果是損失產品及停工時間，還有昂貴的危險廢料處理。3M針對新批量的產品發展出一套新的品質鑑定技術。這使得該公司在幾乎不增加成本的情況下，每年減少110噸的廢料，省下超過20萬美元。

許多化工生產製程需要在產品進入化學反應時，保留一個啟動階段，以穩定產出並形成特殊效果，但這段期間會生產大量的廢料。一旦法規提高安置廢料的成本，杜邦公司被迫設置高品質的監視系統設備，以降低生產處理的干擾讓聚合更順利。如此一來，杜邦公司不僅降低它的廢料，也將與生產無關的聚合時間大幅縮短。

降低揮發和提高資源利用生產力的製程創新，通常會帶來更高的良率。新的環境標準問世時，汽巴嘉基（Ciba-Geigy）公司重新檢查它在新澤西州染料廠的廢水系統。工程師在生產流程上做了兩項改變。首先，他們更換廢水處理系統的汙泥，以更無害的化學媒介，取代鐵質媒介。其次，原本廢水處理系統不再接受可能有毒物質的排放。這麼一來，不但降低污染，同時也增加40％的產品良率，每年成本節省達74萬美元。儘管該廠的部分生產線最後還是關閉，但是這個例子顯示，法規在製程改善上的正面角色。

因應環保法規的製程創新，甚至能改善產品一致性與品質。1990年時，蒙特婁公約（Montreal Protocol）和美國清淨空氣法案（U.S. Clean Air Act）規定，電子公司要逐步根絕使用會破壞臭氧層的氟氯碳化物。許多企業將這種化學產品當成清洗印刷電路板製造過程中的殘餘材料，雷神（Raytheon）企業的

科學家因此面對新法規的挑戰。最初，他們認為完全不用氟氯碳化物是不可能的。經過研究之後，他們發現一個另類的清潔劑，而且可以在封閉式循環系統內反覆使用。這項新方法確實改善產品品質，比傳統氟氯碳化物的清潔劑效果更佳，同時也降低作業成本。為了因應相同的法規，其他研究人員找出甚至可以完全不用清洗劑的方法，發展出所謂的「無須清潔流程的技術」，這讓產品品質在不受影響下，降低了作業成本。若沒有環保法規，這些創新可能無緣問世。

　　針對環保法規的創新，也減少不必要的包裝或簡化設計、降低產品成本，並提高生產力。1991年，日本的一項法律規定產品要能便於回收。在電器產品競爭者中，日立電器（Hitachi）重新設計產品以降低分解時間。新的製程將洗衣機的零件減少16％，吸塵器的零件減少30％。更少的零組件讓產品更容易分解，也更容易組裝。法規要求這類重新回收的產品降低使用者的廢棄成本，並導致企業重新規劃更容易回收的有價值物質。無論消費者或製造商，都因產品回收政策而獲得更大的利益。

　　儘管這類產品創新，是因為法規而非消費者的緣故加速進行，全球對高資源效率的產品需求也在增加。許多企業利用創新，製造「綠色」產品來打開新的市場區隔，並爭取溢價效果（price premiums，譯註：亦即收取較高的價格）。因為德國較其他國家更早採行回收標準，德國企業在發展包裝程度較低的產品上，具有提早行動的優勢，這對降低成本、尋求市場定位都有好處。在美國，為了因應環保法規的刺激，康米斯引擎公

司（Cummins Engine Company）開發出應用在卡車和巴士的低耗柴油引擎，讓它穩坐需求不斷成長的國際市場。

這些例子還有其他類似個案，但這些企業卻無法以很低的創新成本來回應環境衝擊。然而它們卻也顯示，透過重新設計產品、製程和作業方式的創新，降低污染的機會其實很多。儘管許多企業抗拒環保法規，儘管環境標準通常看似不利於創新、解決生產資源問題，這些例子卻平實有力。事實是，這些平凡的例子背後包含了重要的訊息：現今，一個思考環境改善的新參考架構正呼之欲出。

我們真的需要法規嗎？

如果回應環保法規的創新能為企業賺錢，如果企業真能從改善資源生產力中抵消守法的成本，為什麼還需要法規呢？如果這類機會真的存在，企業理當主動追求它，而不需要法律的規範才對。這就好比說，你很難在地上找到十塊錢，因為別人早就撿走了。

有些企業即使沒有這些環保法規，也會搶先追逐機會。在德國和瑞典，企業和消費者對環境的看法非常一致，因此頻頻有創新之舉。在美國，隨著企業和客戶採取資源生產力的心態，以及隨著科技創新的知識逐漸成長，也有可能較不需要環保法規的規範。

問題是，認定企業無須法律規範，就會自動抓住獲利機會，根本是一種錯誤的競爭假設。這就好比是說，能獲利的創

新機會大多會被自動發掘，所有的經理人也都具備充分的資訊，整個組織的誘因是與創新緊密連結。事實上，在真實的世界裡，經理人通常是處於資訊高度不完整的狀態，他們可能有心無力，甚至沒有興趣。改變的障礙也非常多。美國環保署的綠光專案（Green Lights program），主要是協助企業節約照明用電，但是專案執行結果顯示，仍有許多「十塊錢」等著讓企業來拿。根據一項稽查報告，近八成執行這項專案的企業，在兩年內回收經費，不過還是有企業遲遲未採取行動。只有在企業加入這項專案，並從環保署的資料中理解其中的好處，才會被連哄帶騙地採取行動。

我們目前正處於產業歷史的轉換階段，企業在處理環保課題上仍相當欠缺創新的經驗。客戶也不理解資源的無效率，意味著他們要為污染的成本付出代價。比方說，他們一般認為包裝材料可以隨便拋棄，因為這部分並沒有額外的費用，也沒有更低的成本選擇。客戶因為已經付錢，又沒有辦法直接得到廢料再處理的價值，因此他們認為，拋棄廢物是一種不必付出成本的行為。

即使未必與現行模式相同，我們仍需要環保法規，主要是基於以下六大理由：

- 創造出激發企業創新的壓力。我們對競爭力廣泛的研究，凸顯出外在壓力是克服組織內部惰性和培養創新思考的重要角色。
- 依個案需要，改善環境品質，並使創新和資源生產力的

改善,不至於與遵循法規的成本相互抵消;依個案需要,改善環境品質,並需要學習的時間,以降低創新解決問題的總成本。

- 警告並教育企業資源運用無效率的問題,以及技術改善的潛在領域(儘管政府未必比企業更了解如何進行)。

- 提高產品創新與製程創新的可能性,使之對環境更為有利。

- 創造改善環境的需求,直到企業和客戶能察覺並找出更好的處理污染、提高資源利用的方法。

- 在處理環境問題的創新過渡階段,扮演調節的功能,以確保企業不會因為省下了環保投資,而取得有利的競爭地位。環保法規提供肯創新的企業一個緩衝機制,一直到新的技術成熟,學習效果也能降低技術成本為止。

相信市場力量能片面刺激創新的人士會說,即使沒有立法干預,產業界仍會自動出現全面品質管理的風潮。不過,歐美產業界出現全面品質管理,其實有不同的壓力。日本在更早以前就已經展開全面品管的做法,而且是政府努力使產品品質達到國家目標,也就是自創戴明獎(Deming Prize)的結果。而日本企業開始在市場橫掃歐美產品時,歐美業者才心甘情願地擁抱全面品質管理。

「一動不如一靜」心態的成本

　　因此，立法者和企業應該藉由鼓勵創新和提高資源生產力，把重心放在能減低環境保護和競爭力之間緊張關係之上。然而，當前的對立氣氛，導致滿足環保標準必須提高成本，以及限制創新的好處，但效果遠不及它應有的表現。

　　問題的源頭，涉及形成與推動環保法規的權力較勁，消耗了相當巨大的資源。蘭德公義研究所（Rand Institute for Civil Justice）在1992年的一項研究發現，在1986到1989年間，保險業者理賠的支出，有88％是用在興訟與行政成本，只有12％是真正用在環境清理方面。超級基金法案（Superfund law）可能是美國最沒有效率的環保法案，但是它還不是造成沒有效率的唯一原因。我們相信真正造成環保開支的觀點分歧，乃至於環保產品與服務的回收問題，關鍵都在於立法鬥爭本身，而與改善環境無關。

　　形成對立的一個原因是，它將企業鎖在靜態思考之中，使得產業為因應法規而造成成本持續升高。一個典型的例子是，在1970年，美國在辯論清淨空氣法案之際，當時的福特汽車執行副總李・艾科卡（Lee Iacocca）預言，因應新法將使美國汽車的價格大幅增加，迫使美國汽車在1975年時停產，並重創美國經濟。該法隨即通過實施，而艾科卡可怕的預言被證實是項錯誤。類似的故事屢見不鮮。

　　「一動不如一靜」的思考模式，導致企業對抗其實能提高它們競爭力的環境標準。例如美國大多數柏油蒸餾商反對1991

年的法規，該法要求減少揮發苯物質。當時，唯一的解決之道，是以昂貴的瓦斯槽儲存焦油。但是這項法規刺激位於匹茲堡的艾瑞斯科技化學公司（Aristech Chemical Corporation），創造出在第一階段就將苯從焦油中分離的方法，因此排除增設瓦斯槽的需要。艾瑞斯科技化學公司非但沒有增加成本，反而節省了330萬美元。

此外，企業的心態誤認，因應環保法規的成本高於實際開支。儘管因應法規的成本會隨時間而逐漸下降，許多企業忽略掉學習曲線的價值。近期一項對紙漿與造紙產業的調查發現，業者因應法規的真實成本是，每噸增加4至5.5美元，而不是當初產業界估計的16.4美元。同樣地，從今天來看，業者因應1990年對控制二氧化硫揮發物的成本，只有當初分析師預測的一半，而且在下降中。若把重心放在創新和資源生產力上，今天的法規因應成本只是它的最大上限，而不會持續增加。

環保標準是否會對社會帶來好處，尚有爭議。比方說，評估清淨空氣對健康和安全效果的方法，就是一個科學界爭議不斷的話題。有些專家認為污染的風險被誇大了。但是無論社會利益的價值有多高，對企業而言，內部成本可能都高於實際作業成本。

良法對抗惡法

除了成本太高，美國當前的環保法規執行體系，常妨礙創新的解決之道，或使創新變得不可能。法規的問題不在於它的

嚴格性，而是建立標準的過程，以及執法本身毫無效率。嚴格的法律會提高資源生產力，而美國的立法程序則因集中於消除污染而非預防，把重心放在特定技術、制定明確但不可能做到的時限，以及讓企業處於高度不確定的未來，反而不利改善。

當前的體系並不鼓勵企業冒風險或嘗試實驗。企業連帶責任與政府缺乏彈性，加上其他因素，讓這個問題更形惡化。比方說，某家企業進行創新，並且達成降低95％的空氣揮發物之目標，但它仍要為其餘5％的污染負責。另一方面，立法者會獎勵那些採取安全、但是比較昂貴的事後處理做法的業者。（請參閱「有益於創新的法規」）

有益於創新的法規

妥善規劃設計的法規，未必會提高企業的成本。以下的立法原則將能促進企業創新、資源生產力和競爭力：

把目標放在結果，而非技術：在過去，法規經常涉及某類特定的補救技術，如清除空氣污染的觸媒或洗滌設備等。此一階段「當前最佳技術」（best available technology）與「當前最佳控制技術」（best available control technology）的看法，深植於美國實際的作業之中；並且意味著某種技術是最好的，此舉不利於創新。

立法從嚴，不宜從寬：法律如果能以累進的方式發展，走向嚴苛的標準，企業通常較能適應，例如廢水放流管或末端處理

等。因此，立法需要嚴格到足以促進創新。

鼓勵產業上游提出解方，但盡量對實務和最終使用者施壓：這類法律通常容許最終產品、整個製造過程和配銷階段，以比較有彈性的方式從事創新。避免全面污染，或在整個價值鏈的前期就減輕污染，必然要比後段的清除或再處理的成本要低。

應用逐步引進階段：拉長時間但階段明確的執行，搭配產業、資金、投資週期的做法，將容許企業發展更有新意的節約資源技術，而不是迫使它們為了暫時因應，倉促間採用比較昂貴的解決方式。加州對木質家具產業的立法嚴苛，產業因應時間又太短，以致許多業者選擇關廠離開，而不是增添昂貴的控制設備。

運用市場誘因：類似污染費用和回收退費方案等市場誘因，會引起對資源使用無效率的注意。此外，以許可執照做為持續創新的誘因，以及鼓勵技術創意，都有助於產業界超越現有標準。

相關領域的環保法律盡量整合，不要自相矛盾：在美國，連帶責任導致企業固守「當前最佳技術」的安全做法，再加上法律本身因應另類技術的不一致，妨礙到有益的創新。比方說，要處理冰箱冷媒可能造成破壞臭氧層的問題，一種做法是改採小量的丙烷和丁烷。但是當歐洲企業已經對新產品展開行銷動作時，觀念狹隘的美國法律，相對成為業界在這類新科技發展的障礙。

與其他國家同步發展相關法規，或甚至提前行動：要將與外國企業競爭的可能競爭劣勢降至最低，重要的是鎖定相同的環保標準。比其他國家提早發展相關環保法規，因為提高了創新的誘因，將會擴大污染控制部門的出口潛力。當美國的環保標準領先世界時，國內企業有機會取得難得的先行者（early-mover）優

勢。但如果標準提得太高，或關注焦點與國際差異太大，無法影響外國競爭對手時，產業可能走上錯誤的創新方向。

讓立法程序更穩定、更易於預測：立法程序與環保標準同樣重要。如果標準和逐步引進階段很妥當，而且能及早被接受；以及如果立法者能尊重法律，讓它至少實行五年以上，產業就能把重心放在解決根本性問題之上，否則面對政府理念或政策急轉彎，企業可能舉棋不定。

從一開始，就要求產業參與制定標準：在立法方面，美國的做法與歐洲國家截然不同。產業界應該協助設計推動時間表、法條內容、最有效率的執法程序等。一套決定前的資訊諮詢，以及與產業界代表的互動，有必要列入立法過程中。無論產業界和立法者都應該營造互信的氣氛，因為產業需要真實有用的資訊，而立法者需要嚴肅考慮產業的問題。

提供立法者強有力的技術能力：立法者必須了解一個產業的經濟狀況，以及競爭力的因素為何。充分的資訊交換能避免立法的成本太高。因為立法過程中，缺乏資訊的企業往往請出大陣仗的律師和顧問群，試圖拖延由一竅不通的立法者所設計出的不當法條。

將立法過程所消耗的時間和資源降至最低：對企業而言，許可證遲遲下不來，成本代價極高。自律加上定期檢查會比要求正式核可更有效率。潛在和實際的訴訟會創造不確定性，並且消耗資源。在訴訟前做仲裁或嚴格的裁量步驟，都有助於降低成本並鼓勵創新。

　　正如惡法會傷害競爭力，良法則會提高競爭力。比較美國與瑞典在紙漿與造紙產業的差別，美國在1970年代就訂定嚴苛的環保法規，但缺少逐步導入的階段，結果迫使企業快速採用當時最佳的技術，在此同時，這意味業者要安裝非常昂貴的放流管系統。瑞典則是另一種做法，它的法規容許更多的彈性，讓企業能鎖定製造程序本身，而非廢水的事後處理問題。瑞典企業發展出能夠降低成本的製漿和漂白技術，以滿足當時的法規需要。美國雖然率先規範，企業並未獲得先行者的優勢，原因是美國忽略了一個良好環保法規的重要原則：讓企業發掘如何解決自身的問題，創造最大的創新機會。

　　不幸的是，對美國的紙漿和造紙產業而言，好法律的第二項原則也被忽略掉了。這個原則是，培養持續改善的做法，而不是維持現狀或鎖定某種特定的技術。瑞典的立法部門則採比較有效率的做法。在美國強制嚴格的揮發物標準，建立非常短的適用時程時，瑞典開始採用一個比較寬鬆的標準，不過很清楚表明後面會愈來愈嚴格。結果十分清楚。美國企業裝設了末端處理系統，卻沒有後續改善動作。瑞典製造商因為預期會有更嚴格的標準，持續努力創新環保技術，並提高創新能力。

　　有益於創新的做法，另一個額外效應是，提高本地設備產業的競爭力。受到斯堪地那維亞半島對精緻程序的改善需求，當地紙漿和造紙設備的供應商，例如Sunds Defibrator和Kamyr等廠商，後來在國際市場上，卻成為銷售新式打漿與漂白設備的大贏家。

　　最後，在立法的直接壓力之下，斯堪地那維亞半島的紙漿

和造紙產業獲取了創新的果實。在1990年代前期，製造商意識到大眾普遍關注紙漿和碾磨後排放廢水的環保問題，因此創造了一個利基市場。有一段時間，瑞典企業供應的脫氯紙在市場上的價格可觀，並掌握到快速成長、關心環保的客戶市場。

企業應有的做法

當然，誤導的法律對企業非常不利，不過經理人的力氣如果都用在對抗迎面而來的劣法，則過於短視。眾所周知，德國和日本汽車廠商發展出更輕、更省油的汽車，主要是為因應新的能源消耗標準；美國的汽車產業缺乏競爭力，則是因為業者紛紛投入立法對抗，希望免此一劫的心態所致。美國汽車產業最後終於意識到，如果它不從創新中展開競爭，結局將是滅亡一途。但是緊握不放「一動不如一靜」的心態，已讓美國消耗數十億美元，與數千個工作機會。

要避免犯相同的錯誤，經理人必須開始體認，改善環境是經濟的、也是競爭的機會，而非令人厭惡的成本或一種無可避免的威脅。相反地，企業應該抱持奉行法律的態度，企業需要自問「我們有哪些地方太浪費？」或「我們如何提高客戶的價值？」等問題。提早行動的企業會先看到這些機會，並擁抱以創新為基礎的解決方案，它們將會獲得最主要的競爭利益，一如德國和日本汽車廠商的情形（請參閱「新環保主義者」）。

新環保主義者

　　環保主義者可以透過適當的立法標準，教育公眾讓他們要求新的環保方案，而培養出創新和資源生產力。比方說，德國的綠色和平組織在1992年時注意到，在冰箱冷媒方面，使用由丙烷和丁烷的混合物，會比先前普遍採用的氟氯碳化物更安全。因此，綠色和平組織破天荒地為一件商品公開背書，為富朗公司（Foron）所生產的電冰箱打廣告。當時富朗公司是一家瀕於破產邊緣的小型電冰箱製造商。

　　這項行動因為大量的媒體報導，產生極大的作用，大大刺激富朗所生產的丙烷、丁烷混合物電冰箱的需求，甚至導致當時德國的電冰箱大廠，紛紛轉向採用相同的技術。環境保護組織以最佳做法的資訊提供者，支持產業中少數不起眼，但是勇於探索新方法的企業。

　　當德國雜誌出版商和讀者尚未意識到脫氯紙張的品質改善時，德國綠色和平組織協助一家雜誌改採不含氯的紙張印刷。它選定的對象是德國發行量大的《明鏡》週刊（Der Spiegel），綠色和平組織也鼓勵讀者要求出版商改用不含氯的紙張。當《明鏡》和其他幾家大雜誌確實更換紙張後，其他環保組織因此將部分資源從訴訟領域轉移出來，改而把重心放在環保基金和宣傳創新研究成果方面。

　　在美國的環保團體中，環境保衛基金會（Environmental Defense Fund）正是一個願意促進市場經濟法規體系的創新者，並且努力與產業直接接觸。它支持二氧化硫轉換系統，容許企業分階段減少排放物，或是讓排放物超過法定配額的企業付費。

1990年成立的「環境保衛基金-麥當勞的減少廢棄物任務小組」
（EDF-McDonald's Waste Reduction Task Force），讓麥當勞重新
設計包裝，這裡面包含淘汰聚苯乙烯泡棉漢堡包裝盒。環境保衛
基金會如今正與通用汽車合作，計畫淘汰道路上嚴重污染的汽
車。它也與嬌生、麥當勞、國家銀行（NationsBank）、美國保德
信保險公司（The Prudential Insurance Company of America）、時
代華納公司、杜克大學合作，促進使用再生紙。

　　在這個階段，對大多數企業而言，環保課題仍是外界和專
家的問題。這種看法並不令人意外。任何新的管理課題都有自
己的生命週期。當它首度出現時，企業會雇用外面的專家協助
因應。一旦課題逐漸發展，內部的專家便應運而生，並接手這
些問題。只有當這個領域開始成熟，企業才會將它整合到日常
的管理作業領域中。

　　在環保問題的分析以及發展解決之道上面，許多企業都外
聘律師、環保專家代表參與。這類專家經常站在對抗立法過程
的一方，他們對企業的技術和作業並不熟悉，無可避免地採取
因應而非創新的態度，一成不變地傾向採取末端處理方式。許
多諮詢顧問事實上還與設備供應商有關係。有些企業進入第二
階段，內部已經具備專業人員。但是這些專家，如法務、政府
事務或環境部門，缺乏應有的獲利責任感，也被排除在現場組
織之外。如此一來，他們提出來的解決方案，千篇一律盡是狹

隘、漸進的做法。

　　如果真正創新所需的製程和產品重新設計已被合理考慮，但是未被充分地執行，那麼環保策略便必須成為管理決策的一部分。必須把環境衝擊放進整個改善生產力和競爭力的流程中。資源生產力模式而非污染控制模式，才是環保決策的主導角色。

　　經理人如何能加速企業的環保競爭力呢？首先，他們可以評估直接和間接的環境衝擊。這麼做的主要理由之一是，由於企業忽略環保，所以不常在環境問題上有創新表現。比方說，一家大型有機化學品製造商雇用環境顧問，徹底了解它40條主要廢水放流管降低污染的機會。經過仔細的檢查後發現，該公司排放廢水的種類多達497種，是原先評估的十倍之多。我們的研究也指出，評估本身就帶有改善生產力的重大機會。

　　企業採用資源生產力架構，並且超前現有的規範標準，最可能獲得最大的利益。企業應該盤點所未使用、揮發、拋棄的資源或包裝材料，這些資源常堆放在廠房內，最後不是排放掉，就是送進垃圾車。這種情形發生在各種層面的供應商、通路和客戶。就客戶端而言，資源利用的無效率，顯示在產品的使用、拋棄包裝材料，以及產品用完後所留下的資源上。

　　其次，經理人可以學著體認，未充分使用的資源之機會成本。很少企業分析毒性物質、廢棄物質和排放物質的真實成本。它們更少注意到這些廢棄物可能還有其他用途。很少企業在處理污染時，能注意到廢棄資源的機會成本，或是浪費掉的生產力。更沒有企業從客戶的角度思考，廢棄物對客戶的價值

與機會成本。

　　許多企業甚至不會仔細回溯它的環保開支，而傳統會計系統也缺乏對未充分使用資源做合理的分析。企業評估環境計畫常常是個案進行，每個個案被視為獨立的投資。明確減少廢棄物，或降低排放計畫，則會遭來刁難，並且被視為有高風險的投資。因此也任由遍地財富，無人問津。更好的資訊和評估方法有助於經理人減少環境衝擊，同時改善資源生產力。

　　第三、企業應該刻意創造有利於創新、提高生產力的解決方案的環境。他們應該回溯本身和客戶的廢棄物、廢料、排放物和處理活動，一直到企業的上游活動，從而看出有助於產品設計、包裝、原料或修改製程的重大機會。我們清楚認識到，某些系統性解決方法的力量：各種活動可能須重組安排，或者尋求替代性原料，或是包裝也可能強化使用效益與回收的潛力。分離廢棄物質的處理方法，也應該由組織本身重新思考。

　　當前立法政策的獎勵做法，其實並不鼓勵創新。就工廠的層面而言，生產表現好，卻忽略環保成本和廢棄物資源的企業，反而得到肯定。此種錯誤的獎懲代價十分高昂。

　　最後，在定義立法者與環保團體之間的新關係時，企業必須更有前瞻性。企業需要一種新的心態。如果企業一味高喊法律傷害競爭力，他們如何期待立法者和環保主義者能以較彈性和更信任的態度，提供企業追求創新解決方案的時間？

過渡期的全球經濟

　　目前是正視現代化競爭的資訊、思考競爭力與環境關係的時機。傳統上，國家的競爭力在於，企業能取得最低成本的生產要素，例如資金、勞動力、能源和原料。在依賴天然資源的產業中，有競爭力的國家和企業是那些本地能供應豐富資源者。這是因為技術的改變很緩慢，原料的比較性利益就是成功的關鍵。

　　今天，全球化造成比較性利益的概念顯得落伍。企業能在任何地方取得低成本的原料，新而快速崛起的技術，也會抵消原料成本上的不利之處。比方說，面對本國工資成本太高時，企業會自動將只需要低技能勞工的部分遷往國外。面對原料短缺時，企業能找出替代材料，或乾脆創造一個人工合成的新材料。為克服空間成本過高，日本企業率先發展出零庫存的生產，並避免在工廠儲存備料。

　　如今，光有資源是不夠的，發揮資源生產力才能形成競爭力。企業能以更有效率的方式生產產品，或提高產品對客戶的價值，讓客戶願意以更高的價格購買產品，這些都是提高資源生產力的做法。愈來愈多的國家和企業，競爭力來自於它們能應用最先進的科技和使用原料的方法，而非它們擁有成本最低的原料。因為技術正持續變遷中，新的全球競爭力典範的先決條件是，能快速創新的能力。

　　對於現有環保政策的主張，新的典範對如何做環保，如何規範環保，以及法律應該嚴格到什麼程度等，具有豐富的參考

價值。這個新的典範將使改善環境與競爭力合而為一。無論資源是天然的質材，或是人力及資產，重要的是利用資源的生產力。環境的進步需要企業從事創新以提高資源生產力，這也正是全球競爭的新挑戰所在。抗拒創新的污染後果，不僅造成環境傷害，一如美國汽車工業在1970年代的情形，還會導致在全球經濟中喪失競爭力。開發中國家死守著浪費資源的方法，置環保標準於不顧，原因是這些高標準「太昂貴」了。但如此一來，卻使它們缺乏競爭力，無法脫離貧窮。

　　事實上，產業因應環境問題的方式，將是它整體競爭力的主要指標。環保法規不可能為所有企業帶來創新和競爭力，或更高的生產力；只有那些能成功創新的企業才是贏家。真正具有競爭力的產業，會願意接受新的標準，將它視為挑戰，並以創新來回應。反過來說，缺乏競爭力的產業絕不會面對創新，因此也抗拒不了對抗法律的誘惑。

　　環保與競爭力的辯論會演變成這個局面，其實並不令人驚訝。事實上，在重新分配上具有經濟破壞性的結果，一直是許多公共政策領域的常態。但是，如今是典範轉移，走向下一個世紀的時機。在過去數十年間，國際競爭已經有大幅變化。將環保法規與司法訴訟視為同義詞的資深經理人，將會日益看到改善環境的過程當中，也蘊含了大好商機。成功的環保主義者、立法機構和企業，將不再「魚與熊掌，不可得兼」，並以經濟上的邏輯為基礎，將環境、資源生產力、創新和競爭力連結在一起。

第十章

城中區的競爭優勢

麥可‧波特——著

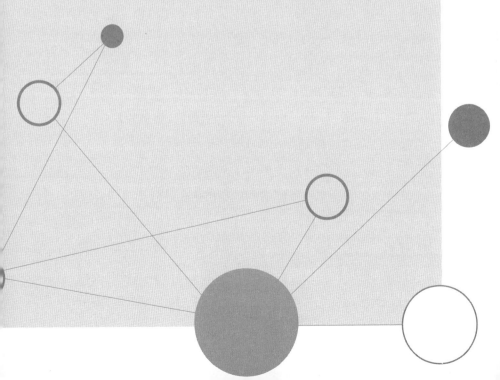

　　美國當前最大的壓力是，都市城中區的經濟衰敗。城中區缺乏商業和就業機會，不僅造成貧窮的惡性循環，也讓毒品、犯罪等社會問題日趨嚴重。隨著城中區狀況持續惡化，如何協助它們成長的主張，也日趨兩極化。

　　悲慘的事實是，過去數十年來，為城中區再生的努力宣告失敗。儘管投下大量的資源，透過製造就業機會、創造財富，改善當地基礎設施等各種做法，建立一個能持久的經濟基礎體制，似乎仍遙不可及。

　　過去的努力，是根據一套從滿足個人需求出發的社會模式。因此，對城中區的協助，大量採取收入救助、房屋補貼、糧票等紓困計畫，這些都是眾所注目、也是實際的社會需求。更直接針對經濟發展的計畫，則顯得支離破碎而缺乏效果。這些片段的做法通常是採取補貼、重點產業計畫，或在可見的領域例如房屋、地價或社區發展等，以昂貴的代價刺激經濟活動。由於缺乏整體性策略，這些針對城中區的計畫，只是讓城中區成為周圍經濟體外的孤島，而且自成一套競爭法則。針對當地社區需要，小型、規模不大的商業受到鼓勵與支持，但缺乏吸引社區的消費能力，而且無法輸出獲利。簡言之，這些用心良苦的社區計畫，反而傷害了創造真正企業的可能。一旦缺乏真實運作的企業和所創造的就業機會，社會問題便會惡化。

　　現在是正視如何復興城中區，並需要更激進而不同做法的時刻。社區計畫仍可在滿足個人需求、改善教育等重要課題上，扮演重要角色，但是它們須能成為經濟策略的後盾，或至少不要幫倒忙。我們的問題是，在城中區發展的商業和附近

的就業機會，如何能欣欣向榮。城中區不是不能創造持續的經濟基礎，先決條件是：透過私人的獲利動機和自利心導向的投資，以及真正的經濟優勢，而非透過人為操作、接受補助或政府使命。

我們必須停止以增加社會福利投資，期待因此可以產生經濟活動的做法，解決城中區的問題。經濟模型的必要前提是，城中區的商業必須能獲利，並在區域、國家甚至國際間占據重要位置。這些商業不只能服務當地社區，還能對鄰近經濟體輸出商品和服務。這種經濟模型的基礎，便是找出城中區能轉換成真正獲利商業的競爭優勢。

我們的政策和社會福利計畫，一直落入重新分配財富的陷阱。我們真正需要，也是真正的機會是：創造財富。

朝向新模式：地點與商業發展

城中區的經濟活動，必須具備競爭優勢，並能擁有其他地點缺乏的利基，才能生根茁壯。如果企業希望壯大，它們必須要得到能競爭的理由，才會在城中區落腳。一套與發展一致的策略，其實離不開經濟學原理，下面將描述一個失敗案例。

艾爾發電子（假名）是一家只有28名員工的公司。產品主力是設計和製造多媒體電腦周邊設備，最早的成立地點在下曼哈頓區。1987年時，紐約市政府經濟發展室，設計了一套南布朗克斯區（South Bronx）的經濟「振興」方案，介紹企業到該地區落腳。艾爾發電子身為一家規模小，但是處於成長中的企

業，很認真地考慮想要回饋社區，並期待該區相對補貼它的運作。當地政府也很歡迎高科技公司遷入生根，提供一個原本已經破落地區新的就業機會。在艾爾發電子遷址的交易條件中，該市提供它一系列能降低成本、提高利潤的誘因。看起來，這實在是個很理想的策略。

不過1994年時，不管從哪個角度來看，遷址的努力都失敗了。儘管所從事的產業正在快速成長，艾爾發電子創業員工只剩下八人。無法吸引高素質的人力到南布朗克斯區工作，又無法訓練當地居民，該公司被迫將製造和部分設計工作移到其他地區，由同業代工。有潛力的供應商和客戶拒絕拜訪艾爾發電子的辦公室。缺乏市警局的安全維護，該公司連連遭竊。

是哪裡出了毛病？問題出在整個立意雖然很好，但做法上卻不符商業邏輯。艾爾發電子和南布朗克斯區如果聰明，就應該先問，為什麼這個地區的各種產業中，就是沒有電子業？南布朗克斯區對艾爾發電子來說，並沒有地點上的特別優勢，反而有好幾個被認為是致命的問題。下曼哈頓區是電腦設計和軟體公司的營運中心，南布朗克斯區卻被隔離在外，這使得艾爾發電子與客戶、供應商、電子設計工程師無法充分聯繫。

另一個案例是矩陣展覽公司，一家有30名員工、年營業額220萬美元，是亞特蘭大城中區欣欣向榮的商展用品供應商。1985年，成立於田納西州的矩陣展覽公司決定進軍亞特蘭大市場，它有好幾個地點可以選擇。所有其他經營租賃商展用品的公司，都在亞特蘭大郊區活動。但是亞特蘭大世界國會大廈，為全市最主要的展覽場地，距離城中區只有六分鐘的車程。矩

陣展覽公司選擇該處，因為它提供一個真正的競爭優勢。直到今天，矩陣展覽公司回應客戶的時間最短，運送商展展覽用品比在郊區的同業要快。矩陣展覽公司也從較低的庫房租金（大約只有競爭者同面積租金的一半），而獲益匪淺，而且半數的員工乃是來自當地。當地警方對治安的重視，協助該公司避免嚴重的治安問題。今天，矩陣展覽公司已經是喬治亞州前五大展覽公司之一。

艾爾發和矩陣的例子說明，地點對企業成敗的重要性。每個地點，無論它是一個國家、地區或城市，都有不同於其他地點的條件，使位於該處的企業能在特定領域從事競爭。地點的競爭優勢，通常不會來自於個別的企業，而是透過產業群聚呈現。換句話說，經由在相同產業內的企業、客戶、供應商，或類似關係連結起來的企業。產業群聚代表一個特定領域中，技能、資訊、關係和基礎設施的關鍵多數。特有或精緻的本地需求，會帶給企業洞察整體客戶需求的能力。以麻省高度競爭力的資訊科技產業群聚為例，它囊括了半導體、電腦工作站、超級電腦、軟體、網路設備、資料庫、市場研究和電腦雜誌等專業化產業。

產業群聚在特定地點崛起，有其歷史或地理背景因素，但可能由於產業群聚本身變得日益壯大和具有競爭力，此種因素也隨著時間消逝而消弭於無形。類似好萊塢、矽谷、華爾街或底特律等成功的產業群聚中，群雄並起通常迫使對手改善產品和製程。一群有競爭力的企業會吸引新的供應商、相關領域企業的成長、特殊專業訓練計畫的成型，以及大學和學院內傑出

科技中心的出現。產業群聚也提供新進業者接觸專業知識、相關脈絡和基礎設施的機會，使它們能學習並開發經濟優勢。

如果地點（以及歷史事件）導致產業群聚的崛起，產業群聚就會推動經濟發展。它們會創造出新的能力、新的企業，與新的產業。我最初提出地點影響競爭力的理論，是在《國家競爭優勢》一書當中，主要是將這個理論應用在國家，或一州內部比較大的地理區域。這個理論同樣可以用在較小，甚至如城中區般的地點。要把地點理論放在城中區討論，我們首先要界定城中區的競爭優勢，以及該區商業與周邊郊區、區域經濟聯繫的方式。

城中區的真正優勢

要發展一個經濟模型，第一步是界定城中區真正的競爭優勢。一般常誤認城中區有兩項優勢：較低成本的地價和勞動力。這些所謂的優勢，其實是種假象，城中區的地價和勞動力成本，通常比郊區或鄉村高。即使城中區能提供較低成本的勞動力和地價，也無法阻止企業向能提供競爭優勢的繁榮國家出走。城中區與墨西哥、中國當地更便宜的地價和工資相比，幾無競爭力可言。

要讓有形的商業在城中區發展，必須訴諸它獨一無二的特點才行。我對美國都會地區的研究，標示出四個城中區的主要優勢：策略性地點、本地市場需求、與區域性產業群聚整合，以及人力資源。許多企業或開發計畫，已找出並運用這些優

勢。不過直到今天，還沒有一套有系統的運作方法。

策略性地點

城中區坐落於原本應該具經濟價值的地方，緊臨高地租的地點、主要商業中心，以及運輸和通訊的樞紐。如此一來，城中區能提供企業的競爭優勢，包括享受到鄰近商業區、基礎運籌設施、娛樂或旅遊中心，甚至企業集中等方面的好處。

比方說，波士頓的食品加工和經銷產業，就有坐落於城中區新市場廣場（Newmarket Square）的競爭優勢（見圖10.1）。這個產業包括了海鮮進口商、肉品處理商、糕餅店和食品經銷商。因為它們緊臨波士頓市中心區，交易能快速進行，而該地區的客戶可以在老地方、傳統市場買東西。土地雖然比郊區貴，但還是比市中心便宜，而且有完善的食品處理作業法規。新市場廣場無論陸運、海運或空運都相當便利，提供它出口海鮮特別的競爭優勢。這些因素結合起來，讓城中區內產生一個高度集中的加工處理業、承辦酒席業、卡車運輸業、批發銷售業、中盤商和其他供應商。

雖然波士頓食品加工產業群聚有其歷史淵源，其情況與現代化都市的城中區不盡相同，當地的新企業卻能說明地緣鄰近性的重要性。就以1984年成立，承辦酒席的「賓至如歸」企業（Be Our Guest）為例，該公司的業務包括提供酒會設備、餐桌巾和其他與承辦酒席有關的設備。它坐落於波士頓城中區附近羅斯貝瑞區（Roxbury），能迅速方便地接近市中心區。如此一來，這家公司比競爭對手更能提供客戶高級服務。它也強

圖10-1 新市場廣場的競爭優勢

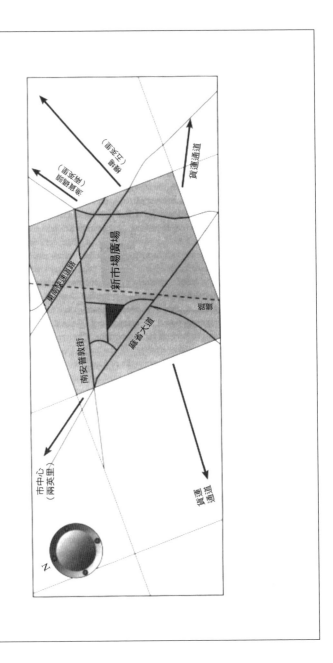

化本身的服務策略，維持足夠的備料以應付尖峰時期的需求。今天，這家企業有36名全職員工，每年營業額達120萬美元。

令人訝異的是，在波士頓和洛杉磯，儘管城中區有一大堆問題，仍有數不清的企業留在當地沒有遷出。比方說，這兩個都會都有集中的運籌和倉儲行業。進步的運輸和通訊也減少了地點對某些產業的重要性。不過，區域性產業群聚和零庫存概念、卓越的客戶服務、客戶與供應商間的緊密關係等因素，又使地點的重要性不減反增。

因此，藉由建立起策略性地點，擴張城中區商業基地是有雄厚的潛力。這個地區的最初繁榮，主要是由對地點特別敏感的產業所帶來的，有些企業可能如今已經移出，但是鄰近企業和產業仍有空間限制的問題，運籌辦公室或支援性質的部門也緩和了換地點和移出加工的壓力。像波士頓長木地區（Longwood）的醫療區，全世界一流的醫療設施都集中於此。長木區就緊臨羅斯貝瑞和牙買加平原（Jamaica Plain）的城中區所在。今天，像洗衣服務、維修建築、零庫存的供應商，大多是企業內部自行解決，或要依賴郊區的供應商。由於長木區鄰近城中區，一旦道路等基礎設施改善，這類活動可以改由城中區的商店負責。

本地市場需求

對以城中區為據點的企業家和公司而言，當地市場代表立即的商機。當大多數市場已經飽和，城中區的市場服務仍有待開發，尤其是零售、財務服務、個人服務等領域。例如，在洛

杉磯，滲透到城中區的超級市場，只有其他區域的35％，百貨公司只有40％，玩具、寵物和遊樂場只有50％。

城中區市場第一個重要性是它的規模。即使當地平均收入較低，高密度的人口仍可以轉換成強大的購買力。像波士頓的城中區，估計全部家庭收入高達34億美元。儘管當地家庭收入只有整個都會其他地區平均的21％，但是每公畝的開銷能力卻相去不遠，也比周邊郊區要高。此外，這個市場很年輕而且成長很快，成員大多是移民或生育率較高的族群。

具有前瞻性、且能洞察這個廣大、未開發市場成長和利潤機會的企業家並不多，但是他們已經開始行動。芝加哥老店金巴兄弟公司（Goldblatt Brothers）破產後，因為在城中區捲土重來而獲得新生。1981年時，這家公司除了六家在城中區賺錢的門市外，其他分店都結束營業。重點放在現金付款的商品，並以清倉價格銷售，讓金巴兄弟重新成為一個有競爭力的零售商。今天，這家公司已有十四家分店，大多數坐落在芝加哥的城中區裡。無獨有偶地，「即購」超市（Stop & Shop）、「超純」超市（Purity Supreme）等企業，紛紛在波士頓的城中區開設新店。

另一個城中區市場的重要條件是它的特質。在美國，大多數的產品和服務是設計供應給白人消費者和企業。如此一來，產品造型、零售概念、娛樂、個人和企業的服務都不足以滿足城中區的消費者。儘管「小區隔」（microsegmentation）在內陸破敗地區形成的速度向來緩慢，但是它仍是某些小型企業的希望所在。

　　事實上，城中區的消費者代表一個可望有大幅成長的重要市場，企業坐落在城中區裡，將擁有了解與滿足該地區消費者的能力。比方說，總公司設在邁阿密，由拉丁後裔所經營的「關心佛羅里達」公司（CareFlorida），藉由把行銷方針對準拉丁裔的消費者，而快速擴充它的保健業務。底特律環球葬儀社因為鎖定非洲裔美國人的墓園，業績成長到300萬美元。許多由少數民族所經營的成功（雖然未必在城中區）大企業，往往因服務城中區居民文化、種族需求而形成優勢，例如食品類中的朴家香腸（Parks Sausage）和布洛克香腸（Brooks Sausages）；美容業的輕鬆洗（Soft Sheen）、波林（Proline）、大來（Dudley）、魯斯特商品（Luster Products）、嬌生產品（Johnson Products）；媒體中的本質公司（Essence）、葛夫伯爵（Earl Graves）、詹森出版（Johnson Publishing）、布拉克娛樂電視（Black Entertainment Television）。儘管城中區的商業不一定限於當地需求，但是要從寶鹼、喜互惠連鎖超市（Safeway）、 李維牛仔褲（Levi Strauss）的競爭當中，形成自己的競爭優勢，這種市場區隔也是很有效的做法。

　　更重要的是，配合本地需求而生的商業服務業，有潛力從城中區擴張出去，並成為大企業。企業的目標可以不僅限於當地社區，而延伸到國內、甚至國外類似的社區。想想美國食物籃公司（Americas' Food Basket），這是一家古巴人擁有、位於波士頓城中區的超級市場。在開始營運的第二年，這家公司就達到800萬美元的營業額，而且獲利頗豐。它發展出一種能比主流超市更能滿足當地需求的食品組合。它的經營團隊與社

區密切的關係，降低了安全問題以及員工離職率。與其他競爭者不同的是，美國食物籃公司與國內大盤商發展出夥伴關係，使它在提供產品和財務上有競爭力，如此一來，它的貨色、價格和服務都要比其他小型競爭者更強。更重要的是，美國食物籃公司顯示，一旦找出可以出口產品到鄰近地區的方法，便可以成為一家大型的區域性企業。目前，這家公司已經擴張到大盤商的格局，並創立一家瑟馬克企業（Selmac Corporation）。由瑟馬克負責供應拉丁美洲風味產品給美國食物籃公司，以及規模更小的西班牙式酒館，營運範圍遍及整個城中區和周邊地區。這家公司還準備把大盤商的觸角延伸到麻省的學校、監獄和其他機構。

量身訂製的零售概念如果用到食品、衣物、藥品、玩具、書籍和餐館等更廣泛領域中，同樣可以產生一組連鎖反應的機會：企業為新產品創造需求，反而為製造商帶來發展專業商品的新機會，例如專門性的超市逐漸增加特定族群之食品製造和經銷商的需求。像哥雅食品（Goya Foods），這是一家拉丁美洲風味的食品供應商，每年營業額大約5億美元。由於哥雅食品主要是賣罐頭食品給拉丁美洲裔的美國消費者，因此又延伸出許多商店，做為重要的經銷通路。

城中區市場最大的潛力是，讓企業有機會掌握到重要的全國性趨勢。有些城中區的社區品味和敏感性，常常是一種優勢，並可能成為主流。流行音樂就是一個例子。位於馬里蘭州巴爾的摩市的朴氏香腸公司，因為發展非裔美籍消費者口味的食品，結果受到全美國的歡迎。今天，它已經與這個產業的龍

頭吉米丁香腸（Jimmy Dean Sausage），直接交鋒。

最後，最吸引城中區消費者的是規模中等、成本不高、專業管理導向，應用最新技術、行銷和管理技巧的新興企業。這類公司絕不只是空想，它會引來城中區的消費力和資金週轉。

與區域性的產業群聚整合

城中區經濟發展遠景中，最吸引人的地方在於，它與鄰近地區性產業群聚的契合：這會使它的競爭力擴張到國內，甚至全球市場。譬如波士頓城中區緊臨全球一流的金融服務、醫療保健的產業群聚。洛杉磯中南部則接近龐大的娛樂產業、大型運籌服務，以及大盤商的組合。

對企業而言，接近有競爭力之產業群聚的能力，比靠近大都會市中心區域匯集的活動優勢更重要。有競爭力的產業群聚會創造出兩個潛在的優勢：首先是商業的形成，從事原料供應、零組件、支援性服務的企業，可以在城中區創造緊臨產業群聚、多元化客戶的優勢。譬如，在底特律的墨西哥實業公司（Mexican Industries）生產頭部靠墊、手扶把、安全氣囊及其他汽車零配件。它也是通用汽車、福特汽車、克萊斯勒、美國福斯（Volkswagen of America）等大汽車廠汽車零件的重要供應商之一。去年，這家公司擁有1000名員工，絕大多數住在城中區內，公司營業額超過1億美元。賓氏鋼鐵（Bing Steel）只有54名員工，但業績達5,700萬美元，它也有類似的連結現象。它主要供應的是汽車產業的線圈、平捲鋼板等材料。

產業群聚的第二項優勢是，它能為城中區的產業提供下

游產品和服務的競爭力。比方說，一家在波士頓城中區的企業可以利用金融服務的長處，針對城中區需求提供服務，例如具有安全功能的信用卡，經紀業務、共同基金等，這些都是城中區，整個大波士頓區域，甚至全國其他地區需要的業務。波士頓的波士頓商業銀行（Boston Bank of Commerce, BBOC）就是一個當地城中區的信託機構，並與社區緊密銜接。它擁有非常多小型的非營利組織的客戶，如羅斯貝瑞區的迪摩克社區健康中心（Dimock Community Health Center），就由它託管100萬美元。當地還有非常多類似的機構，因為不熟悉投資活動，或本身規模不足以吸引資深財務經理人代勞，只能將基金放在低利儲蓄存款帳戶中生利息。無論如何，將這些機構的資金結合起來，還是一筆相當可觀的數字。波士頓商業銀行注意到這種機會，並從緊臨全球一流的金融服務產業群聚，以及在社區中信託服務形成優勢。這家企業正在發展一項能為非營利機構管理資產的金融產品；它希望將客戶的資金匯集起來，並委託附近產業群聚中的企業來加以管理。

直到目前，這些機會還未被好好利用。今天大多數城中區的商業，不是尚未採取出口導向的措施，只將產品賣給當地社區，就是只將機會建立在政府的計畫上。如此一來，周邊企業的網路和關係因而遲遲無法展開。新的民間部門要發動，必須將城中區企業串連起來，增加當地企業家對本身價值的認識。從長遠來看，與區域性產業群聚的整合，可能是城中區最有利、也最能持久的競爭優勢。此舉還能為發展活動帶來相當大的槓桿效應：藉由聚焦於提升現有與蒸蒸日上的產業群聚，而

非支持孤立的企業或產業，在訓練、基礎設施、技術方面加以投資的公家與民間機構，能同時為更多企業帶來好處。

人力資源

城中區的第四項優勢，對當地居民素質存疑的根深柢固之偏見。第一項偏見是城中區居民不想工作，寧可依賴社會福利而不願意就業。儘管城中區確實有就業不足的壓力，但是絕大多數當地居民是勤勞而願意工作。他們要求的是薪資不高（每小時6至10美元），教育程度需求也不高（如倉庫工人、生產線作業、卡車司機等）的工作。而雇主的報告顯示，城中區居民工作很認真努力。比方說，有一家位於波士頓城中區附近達徹斯特（Dorchester），將烘培蛋糕銷售給整個地區的公司，每小時工資只有7至8美元（附加退休金和健保），但吸引了當地近百位員工。這些員工的忠誠度很高，也讓公司欣欣向榮。

當然，目前城中區的許多工作缺乏成長的機會。但仍然是份工作，而且城中區和它的居民也需要這類離家近的工作。有關勞工可通車至偏遠地區工作，甚至遷就工作地點搬家的說法，低估了交通時間和城中區人力素質比較弱所造成的障礙。此外，要決定哪種工作比較適合放在城中區，要很實際地面對潛在員工的數量是否足夠。吸引高科技公司來城中區設廠，只會引來媒體的報導，但是對城中區居民並沒有好處。

回想艾爾發電子和矩陣展覽公司的經驗，在艾爾發電子案例中，這家公司在本身高素質人力需求和當地所能提供的情況來看，真的是天差地遠。在成立亞特蘭大辦事處以前，矩陣

展覽公司曾仔細考慮過該地的勞動力,而不像在田納西州的總部,主要負責配合客戶需要的設計和展覽業。亞特蘭大分公司專長於事先做好的組件,所需要的技術條件比較低,因此可以搬到城中區進行。將事實上當地勞動力技能較低的經濟現實放進來,意味城中區居民需要層次比較單純的工作機會,否則當地人就會失業。假以時日,成功的工作自然會觸發自我強化的機能,提高技能和薪資水準。

第二項偏見是,城中區僅存的企業家是毒販。事實上,城中區居民中不乏正派經營的雇主,他們當中不少與社會福利機構有互動,比如波士頓城中區有非常多由基金會、兄弟會和宗教組織提供的社會福利方案。推動創造和建立這些組織背後的動力,正是一群能回應當地社會需求的企業家,他們對於由政府、基金會與私人機構所提供的社福機會,會提供財務上的支援。他們的挑戰在於重新引導當地人才和活力,以建立一個營利的事業,並創造財富。

第三項偏見是,有技能的少數民族中,有許多人成長於城中區,但是對家園不屑一顧。今天,有愈來愈多才華洋溢,屬於少數民族的經理人,代表新一代有潛力的城中區企業家。他們許多是在頂尖的商學院求學,並有大公司的工作經驗。與二十年前寥寥可數的人數相較,如今每年大約有2,800名非裔美國人、1,400名亞裔美國人,取得企管碩士學位。數以千計,受過高級技術訓練的少數民族,在如摩根史坦利(Morgan Stanley)、花旗銀行、惠普科技、福特汽車和麥肯錫管理顧問公司等頂尖企業內工作。對於要在城中區開展事業,這些經理

人已經發展出技能、網絡、資金基礎和自信心。例如，由兩位哈佛商學院畢業生成立的德瑞農場企業（Delray Farms），就著眼於小型城中區超市農產品與生鮮食物的全國連鎖業務。在民間雄厚資金的大力支持下，德瑞農場的第一家門市開在芝加哥，並準備在一年內續開六家新店。

城中區的實際弱點

　　要創造一個一致性的經濟政策，第二步是提出在城中區經商的不利之處。無可避免的問題是，在城中區經商的障礙遠多於其他地方。許多障礙其實是政府不必要的干擾造成的。除非這些不利之處被直接地指出來，而非以補貼或命令等方式迂迴處理，否則城中區的競爭優勢會繼續消蝕下去。

土地

　　儘管城中區的閒置土地很多，但多數並無經濟上的使用價值。要把很多小型畸零地集結成有意義的地點，可能成本太高，還會觸動一連串市政府、州政府、聯邦政府所有地的複雜地盤問題。例如，芝加哥南端的傑佛遜商場購物中心便花了政府八年以上的時間，才徵收到21塊毗鄰的空地。同樣地，1992年暴動後，企圖重建洛杉磯中南區的計畫根本推不動，原因是200塊空蕪或使用不足的空地中，只有9塊大於一英畝。相較之下，每家沃爾瑪商場約占地四至六公畝。土地一旦徵收完畢，一個城中區的據點通常需要花費高昂成本在拆除、環境清理

以及進一步的法律訴訟。由於法令影響，民間土地開發商和銀行會避開有環保爭議的土地。

建築成本

由於涉及運籌、與社區團體交涉，以及嚴格的都市計畫（如禁建區、建築法規、建築許可、檢查、政府要求提出工會契約，和少數民族的安置計畫等），城中區的建築成本明顯高於郊區。諷刺的是，儘管這些地方迫切需要新的計畫，在城中區內做營建工程，受到的限制明顯高於郊區，原因是大都會的政治和官僚體制。

對潛在投資人而言，比法規成本傷害更大的是：法規流程背後的不確定性太高。波士頓、洛杉磯、芝加哥等地的經理人指出，要得到地點開發、擴張或更新設施的政府許可，經常需要三至五年的等待時間。不可否認地，這種等待的代價很高昂，而且不確定是否會通過，或被打回票，更使財務策略幾乎無法運作。

其他成本

與郊區比較，城中區在水源、其他設施、工資、醫療、保險、許可等費用成本，地價和其他賦稅和雇用當地人力成本上，通常比較高。比方說，位於波士頓城中區的盧瑟食品公司（Russer Foods），就將它的另一個工廠設在紐約州北邊。在波士頓的工廠，工資高出紐約廠55％，員工家庭醫療保險高出50％、失業保險高出166％、水費高出340％，電費則高出

67％。這類高成本會趕跑企業，又使薪資下降；有些成本如員工薪資，還要參考州政府或地區政府的標準。其他如不動產稅一體適用；此外，像城中區還有專門的土地保險。這一切都在消耗城中區支離破碎的企業，更遑論吸引新商機。

在許多都市，這是很不幸的事實：因為當地有很高比例的居民仰賴社會福利、醫療補助和其他計畫，需要較高的政府開支。如此一來，便會促使政府徵收更高的企業稅，沉重的賦稅壓力又導致惡性循環，讓更多的企業出走，結果又需要留在當地的企業付出更高的賦稅來填補。堅守官僚政治或工會立場，或過時而沒有效率的政府部門，只會增加都市發展的成本。

最後，過多的法規不僅帶來建設和其他成本，也妨礙城中區企業活動，從在商店窗戶上裝設一個遮陽蓬，到改善據點內的手推車作業。法規讓城中區的企業變得了無生趣，形成小企業或新企業難以突破的鴻溝。原本在推論上應該可為城中區創造出工作機會與財富的行業，由於嚴苛的證照和許可制度、昂貴的執照費用、陳腐的公安和健康法規，而造成了進入障礙。

治安

無論真的是有犯罪事實，或是給人一股常犯罪的印象，都是妨礙市區經濟發展的重大障礙。首先，侵入屋內的犯罪會提高企業經營的成本。例如俄亥俄州克里夫蘭市教堂廣場的帶狀商場，是當地城中區的主要購物中心，與面積相仿的郊區購物中心相比，它雇用全職警衛的成本，每平方英呎多出2美元；照明和清潔工作不斷增加，使得它的總成本增加20％。其

次，犯罪使員工和顧客失去至城中區工作和光顧的意願，也限制了企業的營業時間。許多企業不考慮城中區而到外地設立新工廠，甚至主動從城中區遷移出去的理由，就是害怕當地的犯罪。近來，警方把大部分的資源，用於維護住宅區的治安，卻嚴重忽略了商業和工業區的需要。

基礎設施

運輸方面的基礎設施規劃，除了考慮居民購物與交通的便利性，還要顧及產品的移動性，以及商品交易的方便性。新的經濟模式裡最關鍵的層面：城中區地點的重要性、城中區商業與地區產業群聚間的聯繫，與出口導向行業的發展，都需要城中區商業據點和周邊經濟之間很強的運籌聯繫。不幸的是，城中區裡商業的基礎設施逐漸地凋蔽，道路的運輸量，上下交流道的頻率和地點，與市中心的連結，以及通往火車站、機場、地區運籌網路等處的道路，都嚴重不足。

員工技能

因為平均教育程度偏低，許多城中區的居民缺乏工作技能，只能做粗工。更糟的是，低教育程度的工人就業機會正明顯下降。比方說，從1970年至1990年，波士頓高中學歷以下的人口就業率，從29％降至7％；至於有大學文憑的人，則從18％增為44％。1990年時，十六至六十四歲、高中以下學歷的非裔美國人，在美國東北部地區的都市失業率高達57％；但在1970年只有19％。

管理技能

　　大多數城中區的企業經理人缺少正式的商業訓練。這其實不只是城中區特有的問題，而是所有小型企業的共同特質。許多人雖然具有頗長的工作經驗，但是很少或根本沒有經過正式的管理訓練，就開始創業。城中區企業缺乏專業經理人，造成它一連串可預見的問題，使它們在策略發展、市場區隔（market segmentation）、評估客戶需求、引進資訊科技、流程設計、成本控制、財務上的安全性與重組、與放款業者和政府法規機構互動、設計營運計畫、員工訓練等方面很弱。當地社區大學通常會開設管理課程，但是品質不一，企業家也抽不出時間參加這些課程。

資金

　　對城中區的企業和企業家而言，舉債或尋求資金是個可怕的障礙。

　　首先，大多數城中區的商業無法順利籌款，因為該地傳統上並未受到主流銀行的青睞。即使銀行願意貸款，由於城中區企業借款的金額有限，銀行所能獲得的利潤也少得可憐，因此交易成本相形偏高。許多銀行受理小企業的借貸，目的只是為了吸引資金，進而推銷更有賺頭的金融商品。

　　聯邦政府曾試圖改善城中區的債信問題，但一直要到消除貸款歧視的社區振興法案通過，銀行才開始注意城中區。以波士頓為例，大銀行對城中區貸款競爭得相當激烈，有些甚至宣

稱這麼做是有利可圖的。不過，由政府直接融資已證明缺乏效率。政府豐沛的貸款資金與半官方金融機構，為城中區帶來支離破碎、誤導市場、固定成本過高等問題。由民間部門提供的商業借貸，自然不敵這些公家機關的做法：但公家機構的貸款大多成本過高、具有官僚作風，而且不敢冒險，因此也讓城中區商業金融發展高品質、民間專業的想法遭到破壞。

其次，股票資金幾乎不存在。城中區的企業家通常缺乏個人或家族的儲蓄，也沒有吸引資金的人際網絡。法人的股票資金很少投向由少數民族擁有的企業，完全忽略城中區的商機。

態度

城中區企業的最後一項障礙是反商態度。有些工人認為商業是種剝削，此種觀點注定勞資處於緊張關係。同樣的錯誤觀點，也出現在社區領導人和社會運動人士身上。這些偏差態度是由不合理的員工待遇、企業遷廠和環境破壞等一連串令人遺憾的歷史造成的。

但到了今天，這種態度會對生產力造成負面影響。通常，社區領導人誤將商業看成直接滿足社會需求的方法；如此一來，企業一旦踏入社區，地方領袖心中便會充滿不切實際的期待。譬如，有些企業有意在波士頓城中區落腳，結果卻躑躅不前，原因是當地開出兒童遊樂場、獎學金，並由社區組織控制聘用和訓練活動等條件。這些要求，很少真正有助於社區本身，還會嚇走商業和就業機會，讓企業轉移陣地。

要求按貢獻回饋地方，加上煽風點火的反商情結，都是政

治性工具。在以往的企業主沒有太多經營地點可供選擇時，這類政治性工具能產生的效果已經很令人懷疑。今天，面對逐漸增加的競爭環境，這類的戰術只會使經濟成長更加趨緩。

改變城中區發展的角色和責任

要克服在城中區發展商業的不利之處，並將它的優勢發展出來，需要企業、政府和非營利部門的共同投入和責任感。這三者都必須將原本的想法和過去的做法拋開，必須願意接受一個嶄新、以經濟而非社會觀點出發的城中區發展模式，民間企業尤其是這個新模式的重心（**見表10-1**）。

表10-1 城中區的經濟發展	
新模式	**舊模式**
• 經濟性：創造財富	• 社會性：財富重分配
• 民間企業	• 政府和社會服務組織
• 能獲利的企業	• 接受補助的企業
• 與地區經濟整合	• 孤立於較大的經濟體之外
• 出口導向的企業	• 服務當地社區的企業導向
• 有技能與經驗的少數民族參與公司的成立	• 有技能與經驗的少數民族投入社會服務部門
• 走主流路線的民間企業加入	• 成立特殊的法人組織
• 直接針對城中區缺失做改善	• 以補貼填補城中區的弱點
• 政府的重心在於商業環境的改善	• 政府直接介入提供服務或融資

民間部門的新角色

這個經濟模型將民間部門看成是領導角色，不過首先必須以新的態度看待城中區。今天，大多數企業源於上級偏好的計畫或慈善心態的產物，這類活動絕不可能靠本身的條件而在市場上站穩腳步。無可避免地，企業的活動會產生各方的批評。企業如果將重心放在它最擅長之處，將會發揮最大的效益：創造並支持具有經濟效益的企業，將可建立真正的競爭優勢。企業要勝任它的新角色，必須抓住四個新的機會。

創造和擴張城中區的商業

企業對於城中區所能作的最重要貢獻，不過就是在當地開業而已。對許多行業而言，城中區具有許多尚未開發的獲利潛力。企業和企業家必須找出並掌握到這樣的機會，以建立城中區的真正優勢。尤其是零售商、連鎖業者和金融服務機構有唾手可得的機會。對城中區的企業家來說，連鎖業代表了一種極具吸引力的商業模式，因為它不僅提供一個事業概念，還包含訓練和後續的支援。

可從許多由外地遷入城中區之企業，所犯的錯誤中學到教訓。常見的錯誤是，零售與服務業未能修正產品與服務，以配合當地市場的需要。城中區市場的需求和偏好，可能與外界差距很大，如金巴兄弟這類企業就注意到了。這家芝加哥的零售商了解，城中區客戶購買行為是為了滿足立即需求，它也針對客戶購物習性，來規劃商品和採購計畫。比方說，不像大多數

商店秋季時就將冬衣上架，金巴兄弟到了冬天才將大衣上架。

　　另一個常見的錯誤是，未能與當地社區建立關係，以及雇用本地員工。雇用本地居民會從鄰里客戶間建立忠誠的關係；零售商和服務業的本地員工，也會為企業將其產品予以顧客化。證據顯示，與社區互動密切的企業，無論業主是否住在社區裡，都比較少有安全上的問題。比方說，美國食物籃企業雇用當地員工，因此被視為社區的好公民。如此一來，它的經營報告甚至指出公司不需要雇用警衛，因為鄰居看到任何異常事件，便會主動打電話通知。

　　面對安全問題，企業也發現一些其他有效的戰術，例如將企業集中在一起，可以平均分攤聘請保全人員的成本並強化安全感。大都會科技（MetroTech）是一家為華爾街附近的公司提供補給品的企業，坐落在貧窮、犯罪率高的布魯克林區。土地開發商為其創造一片18英畝的土地，足足有400萬至800萬平方呎的辦公空間。這座綜合大樓雖然佔地甚廣，但每平方呎全天候警衛的費用只需要0.33美元。因為交通的基礎設施，有助於增加往返公司間的安全感，大都會科技督促當地政府翻修地鐵站，並在當地設立警察局。如此一來，犯罪問題大為降低，而大都會科技也引來一流的金融機構進駐。

　　在其他案例中，企業以同業公會來創造安全和分攤成本。公會、警察局以及社區成員緊密合作，找出並強調安全問題。在紐約市許多商業改善區，正在嘗試提供基金給替代性的安全保護和其他服務機構。

與城中區的企業建立商業關係

透過合資或客戶／供應商的關係，外地企業可協助城中區的企業，鼓勵它們出口和加入競爭。長期雙方都將獲益。比方說，坐落於達徹斯特的AB&W工程公司，是一家金屬製造商，並與通用汽車有很密切的工作關係。通用汽車給AB&W工程公司管理上的協助，幫助它建立一套電腦訂貨系統，並將一些新的生意推薦給這家公司。AB&W工程公司因此成為一家績效卓著而可靠的供應商，此種不靠施捨而是靠互惠的關係，更能持久；所有大企業都應該朝這方面發展。

將企業的慈善精神，從社會服務轉到企業間的活動

每年無以計數的企業捐獻數百萬美元給城中區的社會服務機構。如果它們把重心放在建立企業間的關係，此種慈善活動的成效會更大；長期而言，此方式更將減低社會服務的需求。

首先，在訓練方面，企業有非常大的努力空間。美國現有的職業訓練體系相當缺乏效率。這套體系支離破碎，人事成本過重，而且與產業需求脫節。許多訓練計畫鎖定的產業其實並不缺人，因為那個產業已經停滯不前。改革訓練計畫需要政府的協助，但是民間部門必須決定資源應該投入哪個領域，如何投入，以確保能滿足當地和區域性企業的需求。最後，應該是雇主而非政府來核定，訓練計畫是否是以相關條件和可能的工作機會為基礎。

由民間部門主導的訓練計畫，可以設立在城中區（如波士

頓的餐廳、飲食服務和食品加工等）和鄰近的地區性經濟活動
（如波士頓的金融服務和醫療保健）的產業群聚。在政府提供
誘因支持下，同業公會和貿易團體可以與當地訓練機構合作，
贊助訓練計畫。

能幫助城中區居民銜接學校與就業的計畫，也能從地
區性的產業群聚中得到必要的支援。波士頓的專業技術方案
（Project ProTech），讓高中生在醫療產業群聚中實習。這項方
案從高中一年級時就開始實施，混合了課堂活動和實習訓練，
目前更進一步延伸到公用事業和金融服務等其他產業群聚中。

其次，企業可以對城中區居民提供非常實際的管理協助。
就職業訓練計畫而言，當前由政府贊助或操作的管理訓練計畫
成效不彰。區外的企業則可以對城中區企業提供更多的協助，
如人才、專業知識、機會等。一種提升管理技能的做法是，強
調區域經濟內企業之間的網絡關係──無論這些企業是同一產
業群聚的一份子（客戶、供應商和相關行業），或在其不可或
缺領域具有專門知識。位於城中區的企業可以與地區內提供管
理協助的企業組成團隊，具有資訊科技等專業技能的公司，也
可共同協助城中區企業滿足需求，順利升級。

專業組織也能對城中區的經理人提供諮詢計畫。商學院
可以為經理人量身打造一些短期實用課程，或透過實地調查計
畫，以協助城中區的企業。像哈佛商學院就針對城中區的企業
提供學分制的課程，水準如同企管研究所的學生。我們很鼓勵
這類課程擴散到更多地方。

採取正確的股票資金投資模式

投資行業，尤其是創投業者，必須認清對城中區投資的樂觀前景。目前美國對少數族裔提供資金者數量不多，但在成長中（並非只針對城中區）。對城中區投資的成功模式，可能並不像是我們所熟悉的創投模式，只投資科技公司；而比較像是投資在俄國或匈牙利等新興經濟體的普通股基金（equity fund）、洗衣店或超級市場等。最後，奉行競爭優勢原則的城中區企業，會為投資人帶來合理的利潤，特別是在獲得適當誘因的補助時——例如符合條件的城中區企業，其資本利得和股利可免課徵稅收。

政府的新角色

直到目前，政府一直被認為肩負著城中區經濟振興的主要責任。問題是，聯邦政府、州政府和地方政府，針對開創就業機會、吸引商業的計畫，卻是杯水車薪或支離破碎。更糟的是，這些計畫是以補貼和命令為基礎，完全罔顧市場現實。除非我們找出新的做法，否則城中區將繼續迅速消耗我們快速縮水的國庫。

無可否認地，城中區長期未受到應有的重視。不過，政府的做法不該回顧過去，而是該往前看。政府可透過支援民間部門參與新經濟的開端，而扮演一個更有效的角色。它必須調整其重心，從直接參與與干預，轉變為創造出一個有利於商業的環境。這並非說政府資金不必要，而是補貼必須用在不至於扭

曲企業誘因的方向上，並把重心放在提供公共設施給真正能獲利的事業。在新角色上，各級政府應該鎖定以下四個目標。

將資源導入經濟需求最大的領域

城中區的危機迫切需要政府協助，這一點看似毫無疑問。但是事實情況是，許多這方面的計畫，如基礎設施、犯罪防治、環境清潔、土地開發和優先採購，都會因政治原因，而使得資金分散於不同地區。例如，大多數運輸建設是朝創造出更有吸引力的郊區發展。此外，大多數對企業的協助計畫，並未落實到處於低收入戶區域的企業上。政府施政上，必須將能提振城中區經濟潛力的投資放在首位。例如特別基金應該優先分配給高失業率的城中區，接下來才考慮低失業率的郊區。基礎設施的改善，可使得城中區成為更具吸引力的商業地點。預防犯罪的資源，也應該用在犯罪率高的城中區。聯邦政府、州政府和地方政府的公帑如果用在這些方面，將可產生重要社會問題得以紓緩的附加利益，因此而降低社會服務開支。

不幸的是，當前政府協助計畫的審核標準，無法把資源配置在最需要的地方。支援企業的優惠計畫，往往是根據事業主的種族、族群或性別，而非依經濟性需求作分配。資源不但沒有導入城中區，此種以種族或性別為主的差別待遇，還強化了不當的刻板印象和態度，製造種族仇恨，並增加相關計畫是為服務某些特定人士的風險。政府的協助計畫與優惠措施，應協助企業把據點設立於經濟衰敗的地區，並雇用相當比例的當地居民。以此種方式將重心扭轉至經濟衰敗地區，將有助於民間

部門參與解決城中區的問題。

把城中區當做商業據點，增加它的經濟價值

　　要刺激經濟發展，政府必須承認它本身就是問題的一部分。目前政府的施政優先順序經常與企業需求相違背，人為或過時的政府主導成本必須中止，好使城中區成為具有獲利性的商業地點。要這麼做，需要重新思考各地區的政策和計畫。自相矛盾的法規成本是可以克服的，像印第安那州的印第安那波里市法規審議委員會，在短短兩年內，就中止它的計程車壟斷措施，加快建築執照的核發流程，淘汰一大堆不必要的法規。

　　事實上，改革的可能性幾乎無處不在。想想看，政府可以制定一些政策，以減少閒置土地與企業在城中區所面對的建築成本違約金。持續的租金補貼風險在於，會吸引一些城中區無法提供經濟價值的企業。反過來說，政府的目標應該是按照市場價格，提供一些已經具有完工建築的地點。政府應該做的事情，應該是徵收管理畸零地，並補貼拆除、環境清潔和其他成本。同樣的政策也適用在建築物各方面上，包括地點規劃、許可的審核、檢查和其他許可文件上。

　　這類政策需要在環保課題上更向前邁進一步。有愈來愈多的城市，如底特律、芝加哥、印第安那波里、明尼雅波里、堪薩斯州威奇塔市等，藉由制定更具彈性的環保清潔標準，而開發出所謂的「棕色都會區」。所根據的標準是：土地使用方式；如果清理後發現土地有污染現象，賠償地主額外成本；並使用累進稅率的措施，以補助清理和重新開發的成本。

　　政府也能發展出更策略性的方法，來開發交通和通訊基礎設施，以使城中區的產品、員工、客戶和供應商，能夠更便利地流通。波士頓有兩個專案就是很重要的例子：第一個專案是，一個連接城中區與鄰近的麻省鄧皮克市（Turnpike）的交流道出口，接下來又把周邊的區域與更外圍的地區連結起來。還有就是，開一條可直接通往港口隧道的道路，又能銜接羅根國際機場（Logan International Airport）。雖然這兩個專案的成本都不高，但最後都陷於停擺狀態，因為該城市對於其經濟上的重要性，並沒有很清楚的觀點。

透過主流的民間企業傳達經濟發展計畫和服務

　　政府喜歡依靠小型社區性的非營利半官方組織，和特別成立的機構，例如社區發展銀行和專業化的中小企業投資公司，以提供資金和企業相關服務。社會性服務機構的角色其實並不在此。一般說來，非營利和政府機構無法提供不遜於企業、民間組織的訓練、諮詢和支援。如果與商業銀行、創投公司相比，特別成立的機構和非營利機構的人事成本是其致命傷；這類機構很難吸引和留住高素質的人才；因為前者提供相當不錯的薪資，或可提供廣泛與各種規模的企業接觸之經驗。

　　就以取得資金為例，政府必須創造民間、主流財務機構在城中區能獲利的借貸、投資條件。大公無私雖然必要，但是還不夠。金援城中區必須要能獲利，否則民間部門不可能熱心積極參與開發工作。部分傳統的放款業者宣稱，貸款給城中區的業務無利可圖之原因，並非呆帳比率太高，而是尋找和實際

貸款的交易成本太高。政府可以針對這些成本，透過更豐富的資訊，減少書面作業規定和法規。此外，政府應能提供直接誘因，提供銀行一筆交易費用，而非借貸保證金，以鼓勵銀行貸款給符合資格的城中區企業。此種方式可鼓勵銀行從事與維繫良好的借貸業務，而非不問放款對象良莠，只求將資金貸放出去，以滿足依種族、族群和性別為準的貸款額度。

對城中區進行投資的最重要方式，便是透過民間部門為之。假如民間投資業者能力足夠的話，目前流向政府或半官方機構的資源，最好轉到民間金融機構管道，或讓資源轉向那些由少數族裔所經營、把重心放在城中區的銀行。少數族裔擁有的銀行對城中區市場擁有更強的資訊，並能藉由在城中區發展企業貸款的專業知識，而獲得競爭優勢。

在貸款方面，要增加城中區資金供應的最好方式是，提供民間部門與建立持久事業一致的誘因。其中一項做法是，聯邦政府和州政府對企業投資城中區的資本利得稅，以及長期股票的股利均予以免稅的措施；或在最小範圍內，對雇用城中區居民的企業進行補貼。這類稅賦減免的誘因，乃是以獲利為前提，它在加快民間部門投資上，扮演重要角色。唯有當真正能獲利的企業受到鼓舞之時，才能吸引民間企業至城中區投資。

將真實的經濟表現誘因整合至政府計畫中

符合商業原則的誘因，應該是每項政府計畫的目標。今天，大多數計畫都無法通過這項測驗。比方說，優惠專案事實上會保證企業能有市場。就像保護主義的其他形式一樣，這類

做法會鈍化動機，並使成本與品質的改善停滯不前。1988年，美國聯邦政府主計處的一份報告發現，在六個月內，引用中小企業協會的採購優惠專案的企業中，有30％會退出市場；另外，在留下來的企業中，有58％宣稱，取消該優惠專案會對中小企業造成極大的傷害。因此，為了將誘因與經濟表現予以整合，優惠計畫必須重新設計。

　　對企業直接補貼是行不通的。政府基金應該用在地點徵收、加強治安、環境清理和其他針對改善企業環境的投資之上。企業因而能根據真實的獲利作出決策。

社區型組織的新角色

　　近來，部分社區型組織（community-based organizations, CBOs）的活動，已經直接涉及商業發展領域。社區型組織可以，也必須在這個過程中扮演一個重要的支援性角色。不過，選擇適當的策略很重要，許多社區型組織必須從根本改變它們的運作模式。由於社區型組織團體形形色色，要提出一個一般性的做法也許有困難，但是社區型組織在發展它們的新角色時，必須遵循以下四個原則。

界定並建立優勢

　　如同其他部門，社區型組織必須界定本身獨特的競爭優勢，並評估實際的能力、資源和限制，以參與經濟的發展。在發展低收入住宅、社會性計畫和市政基礎建設等方面，社區型組織一直是重要的角色。其中雖然不乏成功的案例，但是絕

大多數由社區型組織主導或管理的事業，都以失敗收場。在指導、經援或管理事業上，大多數社區型組織缺乏技能、態度和誘因。它們能主導低收入戶住宅發展計畫，主要是因為公家補貼，而且無關組織能力。不過一旦談到經援或協助營利事業發展時，社區型組織根本無法與民間部門競爭。

此外，社區型組織很自然地便傾向把重心放在社區內的創業，也就是由社區居民直接經營小型零售和服務性事業。社區型組織的資源有限，加上它們關注小區域的鄰里，因此不適合發展出有經濟活力的真正企業。

最後，企業活動逐利的競爭排他性，無可避免地會與社區型組織衝突，因為後者的使命是以社區為主。它的難題包括：拒絕本地居民，選擇素質更佳的外地企業家；支持必要的裁員或辭退表現不力的員工；指定黃金地點做為商業用途，而非社會公益性用途；或提供成功的企業家和經理人豐厚的薪資等。這類基於滿足鄰里間社會性需求而設的組織，很難把獲利放在傳統使命之上。

致力改變工作人力和社區態度

社區型組織獨特的優勢，在於它們對城中區的豐富知識和影響力，並運用這些優勢協助商業發展。社區型組織能協助創造一個有利於商業運作，改變社區和勞動力態度的環境，並居中平息居民對新事業的抗拒心態。例如，當海灣銀行（BayBank）想在達徹斯特市開設新分行時，就靠當地的社區發展機構做為媒介，讓當地人抗拒這項計畫的阻力減到最低。

創造出工作準備和推薦就業系統

對於本地企業，社區型組織可以在預備、蒐集和推薦等工作上，扮演主動的角色。對許多城中區的居民而言，一個迫在眉睫的需求是就業前的訓練，這裡面包含如溝通、自我發展與現場實務等。社區型組織可依它對社區的熟稔，對產業界提供這項密切的合作。例如東麻薩諸塞都會聯盟（Urban League of Eastern Massachusetts）就成立一個就業資源中心，迎接這項挑戰。該中心提供工人基本的訓練，以及客戶服務、面試技巧，以及書寫和表達溝通等特定領域的指導。

社區型組織也主動地開發出過濾和推薦系統，以協助城中區的居民。有些城中區的事業並沒有大量雇用當地居民，其中涉及的理由很複雜，但大多與雇主過去遭遇到不愉快的經驗有關，例如這些員工的工作態度散漫、無故曠工、不當的傷害求償或吸毒等。一項對布魯克林紅灣區的研究，指出社會網絡的重要性——也就是城中區通常缺乏非正式的就業推薦系統。這項研究發現，南布魯克林公司（South Brooklyn LDC）這家當地的發展組織，就以與鄰近商業發展關係的方式，協助當地居民找尋工作，並蒐集和推薦員工給企業界。

讓商業性的據點更順利地改善和發展

社區型組織（尤其是社區發展公司）可以在房地產上發揮它們的專業知識，並在協調環境清理、發展工商業用地上，扮演觸媒的角色。譬如，波士頓的鱈人廣場街坊發展公司

（Codman Square Neighborhood Development Corporation），就是一個專案的重要成員，這個專案團隊還包括波士頓市建設局、當地商人和衛生機構，它們共同促成36家企業遷入一個已經荒廢的地區。這個團隊運用它社區組織的能力，協助商人組成協會，找出地方上的需求，以及企業所面對的障礙。這個團隊與警察局溝通，增加當地巡邏警力，促使市長清除當地廢棄建築物、報廢車輛和垃圾。在許多其他支持者的合力之下，這個團隊完成了一個鼓勵企業走入當地的專案。

克服進步的障礙

為了讓美國荒蕪的城中區起死回生，新的經濟模型提供了一個新而完整的方式。然而，認同並行動之餘，挑戰依然存在。民間部門、政府、城中區居民和一般大眾，對城中區仍存有偏見。這會導致改變的速度緩慢。對許多投入社會工作多年，對企業獲利抱持質疑態度的人而言，放棄原有觀點，重新以經濟觀點來思考城中區，是件令人不快的事情。原本習慣遊說政府爭取更多經費補助的社運人士，也很難轉變為以策略創造財富的思考模式。習慣以社會福利觀點爭取地方選票的民選官員，更會抗拒修法、重新分配資源以及政府再造工作。政府本身則很難釋出過去所累積的力量與控制權。地方領導人一手建立社會福利組織，與經營雜貨店的商人，對於新的權力中心都會有芒刺在背的感覺。而從舊式社區組織和抗爭出身的地方政客，也必須涉足企業和居民之間的合作議題，而這是他們所

不熟悉的領域。

　　無論是個人或組織，這些挑戰都是困難的。儘管如此，在振興城中區經濟上，民間部門、政府和社區型組織，都扮演重要的新角色。商人、企業家和投資人必須扮演領導角色，社運人士、社會服務機構和政府官僚體系必須支持他們。以理性經濟策略來淘汰過時不合成本做法的時代已經來臨。

第十一章

重新界定醫療業的競爭力

麥可‧波特、伊莉莎白‧泰斯柏——合著

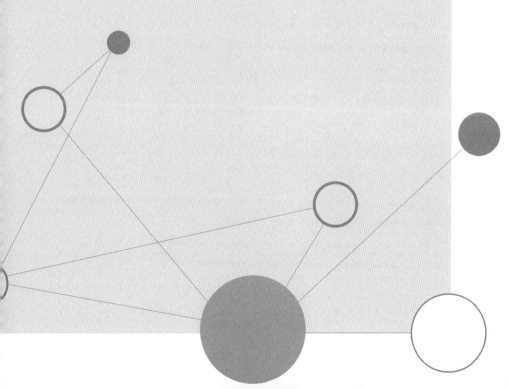

多年來，美國的醫療保健系統無論在成本或品質上，一直給人績效很差的印象。雖然這在一個政府控制的領域裡可能不讓人意外，但在一個競爭市場中，卻顯得匪夷所思。事實上，美國的醫療保健大部分是民營，競爭程度也幾乎高於世界上任何地方。

在良性的競爭中，流程和方法上持續的改進，壓低了成本；產品和服務品質穩定提升；創新導出新穎且更好的做法，並快速廣泛地擴散；沒有競爭力的業者被迫重組，或退出競爭；價值調整後的價格降低，市場也在擴張。這是所有運作良好的產業如電腦、無線通訊、銀行等，共同的發展軌跡。

但醫療保健就不一樣。儘管努力降低成本，醫療成本仍居高不下，而且這些持續上升的成本還不能用改善品質來解釋。相反的，醫療服務是限額或定量的，許多病患得到的照護根本達不到目前公認合理的程序或標準，可避免的醫療過失比率也持續居高不下。不同的醫療機構和地理區域之間，存在成本和品質上巨大且令人費解的差異。此外，因為最佳實務的擴散速度出奇地遲緩，而導致照護品質出現差異。一項臨床實驗的結果，平均要17年才能成為標準的臨床做法，而且，醫療照護的重要支持者，視創新為問題而非成功的重要驅力。整個看來，這些結果在一個運作良好的市場是難以想像的。當醫療照護攸關生命與生活品質時，這樣的情況是不被允許的。

我們相信，美國醫療保健績效的問題源自競爭。但是這不意味我們主張一套政府控制的系統，或是單一付費者系統；這些做法只會讓問題更惡化。相反的，競爭也是解決之道，但是

醫療保健的競爭本質必須改變。我們的研究顯示，醫療保健系統的競爭出現在錯誤的層次、鎖定錯誤的事項，甚至在錯誤的地理市場與時間。這個產業其實是在競爭狀態，只是在最需要競爭的場域和時間上面，競爭卻幾乎被完全排除。

這裡面並沒有壞人。拙劣的政策選擇導致問題，然後又讓健康保險計畫（health plan）、醫院和購買醫療服務的雇主做出不當的選擇。數十年來的「改革」已經失敗，除非我們能展開正確型態的競爭，否則改革的嘗試仍將持續失敗。（參閱「改革是怎麼出錯的」）

醫療保健系統可以在品質和效率上達到極大進展，主要購買醫療保健服務的企業雇主，則能領導這樣的轉型。

改革是怎麼出錯的

美國醫療照護系統嘗試改革，卻因為對於問題的錯誤診斷，而導致失敗。

這些改革並未對特定的疾病與病情作有意義的競爭，也就是在創造醫療價值的層次競爭。當競爭出現在錯誤的層次時，系統中的所有參與者，包括消費者、醫療機構、雇主和保險業者，都是以反生產力的方式行動。在表11-1「改革模式的演化」，就可以看到一些歷史性觀點。

管理式醫療保健時期鎖定的是成本，改革者則將醫療保健當成一種消耗品。付費者為了削減開銷，而致力於移轉成本和追求議價力量。醫療機構也是如此。醫療服務採配額模式，在效益上

的提升其實不多。諷刺的是，成本卻持續上升。

改革者對管理式照護做出的反應是，嘗試給病患更多法定權利。這些努力造成醫療保健機構需要承擔額外的法律責任，從而增加成本。要求醫院和醫師按病患的基本權利行事，固然能消除醫療機構基於成本考量，而採行配額診療的異常做法，但是並未解決醫療機構的根本問題，也就是迫使參與者鎖定成本的競爭。成本甚至因此竄升得更高。

當改革者嘗試透過法律和規定來修正醫療體系，結果卻無效後，他們開始鎖定消費者。這是一個不錯的檢視主題的選擇，但是保戶對健康保險計畫的選擇，並非真正的問題所在。今天的消費者對醫療機構和治療的選擇其實不多，也處於一種訊息有限，不可能根據充分訊息做決定的處境。

近來，對醫療保健改革的思考，轉移到改善品質和降低醫療過失。比方說，雇主聯盟嘗試要求將醫師醫囑輸入電腦、維持適當的加護病房和急診室人員配置，以及達到轉診安排量的最低門檻等方式，改善醫院的實務。這些要求都很有用，但是並沒有從根本上改變零和競爭的誘因。同樣的，雇主提議「根據績效付費」的做法，只會幫助醫療機構在短期內遵從當前公認的標準，但是尚不足以改革整個系統，因為這項誘因只是順從特定程序罷了，而非達成真正好的成果。有效的誘因需要和目標連結，而非與手段連結。

近來有些改革者的提議，甚至讓零和競爭變本加厲。例如，有些雇主集團主張「系統對系統」的競爭，醫師因此被迫對特定封閉的醫療網絡效忠。這確實限制在疾病和治療層次的競爭，畢

竟極少數規模完整的系統，因此更能夠完全迴避這個層次上的競爭。同時，也有人提議，從聯邦醫療保險轉移部分消費者給民營保險公司，或從加拿大採購處方藥等做法。然而，將聯邦醫療保險的保戶轉到民營系統根本行不通，不能算是一種解決方案。從加拿大買藥的觀點，則是系統本身試圖轉移成本而非創造價值。

在有關醫療保健改革的討論中，對於競爭在驅策品質、安全和效益改善上扮演的角色，以及最能達成這個目標的競爭類型，並沒有充分的探討。如果目標是創造價值，那麼透過競爭改善結果與增加特定醫療狀況的效益，才是最重要的。一旦正確地達到這個層次的競爭，將可減少錯誤，並鼓勵新穎、卓越實務的擴散。改革必須著重於，能在個別疾病與治療層次上導出正向競爭的種種規定、誘因、資訊和策略。

零和競爭

在任何產業，競爭應該朝改善品質、降低成本的方向進行，長期下來增加消費者想要的價值。有種說法認為，醫療保健不能比照辦理，原因是它太複雜，消費者的資訊有限，服務本身又是高度客製化。醫療保健毫無疑問有這些特質，但其他有類似特徵的產業照樣競爭無礙。例如對企業提供客製化軟體和技術服務的業者所面臨的情況就非常複雜，然而當調整目標對準品質時，過去幾年來，企業電腦化的成本已大幅滑落。

醫療保健的競爭正好相反，已經成為零和競爭：系統內的

表11-1　改革模式的演化

過去

目標：降低成本，避開成本

著重於成本、議價力量和配額

著重於法律手段和規定

系統特徵：
- 成本在病患、醫療機構、醫師、付費者、雇主和政府之間移轉
- 限制服務的取得
- 殺低藥品和醫療的價格
- 價格與醫療照護的經濟效益脫鉤

系統特徵：
- 病患的權利
- 對系統參與者的詳細規定
- 增加對法務系統的依賴

現在

目標：有選擇，減少錯誤

著重於健康保險計畫的選擇

著重於醫療機構和醫院的實務

系統特徵：
- 健康保險計畫之間的競爭
- 有關保險計畫的資訊
- 病患的財務誘因

系統特徵：
- 線上醫價查詢
- 實踐六標準差
- 適當的急診人員配置
- 轉診安排量的增長
- 低門檻
- 強制性標準
- 當採用護護標準時，「根據績效付費」

未來

目標：增加價值

焦點應該放在競爭的本質

系統特徵：
- 在特定疾病和病情的層次競爭
- 付費者與醫療機構有特色的策略
- 增加價值而非轉移成本的誘因
- 有關醫療機構的經驗、結果和價格的資訊
- 消費者選擇

參與者在價值上沒有增加反而抵消。有些案例，甚至出現因為創造不必要的成本而損及價值的情形。醫療保健領域的零和競爭以好幾種方式呈現：首先，它不試圖從根本上降低成本，而是著力在成本移轉的形式。成本從付費者轉到病患，從健康保險計畫轉到醫院，從醫院轉到醫師，從保險戶轉到未保戶，如此種種。成本就像燙手山芋般，從一處轉到另一處，沒有創造任何淨價值。而且，系統中一位參與者的得利，其實來自另一位的付出，這當中通常也會增加行政成本。

其次，零和競爭涉及追求更大的議價力量，而非努力提供更好的照護。健康保險計畫、醫院集團、醫師社群聯合起來的主要目的是獲得更大勢力，在與供應者或顧客交易時條件更有利。但從聯合勢力中獲得品質和效益改善的效果微乎其微。

而且，零和競爭非但沒有讓照護變得更好、更有效率，反而限制選擇和取得服務的機會。以醫療系統目前的結構來看，健康保險計畫是靠拒絕為服務付費，還有限制醫師和保戶的選擇來獲得盈餘。健康保險計畫和照護機構限制病患採用創新的醫療方式，或限制保險給付的服務項目。許多健康保險計畫依照特定疾病，訂出醫院每次門診的給付定額，而不是根據完整的療程付費。這促使醫院使用廉價治療方式，而非更有效、更創新的做法，如果病患日後必須回診，醫院就再收一次費用。

最後，零和競爭必須仰賴法院系統調解糾紛，但法律訴訟讓問題更複雜化。它們其實是直接（透過訴訟費用和行政開銷）和間接（透過不必要的、自我保護的治療作業）提升費用，卻全然沒有為病人創造價值。此外，醫師和醫院每年為醫

療過失保險付出數十億美元,其中落到病患當事人或家屬手中的不到三成。

怎麼搞成這樣?

醫療保健的零和競爭,是體系中幾乎所有行動者一連串不當的策略性選擇的後果。這些選擇又因政府法令,引起不當誘因而受到鼓勵或強化。

在錯誤層次的競爭

美國醫療保健今天最根本也最被忽略的問題是,競爭出現在錯誤的層次。競爭出現在健康保險計畫、醫療網絡和醫院群組的層次。但是它其實應該出現在個人健康狀況或共同病徵的預防、診斷和治療上面。正是在這個層次,真正的價值將會依據不同的疾病和不同的病患而被創造出來。不過,這也是成本和品質持續存在巨大落差的領域。這裡也是競爭應該帶動效率和效益提升、減少醫療疏失、激發創新的所在。然而,在個人醫療狀況層次的競爭幾乎付之闕如。

醫療保健的經濟效益,是由疾病或病情這個層次來驅動。許多研究顯示,當醫師或醫療團隊診療大量罹患特定疾病或病情的病患時,他們能夠產生比較低的成本與更好的結果(**參考圖**11.1)。舉例來說,著名的德州心臟醫學中心(Texas Heart Institute, THI)最自豪的就是,即使處理最困難的病例、使用最新的技術,它的手術成本比其他醫學中心低了三分之一到

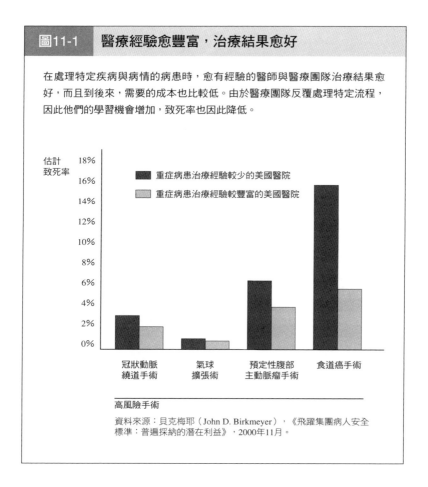

圖11-1　**醫療經驗愈豐富，治療結果愈好**

在處理特定疾病與病情的病患時，愈有經驗的醫師與醫療團隊治療結果愈好，而且到後來，需要的成本也比較低。由於醫療團隊反覆處理特定流程，因此他們的學習機會增加，致死率也因此降低。

估計致死率

■ 重症病患治療經驗較少的美國醫院
□ 重症病患治療經驗較豐富的美國醫院

冠狀動脈繞道手術　氣球擴張術　預定性腹部主動脈瘤手術　食道癌手術

高風險手術

資料來源：貝克梅耶（John D. Birkmeyer），《飛躍集團病人安全標準：普遍採納的潛在利益》，2000年11月。

一半。德州心臟醫學中心因為專業化，吸引最棘手也最挑剔的病患，且處理這些病患需求又帶來更迅速的學習效果。醫療保健就像大多數產業，當提供服務的醫療機構避免犯錯、提高效益，並且發展專業，成本和品質就會同步改善。就像我們從許多行業中學到，「第一次就做對」不僅能改善結果，也能大幅

削減成本。因此,醫療保健在成本和品質之間的抵消作用,可以透過正確的層次競爭而顯著降低。

隨著醫學研究顯示,診斷和治療應該日益專殊化,在個別疾病和病情層次競爭又變得更重要。比方說,前列腺癌如今已經得知會呈現六種不同病徵,並且應該要有六種不同療法。醫療機構應該力求成為處理特定系列問題的佼佼者,病患則應該要能自由尋找,能針對他們獨特狀況有最好治療紀錄的醫療機構。但目前的環境下,病患的治療是由他們所在的醫療網絡所決定,所以醫療網絡中的醫療機構幾乎保證有生意。

錯誤的目標

在錯誤層次的競爭,又因為追逐降低成本等錯誤的目標而益形惡化。更糟的是,目標通常不是為了降低醫療保健的總成本,而是降低系統的中間角色,如健康保險計畫或雇主所承擔的成本。正確的目標應該是增進價值(每一塊錢所得到的醫療結果的品質),而且價值只能在疾病和治療層次做評估。單獨就成本競爭,只有在消耗品產業才有道理,因為在那個領域所有賣家有高度相似性。很清楚的,醫療保健不是這樣。儘管買方或賣方都不相信這一套,這個假設卻很普遍,而且左右系統參與者的行為。儘管達成更佳結果或花時間增進價值才是重點,可是付費者、雇主,甚至醫療機構在這方面所花的心思明顯不足。

錯誤的競爭形式

　　醫療保健的參與者本來應該在個別疾病或病情層次競爭，努力增加價值，但是它們卻進入四種不健康的競爭類型，並且產生令人不快的後果。第一種是，每年在健康保險計畫的保戶數量上競爭。然而，由於強勢的醫療網絡限制，簽署健康保險計畫意味封殺了在疾病與診療層次絕大多數的競爭。由於保戶與健康保險計畫之間的承諾只有一年，付費者和雇主都傾向短期思考，而非在長期增進價值的實務和治療上投資。

　　另一種缺乏生產力的競爭形式是，醫療機構為了爭取被納入健康保險計畫網路，以極大折扣吸引擁有較大病患群體的付費者和雇主。這類折扣毫無經濟邏輯可言。和治療自雇病患成本相比，醫療機構治療大企業的員工病患的成本並不會比較低。醫療保健系統並不會因為治療多一倍患有各種疾病的病患，就變得比較有效率，因為依然需要一次診療一位病人，而且要根據每個病患的病情做診斷。為了增加全面的病患流量而進行大型折扣，只是將收入從醫療機構轉到健康保險計畫或大型雇主。這為大規模團體創造人為的利益，但把成本轉嫁給小規模團體、未加盟的個人、脫離醫療網絡尋求治療的病患，以及沒有保險者，而且所增加的補償性價值非常少。這樣的成本移轉導致那些必須接受較昂貴的治療（如急診室），但沒有保險的病患數目增加，進而導致必須補貼的免費照護數額增加。最終則驅使全面成本增加，即使大規模團體也受到影響。

　　醫療機構之間的競爭，還在於看誰能組成規模最大，最有

力量的群體，以提供全面性服務。同樣地，由於分攤固定成本的機會少，能夠產生的效率非常有限。醫院併購通常造成同一專業領域出現兩個部門，而非一個。醫療機構集團的組成不是為了創造價值，而是拉抬面對健康保險計畫和系統內其他參與者時的議價力量。舉例來說，整個佛羅里達州，大規模醫院網絡在威脅要中止該地區一個最大規模的健康保險計畫後，價格上升的幅度已經高過通貨膨脹率，但是卻與照護品質改善毫無關聯。由於它們的治療安排嚴重傾向加盟的醫師團體和機構，大型醫療機構團體進一步限制了疾病與治療層次上的競爭。

最後，究竟該由誰來付費，一直是個爭吵不休的問題。這個爭論以好幾種形式出現。醫療機構和付費者都企圖移轉成本給對方；付費者提高生病保戶的保險費率；醫療機構拉抬它們的價格，好讓聯邦醫療保險的折扣影響不致太大；病患則請求承保範圍涵蓋非必要或非實質性的照護；雇主則容許健康保險計畫拒絕為它們的員工付費。這一切都是為了成本，但它們都沒有為病患創造價值。

錯誤的地理市場

競爭應該迫使醫療機構在創造價值上，比得上或超越所在區域，甚至全國各地的佼佼者。然而，大多數醫療保健的競爭都是地方性的。這樣的競爭讓平庸的醫療機構免於市場壓力，也抑制最佳實務與創新的擴散。全美各地聯邦醫療保險（Medicare）保戶每年成本幾乎相差達三倍，有些地方每位病患低於3,000美元，有些地方則超過8,500美元。根據達特茅

斯醫學院（Dartmouth Medical School）的約翰・溫博格（John Wennberg）和該院臨床科學評鑑中心（Center for the Evaluative Clinical Science）的研究顯示，比較高的成本與比較好的醫療結果是不能掛勾，也不能從年齡、性別、族群和疾病發生率（這會影響照護的需求），或是生活成本（這會影響提供照護的成本）的差異來解釋。但是他們的研究和其他研究都發現，在疾病或診療層次，不同區域在診療結果和提供照護上，有顯著的差異。這樣的差異又因為缺少競爭而持續存在。

　　在地化競爭被制度化是健康保險計畫造成的，健康保險計畫要求保戶脫離醫療網絡就醫或照護時，必須負擔大部分的成本，這導致保戶在尋求居住地以外醫療機構時為之卻步，或懲罰那些安排轉診到其他醫療網絡的醫師。聯邦醫療保險的付費，是根據健康照護組織（HMO）的論人計費制，以各郡被保險人數計算支付，這使得不同縣郡的醫院，即使相距不過幾英里都沒有競爭意願。在地化競爭也是習慣、惰性和資訊的結果，不用說，醫師會囑咐病患轉診鄰近的醫師，就連沒有地理限制的聯邦醫療保險的病患也不例外。

　　許多醫療保健服務固然應該在地化經營，但是醫療保健的競爭應該是區域性的，甚至全國性的，尤其是針對一些較複雜或罕見的疾病。如此一來，所有醫療機構將因為競爭壓力而力求改善。那些治療比較罕見的疾病，而且病患來自較廣泛地區的醫療機構，就能有足夠的病患，進而經過重複的經驗和學習，發展出專業和效益。

　　一個理想的醫療保健體系將會鼓勵在地醫療機構（負責大

部分例行和急救服務，以及後續追蹤照護）與陣容整齊的龍頭級醫療機構（負責特定領域的權威性診斷、治療策略和複雜的醫療程序）發展緊密的合作關係。這些關係能加速新式臨床照護的擴散，也將有助於整個體系品質和效益的提升。只是現行的體系通常抗拒這麼做。

錯誤的策略和結構

醫療機構要創造價值，必須在本身能夠真正表現卓越的領域，發展深度專業和符合特定需要的設備，而大多數醫院和醫療網絡卻追逐廣泛的服務範圍，以便在與健康保險計畫交涉時擁有更有利的條件。醫院和醫師團體已經透過合併、買下其他醫療機構等方式，擴大他們的服務範圍，這導致1996年至2000年間，大約有700件醫院合併案，並形成地方產業的高度集中化。舉例來說，2000年時，北卡羅萊納州100個郡當中，只有18個郡有多家醫院系統。這導致競爭嚴重萎縮。

競爭的衰退產生極少的補償性利益。如前面討論的，醫療機構的聯合並未提高多少效益。同樣地，合併雖然讓服務的面向更擴大，但是品質不見得會變得更好。雖然病患可能罹患多重疾病，重點醫療領域明確的醫院要處理這類病例也很容易。比方說，休士頓安德森癌症中心（The M.D. Anderson Cancer Center）有心臟專科醫師，但是並沒有開設心臟專科。如果遇到棘手的病例或心臟手術時，安德森癌症中心的醫師會求助同業，或將它們的癌症病人轉診到頂尖的心臟醫學中心。

錯誤的訊息

在運作良好的市場，資訊是參與競爭所不可或缺的。資訊使得買家購得最佳價值，迫使賣方與競爭者做比較。醫療保健領域則不然，大部分確實能在創造價值上帶動競爭的資訊，要不是被封鎖，就是無從蒐集。這個領域充斥著不足輕重的訊息，例如健康保險計畫承保範圍和保戶滿意度調查。但是更重要的資訊應該是，醫療機構在診療某些疾病上的經驗和結果。可是就連這類基本的訊息都無法取得。舉例來說，大多數醫院和醫師甚至不提供，他們治療過多少特定疾病患者的相關數據。有關醫療經驗和結果的資訊則大多是口耳相傳（甚至在醫師之間也不例外），而且還缺乏證據支持。

醫界一直在努力蒐集應有的資訊，像是克利夫蘭醫療品質選擇（Cleveland Health Quality Choice）、賓州健康護理成本控制委員會（the Pennsylvania Health Care Cost Containment Council）、紐約州立心臟手術報告系統（New York State's Cardiac Surgery Reporting System）都在推動這方面的工作。但是它們都只是小規模的嘗試。醫療機構辯稱，治療結果的數據資料（需要經過適當的風險調整，以反應病患最初病情的複雜或嚴重程度），既複雜又很難以有意義的方式作評估。事實上，蒐集醫療結果的資訊被一些體系參與者抵制，有時候他們是基於合理的理由（好比進行風險調整的困難性），有時候則未必真有道理（好比害怕比較和責任）。

有些人試圖貶抑蒐集這些相關資訊的價值，但是上述嘗試

顯示出擁有正確資訊的重要性，以及取得這類訊息的可行性。在克利夫蘭市，所蒐集的資訊並沒有散布給病患或諮詢醫師。面對短期成本壓力的雇主，也不會使用這類數據資料來選擇高品質的醫療機構。病患和醫師對這些資料一無所知。在此同時，紐約州針對全州所進行的心血管繞道手術，蒐集了經過致死率風險調整後的相關資訊，並且讓取得這些數據資料的途徑變得更廣泛。心臟手術團體為了回應這些數據資料，開始在改善流程上競爭，有些醫院還取消低量高致死率心臟手術的特權。這類數據公布四年後，紐約州成為全美風險調整後心血管繞道手術致死率最低的地區。

鼓勵在特定疾病或病情層次競爭，將加快這類重要資訊的建立。舉例來說，國際健康資訊服務保險公司（Preferred Global Health, PGH）針對15種保險涵蓋的重大疾病，提供保戶世界級醫療機構與治療的相關資訊，協助保戶做選擇。國際健康資訊服務保險公司為了確認最高品質的醫療機構，找出在最先進療法上最有經驗的醫院，記錄它們的效益和結果，並邀請它們參與品質改善的過程。它的經驗證明，認為消費者在醫療保健方面，資訊太少而無法做出有意義選擇的說法是謬誤的。美國的消費者再也無法繼續等候，絕對精確的資訊出現。要更快速改善資訊方面的問題，沒有比讓既有資訊便於廣泛取得更好的做法。

錯誤的付費者誘因

醫療保險公司應該為協助顧客知道並得到最有價值的照

護、簡化行政程序、讓參與者的生活更便利，而得到報償。但是事實正好相反。付費者的利益來自爭取健康的人們投保，以及提高生病保戶的保費或拒絕承保。

付費者還有讓帳單複雜化的誘因，它們可以藉著開出不完整或不正確的付款憑證，以及延遲或爭論付費等做法來轉移成本。它們也會透過在病患和照護機構之間設置關卡，以及限制病人接受昂貴的診療，與大多數醫療網絡外診療等方式來轉移成本，或乾脆縮減服務。（雖然醫療網絡外的照護不必然比較昂貴，醫院對醫療網絡外的病患的收費，可能兩倍於網絡內的價格。對許多病患而言，付費者刻意抬高的價目單定價和它將給付金額的落差，才是使得醫療網絡外照護費用奇高的主要因素。）最後，付費者的利益還來自放慢不會表現立即、短期節約成本的創新速度。這些誘因強化零和競爭，也違反了在醫療保健領域創造價值的真意。

曾經被提出的單一付費者系統，將會終止拒保高風險群保戶的做法。但是因為它排除了在健康保險計畫層次的競爭，讓付費者有更多談判權力，將成本轉移給醫療機構、病患和雇主，結果只會進一步加劇其他有偏差的誘因。而單一付費者將有更強的誘因，藉由限制或定額服務，以及延緩創新的擴散速度來降低成本。為此，唯一真正的解決方案在於改變這些誘因、開放競爭，而不是讓健康保險成為政府的專營事業。

錯誤的醫療機構誘因

醫療機構應該從地區性和全國性競爭，對特定病情和疾病

提供最有價值的照護而得到報償。相反的，一如付費者，醫療機構的誘因強化了醫療保健的零和競爭。醫院和醫師有不把病患轉診給其他更有經驗醫療機構，或只在自家醫療網絡中安排轉診的誘因。保險給付作業鼓勵醫師花較少時間在病人身上，很快讓他出院，如果有問題又再要他住院。雖然許多醫師抗拒粗糙診療病患的壓力，完善醫療和自利的經濟法則間的衝突，還是使許多醫師挫折不已，也減緩最佳實務的擴散速度。

醫療過失訴訟的威脅形成醫師對病人過度檢查、過度治療和過度轉診的反向誘因。不幸的是，這些過度治療的誘因並沒有抵消掉粗糙治療的保險給付誘因。相反的，結果是更沒有效率的臨床實務和虛耗醫師時間的龐大文書作業。更糟的是，醫療過失訴訟的威脅，讓藉由評估與分析這些不當結果，嘗試從中學習的醫療機構產生了風險。諷刺的是，比起過去，雖然科技已經使知識更快速也更容易擴散，醫療保健部門的社會和經濟結構卻阻礙知識的快速擴散。

正和競爭

在一個健全的體系，進步與改革的動力來自疾病或治療層次的競爭。改進本身就會自行催化競爭。然而，這個機制要啟動，競爭的場域必須從「誰來付費」轉為「誰提供最佳價值」。要達到這個境界，需要醫療機構和付費者改變策略，還有採購健康保險計畫的雇主改變行為。此外，這個體系的法規與規範等可以轉變誘因、創造出重要訊息的基礎設施必須到位

（見表11.2）。以下是各項改革的檢視。

醫療機構的策略：區隔

在正和競爭下，醫療機構不會試圖與競爭者亦步亦趨。相反的，它們會在能夠表現獨特性的領域，根據本身獨特的專業能力和相關設施發展出清楚的策略。大多數醫院仍將維持多樣性服務，但是不會嘗試對每個人提供所有的服務。對絕大多數企業而言，開發能產生獨特價值的產品與服務是不證自明的道理。對許多醫院而言，發展獨特性則是心態上一項重大改變，而要決定不做什麼，甚至是非常激進的想法。

選擇沒有限制

在正和競爭下，在疾病或治療層次做選擇的限制，包括就醫網絡限制和轉診核准程序都將消失。合理的共同付費，以及結合醫療儲蓄帳戶的大規模保險扣除條款，則讓病患依照他們的選擇，負擔一定的財務責任。但是醫療網絡內外就醫的共同付費應該一致。公平交易機構將詳細檢查體系參與者，好讓每家醫院系統或健康保險計畫不會出現不公平，壟斷某個重要市場的情形。

透明的價格

價格將會公告而且容易取得。針對特定的醫療狀態，無論病患歸屬哪個團體，醫療機構都會收取相同的費用。醫療機構當然可以訂出與競爭者不同的價格，但是那個價格不會因為病

表11-2	陷阱與潛能：困擾美國醫療業的問題

在產業中，競爭應該隨時間增進有利消費者的價值。而在醫療保健領域，競爭是零和的，價值被分割（有時甚至被毀滅），而非增加。如果參與者致力於正和競爭，這個體系是能改變的。

醫療保健零和競爭的特色

錯誤層次的競爭
競爭聚集在健康保險計畫、醫院和醫療網絡之間。

錯誤的目標
降低成本；參與者試圖以轉嫁成本給其他人的方式降低成本，但是總成本並未降低。

錯誤的競爭形式
在招攬健康的保戶簽約上競爭。方法包括對大型付費者和團體提供折扣價格，組成聯盟以增加議價力量，以及轉移成本。

錯誤的地理市場
地方性的競爭。

錯誤的策略和結構
參與者打造全面性服務，建立封閉性網絡，聯合其他業者（因此減少對手），以及與競爭者亦步亦趨。

錯誤的訊息
資訊是關於健康保險計畫和保戶滿意度調查。

錯誤的付費者誘因
付費者嘗試吸引健康的保戶，對不健康的保戶則提高費率。它們限制治療和跨療網絡就醫，將成本轉移給醫療機構和病患，減緩創新速度。

錯誤的醫療機構誘因
醫療機構提供所有的服務，但是通常低於一般的醫療標準。它們只讓病人在醫療網絡內部轉診，縮短治療病人的時間，縮短住院時間，採取防禦性醫療做法。

醫療保健正和競爭的特色

正確層次的競爭
在預防、診斷和治療特定疾病或病情組合上競爭。

正確的目標
增進價值——長期下來,所花每一塊錢得到的品質。

正確的競爭形式
競爭是藉由發展專業、降低錯誤、增加效率、和改善結果,在疾病和病情層次創造價值。

正確的地理市場
競爭出現在區域或全國性市場。

正確的策略和結構
參與者以提供能創造獨特價值的服務和產品,形成自己的區隔。這個體系有許多焦點明確的競爭者。

正確的訊息
資訊是關於醫療機構、治療和特定病情的其他選擇。

正確的付費者誘因
付費者協助保戶找出針對特定病情最有價值的照護方式,並簡化帳單和行政流程,加快付款速度。

正確的醫療機構誘因
醫療機構透過開發卓越和專業的領域而成功。它們評估和提升品質、效率。它們致力消弭錯誤,並在第一次就做對事情,以達到、超越並提升標準。

改革的要素

沒有競爭與選擇上的限制
- 沒有轉診或治療的事先核准規定
- 沒有醫療網絡的限制
- 嚴格執行反托拉斯規定,以防止勾結,過度集中,以及不公平的做法
- 有意義的共同付費和高額減免的醫療儲蓄帳戶,全都將賦予消費者尋求良好價值的誘因

易於取得的資訊
- 正式蒐集有關治療和其他選擇的適當資訊,並予以廣泛散布
- 關於醫療機構治療特定疾病和病情的經驗的資訊,能夠快速取得
- 針對風險調整後的醫療結果,建立相關數據資料,並且持續加強
- 提供一些全國性的標準化資訊,以便做比較

透明的價格
- 醫療機構對特定治療或程序制定單一價格
- 不同的醫療機構制定不同的價格
- 事前可以取得報價以做比較

簡化帳單
- 按每次住院治療或慢性病照護週期開立單一帳單
- 付費者對繳清保費的保戶有醫療帳單的法律責任

無歧視保險
- 沒有重新核保制度
- 對需要保險者指定風險共擔團體
- 規定醫療保險承保範圍,以創造整個體系內的均衡和價值

保險涵蓋的治療項目
- 全國性最低限度承保範圍清單
- 從競爭而非訴訟中產生額外的承保項目

減少訴訟
- 更多資訊意味揭露更多風險,也讓病人能做出更好的選擇
- 訴訟著重於處理疏失和過時的治療方式

患是安泰人壽（Aetna）的保戶，或藍十字（Blue Cross）的保戶，或是沒有保險，而有什麼變化。付費者當然可以議價，但是價格變化不能獨厚它的保戶，而必須有利於所有病患。治療特定病情的成本根本與病患的雇主是誰，或投保哪家保險公司無關。

　　當前的醫療體系，成本出現沉重的負擔，源自於不相干的價格歧視。多重價格導致管理成本提高。由公部門負擔的病患其實是由私部門的病患補貼。至於在私部門，大型團體的病患又是由沒有保險者、小型團體的成員，以及按照價目單定價付費的醫療網絡外的病患補貼。刻意抬高價目單定價導致更多病患無力負擔，增加未得到補償的照護支出，進而又形成更高的價目單定價，以及對大型團體更大的折扣。對醫療網絡外病患照護的價格區隔，抑制了競爭，減緩了原本可以嘉惠所有病患的品質與效率的改善速度。未能按個別服務逐項競爭，即使品質落後，價格還是會盤旋而上。當競爭的功能失調時，它的成本遠遠超過任何體系內，參與者能從價格歧視所獲得的短期優勢，即使那些當前獲得最大折扣的企業也不例外。

　　雖然看似矛盾，要消除獨厚某些團體的價格差異，最務實的做法可能就是暫時將它們制度化。聯邦政府可以限制醫療機構在最大折扣價格和最高定價之間的差距，然後以五年為期逐年縮小這個差距。終止這種不正常的價格現象，短期內會對當前體系中最大受益者，如聯邦醫療保險和最大規模的健康保險計畫等，精熟價格轉移者造成負擔。但是假以時日，所有參與者都將從價值與效率的巨大改善中獲益。

簡化帳單

　　價格最基本的功能是，將訊息傳達給消費者和競爭者。當前帳單作業使得這樣的訊息模糊不清。不必要的複雜帳單作業導致成本移轉，增加行政成本，也導致不可能實際上去比較價格和價值這兩者。在正和競爭下，醫療機構必須對一整套服務或慢性病治療的每段期間，開立單一帳單，而不是每做一次服務就開一張帳單，使得帳單多得數不清。在其他產業，許多已經可以用單一帳單處理客製化服務；如航太、營建、汽車修護、顧問業皆是。一個有競爭力的醫療保健產業，一定也能找到自己的做法。競爭中的醫療機構，也將找出在服務前估算價格的方法。這樣的估算不僅有助於消費者做選擇，同時也會激發醫療機構釐清自己的真實成本。

　　帳單問題另一個重要來源是，目前必須負起帳單法律責任的是病患，即使完全繳清保險都不例外。在正和競爭中，付費者將為繳清保險的保戶承擔醫療帳單的全部法律責任。倘若醫療機構只發一次帳單，付費者就無法將成本移轉給病患或醫療機構，許多讓人困擾的帳單問題也將解決。

易於取得的訊息

　　在正和競爭下，醫療保健體系的醫療機構和消費者，將能得到他們作醫療決定時必要的訊息。政府或大範圍的雇主聯盟可以藉由商定一套標準資訊，定期做全國性的蒐集，以推動蒐集和散布訊息的流程。事實上，醫療資訊要做到像證券及交易

委員會（SEC）監督與揭露企業訊息，並非不可能。全國性比較的好處無庸置疑，那將激發一波在品質和效率方面改革的浪潮。

一個明顯但相對沒那麼複雜的切入點是，蒐集特定醫療機構在某些疾病、治療和流程方面的經驗表現。這些數據資料在經過一段等候期讓醫療機構查核修正錯誤後，就必須對大眾公開。假以時日，關於醫療機構風險調整後的醫療結果，也將需要蒐集和散布，讓消費者得以評估醫療機構的專業領域。這些資訊將是針對特定的疾病和醫療情況，而非涉及不同的醫療實務。一個有生產力的系統也將蒐集和散布價格訊息，容許對特定治療或流程進行比較。

無歧視的保險業

兩種異常狀況破壞了健康保險計畫的價格。首先，有些人即使家族成員有醫療風險，也能被納入大規模的風險共擔團體（好比那些為大企業工作的人），並且能得到價格合理的健康保險計畫。但是那些無法加入這種風險共擔團體的人（好比為小企業工作或自雇者），如果家族成員有醫療風險時，卻要負擔非常高的價格。務實的改革做法需要假設，醫療保健的保險業務主要還是來自雇主。但是，風險共擔團體的解決方案需要將那些自雇者、小企業員工，兼職工作者或失業者納進來。比方說，規模較小的公司將加入聯盟，進行健康保險計畫的採購。對高風險群，無法購買健康保險計畫的人，應該為他們開發出指定的風險共擔團體，就像汽車險的做法一樣。

此外，一旦家庭中有人真的因病需要昂貴的醫療，即使家族長期繳付保險費，而且沒有大額索賠紀錄，小團體中的保戶或個人保險者仍面對保費大幅增加的可能性。這種「重新核保」（re-underwriting）的做法，抹煞了健康保險的目的，必須被取消。

減少訴訟

醫療過失訴訟和隨之而來的防禦性醫療做法，給大家帶來鉅額成本，對提升醫療保健的品質也沒有任何幫助。事實上，醫療過失的威脅還造成醫師和醫院隱瞞過失，而非坦白和杜絕錯誤。提出醫療過失訴訟的標準需要改變。只有出現像疏忽、使用過時的療法、草率不關心等真正惡質的醫療實務時，才適合在法庭相見，而不是病人已經得到適當、先進的治療，只是結果不佳的情況。在資訊比較充裕，也沒有選擇限制的情況下，許多法律訴訟將是可以避免的。花在提供資訊和選擇機會上的錢，其實是一種投資，可以去除這個體系內數十億美元的行政與法務成本。

全國性最低程度承保範圍清單

當前就承保範圍進行的個別談判和訴訟所費不貲。一個更好的體系需要制定一份全國性最低程度承保範圍清單〔就像聯邦雇員健康優惠保險（Federal Employees Health Benefits Program）所採用的〕。基於競爭的理由，健康保險計畫應該能涵蓋更多的服務和治療項目，但是無法透過法律訴訟強迫它

們這麼做。這項改變將會讓醫療保健的開銷，從醫療過失的賠償轉移到讓更多人得到照護。

付費者的策略：選擇與效率

正和競爭將引導付費者在創造價值，而不僅在最低成本上面競爭。它們將簡化帳單和行政流程，它們也將以提供不同治療選擇和成果卓越的醫療機構來服務保戶。它們將協助保戶知道，離開鄰近地區就醫的適當時機和地點。（有些付費者已經開始在網站上提供關於診療和醫療機構的相關資訊，但是通常只限於在保戶住所附近小範圍內求診的情形。）最佳付費者將有能力推薦慢性病保戶，有效的疾病管理做法。競爭也將轉移到提供資訊和卓越服務上面，試圖限制病患選擇或控制醫師的行為將會終止。

加速轉型

能夠加速醫療保健轉型的，還有兩個步驟。一個是過渡性的變革，另一個規模比較大，也較有爭議性。具有重大象徵性意義的過渡性變革，創造出一種鼓勵採用新式照護做法的短期機制，而且一開始比較花錢。一個典型的例子是，傳統上採納新療法速度緩慢的聯邦醫療保險，成立了採納創新基金（Adoption of Innovation Fund），以支持醫療提供者多多採用藥物食品檢驗局核准通過，有利病患治療的新方法。醫療機構與科技供應商、藥廠和付費者合作，在完善的機構評鑑和了解詳情的病患認同下，爭取贏得基金資助。經過一段時間後，正

和競爭一旦啟動，這樣的基金可能就可以退場。然而，做為一種過渡性工具，它將加快新療法降低成本與被更廣泛採納的速度。

另一規模更大，也更具爭議性的步驟是，政府在補貼低收入戶的情況下，要求全民納入健康保險。在規定的健康保險承保範圍內，每個人將成為關心醫療保健價值的付費顧客。雖然補貼低收入者將抬高醫療保健的開銷，強制保險還是會帶來補償性的成本節約和收入。免費看病的龐大成本將被消除，醫療機構將不再需要抬高價格以彌補這個缺口。節省的成本來自更多醫療照護會在適當的時間及時提供，而不是等到病情變複雜之後，並且是以符合成本效益的醫療環境取代急診室。額外的收入也將來自有能力支付保險，但選擇不購買的人。當這些人生病或受傷時，就無法成為醫療照護上風險共擔團體的一員。

雇主將領導的方向

醫療保健體系的表現好壞，關係到企業經營的榮枯。在過去十七年間，有十三年企業的醫療保健成本超過通貨膨脹。以2003年為例，企業要為每位員工負擔的保費超過6,200美元。由於過去連續三年兩位數的成長，加上展望2004年也不例外，引起資深經理人的注意。國際人力資源諮詢管理公司翰威特（Hewitt Associates）一項針對622家美國大企業的研究發現，96％的執行長和財務長嚴重關切，或高度關注2004年的醫療保健成本，還有91％的受測者認為，醫療保健成本將衝擊到他們

的員工。

雇主做為主要的醫療保健採購者，當然有堅持改革的影響力（參閱「深度診斷」）。不幸的是，他們本身就是問題的一部分。在採購醫療保健服務上面，企業已經忘記競爭是如何運作的一些基本教訓，也忘記如何聰明採購的道理。企業無視品質的差異，只根據健康保險計畫的價格而非價值進行購買。他們也許嘗試將價值最大化，並注重員工健康福祉，卻將健康保險計畫的管理授權給動機與自身利益並不一致的交易方。因此，雇主無意間成為這個問題重重的體系中的共謀者。

它們應該更清楚，沒有多少產品或服務可以當成消耗品交易，更不要說像提供高品質醫療這般複雜的服務。相關的標準應該是價值，而非成本。企業知道經驗和專業可以同時改善品質與降低成本，它們也知道創新是進步的關鍵，絕非必須控制的開銷。它們也知道要做好的決策，相關訊息是不可缺少的。

有些雇主已經開始以不同方式採購醫療保健服務。例如飛躍集團（Leapfrog Group，由150家公、民營組織組成）正致力於改善醫療保健的品質。飛躍集團的焦點，放在降低美國醫療照護領域偏高的錯誤發生率。這些努力很重要，但是如果它們將焦點放在競爭的威力時，可能效果會更好。與其認可醫院或告訴它們如何經營業務，雇主需要堅持特定疾病與治療層次的資訊和選擇必須能真正取得，好讓病患與轉診醫師可以選擇採用有效率且最新照護方式的醫療機構。飛躍集團努力促進高風險手術患者轉診到經驗豐富的醫療機構，就是在朝這個方向推進。漢威集團（Honeywell）藉由雇用決策支援服務「消費者醫

療資源」（Consumer's Medical Resource），提供員工有關診斷和治療的中立客觀訊息，也是在朝這個方向邁進。

「根據績效付費」（pay for performance）這種最新的雇主提案，為達到特定醫療照護標準的醫療機構，設定較高的保險給付率。這些評量的目的在於，鼓勵廣泛採用已經被大家認可但常被忽略的標準，以避免低於平均標準的照護品質。在醫療經驗和結果的相關資料被廣泛公開前，根據績效付費不失為一種重要的過渡性做法，但因它獎勵醫療機構遵從指定的治療實務，而非達到（風險調節後）卓越結果，從長遠來看並非適當的解決方案。如果醫療機構能面對競爭壓力，對個別病患和病況產生真正良好的結果，整個體系的改善步調將會加快很多。

當雇主對健康保險計畫和醫療機構設定新的期待，以不同方式採購醫療保健服務，將能實現醫療保健的正和競爭威力（表11.3列舉出雇主對健康保險計畫立即可做的事情）。大多數雇主抗拒停止總量折扣的想法，但是這種折扣導致成本增加，以及醫療保健領域成本轉移的惡性循環。如果雇主帶頭創造生產性的醫療保健競爭，堅持競爭應該在正確的層次進行，企業與它的員工都將從日增的服務價值和更廣泛、更公開的資訊中獲益。認真從事這樣的改革將會從根本上改變醫療保健體系，鼓動歷史性的轉型。這個體系的轉變指日可待。

表11-3	雇主立即可做的事情

- 選擇不限制員工取得醫療服務，或前往醫療網絡外醫療機構就醫的健康保險計畫。
- 要求醫療機構提供關於它們的經驗，採用的一般標準，以及治療結果的資訊。
- 確保員工能取得診斷和其他療法的資訊。分享所蒐集的區域性和全國性資訊。
- 堅持員工在經驗豐富的醫療機構治療。
- 要求公布每項服務的單一費用。
- 要求按每次住院治療或治療週期開一次帳單。
- 消除健康保險計畫或醫療機構開給員工的帳單。

深度診斷

改善醫療保健服務應該是企業經理人的首要任務。然而大多數企業持續依賴政府和產業「專家」，而他們在過去十年間所做的改革，並沒有在醫療保健領域創造出有效的競爭。波特與泰斯柏兩位教授在〈修改美國醫療保健的競爭〉文中解釋，從企業的觀點，這個體系哪裡出問題，哪些改變是增進價值均衡必要的。這份報告是兩位作者蒐集完整的事實和數字，加上深度分析的研究成果。要獲得更多相關資訊，請瀏覽http://hcreport.hbr.org。

第四篇

策略、慈善
　與企業社會責任

慈善機構的新議題：
創造價值

麥可‧波特、馬克‧克拉默——合著

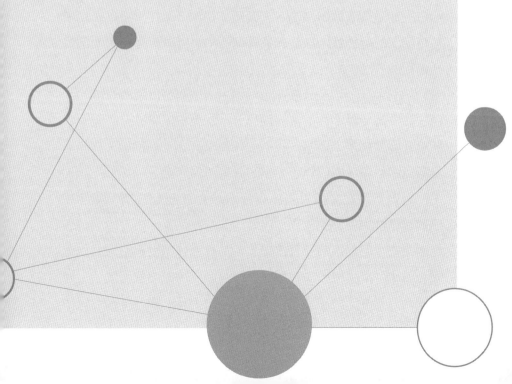

　　過去二十年，美國慈善基金會的數量成長一倍，資產價值則增加達1,100％以上。如今，基金會的資產已超過3,300億美元，每年至少捐贈200億美元給教育、人道關懷、文化等各方面的組織。全球沒有哪個國家把這麼重要且廣泛的任務，託付給慈善和志工團體。但我們的社會真正獲得應有的成果嗎？

　　慈善基金會是個別捐款者與社會企業（social enterprise）的中介。它收取個別捐款者的捐款，轉而支持各種公益活動。不過，如果基金會只扮演消極的中介角色，執行給錢的動作，它其實沒有發揮應有的潛力，也與社會的高度期待有落差。

　　基金會有能力引導社會進步，也應該這麼做。它們在運用有限的資源上，具有比個別捐款者或政府更有效率的潛力。因為基金會能免於政治的壓力，探索解決社會問題的新方法，這種自主性是政府做不到的。它與個別捐款者相比，又更具規模和時間上的延續性，以及專業管理能力，可以更有效率地創造社會利益。

　　但基金會是否充分發揮它的潛力，是個可以開放討論的課題。許多基金會不會策略性地思考，怎麼支配所擁有的資源才能給社會帶來最大價值，也極少做成果評估。相反地，它們通常認為評估自身績效與所從事的慈善任務無關。

　　面對新世紀，如果基金會要永續存在而且持續繁榮，在態度和做法上就必須改變。沒錯，基金會是靠一般人的樂善好施而存在。但是相較於直接捐款，基金會有賦稅減免的強烈誘因。因此，當個別捐款者捐錢支持基金會，他們就跨越了一條重要的分界線。而基金會捐出的錢當中，有一部分是歸全民所

有，這也是為什麼我們期待基金會，達成與它開支不成比例的社會影響力。我們期待它們為社會創造真正的價值。

　　基金會必須盡快站起來迎接這個挑戰。儘管基金會在數量和財力上大幅成長，可以用來解決社會問題的資源卻比以往更匱乏。將這些有限資源做最有效率地使用，將發揮極大的社會價值，而基金會又特別適合這麼做。但是基金會的創辦人、託管人或幕僚，如果不願意重新思考他們正在從事的任務，以及他們做事的方式，基金會根本不會朝這方面努力。事實上，基金會因為滿足於它們傳統上行善的議題，很少策略性地尋求改進之道。但是接納新議題的時機已經來臨，這個新議題就是承擔創造價值的義務。

創造價值的義務

　　當捐款者捐錢給社會企業時，錢全部用來創造社會利益。當捐款者捐錢給基金會時，大部分善款並未投入公益。平均來說，基金會每年捐出去的資產只占它們總資產的5.5％，比法律規定的最低標準5％稍高一些。其他的錢則是用在投資金融性，而非社會性的收益（只有0.01％的基金會投資組合是用在支持慈善目的）。因此，目前美國的基金會所持有3,300億美元的絕大多數，其實代表的是未來的社會利益，只有等到錢最後全部用出去時，這個社會利益才會實現。

　　我們很少停下來思考，直接捐錢給慈善機構與透過基金會之間的差別。但是這其中的差別真的很大。在美國，當有人捐

100美元給慈善機構時，國家就少收大約40美元的稅收，至於慈善機構則獲得100美元為社會服務。這種立即的社會利益是所損失稅收的2.5倍。而當100美元捐給基金會時，國家同樣損失40美元的稅收，但是立即的社會利益只有每年基金會轉出去的5.5美元。這遠低於短收的14％稅收。

當然接下來許多年，基金會將持續支付5.5％的資金。即使如此，將這麼多錢置於一旁，還是一種實質的成本。比方說，以10％的折現率計算，基金會五年後累積捐款的現值，也只有21美元。經過100年，還是只有55美元。你可以拿它與第一年就直接將100美元捐給社會企業的差別作比較。

即使不談折現率，無法迴避的事實是，國家為延後獲得的社會利益預付了代價，因為全部捐款都可以抵稅，而不是只有拿來做善事的那一小部分。既然基金會的資產增值幾乎免稅，國家損失的稅收又更大。過去十年間，當股市長紅時，美國已經在基金會捐給社會企業的每一塊錢上損失0.75美元稅收。

更可怕的是，當慈善活動透過基金會來進行，還要增加兩層額外成本。首先，基金會有它自己的行政成本，粗估每年要花到20至30億美元。其次是加諸受捐贈者的沉重行政負擔。基金會在執行任務時，受捐贈者有時必須遵照基金會複雜且曠日廢時的申請和報告程序。而這些成本都是跑不掉的。

因此，基金會是一種分配善款給慈善事業的昂貴方式。這不是說基金會帶給社會的價值，一定小於它們在稅收和行政上所增加的成本負擔。其實，它們做得到。我們也無意暗示，在同樣的目標上，政府花納稅人的錢就會比基金會更有效率。這

裡要說的是，從國家的角度看，人們在慈善基金會上投入可觀的金錢，如果基金會能達成它們應盡的義務，將可以創造更大的價值。

那麼，基金會如何才能提高它們工作的社會價值，而足以彌補所需的成本呢？最理想的情況是，基金會在協助解決社會問題上的貢獻，不應只是捐錢和行善的熱情。基金會雄厚的固定資產意味它可以用較長的時間來處理社會問題，並發展特定領域的專業。因此，同樣數額的錢，基金會可以比其他私人捐贈者或政府機關，達到更大的社會影響力。這就是我們之所以要挑戰基金會創造價值的道理。

透過第三者創造價值

絕大多數基金會是透過捐出善款，委託第三者行事（只有極少數作業型基金會自行提供社會服務）。贊助型基金會向它們支援的組織換來社會利益。然而，包括私人捐贈者和政府在內的任何人，都可以同樣的金錢換同樣的利益。當基金會的活動產生的社會利益，超過單單捐款的購買力，它們才真正創造價值。它們有四種途徑達到這個目標。前兩種是比較常見但很少有系統地實踐。後兩種威力比較強，但並不普遍。這四種方式都可創造價值，但在影響力上有很清楚依序遞增的層級關係。隨著慈善活動的焦點從個別受贈者轉到整體社會部門，每種後繼的做法在充分利用基金會專屬資產上，如資源、專業、獨立和執行時間長度，都超過前一層級的做法。（見圖12.1）

圖12-1　基金會創造價值的四種途徑

每種後繼的做法在充分利用基金會專屬資產上，勝過先前的做法，也讓基金會因為形成資源庫，影響力從單一捐款一捐助成長及擴及整個領域。

1. 選擇最理想的受贈者
　每一塊錢將比相對缺乏知識的捐款者，產生更高的社會效益。

2. 向其他基金會發送訊息
　藉由吸引其他捐款者，基金會得以有效地改善一個較大的慈善資源池的效益。

3. 改善受贈者的績效
　協助受贈者改善自身的能力，增加組織的整體效益，因此改善了它所開銷的善款的收益。

4. 增進知識和實務
　這類議題設定的工作，讓投入相關領域的慈善家、政府和其他組織的每一塊錢，產生更多生產力。

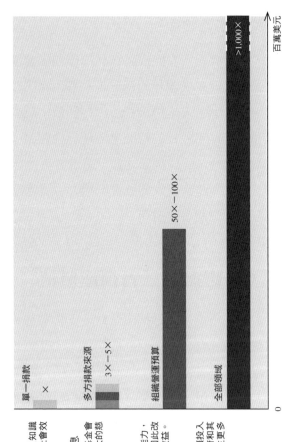

百萬美元

>1,000×

50×－100×
組織營運預算

3×－5×
多方捐款來源

×
單一捐款

全部領域

0

途徑一：選擇最理想的受贈者

這種做法的價值創造過程是直截了當的。就像企業界的投資顧問一樣，基金會可以運用它們的專業，透過捐助成本效率最高、或處理最急迫或被忽略問題的組織，將資源分配到社會部門中最有生產力地方。比方說，在眾多提出降低高中輟學率計畫的組織中，基金會可以選擇其中最有效率的一家。如此一來，比起個別捐款者的錢流到相對缺乏相關知識的組織，它的善款可以得到更高的社會利益。以這種做法選擇受贈者和配置資金，本身就是價值的來源。

雖然大多數基金會承認評估與選擇是它們主要的任務，真的有系統地評估自身表現，以改進它們未來資金配置成果的基金會卻很少。科羅拉多信託基金（Colorado Trust）則是相當值得注意的佼佼者。這個基金會專注兩個領域：提供便利且費用低廉的醫療保健，以及強化家庭功能。

科羅拉多信託基金的特別在於，它會分析成果，然後將得到的資訊納入未來決策中，藉此不斷改善它的選擇流程。這家信託基金對所支持的每個提案，不僅評估受贈者的績效，而且關注它們自身的效益。支持某一提案的策略是否是根據合理的假設？用來選擇受贈者的條件夠不夠好？這家信託基金透過有系統地詢問這些問題，努力讓後續的每項資助變得更有效率。

途徑二：向其他捐助者發送訊息

第二種創造價值的做法是將第一種做法合理地延伸。當基

金會對評估和選擇慈善團體技巧臻於純熟時，它就能進一步教育和吸引其他捐助者（尤其是那些在相關領域缺乏專業的基金會），以放大它所創造的價值。當它這麼做了，也就有效率地提高大批慈善資源的成果。

藉由配合捐款（matching grants），吸引其他捐助者的做法，就是一種發送訊號的形式，只是很少被使用，只占所有善款的4％。基金會除了配合捐款的做法，還可以進一步主動協助受贈者募得更多資源，教育其他捐助者改善它們的選擇程序。不過，在基金會世界裡，獨立作業的文化一直是透過結果學習，是改善績效的一大障礙。

途徑三：改善受贈者的績效

當基金會把自身角色，從提供資金變成完全參與的夥伴，進而像個組織般改善受贈者的效率，它所創造的價值還會更多。以這種方式創造的價值超越單一善款產生的影響：它提升受贈者各種作為的社會影響，並且因受贈者相互學習的意願，提高其他組織的效率。

影響受贈者的整體績效很重要，因為基金會的捐贈只占非營利組織總收入的3％。藉由協助受贈者改善它們自身的能力，基金會可以影響更多資源的社會生產力，而不只是在總量中微不足道的一小部分。因此，相較於選擇受贈者或向其他捐助者發布訊息，基金會直接與受贈者合作，以改善它們的績效，將是更有效使用匱乏資源的方式。

非營利組織雖然有勸募的競爭壓力，但是它們在服務上是

不計成本的。也因此，缺少評估與管理績效的強烈誘因。基金會不僅能鼓勵慈善組織這麼做，還可以利用它們的客觀性，以及本身和外界的專業，協助受贈者找出應該改進的弱點。

想想大衛和露西爾‧帕卡德基金會（David and Lucile Packard Foundation）。它每年斥資1,200萬美元，協助非營利組織在管理、規劃、重整和人員成長上下功夫。比方說，有一筆捐款是用來教導一個環保組織如何更有效行銷和勸募。跨文化沙漠和海洋研究中心（The Intercultural Center for the Study of Deserts and Oceans, CEDO）是美、墨兩國非營利夥伴聯手，促進永續使用加州的沙漠和灣區。CEDO成功吸引了外界注意，觀光客紛紛前來這個地區。但是它缺少行銷專業，無法因日增的觀光客而獲益。帕卡德基金會因此付錢請行銷專家指導CEDO，將觀光客變成會員。這為該組織創造了源源不斷的收入，遠超過基金會所投入的50,000美元捐款。

綠色回響基金會（The Echoing Green Foundation）是由創投家艾德‧科亨（Ed Cohen）每年捐140萬美元，以改善非營利部門的績效。它投資具有帶動社會變革的幹勁與遠見的社會企業家（social entrepreneurs），目的在於建立一個公共服務領導者的社群，讓他們能分享彼此經驗、知識和活力。今天，綠色回響已經贊助超過300個成員。這些人不僅忙於各自的計畫，也和其他人交流，分享最佳實務做法。他們的心得被記錄下來，分送給所有受贈者，也對外公開。

基金會除了捐錢協助非營利組織發展經營管理能力，還有很多幫它們進步的方式。基金會可以成為全心參與的合作夥

伴，提供建議、管理、接觸專業服務公司的機會、影響力，以及很多非金錢上的資源。改進受贈者的績效通常需要基金會與受贈者緊密合作，也要求存有長期互動的意願。在這兩方面，基金會都能達到。

比方說，1998年秋天，位在加州聖馬刁鎮（San Mateo）的查理與海倫嘉信家族基金會（Charles and Helen Schwab Family Foundation），與半島社區基金會（Peninsula Communication Foundation）、索布拉托基金會（Sobrato Foundation）聯手提出兩年200萬美元的行動計畫，以解決16個在地的家庭服務機構的內部管理和成長問題。計畫進行期間，基金會的幕僚每兩個月與16個服務機構主管晤面。在場還請來管理專家，協助處理相關議題。團體討論的結果，受贈者中有三家決定，如果它們合併在一起，運作將更有效率，基金會的幕僚於是和它們緊密合作，以達成合併的目標。過程中，科技管理的問題浮出台面，因此基金會也對幾個家庭服務機構投入研發，並贊助它們技術上的需要。

途徑四：增進知識和實務

基金會可以創造最大價值的做法是，贊助研究以及一個有系統的專案，以提出更有效率解決社會問題的方式。在最好的狀況下，這類工作結果能產生一種新的架構，改變相關領域的後續工作，讓慈善家、政府和其他組織投下去的每塊錢變得更有生產力。

在深入研究相關領域上，基金會處於獨一無二的地位。它

們可以設定新的議題，改變公眾感受和政府政策。比方說，綠色革命是在1950年代末期至1960年代初期，因福特和洛克菲勒基金會聯合贊助的研究而催生。這兩個基金會注意到全球人口增加與飢荒問題，成立研究機構研發出新的小麥和稻米應變品種，讓每英畝的穀物產量分別增加二倍和三倍。

在六年內，印度的稻米產量成長兩倍，原本是小麥進口國的墨西哥，搖身變為出口國。照著基金會的研究模式，奈及利亞和哥倫比亞成立了自己的研究機構。洛克斐勒基金會後來將研究結果廣為散布到28個發展中國家的相關組織。總而言之，數以百計全球最貧窮的人民，因為這兩個基金會所創造的知識而受惠。

過去九十五年間，卡內基基金會（Carnegie Foundation）所做的研究，在美國教育方面發揮了類似的強大影響力。1904年，在卡內基贊助下，亞伯拉罕‧佛萊斯納（Abraham Flexner）研究當時醫學教育的情形，揭露了普遍缺乏標準的問題。這項研究革命性地改變了美國的醫學教學。接下來二十年間，近半數醫學院關門，佛萊斯納所提出的課程模式迄今仍是全美醫學訓練的基礎。

卡內基基金會後來贊助數百個教育領域的研究，首先是法律、工程、商業等其他專業教育領域。在每個領域中，相關研究為新穎、標準化的教育模式推波助瀾。

1967年，卡內基高等教育委員會（Carnegie Commission on Higher Education）設定大學文學院必修課程的模式，大多數大學奉行迄今。卡內基也研究並促進測驗的標準化，促成美國教

育測驗中心（Educational Testing Service）在新澤西州普林斯頓成立。

我們通常會把早期的基金會和這類工作聯想在一起，不僅追求突破性知識，建立先導性專案，也推動它們臻於成熟。今天，有些基金會也在進行一些同樣有高度潛在影響力的活動。舉例來說，皮優慈善信託基金會（The Pew Charitable Trust）近來成立皮優全球氣候變遷中心（Pew Center on Global Climate Change），研究全球暖化、教育公眾，並協調國際間的交涉。

儘管政府刪減對社會性計畫的贊助，基金會依然能藉由增進社會部門的知識和實務，創造巨大的價值。不幸的是，這麼做的基金會實在不多。

基金會需要策略

在實務上，前述選擇受贈者、向其他基金會發送訊息、改善非營利組織的績效，以及創造和散播新點子等四種創造價值的做法，是相互強化的，而且它們的好處是會累積的。基金會愈能改善社會企業的績效，創造新知識，影響大規模公共與民間部門的作為，它們的影響力就愈大。

但是要具備以這四種方式創造價值的能力，需要一套真實的策略。不幸的是，「策略」這個詞彙在基金會這個世界已經被用爛了，以致於幾乎毫無意義可言。如今，幾乎任何捐贈，只要心中有想法，都可稱為「策略性捐贈」（strategic giving）。基金會很少像企業般，用策略來界定它的差異性，

並做為調整組織作業各個面向的準則。

在企業界，公司的策略是用來設計出為顧客創造價值的做法，希望比其他競爭者更有效地滿足顧客的特定需求。企業必須以比競爭者低的成本生產相同價值，或是在相同的成本下，生產更大的價值。要做到這些，只有靠它選擇所要提供的某種價值，設定獨一無二的定位，或是一種有特色的競爭方式。（請參閱第二章）

慈善事業的目標可能有所不同，但是策略的基本邏輯是一樣的。除了不是在市場中競爭，基金會是使用珍貴慈善資源，將它們潛能發揮到最大，藉此對社會做出貢獻的企業。當基金會以較少的金錢達到同樣的社會利益，或以相同成本達到更大社會利益時，它就創造了價值。

無論企業或慈善事業，運用策略必須遵循下列原則：

目標是在所選擇的場域有卓越表現

基金會若能達成卓越績效，它的活動、投資和捐款總和起來，將會使它所花的每一塊錢，比處理同樣議題的其他組織，產生更大的社會影響力。基金會追求卓越績效，無關基金會之間的自我擴張或零和競爭。它是基金會提高它們對社會整體貢獻的最佳方式。

當然，在實務上，基金會很難以針對相同產品般的精確標準評估同儕的表現。但這不意味基金會應該放棄卓越績效的目標。至少，基金會可以評估自己長期的的績效，挑戰自我持續改善。比方說，考夫曼基金會（The Ewing Marion Kauffman

Foundation）在它的年輕人發展部門中，將降低中輟生比率訂
為首要目標。經過十年持續實驗和用心評估後，考夫曼基金會
徹底改變它的做法，因為它發現社區夥伴和關心照護的成人，
比直接的教育改革更有用。考夫曼基金會已經能重新調整捐款
方向，達到更好的結果，並且展現卓越績效。

　　基金會也應該觀察所捐助的組織的績效，評估自己的捐助
成功與否。這個觀點在今天仍不普遍。然而，因為贊助型基金
會只有在透過第三者的情況下，才能創造價值，它們必須承擔
受捐贈者是成功還是失敗的責任。基金會要成功，它的受捐贈
者，應該在集體表現上持續優於一般水準。當然，並非每筆善
款都會成功。進步通常需要冒點風險。但是目標還是在於，善
用捐款中的每一塊錢，創造卓越的社會績效。

　　在一開始，基金會以卓越績效做為目標十分重要。接著，
它們就必須確實評估結果，並根據評估所得採取行動。

策略仰賴「選擇一個獨特定位」

　　組織如果想要討好所有的人，它就不可能達到卓越表
現。策略的出發點就是要限制基金會，試圖解決社會問題的
數量。基金會必須決定在哪個領域，用何種方式發揮它的影
響力。想想1993年，由瑞士慈善家史蒂芬・席米丹尼（Stephan
Schmidheiny）創設的艾薇娜基金會（Avina Foundation）。艾
薇娜致力於環境問題，那就是它想發揮影響力的領域。然而，
把捐款限制在一、二個領域並不等於有了策略。艾薇娜在廣泛
的環保工作領域，追求一個更明確的目標：拉丁美洲的永續發

展。艾薇娜基金會在所有促進永續發展的方式中，選擇推廣有環保概念的商業實務。因此它在施展影響力和做法兩方面，都有非常清楚的定位。

　　因為最有效率的慈善事業是由動機強烈、知識廣博且滿懷熱情的人們，因致力於他們關心的議題而推動的，因此，選擇正確的定位需要了解基金會本身的文化，如它的價值觀、歷史，通常還有它的創辦人或目前託管人重視的議題。最終，定位時必須仔細思考，並且自問，基於我們所了解的一切，包括基金會的文化、熱情、專業和資源，別的贊助者已經做了或正在做的事情，還有我們希望解決的問題等等，我們的基金會可以如何創造最大的價值？

　　不妨再看看查理與海倫嘉信基金會，它的定位是強化人力服務和家庭服務組織的組織與管理能力。這項選擇受到託管人重視健全管理的影響，但也與幕僚在相關領域的調查結果有關，因為他們的報告顯示極少基金會提供這類支援。定位因此既反映個人價值，也是對機會、實力和弱點合乎實際的評估。

策略依賴「獨特的活動」

　　基金會的每一項主要活動，包括它的選擇流程、捐贈的規模、組合和持續期間、幕僚和董事會的組成和角色、提供受贈者非金錢協助的型態，以及評估與報告流程，都必須配合它的定位做調整。

　　比方說，在教育領域，加州奧克蘭市的慈善創投基金會（Philanthropic Venture Foundation）專注在草根性贊助。1995

年，慈善創投基金會成立教師資源贊助計畫（Teacher Resource Grants program），在教育這麼大的領域中，它選擇了一個適合本身規模的專業化定位。它提供所在地區的教師便宜但是迫切需要的教學耗材，也是那些在老師需要時，若不能及時送達就沒有用處的材料。

慈善創投基金會接觸超過6,000名當地教師，贊助金額每位教師上限為1,500美元，供他們購買教學材料，支付校外教學或教師訓練課程花費（經過一年嘗試，慈善創投基金會將上限降至每筆贊助500美元）。教師暱稱這項計畫為「傳真補助計畫」（faxgrant program），因為基金會以傳真方式受理申請，並且會在收到申請一小時內答覆，贊助支票則會在24小時內送出。

由於它的定位是協助資源不足的教師，並且提供數千筆小額贊助，慈善創投基金會訂出一套無文書作業的規則，讓教師能用最經濟的時間申請。慈善創投基金會發現，在它選擇的場域，一套精心設計的收款、調查、考慮和贊助申請案的流程是不必要的。

慈善創投基金會是修改活動以創造價值的完美案例。它只有透過與其他人不同的做事方式，並且與基金會想要達成的目標緊密連結，才能以同樣的贊助款產生更大影響，或讓受贈者更成功。修改活動以符合策略是一個基金會制度化，以及強化差異化能力的方法。

第十二章 | 慈善機構的新議題：創造價值 | 525

任何定位都有取捨抉擇

基金會要在所做的事情上面有傑出表現，就必須放棄存在於其他方式和領域的機會。對基金會（或其他從事慈善工作的組織）而言，決定什麼不要做，是能否擁有策略的嚴苛檢驗。

對慈善創投基金會，這意味向許多教育方面的有趣機會說「不」。這也意味不採用集中大規模捐款或多年期提案的做法，雖說這些做法可能創造出典範式計畫，不同訓練教師的方法，或甚至影響公共政策。這類捐贈不僅需要不同的善款調度，還需要不同的人員配置，不同的作業模式，而且要符合不同的研究和思考。這裡要說的是，目標其實並無高下之分，但是定位一定會面對取捨抉擇。

對基金會而言，這個策略層面的挑戰尤其大。太多組織吵著要它們幫助，每筆捐贈似乎也都是在做善事，而且結果如何也不必負太大責任。要抗拒幫託管人或同僚忙的壓力也很困難。即使開始時專注特定領域的基金會，也會發現自己被吸引進入其他領域。但卓越績效才是目標，取捨抉擇不可避免。

當前實務的情形

在基金會捐贈的效率或實務方面，尚無完整的研究和紀錄。然而，根據已有的數據資料我們還是可以發現，現狀距離我們鼓吹的做法相去甚遠。策略需要焦點，然而基金會通常過於分散它們在人力和金錢上的資源。破碎的贈予型態和回應

個別善款要求的持續壓力，導致缺少時間發展專業，協助受贈者，或深入檢視社會問題。幕僚太常陷於週而復始且要求嚴苛的捐贈作業中，幾乎沒有時間在董事會開會前詳細記述急迫待決的捐助申請（見圖12.2）。

比方說，基金會平均每年會在十個不相干的領域發送善款，而這些領域如教育或醫療保健等都定義得太空泛。不到9％的基金會將75％或更高比例的善款投入在單一領域，把90％以上的善款投在單一領域的也只占5％。這般零散的捐贈是與明確的策略定位背道而馳的。

既有數據資料也指出，許多基金會並未靠獨特的方式創造價值，進而形成優勢。在資產規模超過10億美元，最大型的基金會中，每個專職員工每年大致要處理七筆捐贈（但是收到的捐助要求是這個數字的百倍）。平均算下來，每個領域只有三個專職員工負責捐贈事宜。在規模最大的基金會也許還有足夠的時間和專業來評估捐贈，但即使最認真的幕僚中，也很難看到他們真有足夠時間協助受捐贈者。規模愈小的基金會，人力吃緊的情況愈嚴重。資產在5,000萬到2.5億美元這一級的數百家基金會，每個幕僚要負責的捐款案又比前者高出五倍，平均每兩名幕僚要處理11個不相干的領域。最小型的基金會通常仰賴託管人志願服務，使得許多決定幾乎沒有經過正式的評估。

這些泛泛的衡量標準也說明了，基金會並沒有在選擇受贈者之外，進一步使用更有威力的價值創造形式。基金會很少貢獻財務以外的支援。只有2.2％的基金會善款是設計用來改善受贈者的績效。95％的基金會捐贈是一年期。雖然一年期的捐

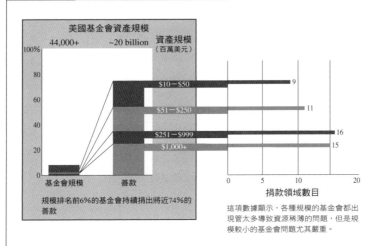

圖12-2 資源分散、跨及太多領域、幕僚人力分散，以致善款項目多但數量少

這項數據顯示，各種規模的基金會都出現管太多導致資源稀薄的問題，但是規模較小的基金會問題尤其嚴重。

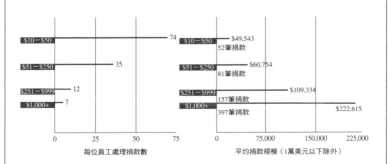

資料來源：基金會中心，樣本為根據1997年時，捐贈至少100萬美元、並排除低於1萬美元善款的1,000家基金會。

贈有時候會延續好幾年，但是仍缺乏證據顯示，基金會利用與受贈者長期更緊密合作的機會，改善受贈者的績效。基金會傾向將善款拆成以季為單位作業，但它們應將眼光放遠。

最後，雖然基金會表達了對社會問題提出創新做法，以及增進相關知識的強烈興趣，很少關於捐贈活動的研究是針對特定問題，探索不同做法之間的效率高低。只有8.8％的基金會善款用在研究上面，大多數是在基礎醫學和科學領域。有關捐贈的研究或數據資料蒐集非常罕見，而且比起當前的社會服務組織，基金會一般認為自己在這方面沒那麼重要。

許多基金會不贊助研究，但是會試圖透過設計用來發展和支持特定新計畫的種子贈款（seed grants），促進創新。然而，如果一個新的提案本身不能存活和成長，這麼做的好處其實很有限。太多時候，基金會忽略了針對促進新提案的捐贈專案，它們也未能以妥當的時間長度，持續支持受捐贈者。它們極少做前置性的可行性研究，也很少做事後評估，以確定這些活動是否成功，在種子贈款支持的最初階段過後又是否持續暢旺。

然而，最危險的訊號是，基金會的捐贈結果普遍缺乏評估。幾乎沒有預算是保留做為計畫評估用。許多基金會對善款是否應該用在評估，以及評鑑過去捐贈的績效是否有助於未來善款的運用，態度搖擺不定。這種有關評鑑的矛盾又被用來評斷基金會幕僚的績效條件所強化。它們傾向強調撥款前的書面分析和推薦，至於捐出這筆善款的第一原因，也就是實際達到的結果則很少注意。因此，計畫評鑑只是每況愈下：失敗帶來被責難的風險，成功也沒有任何獎勵。

　　成效的評鑑，通常會遇到三方面的問題。首先，它們受限於報告這筆錢是否符合它的名目（產出評鑑）；它們並不想評估社會影響力（結果評鑑）。其次，這類評鑑中，許多是由受贈者自己進行，他們無可避免地會想從基金會尋求更多支援。這類報告究竟有多少客觀性或可信度，可想而知。第三，即使在極少數案例中，活動的社會影響力是由外部顧問做評估，但通常多是在單一受贈者的層次進行，與基金會其他善款完全分離。因此，它也無法反映基金會在追求整體目標上成功與否。

　　當然，評鑑的成本有時可能所費不貲，而且很複雜。但是如果一開始就有清楚的目標，這一定能做到。對職業訓練課程的評鑑條件，將會與評鑑年輕藝術家贊助活動不同，但是這兩者都可以建立起有意義的評鑑條件。

　　試想在舊金山的羅伯企業發展基金（Roberts Enterprise Development Fund）。這是鎖定為遊民和窮人，創造就業機會的基金會。羅賓漢計畫（Rubicon Program）與它的受贈者密切合作，訂定了25項評鑑條件，不僅評估職業訓練課程的成效，也協助羅賓漢計畫更有效率地經營這項計畫。羅伯企業發展基金和這個計畫也發現，除了就業穩定性、薪資和職務技能上的改變最明顯外，其他像實質剝削、訓練學員自我評估是否達成個人目標，也都是評估這個計畫的結果時，富有意義的指標。

　　缺少評鑑，基金會將永遠無法知道它的努力是否成功。策略的最基本前提既然是努力達成卓越績效，如果績效未被評估，就違背了這個前提。

處理新議題

　　基金會怎麼按照我們前述的途徑上路呢？很多基金會，包括那些以新的創投慈善型態操作的基金會，已經走在這個方向上，只是還沒有做到這麼徹底。要將這些元素結合成一個整體，需要擬定一個策略，業務也要能與策略呼應，還要能與基金會的治理協調，使得策略能被有效地監督。這樣變革的責任最終落在被授權、可以使用基金會（和社會的）資金的那些託管人與董事肩上。

　　基金會要發展一套策略，一開始就得先找出定位。這必然需要系統性思考，以及對其他人尚未關注的重要社會問題進行研究。由於太多議題都很重要，所以這項工作的目標絕非找出最重要的議題。真正關鍵的是，基金會可以如何有效地在解決方案上有所貢獻。

　　其次，基金會可以在選擇贊助的領域中，借鏡先前的做法和經驗。當前的社會經濟趨勢是否偏好哪一種做法？其他組織在這個領域做些什麼？基金會的工作能否強化，還是補充它們的不足？能發現問題的根源嗎？

　　此外，基金會有什麼獨特的實力，使它能在這個領域最有效率地創造價值呢？這個問題的部分答案來自客觀地檢查，基金會過去曾在哪個領域產生最大的影響力。答案也來自對自身弱點的實際評估。

　　在選擇策略上，規模扮演一個很重要的角色。基金會需要足夠的資源，才能追求它創造價值的獨特方式。規模較大的基

金會可能有能力在超過一個以上的領域著力，如果它們選擇這麼做，每個領域必須有自己的策略，以及適合的作業方式。然而，所有基金會都能藉由將資源中較大比例集中運用，以創造更大的價值。這意味對所選擇的領域加大贈予的比例，以及在投資組合上投資一定比例，以支持它們的慈善工作。

基金會一旦選定了策略，就可以開始調整相關作業。基金會就像企業，本質上是許多活動的集合體。每項活動，比方說，徵求提案和支持受贈者等做法，都必須根據所選擇的策略而訂定。作業編排上一個特別重要的層面是，發展一套評估模式，以協助基金會了解它的努力是否成功。

策略性作業需要大多數基金會，重新思考自己的治理系統。在一個受理和核准捐助申請的壓力，從幕僚延伸到董事會的環境下，變革是很困難的。今天絕大多數的基金會是在董事會的會議中討論和批准特定善款配置。如果缺少目標或策略，它們沒有辦法授權幕僚處理善款選擇流程，也缺少可以評估經驗的架構。設在芝加哥的王冠基金會（Crown Foundation）就努力打破這樣的循環，一年四次的董事會會議中，只在兩次會議上考慮捐贈申請案，另兩次會議則保留用來討論政策、檢討績效，以及更深入研究議題。董事會需要擺脫批准善款的作業功能，而專注於制定策略和評估結果。

當目標、策略和評鑑機制都已具備，幕僚就可以有較大的獨立性，更即時、更彈性地做出捐贈決定。在科羅拉多信託基金，董事會根據是否具備定義清楚的目標和策略，思考並批准多年期、達數百萬美元的提案。董事會一旦定下架構，活動幕

僚就有權即時處理個別的捐贈提案。這麼一來，幕僚在做個別捐贈提案的決定上也有較大的自由和責任，董事會則有時間研究相關領域，設定總體策略，以及評估幕僚的績效。

在一些高度關懷社會問題，努力不懈要有所改變的人看來，目前基金會的實務不僅減少效益，還無可避免的降低捐贈者、幕僚和託管人對他們的工作的滿意度。支離破碎的贊助，與受贈者保持一定距離的關係，缺乏對結果必要的了解，必然導致基金會與它的最終結果之間的分歧。策略性的行動當然比較困難，但對託管人和幕僚而言，得到的益處會較多。

改善慈善事業的績效，能讓基金會對社會有更大的影響力。基金會可以扮演改變社會部門、管理文化的領導角色，可以帶領慈善事業從個人的良知行動轉入專業領域，承擔起對社會的責任，善盡創造價值的義務。其實，基金會處於一個不容失敗的世界，不幸的是，它們也不可能真正成功。

第十三章

企業慈善的
競爭優勢

麥可‧波特、馬克‧克拉默——合著

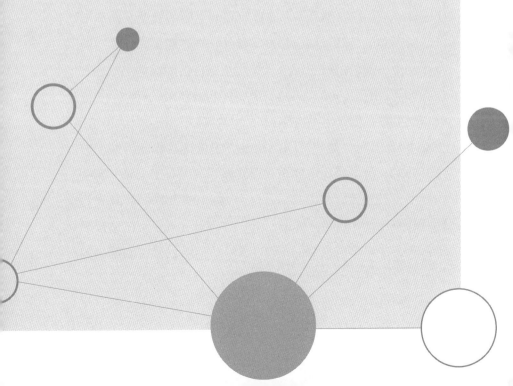

　　企業慈善活動正在減少當中。2001年，美國企業的現金捐贈減少14.5%，過去十五年來，企業捐款占獲利的比例掉了50%。道理並不難懂。企業高層愈來愈發現，他們處於一個怎麼做都不討好的局面，陷入投資人無止盡要求將短期利潤最大化的壓力，以及批評者拉高「企業社會責任」聲浪的兩難。批評者不會因企業捐出更多善款而滿意，企業捐款愈多，對它們的期待也愈大。企業高層也發現，要證明慈善開支與獲利不衝突，即使並非不可能，但是也絕非易事。

　　這種兩難局面導致許多企業，在它們的慈善活動上尋求更多策略性做法。但是今天所謂的「策略性慈善」（strategic philanthropy），幾乎從未真正具策略性，而且做為慈善義舉也並非特別有效。逐漸的，慈善被當成一種透過善因行銷（cause-related marketing）或其他高能見度的贊助，促進公司或品牌形象的公關或廣告形式。雖然它在整體美國企業慈善開支比例上，還只占一小部分，美國企業在善因行銷上的經費，從1990年的1億2,500萬美元，增加到2002年大約8億2,800萬美元。對藝術的贊助也在增加中，2001年時，這部分估算增加5億8,900萬美元。雖然這些活動確實對值得重視的目標，提供了必要的支持，藉此增加企業曝光度，改善員工士氣的意圖，也絕不下於創造社會影響力。比方說，1999年時，菸草業龍頭菲利普莫里斯（Philip Morris）砸下7,500百萬美元在慈善捐款上面，隨後發動一個1億美元的廣告活動以宣傳這個舉動。不意外的，業界不免質疑，這種做法究竟真能奏效，還是徒增大眾對公司動機的嘲諷。（參閱「策略性慈善的迷思」）

策略性慈善的迷思

　　很少有詞彙像「策略性行銷」般被濫用或定義不清。幾乎任何一種慈善活動，只要多少顯示出具有某個主題、目標、做法或焦點，就會被冠以這個名稱。在企業方面，它一般意味在慈善捐助和公司事業之間有些模糊或空泛關聯性。這種連結通常是字面上的，使企業能在公開報告和新聞稿中合理化它的捐獻。事實上，大多數企業的捐贈活動與公司策略無關。它們主要是為了博得好感和正面的形象，並且提高員工士氣。

　　企業透過善因行銷，將它的捐贈集中在單一慈善或備受尊崇的組織，是最早被稱為「策略性慈善」的實務做法之一，而這比起一些焦點散漫的企業捐贈已經更進一步。善因行銷可以將公司名號與受社會肯定的非營利組織或公共目標連結起來，進而提高企業聲望。比方說，企業贊助奧林匹克運動會，得到的不只是廣泛的曝光機會，同時也會與追求卓越的印象產生連結。比起沒有焦點的捐贈，善因行銷藉由審慎選擇的過程，集中它的捐助，更有可能創造出更大的社會影響力。

　　不過，善因行銷距離真正的策略性慈善還差一大截。它所強調的依然是知名度而非社會影響力。它期待的利益是增強認同，而非企業競爭的能力。相反地，真正的策略性捐贈活動，同時強調重要的社會與經濟目標，鎖定與企業競爭環境相關的領域，並且因為企業提供獨特的資產和專業，讓企業與社會雙雙受益。

　　對於目前混沌不明的企業慈善環境，似乎也是重新思考最根本問題的適當時機：企業真的應該涉足慈善活動嗎？經濟學家傅利曼（Milton Friedman）多年前就斷言不宜。他在《紐約時報雜誌》於1970年的一篇文章上辯稱，企業「唯一的社會責任」是「增加利潤」。在《資本主義與自由》（*Capitalism and Freedom*）中，他寫到「企業是擁有它的關係人的工具。如果企業做慈善，將妨礙個別股東決定，如何處理他的資金。」傅利曼的結論是，如果企業進行慈善捐贈，它應該是由個別股東，或更進一步，個別員工進行，而非企業來做。

　　思考今天大多數企業慈善的做法，傅利曼的觀點不無道理。絕大多數的企業捐贈沒有焦點，四處灑錢。大多數包含許多協助在地公民活動的小額捐款，或提供大學與全國性慈善組織一般性作業支援，目的是希望在員工、顧客和在地社區中搏得好感。這些捐獻通常無關審慎思考過的社會或商業目標，而是反映個人信仰和主管或員工的價值觀。事實上，最普遍的做法之一是，員工捐款配合補助（employee matching grants），明白地讓個別員工來選擇慈善項目。雖然目的在於提振士氣，同樣的效果也可能來自透過加薪，讓員工可以在抵稅基礎上選擇對哪些慈善機構捐款。看來，今天許多由企業所做的捐贈決策，若是能由員工個人來做決定，效果可能會更好。

　　至於善因行銷等，至少表面上與企業目標相關的活動，效果又如何呢？即使成功的活動也很難被認定出自慈善動機。既然所有合理的企業開支都能抵稅，那麼企業有違本身目標的慈善開銷，就並未享有特別的賦稅優勢。如果善因行銷是一種好

的行銷策略，那麼它本來就可以抵稅，並不需要設計為慈善模式來得到好處。

不過，傅利曼的論點一定沒錯嗎？這個觀點要成立，背後有兩個隱含的假設。第一個假設是，社會與經濟性目標是分離，而且各不相干的，因此企業的社會性開銷是以犧牲它的經濟獲利為代價。第二個假設是，企業強調社會性目標時，提供的助益並不多於個別捐款人。

當企業捐贈缺乏目標而且不具規模時，這些假設是成立的，而這種情況在今天尤其普遍。不過，思考企業慈善時，還有一種更具策略性的角度。企業可以利用慈善活動來改善它們的「競爭環境」（competitive context）——企業經營所在地的商業環境品質。利用慈善活動來改善競爭環境，使得社會性和商業性目標結合一致，進而改善企業長期的商業前景，這與傅利曼的第一個假設是有出入的。此外，企業在改善競爭環境時，它不僅提供金錢，還能充分利用自身的能力和關係來支持慈善目標。這會產生遠比個別捐款人、基金會，甚至政府更大的社會性利益。聚焦於競爭環境的捐贈，因此也與傅利曼的第二個假設矛盾。

少數企業已經開始鎖定競爭環境的慈善活動，以達成社會和經濟兩方面的雙重效益。舉例來說，思科電腦（Cisco Systems）投資一個野心勃勃的教育計畫「思科網路學院」（Cisco Networking Academy），藉由提供高中畢業生頗具吸引力的工作機會，訓練電腦網路管理人才，而減輕了它潛在的成長限制。它鎖定會影響企業競爭環境的社會需求，並利用本身

做為一家企業的獨特屬性去處理這些問題，已經開始展現一種鮮為人知的企業慈善潛力。然而，選擇這個新的方向需要企業從根本，改變它們捐助活動的做法。企業需要重新思考它慈善活動的聚焦之處，以及提供捐助的方式。

應該聚焦何處？

長期以來，社會性與經濟性目標被看成分屬兩個不同領域，而且往往是互相競爭的。但是這是一種錯誤的二分法；它在開放、以知識為基礎進行競爭的世界裡，代表著一種日漸過時的觀點。企業並非在真空的環境中運作。事實上，它們競爭的能力高度仰賴營運所在地的狀況。比方說，改善教育一般被視為一種社會問題，但是在地勞動力的教育程度，基本上會影響一家企業的潛在競爭力。社會改善與企業經營的關聯性愈強，所能產生的經濟利益也愈大。比方說，思科在打造它的網路學院時，並非鎖定全面的教育體系，而是放在養成網路管理人才所需要的訓練上面——一種針對思科的競爭環境的特殊教育（請參閱「思科網路學院」）。

思科網路學院

思科網路學院證明了企業的慈善策略、競爭環境，以及社會利益之間存在著強力連結。思科電腦做為網路設備和連結電腦和網路的路由器的龍頭廠商，過去十年間快速成長。但是隨著網際

網路擴張，全球顧客面臨合格的網路管理人員長期短缺的困擾，這也開始成為思科，乃至於整個資訊產業持續成長的限制因素之一。估計顯示，1990年代末，全球大約缺少100萬名資訊科技人力。思科很清楚它在競爭環境上的這個限制，於是經由慈善活動找出解決問題的途徑。

這個計畫最初是典型以善意為基礎的捐贈：思科提供總部附近一所高中網路設備，接著擴展該計畫到整個地區的其他高中。不過，一位協助這些學校的思科工程師意識到，當設備安裝好後，教師和學校主管缺乏管理這些設備的訓練。他和其他幾位思科工程師自告奮勇發展出一個計畫，不僅贈予器材，同時也訓練學校老師如何安裝，設計和維修電腦網路。學生開始參加這些課程，成功地吸收了相關資訊。當思科擴大這些計畫，主管們也意識到他們可以發展出一套網路遠距學習課程，訓練和認證中學生的網路管理技能。一個可能擁有更廣泛社會性和經濟影響的計畫。網路學院因而誕生。

因為這個活動的社會性目標與思科電腦的專業緊密連結，公司得以快速創造出一個高品質、成本效率也高的課程，創造出比單單捐贈金錢或設備更大得多的社會和經濟價值。在美國政府教育部的建議下，該公司開始鎖定位於聯邦政府所設定的「賦權區」（empowerment zones）的學校，當地往往是最具有經濟挑戰性的社區。思科電腦也開始將社區大學和職涯中期訓練納入計畫內。近來，它已經與聯合國合作，將這樣的做法延伸到工作機會極度匱乏、網路技能嚴重欠缺的發展中國家。思科也已經為學院結業生，設立一個全球性的聘雇機會資料庫，藉此創造一個更有

效率的就業市場,並加惠本身的產業群聚,以及它們所在的地區和大學畢業生。

思科電腦已經運用它獨特的資產和專業,伴隨它的全球布局,創造一個沒有其他教育機構、政府單位、基金會或企業捐贈者能設計出那麼好的課程,更別說像它那般快速推廣。它也藉由向產業群聚內其他企業發出訊號,放大整個活動的影響力。其他企業藉由捐贈或本身服務、產品打折等方式,像是網路接取服務和電腦軟硬體等,支援思科的這項計畫。好幾家科技龍頭廠商也開始了解到,思科所創造的全球性基礎架構的價值,因此放下自創網路學習課程的念頭,成為思科的合作夥伴。諸如昇陽電腦(Sun Microsystems)、惠普科技、奧多比系統公司(Adobe Systems)、泛達(Panduit)等透過贊助活動的課程,將這項學院課程延伸到程式寫作、資訊科技本質、網路設計、接纜等領域。因為這個專案連結到思科的事業,它能得到產業群聚內其他企業的支援,很有效率地利用它們所做的貢獻。

雖然這個計畫只有短短五年,如今它在全美50州,147個國家的中學、社區大學、社區組織中,成立了9,900所網路學院。它所創造的社會與經濟價值是非常巨大的。思科估計它已經投下1億5,000萬美元。這些投資也為美國和全球許多經濟最糟的地區的男女,帶來技術生涯的可能性。這個兩年期的課程,已經有11萬5,000名學生結業,同時有26萬3,000名學生正在受訓中,其中有半數不在美國進行。這個活動持續地快速擴展,每週都有50到100所新學校開辦。思科估計50%的結業生在資訊科技產業找到工作,在美國,網路管理人員的平均年薪是6萬7,000美元。那些已經成

為正式勞動力者，在他們的生涯期間所帶來的獲利規模，可能將近數十億美元。

　　當然，這個活動也加惠許多搭便車的廠商，也就是全球各地能夠雇用到技能高度熟練的學院畢業生的雇主，甚至是直接競爭者。但是做為路由器的市場龍頭，思科仍是改善競爭環境下的最大獲益者。透過主動邀集其他業者參與這項計畫，思科無需承擔全部成本。不僅思科擴大了它的市場，強化了產業聚群，它也已經增強顧客群的成熟程度。透過這些在競爭環境上明顯的改善，而不僅僅是贈予，思科已經吸引國際間對這個課程的肯定，在公司員工中激發出自豪和熱情，贏得合作夥伴的友誼，還在領導慈善活動上享有卓越聲譽。

___

　　長期而言，社會與經濟目標並非一定互相衝突，而是連結整合。今天的競爭力依賴的是，企業使用勞力、資本和自然資源，以生產高品質產品和服務這個過程裡的生產力。生產又仰賴擁有受過教育，有安全感，身心健康，有適當住所和受機會誘因激勵的員工。保護環境不僅有益於社會，企業也同樣受惠，因為減少污染和廢棄物可以導致資源的使用更有效率，並且協助生產出消費者重視的產品。另外，改善發展中國家的社會與經濟條件，可以為企業營運創造更有生產力的地點，也為它的產品創造新的市場。事實上，我們體認到，要處理許多世界當前最急迫的問題時，最有效的做法通常是以能讓企業和社

會雙贏的方式，動員企業部門。

這並不是說每家企業的開支都會帶來社會利益，或每項社會性利益都會改善企業的競爭力。大多數企業的開支只會產生對企業有利的益處，與企業無關的慈善捐獻只產生社會性益處。只有當企業開支同時產生社會與經濟利得時，企業慈善和股東利益才合而為一，如圖13.1顯示。圖中陰影區域顯示企業慈善對公司的競爭環境有重要影響。也就是在這一塊，企業的慈善活動可以真正稱為策略性做法。

對策略而言，競爭環境舉足輕重。掌握技能熟練、工作意願高的員工，在地基礎設施如道路、電訊的效率，在地市場的規模和精緻程度，政府法規的規範範圍等環境變數（contextual variables），一直影響著企業競爭的能力。在競爭的基礎從廉價投入轉變到更強調卓越的生產力之際，競爭環境又變得更為關鍵。有件事情很清楚，現代以知識和科技為基礎的競爭，愈來愈取決於員工能力。另外，今天的企業更依賴在地的夥伴關係：它們依賴外包，與本地供應商、機構的協作，遠勝過垂直整合；它們在顧客身上下的工夫更深；它們更倚重在地大學和研究機構，並肩進行研究發展。最後，因應日漸複雜的在地法規，減少新專案和產品的核准時間，在競爭上也變得愈來愈重要。在這些趨勢下，企業的成功已經變得與在地機構和其他環境條件，更加緊密地糾結在一起。製造與行銷的全球化也意味，對企業而言，競爭環境的重要性不僅存在母國市場，也攸關在多國市場的競爭。

企業的競爭環境是由在地商業環境中，四項交互關聯的關

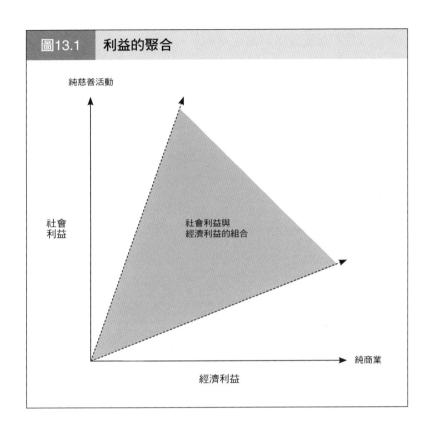

圖13.1　利益的聚合

純慈善活動

社會
利益

社會利益與
經濟利益的組合

純商業

經濟利益

鍵要素所構成，進而影響企業的潛在生產力：生產要素條件，或是可取得的生產投入狀態；需求條件；策略與競爭環境；以及相關和支援性產業。它的架構可以參考圖13.2，並且在《國家競爭優勢》書中有更詳細的敘述。這個競爭環境中，任何一個部分出問題都可能削弱一個國家或地區，做為企業所在地方的競爭力。

　　商業環境的部分面向，好比道路系統、企業所得稅率、企業相關法律，對所有產業都會造成影響。在發展中國家，這些

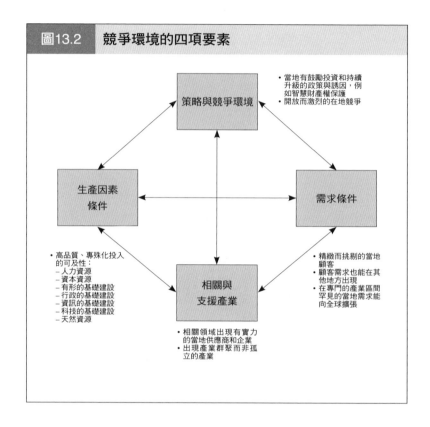

圖13.2　競爭環境的四項要素

一般性條件對競爭力也是至關重要，透過企業慈善來改善它
們，可以為一些世界最貧窮的國家帶來極大的社會利益。但是
對特定產業群聚而言，諸如德國的高檔汽車或印度的軟體產
業，由於相互連結的企業、供應商、相關產業，以及特定領域
的專業性機構的地理集中性，有些競爭環境面向卻是具有決定
性的影響力。產業群聚是透過競爭環境的這四項要素，所產生
的影響而興起。它們通常是一個地區經濟風貌的顯著特質，並
且攸關當地經濟的發展，這將讓其中的企業成員更有生產力，

更容易創新，並能刺激新企業的成立。

　　由產業群聚的成員進行慈善性投資，無論是個別的或集體的，都能對產業群聚的競爭力產生強有力的效果，進而普及到內部的所有企業。要改善競爭環境，慈善通常能成為最有成本效益的方式，有時候也是唯一的方式。它能讓企業不僅充分利用自身的資源，同時也受益於非營利組織和其他機構的既有活動和基礎建設。比方說，企業要強化所屬領域的進階技能，對一所大學進行捐贈，比起自行發展內部訓練計畫，可能是相對不花錢的做法。慈善也可以是企業之間的集體行動，讓成本分攤到多家公司身上。最後，由於慈善的廣泛社會利益，企業通常能打造出它與政府，以及非營利組織間的夥伴關係，進而小心從事協作努力，以避免特定單一公司受惠的爭議。

影響競爭環境

　　企業仔細分析競爭環境的關鍵要素，就能找出最能強化自身與所屬產業群聚的競爭力，又兼具社會和經濟價值的領域。仔細考慮競爭環境中四個要素的每一個，思考企業可以如何透過慈善方式影響它們，同時也改善它們長期的經濟展望。

生產因素條件

　　企業要達到高度生產力，必須仰賴訓練有素的勞工、高品質的科技研究機構、足夠的硬體基礎設施、透明而有效率的行政管理程序（如公司登記或營業許可），以及可取得的自然資

源。這些都是慈善活動可以影響的範疇。

比方說，慈善捐助可以改善教育和訓練活動。夢工廠電影公司（DreamWorks SKG）最近為洛杉磯地區低收入學生，開設一套訓練課程，協助他們具備進入娛樂產業應有的技能。這家公司的六個事業部與洛杉磯社區大學（Los Angeles Community College District）、本地高中，以及課後輔導活動合作，設計了一個結合課堂教授與實習和訓練的專業課程。這項活動的社會利益在於改善教育體系，並讓低收入居民有更佳的就業機會。它的經濟利益則在於，讓當地擁有更多受過專業訓練的畢業生。即使參與這項活動的學生進入夢工廠的數量極有限，該公司還是因強化娛樂產業群聚而受益。

慈善計畫也能改善在地的生活品質，它不僅讓所有居民受惠，也是吸引專業人才前來所不可或缺的。1996年時，製造家庭清潔與儲存用品的莊臣公司（SC Johnson），發起「雷席恩永續發展」（Sustainable Racine）計畫，讓所在的威斯康辛州的小鎮成為更適合居住與工作的地方。這家公司與在地組織、政府和居民，透過夥伴關係，創造一個涵蓋整個社區，旨在提升在地經濟和環境的聯合計畫。其中一項計畫是與四個政府機構達成協議，協調排水和下水道整治，結果不但降低污染，也幫地方居民和企業節省了一大筆金錢。另一項計畫，涉及開設社區第一所針對邊緣學生的特許學校（charter school）。其他的計畫專注在振興經濟：當污染區域獲得整治，企業回籠，工作重回本地居民手上後，雷席恩的市中心區商店空屋率，從46％降至18％。

慈善活動也能透過提升在地研發機構的品質，行政機構的效率（如司法系統），硬體基礎設施的品質，或自然資源的永續發展，改善勞動力以外的生產投入。比方說，埃克索美孚公司（Exxon Mobil）提供實質性資源，改善它所在的發展中國家的道路、法律規範等基礎條件。

需求條件

一個國家或地區的需求條件包括本地市場的大小，產品標準的合理性，以及本地顧客的內行程度。內行老練的本地顧客會透過提供企業最新的顧客需求的視界，以及施加創新的壓力，進而提升地區的競爭力。舉例來說，波士頓地區先進的醫療實務，激發波士頓的醫療器材公司持續不斷地創新。

慈善活動可以影響本地市場的規模和品質。像思科網路學院藉由協助顧客獲得受過良好訓練的網路管理人員，改善了需求條件。在這麼做的過程中，它增加了市場的規模，以及使用者的內行程度，也因此提高使用者引進更先進的解決方案的興趣。蘋果電腦長久以來一直以捐贈電腦給學校的方式，將它的產品介紹給年輕人。此舉清楚提供學校一項社會利益，同時也擴張蘋果的潛在市場，將教師與學生轉為更內行的購買者。Safeco這家保險與金融服務公司與非營利組織建立夥伴關係，合力推廣平價房屋與強化公共安全。當它鎖定的四個測試市場中的自用住宅擁有率和公共安全提升後，保險銷售也隨之成長，有些地區成長率甚至躍升達40％。

策略與競爭環境

一個國家或地區治理競爭行為的法令規定、誘因和規範，對生產力高下有絕對的影響。相關政策如鼓勵投資，保護智慧財產權，本地市場開放貿易，打破或預防卡特爾和壟斷，減少貪腐等，都會讓當地在商業投資上更具吸引力。

在創造更有生產力和透明的競爭環境上面，慈善活動可以發揮很大的影響力。比方說，26家美國企業和38家其他國家的企業聯合，支持成立「國際透明組織」（Transparency International），以防止或揭露全球各國的貪腐問題。藉由吸引公眾注意力到貪腐上面，這個組織協助創造一個獎勵公平競爭，提升生產力的環境。它加惠於在地公民，同時也提供贊助企業更容易進入市場的機會。

另一個例子是由主要法人投資者組成的非營利組織「國際公司治理網絡」（International Corporate Governance Network, ICGN）。它的成員包括「大學退休權益基金」（College Retirement Equities Fund, TIAA-CREF）和「加州公務員退休基金」（California Public Employees Retirement System, CalPERS），目的是促進並改善企業治理和公開透明的標準，尤其是在發展中國家。ICGN鼓勵全球統一的會計標準，公正的股東投票程序，讓發展中國家和人民因此受惠。當改善治理和公開透明，讓在地企業實務有進步，本地不道德的競爭者也被揭露時，整個地區對外國投資者更有吸引力。支持這項計畫的法人投資者，也在投資時有體質更好、更公平的資本市場。

相關與支援性產業

公司可以因為附近就有高品質的支援性產業和服務，使得生產力大幅提升。儘管以遠距供應商做為外包對象，理論上是可行的，但是比起使用有能力提供服務、零組件和工具機的本地供應商，效率終究差了一截。鄰近性會提升反應力、資訊交換和創新。此外，也降低運輸和庫存的成本。

慈善能促進產業群聚的發展，強化支援性產業。比方說，美國運通的旅遊相關業務收入，大部分是來自發行信用卡和旅行社仲介業務。因此，這家公司可以看成是它所在每個國家的旅遊產業群聚的一部分，它也仰賴這些產業群聚，在改善觀光旅遊品質，以及吸引觀光客上面大為成功。從1986年起，美國運通贊助中學成立旅遊休閒學校（Travel and Tourism Academies），學生被訓練的內容並非它的核心業務——信用卡業務，也不是它本身的旅遊業務，而是為可能投身其他旅行社，以及有志於航空公司、旅館、餐廳等相關旅遊行業的年輕人做準備。這個計畫包括教師訓練、課程支援、暑假實習，以及產業指導顧問，如今在全球十個國家，超過3,000所學校推行，並且有超過12萬名學生註冊。它所提供的主要社會利益是，改善本地人民的教育和就業機會。在美國國內，參加這項課程的學生中，有八成繼續讀大學，四分之一的學生結業後進入旅遊業工作。它的經濟利益也非常具體，在地的觀光產業群聚變得更有競爭力，成長愈來愈順利。這些都轉換成為美國運通的重要利益。

搭便車的問題

當企業慈善改善競爭環境，產業群聚或地區內的其他企業，包括直接競爭者在內，通常也共享這些好處。這也形成一個很重要的問題：是否其他公司搭便車所建立的能力，抹煞了專注於改善競爭環境的慈善活動的策略價值呢？答案是否定的。以下理由說明，捐贈公司能得到的競爭利益依然可觀：

- 改善競爭環境時，主要獲利的是當地成立的企業。並非所有競爭者都會把總公司設在這個地方，因此該公司在一般的競爭上依然享有一定優勢。

- 企業慈善形成集體活動。企業藉由與產業群聚內其他企業分攤成本（包括直接競爭者在內），就能大幅降低搭便車的問題。

- 領導廠商最有可能進行重大捐贈，但也能收割其中主要的好處。比方說，思科電腦因為在網路設備市場的占有率最高，隨著市場更快速地成長與擴充，獲益也最大。

- 對所有競爭者而言，各種競爭環境的優勢，價值並不一樣。當企業的慈善活動與公司的獨特策略越能緊密結合，好比增加企業特別依賴的技能、技術或基礎設施，或針對自家強項，增加特定產業環節的需求，它與其他競爭者從提升競爭環境所得到的好處就越不成比例。

- 公司在特定領域發起企業慈善計畫，通常能獲得不成比例的好處，因為它藉此建立了卓越的聲譽與關係。舉例

來說，埃克索美孚公司在非洲國家撲滅瘧疾的運動，效果絕不止於公共衛生。它也改善了自己員工和契約商的健康，與地方政府、非營利組織建立堅實的關係，進而達成它要成為被優先選擇的資源開發夥伴的目標。

Grand Circle Travel就是一個企業做慈善而大有斬獲，同時也加惠競爭者的好例子。Grand Circle是針對美國銀髮族推出國際旅遊商品的直效行銷領導廠商，它的策略是以提供顧客豐富的文化和教育體驗為主。從1992年起，它的企業基金會捐贈超過1,200萬美元給顧客經常造訪地點的古蹟維護專案，好比在土耳其的以弗所遺址博物館友誼基金會（Foundation of Friends of the Museum and Ruins of Ephesus in Turkey），在波蘭的國家級奧斯比次博物館（the State Museum of Auschwitz-Birkenau in Poland）。其他走相同路線的觀光旅遊，當然也因為Grand Circle的捐贈而獲益。不過，透過這項慈善活動，Grand Circle已經與當地負責維護這些地點的組織打造密切的關係，並能提供它的旅行團特別拜訪、認識這些名勝的機會。Grand Circle因此獲得獨特的競爭優勢，使它與其他旅遊業者有所區隔。

如何捐贈

了解慈善活動與競爭環境的關聯性，有助於企業界定它們應該將企業捐贈專注在什麼領域。了解慈善創造價值的方式，也點出了企業可以怎麼透過自己的捐贈，達到最大的社會和經

濟影響力。如接下來會看到，專注於「在哪裡」與如何「做」是相互強化的。

　　在第十二章中，我們列出了四種慈善基金會可以創造社會價值的途徑：選擇最理想的受贈者、向其他捐助者發送訊息、改善受捐贈者的績效，以及增進知識和實務。這些做法是相互搭配的：當捐贈者從選擇正確的受捐贈者，逐步進展到增進知識的層次，慈善所產生的價值就變得愈來愈大（見圖13.3）。同樣的道理也應用在企業捐贈，它點出企業慈善可以在改善競爭環境上產生最大效率的途徑。鎖定這四個原則也能確保企業捐贈的效果，勝過由個人捐贈的相同額度。

選擇最理想的受贈者

　　大多數慈善活動涉及捐錢給其他組織，進而產生社會利益。因此，捐贈者能夠產生的影響，很大程度取決於受捐贈者的效益。選擇較有效率的夥伴組織或受捐贈者，將能讓每一塊錢發揮更大的社會影響。

　　選擇特定領域中最有效率的受捐贈者，絕不是件容易的事。當某個非營利組織明顯募款能力最強，擁有高度權威性，或能夠管理漂亮的活動專案等，理所當然是捐款選擇的對象，問題是這些因素可能與受捐贈者能否有效運用那些善款無關。要選擇能夠達到最大社會影響力的受捐贈者，通常需要做全面且嚴謹的研究。

　　個別捐款人很少有時間或專業來承擔這麼嚴肅的工作。基金會遠比個人更有能力成為專家，但是他們的幕僚有限。企業

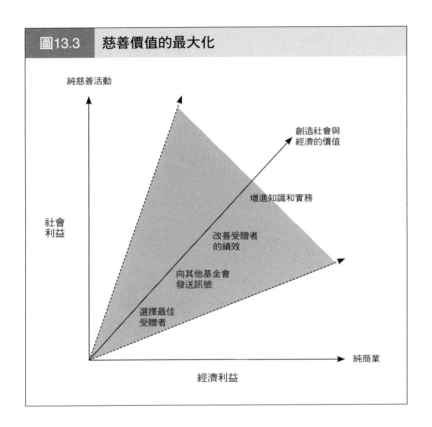

圖13.3 慈善價值的最大化

純慈善活動

創造社會與
經濟的價值

增進知識和實務

社會
利益

改善受贈者
的績效

向其他基金會
發送訊號

選擇最佳
受贈者

純商業

經濟利益

則不然，如果它將慈善活動與本身事業連結起來，就能運用內部員工的能力，特別是財務、管理和技術方面的專業，因此是處在承擔起這類研究工作的極佳位置。無論是透過它們本身作業、供應商或顧客，企業通常也會出現在某國或全球的許多社區。這就能取得重要的在地知識，以及審視和比較非營利組織的能力。

在有些案例中，企業可以在它有業務的眾多地點，介紹

和支持某個特別有效率的非營利組織或活動。比方說，Grand
Circle Travel利用它15個海外辦公室，找出可以贊助的古蹟維
護專案。艦隊波士頓金融公司（FleetBoston Financial）以具備
管理和財務等不同技能的員工組成團隊，審視它的基金會所贊
助的舊市區經濟發展組織。這些團隊會拜訪每個非營利組織，
訪談管理階層，檢討它們的政策和流程，再回報給公司的基金
會，提供是否應該繼續支持的建議。如果評估是肯定的，則探
討下一步的方向是什麼。這種程度的關切和專業絕對勝過大多
數個別捐款者、基金會，甚至政府機構所能做的。

向其他捐助者發送訊息

捐助者可以公布最有效率的非營利組織，並向其他捐助者
推薦，以吸引更多的資助，進而更有效的分攤整體慈善經費。

企業可以利用本身獨特的寶貴資產來完成這項任務。首
先，企業良好的聲譽通常引人尊重，成為受捐贈者的信用保
證。其次，它們通常能影響本身產業群聚內大規模的實體網
絡，包括顧客、供應商和其他合作夥伴。這賦予它們比個別捐
助者，甚至大多數非營利組織和基金會，擁有更大的影響力。
第三，它們通常與傳播媒體和相關專業較有接觸，而能更廣
泛、更快捷和更有說服力地散布訊息給其他捐助者。

企業做慈善方面，尤其應該向其他捐助者發出訊號，因為
這麼做會緩和搭便車的問題。由產業群聚內的成員進行集體性
社會投資，可以為所有成員改善競爭環境，並降低每個成員負
擔的成本。企業運用它的關係和品牌認同，來推動其他企業共

同贊助的社會性專案，可以改進它的成本效益比重。思科網路學院從思科所屬的產業群聚中的許多科技公司，以及全球各地的教育系統、政府獲得支持，這些支持者也都因結業者的成功而受惠。美國運通的休閒旅遊學校，仰賴旅遊產業群聚中超過750個夥伴的協助，分攤一部分成本，同時也獲得一部分利益。對一個特定的慈善活動方案，不同企業可以帶來不同的力量。藉由利用每家公司不同的專業，集體性投資的效益會遠超過任何單一企業的捐助。

改善受捐贈者的績效

藉由改善非營利組織的效率，企業為社會創造價值，增加每一美元開銷所獲得的社會影響力。選擇適當的受捐助者，可以增進單筆捐助的社會收益，向其他捐助者發出訊號則能增進多筆捐助的收益，改善受捐助者的績效則能增加受捐助者的總預算回收。

企業不同於其他捐助者，它有能力直接與非營利組織，以及其他夥伴直接合作，協助它們變得更有效益。企業會帶來個人或基金會欠缺的獨特資產和專業，提供受捐贈者各種非金錢上的協助，而那比起受捐贈者自己所能買到的服務，成本較低，也更精緻。因為企業一般對所在的社區有長期的承諾，也能緊密地與當地非營利組織進行長期合作，讓組織真正產生有意義的改善。尤有甚者，企業在多個地理區域運作，又能促成不同地區或國家的非營利組織之間，進行知識和作業改善心得的移轉。此外，在不同的地點，特定產業或產業群聚中的競爭

環境問題通常很類似，也增加了一家公司在多個區域取得和增加價值的能力。

透過將企業慈善與它的事業和策略連結在一起，一家公司可以在改善受捐贈者的績效方面，創造出比個別捐助者更大的社會價值。畢竟，企業專屬的資產和專業在處理與它所屬領域相關的問題上是最有用的。夢工廠的製片專業協助它為洛杉磯舊市區學生設計出，有助於在娛樂產業中找到工作的教育課程。思科網路學院則利用思科電腦員工的特殊專業能力。

艦隊波士頓金融公司發起社區復興方案（Community Renaissance Initiative），同樣利用類似的自家公司專業。艦隊波士頓金融公司認清它的主要市場是在比較舊的東岸城市，便決定將重心放在舊市區的經濟振興，這也可能是改善競爭環境最重要的方式。它將小企業服務、舊市區貸款、房屋貸款和創業投資等金融服務方面的專業和慈善捐贈結合起來。銀行的基金會則找出六個銀行設有據點，而且經濟需求非常龐大的社區，而且這些社區裡有以社區為根據地的強大組織，可做為可靠的合作夥伴。分別是紐約州的布魯克林區（Brooklyn）和水牛城（Buffalo）、麻州勞倫斯鎮（Lawrence）、康乃迪克州紐海芬鎮（New Haven）、紐澤西州肯頓鎮（Camden）和澤西市（Jersey City）。基金會承諾捐給每個城市72萬5,000美元，打造一個由在地社區、企業和政府組織組成的聯盟，著手解決一套由社區認定，攸關經濟振興的核心問題。銀行人員對在地企業提供技術性建議和小型企業金融服務的套裝方案，還有房屋貸款、購屋買家的教育課程。基金會也向市政府和私人募集到

600萬美元捐款,大大地強化它自己的450萬美元投資。

　　另一個例子是美國線上。這家企業在管理網路接取和內容方面有獨到的能力。它與教育界密切合作,發展出基優網(AOL@School)。這是一個免費、容易使用、非商業性網站,而且是針對學生、行政人員和教師的程度設計。這項服務讓學生能取得更豐富也更有參考性的工具,並提供教師課程計畫與參考教材,改善了全國數十萬學生的學習體驗。透過這個活動,美國線上活用了它的專屬專業,它的意義不僅在捐助,還在協助改善中學績效上,比其他機構更迅速,成本效益也更高。在這過程中,美國線上不僅提高使用者對它的長期需求,也提升了提供相關服務的人員能力。

增進知識和實務

　　創新引發生產力的效果,不論在營利部門或非營利部門皆然。而最大的進展不是出自效率更進一步的改善,而是更好的新做法。因此,創造社會價值最具威力的做法是,針對社會問題開發新的工具,並將它們廣泛地應用。

　　企業帶給慈善活動的專業、研究能力和影響力,能夠協助非營利組織創造原本靠自己絕不可能產生的新解決方案。從1994年起,IBM承諾在「教育再造」(Reinventing Education)專案上投入7,000萬美元,如今已經加惠於6萬5000名教師,以及600萬名學生。它與都市學區、州的教育部門,以及大學的教育科系建立夥伴關係,研究開發出一個網路平台,以支持新的教學實務和做法。新的課程意在重新定義教師如何精熟自己

的專業；這個計畫建立一個共同平台，做為大學的師資培育課程，以及支援教師第一年的教學工作之用，藉此彌合了師資培育和課堂經驗之間的落差。要開發類似的計畫，無論大學裡的教育科系或學區都沒有這樣的專業或財力資源。2001年時，一項獨立的評鑑發現，參加教育再造活動的教師，都注意到學生表現普遍有實質的進步。

輝瑞藥廠（Pfizer）針對發展中國家導致失明的主因沙眼，發展出一套節省成本又有效的治療方式。它除了捐贈藥品，還與EMCF基金會（Edna McConnell Clark Foundation）、世界衛生組織合作，為那些原本缺少醫療保健資源或現代藥物的人口，打造出一套開立處方和發送藥品必要的基礎設施。短短一年中，在它們鎖定的摩洛哥和坦桑尼亞的人口，沙眼發生率減少了50%。這個活動從此積極擴張，加入蓋茲基金會（Bill & Melinda Gates Foundation）和英國政府等兩個新夥伴，並且以推廣到全球3,000萬人為目標。輝瑞藥廠除了提供重要的社會利益，也藉由協助打造擴大自身市場不可或缺的基礎設施，增強了本身事業的長期展望。

就像創造新知識，採納它們成為具體做法也同樣重要。企業領導者的經驗知識，他們的聯繫網路，還有他們在全球各地社區的事業，為解決社會問題，創造出傳播新點子的強力網絡。企業可以根據它們的專長，提出新的社會性提案，並促進全球性的知識移轉，以及協調多個地點一致展開行動，這些都是大多數其他捐贈者很難做到的。

全新的做法

當企業以正確的方式支持正確的目標，也就是當它們正確地掌握到「在哪裡」和「如何做」，它們就進入一套良性循環。透過鎖定所屬產業與自身策略中最重要的環境條件，企業可以確保本身特有的能力將協助受捐贈者創造更大的價值。而藉由提高慈善活動所產生的價值，企業也使得自己的競爭環境獲得更大的改善。企業與它支持的目標都能獲得重要利益。

不過，採納一種著重競爭環境的做法，有違當前慈善實務的特性。許多企業主動將所從事的慈善活動與事業分開，相信這會讓它們在當地社區博得更大好感。儘管愈來愈多企業企圖讓捐贈活動具有「策略性」，它們當中很少能把捐贈與長期而言能夠改善自身競爭潛力的領域連結。而能有系統地應用本身獨特的實力，將慈善活動所創造的社會和經濟效益最大化的企業更是寥寥無幾。

相反的，企業通常只想著公布捐贈多少錢和投下多少努力，以增進自身的社會責任與關懷的形象。比方說，雅芳公司最近動員40萬名獨立的業務代表，敲鑼打鼓地進行挨家挨戶登門拜訪，為預防乳癌的活動勸募超過3,200萬美元。對抗乳癌當然是個有價值的目標，也對雅芳鎖定的女性消費者市場極有意義。問題是，對雅芳的競爭環境來說，這麼做並非重要因素，也不是雅芳一貫專長的領域。如此一來，雅芳可能透過有效率的募款，大量累積自身的現金捐贈，並且產生更有利的公關效果，但它並未充分發揮慈善活動在創造社會與經濟價值上

的潛力。雅芳已經做得很好，但可以更好。只要企業一直將慈善捐贈與公共關係的好處連結在一起，而不是看慈善所能產生的影響，便很容易錯失創造社會價值的機會。

這並不是說企業不能透過慈善活動，兼得提升聲望和博得好感的效果。但是單單博得好感本身並非進行慈善的充分動機。考量大眾對企業倫理的懷疑，尤其因為2002年的企業醜聞特別多，導致大眾的懷疑又更強烈，能夠在一項社會問題上展現重要影響力，自然會比那些只是大筆捐款的公司獲得更多的信任。企業慈善活動的嚴格考驗是，不管期待的社會改變是否有利於企業，還是默默行善，而不在乎是否有人知道。比方說，思科電腦已因為它的善行而獲得廣泛的肯定，但僅是這樣還無法博得好感，它依然有充分理由去發展網路學院。

企業轉而進行鎖定競爭環境的慈善活動，需要比目前一般做法更嚴謹的方法。它意味更緊密地整合慈善與內部其他活動的管理工作，而非授權慈善業務給公共關係部門，或是企業基金會的工作人員。企業的總裁必須親自領導整個管理團隊，而且通過有條不紊的流程，以界定和執行鎖定改善環境的捐贈策略。在確定競爭環境的投資領域時，事業單位尤其必須扮演核心角色。新流程涉及以下五步驟。

步驟一：檢查企業在每個重要經營地區的競爭環境

社會性投資要用在哪裡，才能改善企業或產業群聚的潛力呢？限制生產力、創新、成長和競爭力的關鍵限制是什麼呢？企業應該特別留心一些相較於競爭對手，對自身競爭力策略會

有不成比例影響的限制;改善這些競爭環境的領域也可能強化
競爭優勢。改善競爭環境的提案越具體,企業能夠創造價值和
達成目標的可能性越高。類似雅芳努力促進所有女性健康的廣
泛提案,即使有助於某些員工或顧客,但不必然帶來競爭環境
上的好處。一個緊密鎖定的目標,也不必然減少發揮影響的規
模。像輝瑞藥廠的沙眼計畫,IBM的教育再造活動,思科電腦
的網路學院等焦點明確的計畫,很可能讓數百萬人受惠,或強
化整個產業的全球市場實力。

步驟二:評估既有的慈善活動組合是否符合新典範

目前的慈善活動一般可以劃分為三種類型:

- 公共義務型:支持市民、福利和教育組織,展現企業希
  望成為好公民的意圖。
- 打造商譽型:藉由捐贈以支持員工、顧客或社區領導者
  偏愛的議題,通常涉及企業投資的代價和改善企業關係
  的目的。
- 策略性捐贈型:慈善活動鎖定提升競爭環境,如前面列
  舉案例。

大多數企業捐贈屬於前兩類。這些類型的捐贈中有一定比
例是有其必要,也受到歡迎。這裡的目標是希望企業盡可能做
調整,將慈善活動轉到第三類。就像善因行銷其實是行銷而非
慈善,它也必須名符其實。

步驟三：依價值創造，評估既有和潛在的企業捐贈案

　　企業可以如何善用它的資產和專業，選擇最有效率的受捐贈者，向其他捐助者發送訊息，改善受捐贈者的績效，以及增進知識與實務呢？考慮到企業的策略，企業可以在哪些領域，透過其他企業無法做到的捐贈方式，創造最大的價值？

步驟四：尋求產業群聚內或與其他夥伴集體行動的機會

　　在針對關聯性和提升價值創造方面，集體行動通常比孤軍奮戰更有效率。因為這麼做可以廣泛分攤成本，也會減輕搭便車的問題。當前企業中很少透過合作達成社會性目標。這可能是一般不願意與競爭者共事的結果，但是產業群聚包含許多相關夥伴和其他產業，並不會有直接競爭情形。較可能的情況是，將慈善活動視為一種公共關係的趨勢，導致企業在捐贈活動宣傳廣告中強調自身品牌認同，繼而讓夥伴卻步。如果把焦點放在要實現的社會變革，而不是要達到的公關效果，將會提高建立夥伴關係與集體行動的可能性。

　　企業一旦認清改善競爭環境的機會，決定它可以增加獨特價值的捐贈方式，它要尋找夥伴就變得很簡單：還有哪些廠商會因為競爭環境的變革而受益？哪些廠商擁有互補性的專業和資源呢？反過來說，哪些廠商所提的慈善案子值得加入？哪些慈善活動是企業可以有貢獻、增進價值，扮演其他廠商好夥伴的地方呢？

步驟五：嚴格追蹤並評估結果

　　要持續改進慈善策略與它的執行，最重要就是考核成果。當它與其他企業活動搭在一起時，長時間持續改善將能帶來最大價值。最成功的活動通常不是那些短期專案，而是持續在規模和精緻化方面成長的長期承諾。

　　在慈善活動上鎖定競爭環境，做法不會很簡單。沒有一體適用的做法。每家企業進行慈善活動也有自在程度與時間限度上的差異，個別企業對如何執行這套想法，也將有它自己的選擇。慈善不會成為一門講求精確的科學，它基本上是一種根據自我判斷和追求長期目標的信念所採取的行動。然而，這裡所提供的觀點和工具，可以協助企業讓慈善活動變得更有效益。

　　當這套做法被廣泛採用，企業慈善的型態將會出現重大轉變。捐獻的總量很可能會增加，所創造的社會與經濟價值也會大幅成長。企業對本身慈善活動的價值更有自信，也更願意投入。它們向所在社區傳達自己的慈善策略也更有效率。它們所選擇的捐助領域很容易被理解，不會被視為無可預測或不相干。最後，企業捐贈和其他類型的捐贈者之間會有更合理的分工，企業將在它們特別專長的領域貢獻心力。

　　慈善機構本身也將受益。它們將看到日漸增多，也更能預期的企業資源流入非營利部門。同樣重要的，它們將與企業發展出緊密、長期的夥伴關係，而能夠更有效地應用營利部門的專業和資產來達成社會性目標。一如企業可以依賴非營利基礎

設施,以更低成本達成它們的目標,非營利組織也能從使用商業基礎設施中獲益。

對一些企業領導者而言,這個新的做法可能過於自私。他們可能辯稱慈善是純粹良心事業,不應該摻雜商業目標。在有些產業,尤其是像一般有社會爭議的石化業和製藥業,這種觀點根深柢固,許多企業乾脆成立獨立的慈善基金會,與企業完全分離。然而,它們也因此放棄了為社會和自己創造更大價值的機會。以改善競爭環境為焦點的慈善活動,不只著重一個企業的自利,它還透過廣泛的社會變革惠及其他領域。畢竟,如果一家企業的慈善活動只是涉及自身的利益,那根本不符慈善抵稅的本意,甚至會嚴重危及企業的聲譽。

在改善競爭環境與真心承諾造福社會之間,其實並不存在矛盾。事實上,一如我們所見,企業的慈善活動與它的競爭環境連結得愈緊密,企業對社會可能的貢獻也愈大。在企業既無法創造價值,也無法取得利益的其他領域,企業應該如傅利曼所主張的,適度地退出,交給遵循自身慈善動機行事的個別捐贈者。如果能有系統、有方法地追求價值創造最大化,鎖定競爭環境的慈善活動就能提供企業一套新的競爭工具,讓資源投資更合理。在此同時,它也能提出一種更有力的方式,讓世界變得更好。

第十四章

策略與社會
競爭優勢與企業社會責任的關係

麥可‧波特、馬克‧克拉默——合著

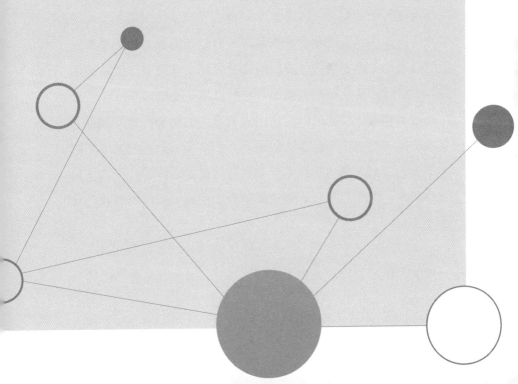

　　無論是政府、社運人士，還是媒體，都愈來愈懂得如何讓公司負起社會責任。許多機構會幫公司在社會責任上的表現排名，雖然採用的研究方式不無可議之處，但這些排行榜還是引起各界矚目。企業社會責任（corporate social responsibility, CSR）成了全球企業領導人的當務之急。

　　因此，許多公司提出了多項措施來改善它們對社會和環境造成的影響，只是結果不如預期。歸納成效不彰的原因有二：第一，公司和社會其實是互相依存的，但相關措施卻視兩者為彼此敵對；第二，這些措施迫使公司把社會責任視為一般性的議題，而不是讓每一家公司採用最適合本身策略的措施來回饋社會。

　　其實，現在一般展現CSR的方法都零零碎碎的，而且無法連結到業務和策略面，許多造福社會的良機就這麼錯失了。如果公司能援用核心業務的決策架構，來分析回饋社會的機會，就會發現CSR除了燒錢、讓公司綁手綁腳，或是辦一些慈善活動外，也可以為公司帶來機會、創新和競爭優勢。

　　在本章中，我們將以全新方式來看待公司和社會的關係，不再把公司的成功和社會福祉視為零和賽局。公司如果運用我們提出的這套架構，便能了解本身在社會上造成哪些正面、負面的影響；也能藉此判斷哪些議題需要正視，並提出有效的處理辦法。

　　從策略的角度來看，公司動用可觀的資源、專業知識，加上精闢的見解來造福社會，因此，CSR可以成為社會進步的一大動力。

企業社會責任的萌芽

公司會開始關注CSR，並不完全是自發性的。如果不是社會大眾陸續反映了相關的議題，許多公司根本不會意識到這是自己的責任。這些「當頭棒喝」包括：1990年代初期，《紐約時報》（*New York Times*）和其他媒體報導耐吉（Nike）在印尼的一些供應商虐待勞工，引發消費者大規模抵制耐吉的商品。1995年，荷蘭皇家殼牌石油決定將廢棄的布倫特儲油平台（Brent Spar）沉入北海海底，引發綠色和平組織（Greenpeace）大舉抗議，並因此登上國際媒體的頭版頭條。此外，藥廠發現，雖然抗愛滋藥物不是它們的主要產品，非洲也不是它們的主要市場，外界卻期望它們對非洲愛滋病蔓延的情況採取一些行動。還有，社會上也有一些聲浪，要求速食業者和食品包裝業者對肥胖和營養不良等問題負起責任。

不論右派或左派，社會運動組織愈來愈積極引導社會大眾對公司施壓，也愈來愈有成效。為了引起社會大眾注意，就算有些議題和業界巨擘扯不上關係，這些組織還是對它們緊追不捨。例如，雀巢是全球最大的瓶裝水生產商，所以當世界各地為了清水取得權爭論不休時，雀巢便首當其衝，儘管它這項業務只消耗全球清水供應量的0.0008％。相對來說，缺乏效率的農業灌溉每年消耗掉全世界70％的水供應量，這個問題顯然更加急迫，卻沒有現成的多國籍公司可做議論對象，因而乏人關注。

有關CSR的爭議問題，近年來已堂堂進入公司董事會。2005年，各公司有關CSR的股東決議案多達360項，議題從勞

工工作條件到全球暖化都有。而政府主管機關也開始要求公司申報CSR的措施。例如,英國有項立法一旦通過了,所有上市公司就必須在年報中公布公司在倫理、社會和環境方面的風險。這一波又一波的壓力顯示,公司外部的利害關係人正努力要讓公司對社會問題負起責任。畢竟,公司的行為如果不見容於社會,很可能會在財務上損失慘重。

公司美化形象,催生報告寫手

雖然公司已經注意到這些風險,卻對該怎麼處理一無所知。其實公司最常採用的措施並不是從策略或營運層面著手,而是把CSR當作美化形象的措施:目的是為了公共關係和媒體宣傳,其中最重要的做法就是發表一些浮誇的CSR報告,宣傳公司對社會和環境做了哪些好事。像2005年的250大多國籍公司中,有64%公布CSR報告。有些公司將這份報告納入公司年報中,大多數公司則把CSR報告放在另外發表的「永續發展報告」裡。也因此,報告撰寫人這個新興的小行業應運而生。

通常,這類報告只是彙整報導公司推出的各項計畫,宣揚公司對社會福祉的重視,但其實這些計畫之間並無關聯,無法為CSR活動建立一個有條理的架構,更別提展現什麼策略意涵了。況且這些報告的疏漏之處還十分明顯:例如,報告中可能提出文件說明某些部門或地區已減少污染、廢料、碳排放量或能源的消耗,卻不提整個公司在這些方面的情況。而它們對慈善活動的描述,往往只是說明投下了多少經費或多少志工工作時數,卻幾乎從來不提這些善舉造成什麼影響。當然,許下對未

來的承諾，並宣布要達成明確績效目標的公司，更是少之又少。

在各大公司紛紛推出CSR報告之際，有關CSR的評等和排名也開始流行。平心而論，精確、可靠的排名固然有助於影響公司的行為，但是各個評等機構自行進行評等和排名，除了造成目前的混亂狀況外，恐怕也不會有太多其他的貢獻了（請參閱「一場CSR排行『遊戲』」）。

一場CSR排行「遊戲」

許多機構會評比公司在社會公益上的表現，並公布排名結果。這些「CSR排行榜」如果是長期評估，而且正確反映公司對社會的影響，就能夠左右公司的行為。可惜的是，目前的CSR查核表都沒有做到以上這兩點。

首先，各個排行榜採用的評估標準差異很大。例如，美國道瓊永續指數（The Dow Jones Sustainability Index）的評估標準包括某些經濟績效的指標，而「顧客服務」占的比重比「企業公民表現」高了將近50%。同樣知名的英國FTSE4Good指數則正好相反，完全不考慮經濟績效或顧客服務。就算評估項目相同，這些項目在最後計分所占的比重還是有相當差異。

除了評估項目跟比重的差異之外，還有一個更複雜的問題：怎麼判斷公司有沒有達到這些標準？大多數的媒體、非營利機構及投資顧問機構都缺乏足夠的資源，無法一一稽核龐雜的全球公司活動，因此它們通常會選擇有現成數據，或是取得費用低廉的評估標準，可是其中有些評估標準卻往往無法忠實呈現公司活動對社

會或環境造成的影響。例如,道瓊永續指數根據公司董事會的規模來評估公司對社區的參與程度,可是這兩者可能完全不相干[1]。

　　而且就算評估標準可以正確反映公司對社會的影響,這些標準的數據通常都靠不住。大多數的排行採用意見調查來蒐集數據,可是調查的回應率往往不夠高,因此分析結果並不具有統計上的意義。有些調查是根據公司自行回報的數據,通常都沒有經過外界的驗證。公司愈是有事相瞞,就愈不可能回報。結果出現了一大堆沒有太大意義的CSR排行榜,幾乎每家公司都可透過排行調查來吹噓自己達到哪些社會責任,而大多數公司確實利用這個機會好好吹噓一番。

　　註[1]:若要進一步了解CSR評比的問題,見亞倫‧查特瑞吉(Aaron Chatterji)與大衛‧勒文(David Levine)合寫的〈推倒密碼牆:對非財務表現衡量標準的評估〉("Breaking Down the Wall of Codes: Evaluating Non-Financial Performance Measurement," *California Management Review*, Winter 2006)

　　為了跳脫這種混亂的狀況,許多公司領導人紛紛向經驗老到的非營利組織、顧問公司和學者專家討教。各式各樣有關CSR的文獻也隨之湧現,不過,這些文獻對公司領導人的指點還是不夠清楚。我們需要一套新辦法,能更有效地讓核心業務在營運和策略上考量到社會責任。但在深入探索之前,必須先理解CSR的幾個主要思考方向。

CSR四項訴求

大致上來說，高舉CSR大旗的人主要採取四大訴求：道德責任、永續發展、進場資格和信譽保證。

首先，關於「道德責任」的訴求，是主張公司有責任成為良好的企業公民，還要「為所應為」。像美國一家頂尖的非營利CSR協會──「社會責任事業」（Business for Social Responsibility）就要求會員「在達成商業上的成就之際，也應秉持倫理價值，並且尊重世人、社會與自然環境」。

其次，「永續發展」的重點在於對環境和社區善盡照顧管理。1980年代，挪威總理布倫特蘭（Gro Harlem Brundtland）曾為這項主張提出絕佳定義，並為全球永續發展企業委員會（World Business Council for Sustainable Development）引用：「既滿足當前的需求，也不妨礙未來世代滿足他們的需求。」

而「進場資格」的概念則是指：任何一家公司若要營運，都得獲得政府、各個社區以及其他無數利害關係人（stakeholder）的默許或同意才行。最後，談到「信譽保證」這個訴求，許多公司表示採行CSR計畫就是為了聲譽，因為CSR計畫可以改善公司形象、強化品牌、提升士氣，甚至拉抬股價。

以上所提的四大訴求，雖然促使CSR的思潮向前邁進了一大步，但當公司領導人面臨艱困的抉擇時，仍然無法為他們指引出一條明確的康莊大道。而且，在實際執行時，每個訴求也都有一些限制。

直到現在，CSR這個領域依然充斥著道德使命。有些做法

訴諸道德考量是很容易理解的，也確實可行，例如誠實申報財務報表和依法營運。道德使命的本質是不容質疑、必須全然服從的，但是大多數公司在面對社會責任時可沒這麼單純，往往得在價值觀、利益和成本之間取得平衡。就拿Google近期進軍中國的例子來說：美國顧客對新聞檢查很反感，而中國政府在法令上又有諸多限制，結果形成許多難以化解的衝突。

　　至今企業界尚未發展出一套完美的道德機制，可以用來權衡不同社會利益之間孰輕孰重，以及社會利益和財務成本之間如何拿捏。製藥公司在考慮如何分配營收時，面對「資助窮人醫療照顧」、「開發未來新藥」或「為股東提供股利」等用途，往往無所適從，而道德訴求更無法提供任何幫助。

三底線防堵短線

　　永續發展訴求的是一種開明的利己（enlightened self-interest），往往會引用所謂「三底線原則」，也就是衡量經濟、社會與環境三個層面的績效。也就是說，公司經營的方式應避免短視近利的行為，以免對社會造成傷害，或是浪費環境資源，才能確保長期的經濟績效。如果相關議題正好符合公司在經濟或管理上的利益，就最適合採用這個訴求。比方說杜邦從1990年以來致力節省能源，至今已省下至少20億美元。而麥當勞自從改變食品包裝材料後，固體廢物也減少30%。這些做法除了對環境有諸多裨益外，本身也都是商業上的明智抉擇。

　　不過在其他領域，「永續」這個概念卻顯得過於模糊且無意義。有人可能會說，透明化比腐敗更有助於公司「永續成

長」；良好的聘雇做法比血汗工廠更能「永續經營」；慈善事業有助於社會的「永續發展」。這些說法固然都沒錯，但對於如何權衡長期目標與達成目標的短期成本，如何訂定優先順序，上述的說法實在沒有什麼幫助。而這一派學者雖然提出這些有關取捨的問題，卻沒有提出一套解決問題的架構。有些經理人並不了解CSR的策略意涵，往往傾向延後實施CSR，以節省成本；但往後他們的公司若遭認定違反社會責任，反而會付出更大的成本。

進場資格這個訴求正好相反，顯得務實得多。公司可以根據這個訴求的具體辦法，找出與公司的利害關係人有關的社會議題，針對這些議題進行決策。這套方法也有助於公司與政府主管機關、當地居民和社運人士進行有建設性的對話，也許就是因為這個原因，必須取得政府許可才能進行的行業，特別常運用這套方式，例如，採礦業，以及其他受到高度管制的產業、開採自然資源的產業。常用這套方式的產業，還包括那些必須仰賴當地人的容忍才能順利營運的行業，例如化學製品業這種會產生毒素或傷害環境的產業。

可是，公司如此迎合利害關係人的要求，等於是把自己對CSR議題的掌控權拱手讓給外人。利害關係人的觀點雖然重要，但他們絕不可能充分了解公司的能力、競爭定位，還有公司必須做的取捨。而且，某一個利害關係團體憤怒地撻伐某個議題，未必代表這個議題很重要（不論是對公司或是對全世界而言）。公司如果把CSR視為安撫這些壓力團體的工具，結果只會提出許多短期的自衛措施，這種永無止境的公關安撫手

段,對社會沒什麼價值,對公司也沒有策略上的好處。

CSR被視同買保險

最後,信譽保證這一點雖然以策略利益為訴求,卻很難有具體成效。企業界對於信譽的重視,就跟前面談的進場資格一樣,都是為了滿足外界的觀眾。在消費者導向的產業,公司可能會高調進行各種展現使命感的行銷活動。至於在化學和能源這類聲名不佳的產業,公司對社會責任的重視大概就形同買保險,一旦爆發危機,之前累積的信譽可以緩和公眾的批評聲浪。這同樣是把公關工作和社會與公司的利益混為一談。有少數公司長期以來因為克盡社會責任而出類拔萃,像是班傑瑞冰淇淋(Ben & Jerry's)、紐曼食品(Newman's Own)、佩塔哥尼雅(Patagonia)與美體小舖(Body Shop)。即使如此,它們的努力對社會有何影響,迄今還是很難論斷;至於帶來多少商業利益,那就更難講了。

公司聲譽對消費者購買偏好或對公司股價有何影響,這方面的相關研究一直沒有定論。而把CSR視同買保險的想法,由於公司行善跟消費者對公司的態度之間缺乏直接關聯,效果根本無法衡量。此外,公司的CSR計畫缺乏一套量化的評估方式,無從了解計畫的成效,一旦管理團隊更換或景氣循環變化,CSR計畫很可能就會遭到刪除。

這四大訴求有個共同缺點,就是過分偏重在公司和社會之間的緊張關係,而不是著重在彼此的依存關係。而且,四大訴求的論點都太過一般性,並不是針對個別公司的策略和營運而

設計，也不是針對公司所在地區而量身打造。因此，這四大訴求都無法協助公司處理社會上最刻不容緩的議題，或是找出公司最能發揮影響力之處，反而提出一堆大雜燴式、彼此無關的慈善活動和CSR計畫，不僅跟公司的策略無關，對社會沒有實質貢獻，也無法強化公司的長期競爭力。

從內部來看，公司CSR計畫的訂定與執行，往往獨立於營運單位之外，甚至也跟公司的慈善工作脫節。就外部來說，公司做了許多CSR的努力，但都只是為了應付個別的利害關係族群，或者處理比較敏感的議題，結果只能對社會造成零星的影響，因此錯失許多大好機會。公司創造社會福祉的力量分散了，一舉兩得造福當地社會和達成公司營業目標的機會也降低了。

整合企業與社會

要提升CSR，必須充分了解公司和社會互相依存的關係，並把CSR融入公司活動和策略之中。「公司和社會相輔相成」聽起來像老生常談，卻是不爭的事實，公司對此要有最起碼的認知，才能走出目前CSR計畫的困境。

成功的公司，必須建築在健全的社會之上。像是教育、醫療照護、平等的就業機會等議題，就與勞工生產力息息相關。而安全的產品和工作條件不但能吸引顧客，公司內部也可以降低因意外造成的額外損失。有效率地運用土地、水、能源和其他天然資源，則有助於提升公司的生產力。完善的政府機關、法律規範和財產權觀念，更與公司的效率和創新密不可分。嚴

格的管理規範不但可以保護消費者，也保護公司免受剝削。最後，健全的社會能為公司創造需求：人們的需求獲得滿足後，會出現更多新的渴望。相反地，如果公司不擇手段，犧牲社會的利益，即使如願成功了，也只是曇花一現的幻影。

同樣地，要建構健全的社會，也需要成功的公司打基礎。公司能夠創造就業機會、財富、激發創新，以及提升生活水準，企業界在這些方面的成效，沒有任何一種社會計畫比得上。不管是政府、非政府組織，還是社會上的任何一位成員，它們在和公司鬥法時，或許能靠打擊公司的生產力獲得短暫勝利，但卻可能因小失大，因為公司和區域競爭力下降、薪資零成長、就業機會消失，大家沒錢繳稅，當然就無力支持非營利組織，長期下來，「非公司」的一方還是輸家。

公司和社會的領導人都只看見彼此的摩擦，忽略了雙方也有很多交集。由於公司和社會相互依賴，雙方都應秉持「價值共享」的原則，做出互惠的決策。如果任何一方為了自身利益犧牲掉另一方，就會陷入險境。就算獲得眼前的利益，卻會折損雙方長期的繁榮。要落實「共存共榮」的理想，公司必須把社會觀點融入追求競爭力和商業策略的核心架構中。

界定公司與社會的關係

公司和社會相互依存，有以下兩種形態：

首先，公司日常的營運活動會牽動到社會，這是一種「由內而外的依存關係」（inside-out linkages）。在公司價值鏈中的活動，幾乎都會對社會造成或好或壞的影響（參閱「社會契機

按圖索驥」）。公司對於聘雇員工、廢棄物排放和處置等日常活動造成的社會衝擊愈來愈重視，許多經理人卻仍然不明白其中的微妙之處和變化多端。例如，社會衝擊會依地點而有所不同，同樣的生產活動，在中國和在美國有著截然不同的影響。

社會契機按圖索驥

　　公司應該採用分析競爭定位和規劃策略的同一套工具，來分析它們和社會相互依存的關係，如此才能專注在自己最具影響力的CSR活動上。公司不應該只是為了實現一時的行善念頭，或平息外界的壓力而推動CSR，而應該設定一組能為社會和自身帶來最大利益的CSR議題。

　　公司應以不同的方式運用這兩種工具。公司列出價值鏈各項活動對社會造成的所有影響，其實就等於是擬定問題和機會的清單（主要是營運方面的議題），可以據此進行調查、排定先後次序，然後處理這些議題。一般來說，公司應該盡量消除價值鏈活動對社會造成的負面影響；有些公司活動則可能是很好的機會，可以讓公司對社會有所貢獻，並且創造獨特的策略優勢。

　　在面對競爭環境的問題時，公司不可能面面俱到，應該從鑽石型架構當中，找出最具有策略價值的幾個領域。公司應該謹慎地找出一、兩項最具共享價值的議題，提升本身的競爭優勢，同時又能創造社會福祉。

由內向外看：價值鏈對社會有何衝擊？

　　「價值鏈」呈現公司在運作時進行的所有活動，公司也可以根據這個架構列出那些活動對社會的正面和負面影響。這類「由內而外」的影響範圍很廣，舉凡聘雇和裁員政策，甚至是溫室效應氣體排放等，都包含在內，下表列出部分例子。

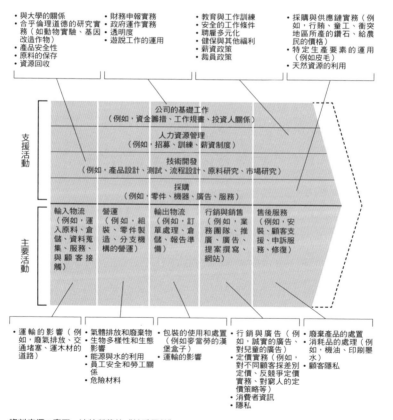

資料來源：麥可・波特所著的《競爭優勢》

由外向內看：社會對競爭力有何影響？

　　有效的CSR計畫除了要了解價值鏈對社會的影響外，也得明瞭本身競爭環境中的社會層面，這種「由外而內」的關係，攸關公司生產力的提升和策略的執行。要了解這種由外而內的關係，可以運用下面所示的鑽石型架構，這個架構說明：公司所在地的環境（例如，交通基礎建設和政府認真執行管理政策）如何影響競爭力。

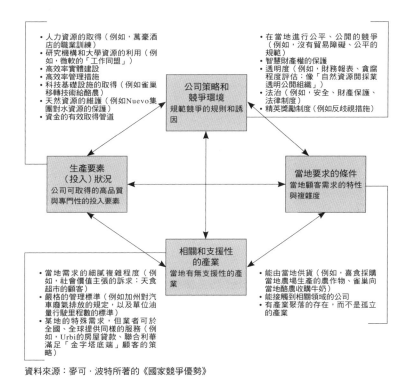

* 人力資源的取得（例如，萬豪酒店的職業訓練）
* 研究機構和大學資源的利用（例如，微軟的「工作同盟」）
* 高效率實體建設
* 高效率管理措施
* 科技基礎設施的取得（例如雀巢移轉技術給酪農）
* 天然資源的維護（例如Nuevo集團對水資源的保護）
* 資金的有效取得管道

公司策略和競爭環境
規範競爭的規則和誘因

* 在當地進行公平、公開的競爭（例如，沒有貿易障礙、公平的規範）
* 智慧財產權的保護
* 透明度（例如，財務報表、貪腐程度評估；像「自然資源開採業透明公開組織」）
* 法治（例如，安全、財產保護、法律制度）
* 精英獎勵制度（例如反歧視措施）

生產要素（投入）狀況
公司可取得的高品質與專門性的投入要素

當地要求的條件
當地顧客需求的特性與複雜度

相關和支援性的產業
當地有無支援性的產業

* 當地需求的細膩複雜程度（例如，社會價值主張的訴求：天食超市的顧客）
* 嚴格的管理標準（例如加州對汽車廢氣排放的規定，以及單位油量行駛里程數的標準）
* 某地的特殊需求，但業者可於全國、全球提供同樣的服務（例如，Urbi的房屋貸款、聯合利華滿足「金字塔底端」顧客的策略）

* 能由當地供貨（例如，喜食採購當地農場生產的農作物、雀巢向當地酪農收購牛奶）
* 能接觸到相關領域的公司
* 有產業聚落的存在，而不是孤立的產業

資料來源：麥可‧波特所著的《國家競爭優勢》

　　由於社會標準的演變與科學的進步，公司對社會的衝擊也會跟著產生變化。例如，1900年代初期，人們以為石綿無害，經過50多年的科學發展，累積許多相關證據後，大家才知道原來石綿會對健康造成極大威脅，公司必須為石綿造成的傷害負起責任。許多公司沒料到會有這麼嚴重的後果，終於慢慢走向倒閉的命運。由此可知，公司不能只觀察當前的社會影響，如果沒有一套可行的流程監督這些社會影響日後的演變，可能就會危及公司命脈。

　　其次，不單是公司活動會影響社會，社會上的情況也會影響到公司，而且同樣是好壞影響都有，這就是「由外而內的依存關係」（outside-in linkages）。

　　每一家公司都是在一個競爭的環境裡運作，這個環境對公司策略的執行力影響很大，長期來說更是如此。這個競爭環境裡很重要的一部分就是社會條件。競爭環境受到的重視，遠不及價值鏈的影響；但是競爭環境對公司和社會的策略性意義，遠比價值鏈重要。

　　競爭環境大致分成四大領域：第一是公司投入要素的質和量。例如，人力資源或交通基礎設施。第二是管理競爭的規範和獎勵制度。例如，保護智慧財產權、確保作業透明公開、防杜貪腐和鼓勵投資等政策。第三是當地需求的規模和細膩程度，影響這一點的因素包括產品品質和安全性的標準、消費者權益和政府採購的公平性。最後則是能否得到當地支援性產業的支持，像提供服務的廠商和機械產品製造商等。

　　這些有關競爭環境的層面都可能是公司進行CSR的好機會

（請參閱「社會契機按圖索驥」）。例如，公司是否能招募到合適的人力，也許受到一些社會因素影響，其中有些因素是公司能夠著力的，像是當地的教育制度、有無足夠住屋、有無歧視情況（歧視會限制人力供應的多寡），以及大眾醫療保健設施是否足夠等。

選擇要實行的社會議題

再大的公司也不可能獨力解決所有的社會問題，或承擔所有的社會成本，所以在進行CSR時必須有所取捨，最好是選擇跟本身業務相關的議題，其餘的則交由其他更適合的產業、非政府組織或相關政府機構來處理。而推動CSR的主要考量，不是計算值不值得，而是看能不能創造共享的價值，也就是說，不僅對社會有好處，對公司也有價值。

以下，我們將影響公司的社會議題分為三類。有許多社會理想值得追求，但公司應該縮小範圍，鎖定一些對自己最重要和最具策略價值的社會議題。

「一般性社會議題」，這類議題可能對社會很重要，卻與公司關聯不大，不僅不受公司營運的影響，長期來說，也不會影響公司的競爭力。「價值鏈的社會衝擊」，公司日常的營運活動對這類議題影響甚巨。「競爭環境的社會議題」，這類議題指的是，公司所在地的外在環境當中，有一些因素會影響到公司的競爭力（**見表14.1**）。

每一家公司都應該要求旗下各單位及主要營運據點，將社會議題分成上述三類，並按照這些議題潛在影響力的高低來排

表14.1	社會議題的輕重緩急	
一般性社會議題	**價值鏈的社會衝擊**	**競爭環境的社會議題**
這類議題不會受到公司營運的嚴重衝擊,也不會影響公司的長期競爭力。	這類社會議題會受公司日常營運活動很大的影響。	這類屬於外在環境的社會議題,會對公司在營運地的競爭力造成重大影響。

序。不同的業務單位、不同的公司、不同的地區,會有不同的分類結果。

就拿贊助舞團來說,對南加州愛迪生電力公司(Southern California Edison)來說,只是一般性社會議題;但對美國運通而言,卻是它們競爭環境中很重要的一環,因為它們得仰賴高檔娛樂、餐飲和觀光的消費收入。又如碳的排放對美國銀行等金融服務業者來說,或許只是一般性社會議題;但優比速(UPS)這類以運輸為主的公司卻認為,這個議題會對價值鏈造成負面影響;而像豐田這樣的汽車製造商,這個議題會同時影響到它們的競爭環境和價值鏈。此外,非洲愛滋病蔓延的問題,對家庭貨倉這種美國零售業來說,可能只是一般性社會議題;對葛蘭素史克(GlaxoSmithKline)這類製藥大廠的價值鏈則會造成衝擊;而對英美資源集團(Anglo American)這類採礦公司來說,它們得仰仗當地的勞動力,因此屬於競爭環境的議題。

即使是員工種族多元化或節約能源,這類大多數公司都會

碰到的議題，對不同產業的重要性也大不相同。就拿健保福利的議題來說，軟體開發或生物科技這類產業在這方面的問題較小，因為它們的員工人數較少，薪資較高；但對需要大量低薪勞工的零售業者而言，這個議題的挑戰性就高得多了。

即使在同一個產業內，同一個社會議題對不同公司的重要性也不盡相同，因為各公司的競爭定位不同。例如，在汽車產業，富豪汽車的競爭定位是以安全為主，而豐田汽車的競爭優勢來自油電複合引擎科技（hybrid technology）的環保效益。對個別公司來說，如果有些議題對旗下許多業務單位和營業據點都很重要，就可以針對這些議題來規畫屬於全公司的策略性CSR計畫。

如果有些社會議題對很多產業裡的很多公司都很重要，那麼最有效的處理方式應該是採用合作模式。例如，為了杜絕貪污腐敗，19家大型石油、天然氣和採礦公司共組「自然資源開採業透明公開組織」（Extractive Industries Transparency Initiative），承諾將公開所有支付給營運所在國政府的款項。這些產業裡的大公司攜手合作，才能達到防止政府貪汙的效果，因為如果只有少數公司公開款項，腐敗的政府就會把這些公司列為拒絕往來戶，結果對社會並沒有益處。

建立公司社會議程

將社會議題分類、排定順序，目的在於為公司建立明確的「社會議程」（social agenda）。公司的「社會議程」不僅只是考量社會大眾的期望，更要追求社會和經濟雙雙受惠的契機；不

只是要降低傷害,更要設法改善社會條件,以強化公司的策略。

「社會議程」當然必須回應利害關係人的需求,但還必須更進一步,投入大量資源和心力,推動真正兼顧公司策略的CSR計畫(見表14.2)。藉由策略性的CSR,公司才能發揮最大的社會影響力,並為本身創造最大的利益。

回應式CSR

回應式CSR包含兩個要素:扮演好企業公民的角色,因應處理利害關係人關心的社會議題;其次,努力降低公司活動目前和未來可能會對社會帶來的不利影響。

公司必須成為社會的優秀公民,這是推行CSR的必備條

表14.2	公司策略改造社會	
一般性社會議題	價值鏈的社會衝擊	競爭環境的社會議題
優良的企業公民	降低價值鏈活動對社會造成的傷害	從事策略性的慈善活動,借力使力改善競爭環境裡的重要領域
回應式CSR	改造價值鏈活動來造福社會,同時強化公司的策略	策略性CSR

件。地方上許多組織都仰賴公司捐助，而身為這些積極參與社會的公司員工，也會與有榮焉。

頂尖的企業公民不只是捐錢就好了，它們得提出明確、可以衡量的目標，並長期追蹤施行的成效。奇異電器認養美國公立高中的計畫，就是一個很好的例子。奇異公司在美國的一些工廠附近，有幾所公立高中的狀況不佳，奇異於是認養這些高中，五年期間共捐給每所學校25萬到100萬美元不等的金額，有時也捐贈物資。奇異的主管和員工積極參與，與校方合作以了解需求，並且輔導學生。根據一份獨立的研究報告，十所從1989到1999年接受這類資助的中學幾乎都有顯著進步，在五所原本表現最差的學校中，有四所的畢業率從30％提高一倍，達到60％。

這類立意良善的企業公民計畫，不但能提升公司的聲譽，也能改善公司和當地政府，甚至其他重要機構的關係，而且，奇異的員工也以參與這類活動為榮。不過，公司本身得到的好處卻很有限。奇異公司的這項計畫雖然頗有成效，但是對公司的業務並不重要，對招募和留任人才的助益也不大。

回應式CSR計畫的第二個部分是，盡量降低公司價值鏈活動對社會造成的傷害。這在營運上是一大挑戰。公司旗下各單位的價值鏈可能對社會造成的影響實在太多，因此許多公司採用CSR查核單，將社會和環境的風險全都標準化。例如，全球永續發展報告協會（Global Reporting Initiative）列舉出141項CSR議題，針對不同的產業還設計了補充的額外議題，該協會提出的綱領迅速成為CSR報告書的標準範本。

列出重要議題是很好的開始，不過公司得設計出更符合所需、更主動積極的內部流程才行。每個業務單位的主管都可以根據價值鏈的各項活動，有系統地了解每個營運據點的活動會對社會造成什麼影響。在這方面，營運主管特別能夠幫得上忙，因為他們最接近實際工作的執行。挑戰最大的就是預測未來對社會可能產生的影響。舉例來說，英國的家庭用品國際連鎖店B&Q開出一份列舉十幾項社會議題的清單，內容從氣候變化到供應商工廠的工作條件等，根據這份清單，系統化地評估旗下數百家分店的數萬種商品，判斷哪些產品可能會有社會責任風險，並盤算在外界施壓之前，公司可以先行採取什麼行動。

就價值鏈造成的大多數社會問題而言，並沒有重新改造價值鏈的必要。公司應該針對每一個社會問題，找出最佳實務做法，並留意這些實務做法的演變。有些公司會採取比較主動積極的態度，有效化解價值鏈對社會造成的問題。這樣做能讓公司獲得一些優勢，可是就跟採購和其他營運面的改善一樣，任何優勢可能都維持不久。

策略性CSR

對公司來說，策略不只是在實務作業上求精進，更要找出自己獨特的定位，採用不同於競爭對手的方式，以降低成本，或是為特定顧客群提供更好的服務。這些原則除了應用在公司和競爭對手或顧客的關係外，也適用於公司與社會之間的關係。

公司的策略性CSR，並不是要成為優良社會公民，以及降低價值鏈對社會造成的傷害，而是要推動一些能為社會和公

司創造明確且可觀利益的計畫。雖然策略性CSR計畫的數量可能較回應式CSR的計畫少，卻能兼顧「由內而外」和「由外而內」的層面，共享的價值便由此產生。

在產品和價值鏈方面，有許多創新的機會可以造福社會，同時提升本身的競爭力。例如，豐田汽車為了回應社會對汽車排放廢氣的疑慮，推出採用油電複合引擎的Prius，後來更推出一系列兼具競爭優勢和環保概念的創新車款。油電複合引擎排放的有害廢棄物只有傳統車輛的10％，耗油量也只有傳統車款的一半。美國《汽車趨勢》（*Motor Trend*）雜誌將Prius選為「2004年最佳車款」。Prius的技術遙遙領先其他同業，連福特和其他汽車製造商都得向它們取得技術授權。豐田汽車在顧客心目中建立了獨特的地位，它們的技術逐漸成為全球通用的標準。

墨西哥營建公司Urbi之所以成功，是因為運用創新的融資工具，像是可以從貸款人薪資中扣繳的彈性抵押貸款等，讓弱勢顧客也買得起房子。法國最大銀行農業信貸銀行（Crédit Agricole）推出與環境有關的特殊金融商品，像是針對節省能源的房屋修繕計畫，或有機農場的認證審核，提供財務規畫，這些做法在市場上獨樹一幟。

策略性CSR還有一種做法，公司可以選擇能夠強化本身競爭力的社會議題，推動CSR計畫，如此也能創造共享的價值。公司和社會因此形成共生關係，任何一方的成功都會帶動另一方進一步蓬勃發展。一般來說，社會議題跟公司業務的關係愈緊密，就愈能夠利用公司的資源和能力來造福社會。

微軟跟美國社區大學協會（American Association of

Community Colleges, AACC）形成的「工作同盟」夥伴關係，就是一個好例子。因為缺乏資訊科技的人員，微軟的成長受到很大的阻礙；目前光是在美國，就有45萬個以上的資訊科技職務出缺。社區大學共有1,160萬名學生，占美國大學生的45％，可以大幅紓解人才荒的問題。可是，微軟發現社區大學面臨特殊的挑戰：資訊科技的課程沒有標準化；課堂上使用的技術往往已經過時；教職員缺乏專業進修管道，無法與時俱進。

　　針對這三個問題，微軟斥資5,000萬美元，展開一項五年計畫。除了捐贈金錢和產品外，還派出員工義務協助評估學校需求、設計課程、成立教職員進修機構。微軟志工和公司指派的人員可以運用本身的核心技能滿足社會所需，這和一般的志工計畫截然不同。結果微軟不但造福許多社區，而且為公司帶來直接的好處，未來的好處可能更加可觀。

整合價值鏈與競爭環境的實務活動

　　開拓價值鏈的創新，與紓解社會對競爭力的限制，這兩項都是創造經濟和社會價值的有力工具。然而，前述幾個例子顯示，如果能結合這兩股力量，將產生更強大的影響力。公司透過價值鏈的活動，可以強化社會層面的改造；同時，投資改善競爭環境，可望減少公司價值鏈活動面臨的限制。

　　萬豪酒店就是一個很好的例子，不但支持社區服務組織，而且將這些慈善投資跟內部計畫結合，大幅降低公司招募低階員工所需的成本。社區裡的服務機構會把長期失業的人介紹給萬豪酒店，由萬豪提供他們180小時的免費課程以及工作現場

訓練。結果為社區帶來很大的好處，也降低了萬豪進用新人的成本。有90％的人受訓後進入萬豪酒店工作。一年之後，超過65％的人還在公司服務，這樣的留任率遠超過一般水準。

　　一旦把價值鏈的活動和競爭環境的投資整合起來，CSR計畫就能融入公司的日常營運之中。例如，雀巢直接跟開發中國家的小型農場合作，向它們採購國際業務所需的牛奶、咖啡和可可等基本大宗物資（參閱「策略整合經典：雀巢牛奶」）。雀巢在許多地方投資興建基礎建設，並積極傳授世界級的知識和技術，數十年下來，不僅提升地方的經濟發展，還改善醫療保健和教育，因此為社會做出很大的貢獻；而雀巢本身則獲得大宗物資的直接穩定貨源，足以維繫獲利豐厚的全球業務。雀巢這項特殊的策略和它們的社會影響力密不可分。

策略整合經典：雀巢牛奶

　　雀巢和小型農場的合作模式，彰顯了社會進步與公司競爭優勢之間的共生關係。雀巢過去30年來在非洲銷售嬰兒配方奶粉的做法一直備受爭議，聲譽也蒙上陰影。但有意思的是，該公司在許多開發中國家都有極為正面的貢獻。

　　就拿雀巢在印度開發牛奶業務的歷程為例：1962年，雀巢想進入印度市場，取得了官方許可在摩加（Moga）北部成立一所乳牛場。這個地區的人民貧窮潦倒，沒有電力、交通運輸、電話與醫療服務。平均一個農民只有不到五英畝的貧瘠田地可以耕種，而且缺乏灌溉水源。他們大多只養一頭牛，所產的牛奶也只夠自

家食用。剛出生的小牛有60％會夭折。由於農民沒有冰箱和運輸設備，也無法測試牛奶品質，因此無法把牛奶運到遠處，牛奶往往也會遭到污染或稀釋。

只是無心插柳

雀巢在摩加成立農場是業務需要，不是為了CSR。雀巢的價值鏈源自瑞士，在各地的分支機構都是收購當地的牛奶，乳源來自當地眾多的小農場。雀巢要在摩加建立這樣的價值鏈，就必須改造當地的競爭環境，這麼做能夠為雀巢和摩加創造龐大的共同價值。

雀巢為每個鎮的農場設置冷藏設備，並派出卡車到這些農場蒐集牛奶，隨車的還有獸醫、營養專家、農藝學家和品質專家。除此之外，公司並為染病的牲畜提供藥品和營養補給品，每個月還為當地農民舉辦訓練課程。農民了解牛隻的飲食攸關牛奶品質，而牧草種植地的灌溉則攸關牛隻飲食的養分。因此，靠著雀巢提供的資金和技術支援，農民終於可以開挖以往無力負擔的深鑽井。在灌溉情形改善之後，不但牛隻吃得飽，小麥和稻米等農作物的產量也增加了，進而提升當地人的生活水準。

從180人到產業聚落

雀巢的牛奶工廠剛開張時，當地只有180名農民供應牛奶給雀巢，如今當地供應牛奶的農民已經增加到75,000人以上，牛奶工廠每天會派兩次卡車到650多個鄉間乳牛場收購牛奶。初生牛隻夭折率下降了75％。牛奶的產量攀升50倍。由於牛奶品質提升，

雀巢給農民的價格比政府規定的還要優渥。農民每兩個星期收到一次貨款，穩定的經濟來源讓他們可以取得信用貸款。當地隨之出現許多競爭業者，逐漸形成乳牛場和牛奶工廠的產業聚落。

現在，摩加的生活水準遠高於鄰近地區。90%的家庭都有電力，大多數家庭有電話；所有的村子都有小學，許多甚至還有中學。摩加的醫生人數為鄰近地區的5倍。當地農民的購買力上升，雀巢產品的市場規模也跟著擴大，為雀巢帶來更大的經濟利益。

雀巢和小型農場的合作是公司策略的核心，公司因此得以取得穩定且優質的商品，無須支付中間人費用。雀巢其他的核心產品（咖啡和可可）通常也是採用類似的方式，向開發中國家的小型農場採購。在巴西、泰國以及其他十幾個國家，包括最近加入的中國，雀巢都在複製摩加經驗：包括在當地設置收購據點、訓練農民並提供先進技術，結果在每個地區都很成功，公司與當地社區共存共榮。

創造社會議題的價值主張

「策略」的核心是一個獨特的價值主張：公司能滿足自己顧客群的哪些需求，而其他業者卻辦不到。公司在價值主張中納入社會層面的考量，讓社會影響成為整體策略不可或缺的一部分，這才是最具策略性的CSR。

就拿天食超市（Whole Foods Market）來說，它的價值主張是：為注重食品健康和環保的顧客提供有機、天然、健康的食

品。天食超市之所以能在食品零售業界獨樹一幟，還能以高價行銷，就是因為公司對社會議題的重視。天食透過各分店的採購程序，向各地的農場採購。天食超市列出近100種不健康、或會對環境造成傷害的成分，在採購的過程中，食品只要含有其中任何一種成分，採購人員都會一一剔除。公司自行製作的食品也都適用同樣的標準。例如，天食的烘焙食品都採用未經漂白或不含溴酸鉀的麵粉。

天食超市不僅在採購的實務作業上致力維護大自然和環境，在興建分店時，也將原生建材（virgin raw materials）的成分降到最低。不久前，天食採購了風力發電的再生能源額度，為數相當於所有分店和工廠的全年總用電量，是「財星五百大」公司中，唯一能完全抵銷它們所耗電力的公司。它們還把腐爛的農產品和可分解廢棄物運載到當地的堆肥中心，並將卡車改裝成採用生化燃料（biofuels）行駛的環保概念車。不只如此，各家分店採用的清潔用品也很環保。天食還成立了「悲憫動物基金會」（Animal Compassion Foundation），協助農場以更人性、更天然的方式飼養牲畜。簡單來說，這家公司價值鏈上幾乎所有的環節，都強化了公司價值主張的社會層面，讓天食超市在競爭對手中獨樹一幟。

並不是每一家公司都能像天食超市這樣，完全秉持社會議題來建立價值主張；但是，在價值主張中納入社會考量，能為公司的競爭定位開創一個嶄新的領域。目前政府對相關議題的管制日多，公司遭受外界批評和要求為事故負責的可能性也日益提高，加上消費者對社會議題的重視與日俱增，因此愈來

愈多產業和公司把社會價值主張納入本身的競爭優勢。舉例來說，北美最大的機構與餐廳食品經銷商喜食公司（Sysco）推動一些計畫來保護小型的家庭農場，並且採購這些在當地的家庭農場生產的農產品供應給客戶，從而創造了公司獨特的競爭優勢。全球多國籍公司也領悟到，公司和社會的整合中蘊藏了大量商機，例如，奇異的「生態願景計畫」（Ecomagination）強調開發水質淨化技術和其他「綠色」事業；聯合利華（Unilever）則致力開發新的產品、包裝和經銷體系，以滿足世界上最貧窮人口的需求。

CSR的組織

公司和社會需求的結合，不是光靠善意和強勢的領導就辦得到，舉凡組織設計、從屬關係和獎勵方式也都需要調整。很少有公司會讓營運主管根據社會議題，在營運上和競爭環境上的重要性，來排定議題的先後次序。更少公司會把慈善公益活動和CSR計畫整合在一起；至於把社會議題考量融入核心價值主張的公司，更是少之又少。要做到上述這幾點，公司就得改變目前常見的CSR和公益活動的進行方式，注重實質而非形象，並以明確的整合策略，取代以往沒有條理的做法以及防衛心態。

目前公司的做法著重在衡量利害關係人的滿意度，可說是本末倒置，真正應該衡量的是社會影響力。營運主管必須了解，競爭環境「由外而內」的影響力對公司有多麼重要，而負

責CSR計畫的人員也應該清楚價值鏈的每一個活動。公司在評估營運經理的盈虧績效時，應該把CSR裡面有關價值鏈和競爭環境的投資納入評估標準。上述這些改變可不是擴大職務範圍就可以辦到的，還必須克服許多根深柢固的偏見。許多營運經理不管碰到什麼社會議題，總是抱著「我們對抗他們」的防衛心態；同樣地，許多非政府組織都對公司靠追求社會價值來牟利的做法看不順眼。公司要想發揮公司策略中社會層面的力量，這些態度就非改不可。

　　策略一定會牽涉到抉擇，公司的社會責任也不例外，重點在於應該選擇在哪些社會議題上著墨。公司面臨短期績效的壓力，不可能面面俱到顧及所有的社會議題，因此它們必須把創造共同價值視同研發工作，是一種有助於未來競爭力的長期投資。如果公司採用我們列舉的原則，持續投資CSR和公益活動，那麼已經投入的數十億美元必然能為公司和社會雙方帶來更大利益。

　　推動回應式CSR計畫的公司，必須扮演優秀的企業公民角色，並處理公司對社會造成的所有傷害；但是策略性的CSR必須更有選擇性地推動CSR。社會期待公司處理的社會議題有好幾百種，但其中只有寥寥幾項確實能夠對社會有所貢獻，或者為公司帶來競爭優勢。公司如果能做出正確抉擇，配合本身的核心策略，積極主動推出整合的CSR計畫，必然能將只會零散回應各種棘手議題的業者遠拋在後。

企業的道德使命

公司提供工作機會、投資、採購，以及公司的日常營運，都能為社會帶來深遠的正面影響。公司對社會和各個社區最大的貢獻，就是促進經濟繁榮，但是政府和非政府組織往往都忽略了這個基本事實。有些開發中國家扭曲了對商業的規範和獎勵措施，例如懲罰有生產力的公司，結果讓這些國家陷入貧窮的泥淖、薪資水準低落，而且低價出售天然資源。公司擁有的知識技能和資源有能力來扭轉這樣的局面，無論是在開發中國家，或是先進國家的經濟落後地區，都是如此。

公司不能用這個做藉口，以欺騙手段取得眼前的利益，或對它們在社會和環境造成的影響視若無睹。不過，CSR不能只處理公司已經犯的過錯（雖然這一點確實很重要），也不能局限於當地的公益活動、災難救助或為弱勢族群紓困而已（當然，這些也都是有價值的貢獻）。公司努力在日常營運活動當中，以及競爭環境的社會層面上，創造共享的價值，不僅可以促進經濟繁榮和社會進步，而且很可能會促成社會和公司改變對彼此的觀感。非政府組織、政府和公司都不應再從「企業的社會責任」來考量，應該改採「企業的社會機會」的觀點。

公司必須徹底扭轉昔日根深柢固的觀念，才能把社會責任視為一種契機，而不是損害控制或公關活動。不過我們深信，CSR對公司的競爭優勢會愈來愈重要。公司無須對全世界的問題負責，也沒有這樣的資源。每家公司可以找出本身最有能力解決、同時能讓公司取得最大競爭優勢的一些社會問題。

解決方案如果兼顧公司和社會的共同價值，就算沒有民間或政府補助，也能順利進行下去。經營良好的公司選出自己充分了解而且攸關自身利害的社會議題，投入龐大的資源、專業知識和管理人才來解決這些問題，就能為社會帶來福祉，公司在這方面的影響力恐怕遠超過其他機構或慈善組織。

第五篇

策略與領導力

| 第十五章 |

新任執行長
的七大驚奇

麥可‧波特、傑伊‧洛許、尼丁‧諾瑞亞——合著

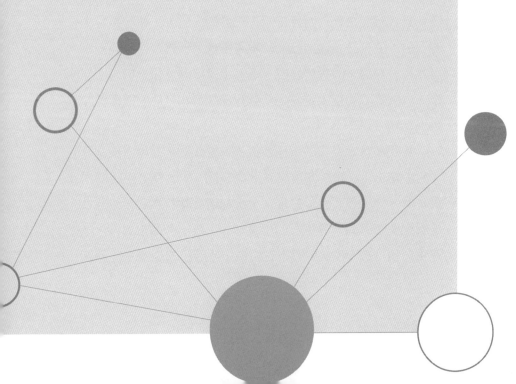

即使是有萬全準備的新任執行長，當面對工作的現實面和局限性，也可能毫無招架之力。

肩負著公司成敗的責任，卻無法掌控決定成敗的大部分因素；擁有公司內無人能及的權力，卻得小心翼翼地加以運用。聽起來像是份棘手的工作？也確實如此。執行長最能體會這點了。你對上述內容感到驚訝嗎？新任執行長也同感意外。正當一位高階主管升任執行長，自認已達到事業顛峰，達到長久以來努力的夢想目標時，他卻開始了解到，執行長的工作和他預期的不一樣，而且比想像的還要複雜。

新任執行長會對新職務感到驚奇，部分原因是出於時間和知識上的限制，在複雜的新領域，有太多事要做，資訊卻不夠充分，時間永遠都不夠。還有就是新角色的職務，不僅出乎新任執行長意料之外，而且是他不熟悉的。此外，執行長心中有個矛盾：擁有愈多權力，就愈難運用權力。儘管這些挑戰看來可能似曾相識，但我們發現，不管領導者的背景為何，即便他原先就負責公司重大業務，一旦升任執行長，他的種種經歷就是不足夠。

我們和各大企業的新任執行長進行座談，發現了最常見的「七大驚奇」（請參閱下文「掌握竅門」）。在最短時間內確實了解、接受和面對這些驚奇，攸關新任執行長最後的成敗。這七大驚奇強調領導本質的現實層面，這部分的重要性，不僅適用於執行長，也適用於所有組織中各層級的高階主管。

掌握竅門

　　哈佛商學院舉辦的新任執行長座談會，只開放給年收入至少10億美元的企業新任執行長參加。哈佛商學院的使命，是要教育在世界上具有影響力的領導者，因此我們幾年前舉辦這項座談會，以因應新任執行長在大型複雜的企業中面臨的特殊挑戰。我們親自邀請每一位參與者，確定與會團體的人數及適當的成員，一般包括大約十位執行長，所屬的組織涵蓋了一般代表性的產業。這些執行長都是經營先進經濟體中的上市公司，他們大部分已獲得指派，有的正等待上任，有的才剛上任幾個月。

　　自從幾年前本計畫開始至今，已有來自世界領先企業的大約50位新執行長參加，其中包括應用材料（Applied Materials）、南方貝爾公司（Bell South）、吉百利食品（Cadbury Schweppes）、卡特彼勒、駿懋銀行（Lloyds TSB）、羅氏、諾華（Novartis）、斯倫貝謝（Schlumberger）、優比速和沃爾格林（Walgreens）藥妝連鎖店。最近，一群早期的座談會參與者再度聚首，檢討他們上任前幾年的情況，並且重新調整他們的議程。

　　座談會提供獨特的觀點，供人探索擔任執行長後可預測和出乎意料的層面。我們事先訪問了所有的參與者，使用一組結構化的問題，詢問他們的策略、與董事會的關係，以及目前和未來的挑戰。在為期兩天的計畫中，我們根據這些和其他領域裡的新任執行長面臨的新挑戰，以及同儕和員工的對話，設立討論會。

　　一開始，我們通常會請執行長展望未來直到任期結束，並且發表退休感言。隔天，我們會請他們說明他們當前的挑戰，接著，我們會詳細檢視其中一些挑戰，例如擬定能夠創造持久經濟

602 | 競爭論　　Part V　策略與領導力

價值的策略，與董事會成員建立具有成效的關係，和內部和外部顧客有效地溝通，並且設定適當的基調和風格來創造強大的文化。會議的互動性極高，討論還包含了深入分享個人經驗。

　　本文說明的新任執行長面臨的七大驚奇，是座談會中一再強調的挑戰。我們採用的這些故事，來自參與者的經驗，以及我們和執行長共事所得到的集體經驗。

驚奇一：執行長管不了公司的經營

　　大部分高階主管還沒有當上執行長之前，大都負責某項重要事業體或擔任過營運長，擅長企業經營，並且期望能有機會掌管全公司。但是等到當上執行長，他們發現企業經營只是執行長職務的一小部分。我們曾舉辦「哈佛商學院新任執行長座談會」，在座談會第二天，我們請與會者說明他們對自身工作的感覺，而在最近一場會議裡，某位來自美國中西部一家大型製造商的執行長，雖然他的熟練與自信神態，透露出他數十年來的商場歷練，但是他卻表示，他剛接任執行長時，覺得很沒有把握。

　　想想你在一家公司服務了三十七年，它是你待過的唯一一家公司，這項事實讓你對這家公司更加忠誠，並且強化了和同事之間的革命情誼。被指派擔任執行長，是你一生中最輝煌的時刻之一；你以為整個職涯所受的訓練，就是經營企業，也真的期待有這麼一天。

　　現在快速轉換到幾個月後，你的行事曆排滿分析師會議、商業媒體採訪（這要花很久的時間準備，因為你永遠不知道鏡頭會從哪冒出來），以及在華盛頓的會議（你會藉此試著向政壇人士解釋，你的產業關鍵和錯綜複雜的細節）。最近你也被一、兩家機構選為外部董事，而你長久以來支持的慈善事業，比以往都更渴望你加入他們的董事會，並替他們籌募基金。替代人選絕不接受，他們非要你不可。

　　你不只得面臨這些把你拉離公司日常營運的外在壓力，公司內部對你的要求也相當多。擔任執行長之前，你很自豪自己能夠巡視區域內每一個營運單位、認識員工，並且與顧客直接接觸；你掌握了公司的脈動。自從成為執行長之後，你連自己以前管轄的地區都管不了，更別提其他地區。你對公司日常營運的疏離感如影隨形。讓事情雪上加霜的是，你的專業技術不可避免地出現缺口，而且差距比以往都來得大。

　　上述反應其實司空見慣；隨著外界對新任執行長的要求愈來愈多，新任執行長對內部營運的放心和熟悉程度則迅速降低。外在要求的數量和強度，令人吃驚不已。幾乎每一位新任執行長都很努力控管時間，以免因為忙於應付股東、分析師、董事、產業團體、政客等不同群體，而耗盡自己的時間。空降執行長努力了解新公司的營運方式，從內部晉升的執行長也同樣努力，想要從營運作業中抽身，並且了解外部顧客的領域。

　　有些執行長相當坦白地告訴我們，他們有一種失落感，因為他們不再像以前一樣，和公司營運密切連結。在紐約的座談會裡，某位從公司內部一路晉升上來的與會者告訴我們，他覺

得自己好像又重頭來過，因為他必須學習新的管理工具，既要重新打造舊關係，又要建立新的關係。座談會與會者填寫一份強制排名（forced rank）意見調查，調查中詢問與會者，他們對於自己在新職務的許多層面上覺得準備如何，例如應付股市、和董事會合作、在公眾監督的焦點下運作、成立一支資深管理團隊，或是成為公司的主要發言人。從他們的回覆可以明顯看出，如同某個人所言，執行長會擔心自己能否兼顧公司內外的角色。

執行長不但了解到應付公司外部顧客有多困難，同時也時常驚訝地發現，他必須放開許多權責，而這些權責不只有公司營運的部分，甚至是自己對公司動態發展的掌握。執行長無法監督每一位員工，誰都沒有辦法監督一家大公司的每個層面，即使他願意投入他所有的時間。

新任執行長一開始可能預期到這一點，但是不知道部屬在做什麼，還是讓人覺得不自在，許多高階主管覺得這種改變是失去掌控權。某位與會者回憶，當他了解必須仰賴其他人，比方營運部門的部屬人員，提供他以前最拿手的營運資訊，而且必須嫻熟公司的多個層面，例如他以前最沒有經驗的投資人關係和法規事務時，他感到非常驚訝。可以肯定的是，新任執行長在人事聘用、晉升和薪酬上有控制權，但是不可避免地，其中許多決定操縱在較接近營運面的人手中。事實上，到頭來執行長對公司營運細節的了解，往往不及他們在先前職位上的了解程度。

執行長雖然肩負企業營運成敗的責任，卻不再親自參與經

營大型複雜組織所需要的各項決策，執行長要發揮最大的影響力，他的方式已從直接轉為間接，其中包括：表示與傳達清楚易懂的策略；建立用來引導、告知和獎勵的嚴格結構和程序；設定價值觀和定下基調，另外同樣重要的是，挑選和管理適當的資深管理團隊，分擔經營公司的重責大任。

驚奇二：執行長直接下命令的代價高

執行長無疑是組織內最有權力的人，但執行長若想利用這種權力，片面發布命令，或是草率地否決經過組織層層審批才提交上來的建議，就會付出高代價。直接下命令，會引發同事和部屬的不滿及防衛心理，事後批評則會削弱高階經理的威信，而且會打擊他和周遭員工的士氣，讓他們變得消極。更重要的是，若需要否決該提案，就表示策略規劃和其他已經實施的程序可能不當或是不足。除非執行長具有超乎常人的工作熱情，否則他不必事必躬親，對每一項提案行使最後決定權。在提案送到執行長之前，相關人員應該已經提出和解決任何可能壞事的問題，只有在具有戰略性的重要時刻，才請執行長參與討論，以取得執行長的意見和支援。相當弔詭的是，當執行長行使發號施令權時，實際上只會削弱他的實際權力、耗盡他和組織的精力，並且減緩工作進展。

執行長行使直接權力時，必須極為審慎地選擇性行使，而且心中一定要有更為全盤的行動計畫。一般而言，透過上述嚴密的過程（詳述策略等等的做法）間接使用權力最為恰當，若

再結合個人的基調和風格，執行長就得以做出與他期望的公司走向一致的有效決定。

有位新任執行長費盡千辛萬苦才學到這一點。就在他當上執行長不久後，他被要求核准某項新產品發表的行銷活動，這項活動是一位部門經理及其團隊辛苦一年多的成果展現，他們設計廣告、準備促銷資料、擬定銷售和配銷計畫，並且針對計畫的不同部分分派職責，萬事俱備，只欠新任執行長的核准，高階主管都認為這只不過是一種形式。

但是執行長並不這麼認為，他覺得公司的廣告變得了無新意，應該立即翻新改造，而這很可能表示要換一家新廣告公司。他擱置那項行銷活動，直到可以發展新的廣告計畫為止，他希望這項決定能夠傳達強烈的訊號，讓大家了解他想要推動的變革。但他沒有料到，他也傳達了其他強烈訊息。

執行長下達的命令在公司裡像野火般蔓延開來。他的行事曆很快就排滿和高階主管的會議；這些主管都是來找他核准計畫，有些人想徵求執行長同意新資本開支，其他人想徵求核准人事決定，還有一些人是為了非常普通的事情而來，例如是否要舉行客戶會議。他們沒有把握自己是否了解執行長的期望，所以想先和執行長確認，以便著手進行手邊的事情，他滿滿的行事曆就像組織運作的瓶頸，組織決策幾乎陷於停頓。

有一陣子，執行長沒注意到他侵入性的方法所造成的昂貴成本，身為空降主管，他覺得參與這些討論是件好事。他現在成為所有行動的中心，希望將公司帶往新的方向，並將每項會議視為傳達新方向的好機會。但是一個月後，吃過他閉門羹

的部門經理來找他，表示已經決定接受另一家公司提供的職位時，他才發現自己的行動所造成的衝擊。他對這一點感到很驚訝，儘管他否決廣告宣傳活動，但對行銷計畫的其他部分以及他們規劃的周詳度留下極為深刻的印象，然而他未能了解到，他瓦解了部門經理的自信以及部門經理在部屬和同儕之間的權威。他極力說服部門經理重新考慮，並一再挽留，但是對方覺得很洩氣，執意要離職。

懊悔之餘，執行長隔週召集所有的高層主管開會，向他們再次保證，他完全信任他們，而且在下達命令時，無意破壞他們的威信，先前在向即將離職的部門經理下達命令時同樣無意如此。他坦承，在中止行銷活動的決定上可能太過魯莽，尤其是他還沒有完全傳達公司的策略。他表達要進行策略變革的幾個領域，並強調這一切工作都正在進行，若要完成，還需要大家的協助。他釐清他想要被徵詢的議題，以及會充分交付給各級主管的議題，並成立特別小組，審查公司的一些主要管理程序，包括規劃、編列預算、績效評核、新產品推出、發展行銷活動和招募新人等，以確定執行長有機會及早提供意見。接下來一年，他努力確保所有的員工，特別是高層管理團隊，都清楚他的願景和議程（我們知道這一點，是因為在座談會後，他繼續與我們聯絡，就像許多與會者一樣）。

這位執行長做了一個我們都認同的結論：片面否決一個早已排除組織中其他障礙的周全決策，絕非明智的行動。的確，執行長隨後用來判斷公司管理程序健全度的一個關鍵指標是，他能夠以多大的熱情核准他所面對的決定。需要否決某件事，

就明確顯示組織內部出了問題，或者，同樣讓人難以接受的事實是，它可能反映了執行長本身未能清楚傳達策略和經營原則。的確，在一些情況裡，推行一項執行長認為是嚴重錯誤的重大策略（例如一項重大收購）所造成的傷害，比執行長直接下令所造成的傷害要來得嚴重，但是，如同這位執行長最後承認的，翻新廣告可以稍後再進行。

　　新任執行長需要立下界標，表明他是當家作主的人，並且讓組織知道他的主張，但是直接下達命令（特別是撤消某人的工作）絕不是達成此目標的最佳之道；相反地，執行長應該找出方法，將高層主管納入決策圈，並且促成大家能在決策標準上達成共識。例如，在公司外舉行會議時，執行長可以設定議程，藉此透露他的優先考量，同時讓他的團隊有機會參與和接納他的想法。新任執行長必須願意分享權力，仰賴他人做出重要決定；最有權力的執行長是會擴充周遭主管權力的。

驚奇三：執行長難以了解真實情況

　　即使執行長了解自己無法顧及公司的每一個層面，他們還是會誤以為自己可以學到需要知道的一切。確實，執行長接收到的資訊多到氾濫，但是可靠的資訊卻出奇地少。高層接受到的資訊都是經過過濾的，這種過濾有時出於好意，有時卻不是。執行長甚至比以往更難獲得可靠的消息，因為他們一上任，與他人的關係就會改變。以往作為非正式消息管道的前同事和部屬（那些能夠聽得懂言外之意、而且確實知道基層發

生什麼事的人員），開始警戒起來。即使是最接近執行長的人員，也會謹防傳遞壞消息。此外，因為執行長對任何人員的職涯都有重大影響力，每一個人的議程或多或少都會改變執行長接收到的資訊。

看看一位與會執行長的經驗。這位執行長的組織和一家公司成立合資公司，但是卻績效不佳。看著營收遲遲無法實現而且成本持續提高，這位執行長試圖要進一步了解績效低落的原因，他和涉及合資公司營運的主要經理人開了幾次檢討會，不過經理人對於績效不佳的解釋，毫不令人意外：他們把責任直接推到合資公司的夥伴身上。執行長明白，光是向自己的團隊詢問相關資訊，無法了解實際情況，便接觸合作對方的高階經理，而這位經理剛好沒有直接涉入合資公司的營運，他對情勢的了解，和執行長自己人告訴他的情況不同。這位經理人提供許多關於合資公司營運事宜的建設性意見。最後，執行長認清問題的癥結在於，合作雙方不清楚合資公司的目標，於是他的公司最後認賠退出這項合資事業。

回顧起來，執行長並不覺得他的團隊惡意隱瞞資訊。首先，他了解員工有自保的本能，在領導者面前尤其如此，知道問題嚴重性的其他員工，可能隱忍不說，因為他們擔心執行長會對這些通報者開鍘。其次，營運管理團隊要認清問題，本來就很困難；問題不只在於營運細節，也在於合資企業賴以建立的目標不明確而且相互衝突。對執行長而言，最想不到的是必須尋求外部的反應意見，才能進一步評估他的組織內究竟發生什麼事，因為要從他自己的員工那裡得到真相，難上加難。

　　對執行長而言，要在不損及重要部屬的前提下，找到可靠的消息來源，是一項困難的挑戰，重要部屬可能覺得執行長一直在避開他們。許多與會者敘述，他們努力參與和不同層級、不同部門人員的定期面對面會談，例如，有位執行長會邀請10到12名員工，每週和他共進午餐。這群都是自願參加、來自各層級和各部門的員工，且經理人不得和直屬部屬一起參加。執行長明白，午餐會裡的人並非全都直言不諱，但是他發現，非正式的場合可以減少溝通障礙，提供傾聽各部門員工構想和意見的機會。其他執行長則表示，運用實地訪視和座談會式的論壇，可以獲得未經過濾的第一手資訊。

　　有些新任執行長著重繼續從組織深處（從最接近第一線的員工）尋求資訊的重要性，即使中級主管可能不喜歡這種方法。例如，某高科技公司執行長就向直接參與技術專案的人員詢問工作進展，以向下深入數個層級來判斷專案狀態，他並沒有告訴監督專案的高階主管，他會進行這類突擊「體溫檢查」。

　　另一位執行長認為，如果高階主管試著勸他不要和他們的部屬直接談話，那麼就會是一項警訊，但是他也強調，唯有定期進行這種檢查，讓人覺得這並不是一項大事件，而且和執行長談話的人員能夠放心，確定自己的坦白不會反過來造成自己的困擾，這類接觸才會奏效。

　　參與座談會的許多執行長發現，外部管道存在著一些客觀資訊，這些管道包括：透過和客戶接觸、和其他執行長談話，以及加入產業協會。幾乎每一位與會者都會撥出時間，透過系

統化的程序參與外部討論，幾位執行長也指出，他們和獨立顧問之間的關係也極具成效，顧問會直言無諱，而且有權力和自由批評執行長的想法。

驚奇四：執行長總是在釋出訊息

新任執行長大多知道，自己的言行舉止會受到公司人員的注意，但他沒有意識到的是，他在公司內外的一言一行，會受到多詳細的檢視和解讀。執行長的一舉一動，不管有多麼微不足道，也不管是否出於無心，都會立刻被傳開和誇大，有時還會被完全曲解（還記得那個撤掉行銷活動的執行長吧？），連個人的選擇也都會受到詳細檢視。參與座談會的一位執行長開玩笑說，他必須非常小心地選擇要開哪一型的車子，因為若不小心些，公司停車場很快就會停滿同型的車子。

新任執行長發出的第一個重大訊息，就是被任命為執行長這件事本身。人們會根據執行長的背景和資歷，產生假設和期望。這個初步的形象會立即產生重大影響。在座談會中，有位成為某家大型英國公司第一位美籍執行長的與會者回憶說，許多人員原來預期「野蠻的」美國人會嘗試改變公司數百年來的傳統和文化。一位有法律背景的執行長敘述，當他獲得指派時，市場的反應都是負面的，因為大家認為，會找律師擔任執行長，唯一的理由就是公司面臨的石棉訴訟問題，比先前確認的還要嚴重。甚至在新任執行長還沒有做任何動作之前，這類訊息就已經發出來。

　　上任之後，新任執行長再也不能和員工隨意討論，因為他提出的任何不夠周全的想法，都有可能被解讀為良好的構想。執行長的麥克風總是開著，他的訊息可能被扭曲，連一個無心的問題，都可能被解讀為喪失信心。我們從一位執行長那裡聽到一個故事，正說明了加諸在執行長言詞上的氣氛感應。這位執行長驚訝地發現，有太多人援引他的名字，大家希望，只要句子的開頭是「老闆法蘭克說」，就可以保障那項行動，而即使在大部分的情況，法蘭克並沒有說那類事情。

　　因此，新任執行長需要快速了解自己傳送出什麼樣的訊息。一旦了解自己一言一行的乘數效應，就可以盡量減少無心的訊息，並且充分增加想要發出的訊息影響力。讓我們來看某位新任執行長的經驗。這位新任執行長的公司位在美國東南部，有別於同地區的其他公司，該公司會避免與種族相關的集體訴訟。它訂下涵蓋員工行為的明確標準，包括禁止展示南北戰爭南軍旗幟的規定。當地方媒體報導，高階管理團隊的某位成員公開主張公司應該展示那面旗時，執行長立即解雇那位主管。如同執行長所說的，這樣做的用意是，公司不會容忍違反公司政策的行為，不論這個行為出自哪個層級的人員，如此一來，大家不需猜測執行長在這個主題上的看法，因為他已經發出明確的訊息。

　　再舉一例。某運輸公司的新任執行長想要傳達訊息，讓大家都了解客戶和員工安全的重要性。在一次實地訪視時，他注意到一個列車上的消防開關已經被切斷，便下令關閉系統裡所有的火車，直到每一個開關都經過檢查為止。他也針對開關被

切斷的原因，推動一項調查，以避免事件重演。雖然目前已有備援系統，但是執行長希望，他的行動會對內外傳遞出一項訊息：不嚴格遵循安全規定的行為，不會被接受。他也希望，員工會因此感覺到，公司授權他們做任何為確保安全所需的必要事情。

執行長發出的訊息已經很容易被誤解，但另一項事實使這些訊息更加複雜：不同的團體對相同的消息會有不同的反應方式。當訊息同時向內部團體和外部團體傳送時，挑戰性尤其大。例如，某公司計畫把一個營運困難的單位分割出去，華爾街可能樂於聽到這項消息，員工聽了卻可能很震驚。既要管理內外顧客，又要使傳遞給雙力的訊息保持確實和一致，絕非輕鬆簡單的任務，對新任執行長而言，重點在於仔細考量，不同的觀眾會如何解讀他們的行動以及這些行動傳達的方式。執行長可能無法避免對某個團體造成某種負面的衝擊，但是周詳地傳達自己的訊息，可以將傷害降到最低。

最後，執行長必須盡可能力求訊息一致，執行長要嫻熟工作上的溝通挑戰，最好的方式，就是提出簡單明確、經常被複述，並且以難忘的故事來說明的訊息。

驚奇五：執行長不是老闆

許多新任執行長起初會假設，自己終究會達到掌控公司最高權力的地位。但是他們很快就會了解，實際情況比預期複雜得多。雖然執行長可能位居管理階層的頂端，他仍然得向董事

會報告，董事會雇用他，也可以解雇他；董事會有權力評估他的績效、訂定他的薪酬、推翻他的策略，並且做出其他重要決定。在新法規、法院判決和股東行動主義讓董事會握有實權並且壯大之際，執行長必須比以往都要更呵護他與董事會的關係。如同一位新任執行長所言：「我們不再像以前一樣，能夠清楚了解要如何和董事會合作。」這項關係即使沒有爭議性，也會耗費執行長更多的時間和精力。

正當新任執行長自認為終於不用向上管理時，他其實還是得這樣做，而且情況變得更複雜。新任執行長不再是向一位上司報告，而是得向10到12位的上司報告，其中一位通常是首席董事，一個用以平衡執行長權力的席位。此外，雖然董事會可能是由具備經驗和才能的人士組成，許多董事對公司所屬的產業還是所知有限，這表示執行長（以及管理團隊）必須教育董事會，讓他們知道公司和業界內部發生了什麼事。對於執行長與董事會的關係而言，最糟糕的情況莫過於讓董事們覺得未被告知或事情發展出乎意料，儘管資訊對執行長來說可能也很難取得。由於董事們非常忙碌，一定要用容易了解的方式將資訊傳遞給他們。

此外，多數董事以前可能很少接觸過新任執行長，即使他是內部晉升上來，而且曾經待過董事會，他們與他的互動也可能不多，而且很短暫；新任執行長必須花時間讓董事們認識他，並且信任他的能力和判斷力。萬一前任執行長仍然與公司有所接觸，例如擔任董事長或是董事，新任執行長面臨的挑戰會變得更大。新任執行長可能想要重新評估，前任執行長留下

的董事會關係和眾多決定，然而這一切都讓會議室裡產生尷尬氣氛，並且讓接任者難以和董事會合作。根據我們的經驗，前任者繼續留在董事會，通常是一大敗筆。

對某位新任執行長而言，剛上任的前幾週是他試煉的過程。董事會已驅逐前任者和整個管理團隊，公司接受證券及交易委員會（SEC）的調查，就在員工士氣低落、顧客流失、媒體緊迫盯人的時候，這位新任執行長走馬上任，決心以新的會計政策、新的管理團隊，以及新的策略方向，快速改造公司。但是他很快就了解到，曾經受到前一個領導班子傷害的公司董事，現在仍繼續加強掌控公司；情況很明顯，董事會想要抑制和密切監督他的行動。他立即做出結論：他必須審慎地和董事們合作，在初期向他們推銷他的構想，以爭取他們的支持。雖然這麼做所花的時間比他預期的多，但是也漸漸贏得董事會的信任，而能夠在之後更快速採取行動。這個例子或許極端，它的教訓卻適用於所有的執行長：當一切都考慮進去時，真正掌權的人不是執行長，而是董事會。

執行長和董事會維持關係時，不能將董事們視為朋友或親信（雖然有些董事最後可能會扮演這類角色），而是得將他們視為責求自己必須為公司成敗負責的上司。卓越的執行長會積極花工夫認識董事並且和他們建立關係，比方說，透過一對一接觸、以電子郵件提供公司進展的最新消息，以及發布相關資料，將董事會會議變成參與式（participatory）討論，而不是管理階層的展示與講述（show-and-tell）會議。新任執行長若敞開心胸接納董事，並且創造彼此的合作機會，就比較可能獲得

這些上司的支持。

驚奇六：執行長的目標不是取悅股東

　　新任執行長剛上任時，經常誤以為自己的主要職責是取悅股東，畢竟，股東價值是多年來定義企業目標的真言，討好分析師和股東看似順理成章，每一位執行長（特別是新任執行長）都喜歡透過拉抬股價，以爭取外界對他領導力的認可。

　　問題是，將一個人的目標界定為得到股東的認可，可能不符合公司的最佳利益，股東偏好的行動和策略，對公司最終的競爭地位可能沒有好處。在美國，股東的平均持股時間不到一年，股東來來去去，他們只在乎在持有該公司股票期間，股票的表現如何。分析師所關心的，當然是股票的進出，而不是持有，他們往往會強化趨勢，而且喜歡的是交易，而不是獎勵長期持有。事實上，股東和分析師都傾向採取短期觀點，但是執行長需要關心的是創造持續性的經濟價值。

　　有時候，來自分析師和股東的壓力大到變得具有破壞性。座談會上一位執行長說，他曾被迫將一個大型部門分割出去，就為了在短期內安撫分析師。不幸的是，這種做法損及公司的長期績效，因為出售這個部門已造成一些攸關其他部門成長的客戶流失。

　　保持參與而且消息靈通的董事會，可以成為執行長的最佳盟友，一起繼續專注於長期目標。某大型零售商執行長描述他剛上任時所踏進的完美風暴：成熟的產業、看似不可征服的沃

爾瑪，以及低迷的經濟。如同這位執行長所言，該公司百廢待興，他需要時間讓它恢復昔日的榮景，於是他和董事會合作，擬定專注於收復市場占有率的新策略。經過兩季力挽狂瀾，業績開始改善，董事會很高興，員工很振奮，但是分析師仍然非常悲觀，他們認為新策略太過緩慢而且拖得太久。和他們開了多次耗時又毫無成果的會議之後，執行長這才了解，分析師只對立即、大幅的改變有興趣，卻不論這樣做對公司的長期影響如何。正如他告訴我們的：「不用在乎分析師想法的時候到了。」這位執行長能夠持續專注於需要專注的地方，是因為他非常賣力確保董事會了解並接受轉型策略的長期價值。

　　執行長不應該透過難免有上下起伏的股價，試圖取悅所有股東，而是應該認清，到頭來，最重要的只有長期獲利，而不是眼前的成長預期、甚至是股價。沒有根本的競爭優勢做為基礎，高股價終究會崩跌。執行長應該做的，不是指望股東提供策略方向，而是要發展和指出明確的策略，使公司與其他業者區隔，並且注意產業基本面。執行長的一個關鍵角色，是向分析師和股東推銷策略，並且塑造他們看待公司的方式。執行長不應該期望各界能立即了解或接受他的策略；要影響分析師的感覺，可能必須透過不斷地重申、解釋和提醒。在這個程序中，成功可能會姍姍來遲，但是執行長若有勇氣發展和指出明確的策略，即使這項策略目前不受華爾街歡迎，他終將吸引到適當的股東注意，也就是吸引到那些相信大方向策略的股東。

驚奇七：執行長仍然只是普通人

　　我們經常以電影中不屈不撓的超級英雄形象來看待執行長，但卻忽略了執行長也會有普通人那種平凡的願望、恐懼和弱點。執行長因為職位的關係，受到殷勤對待和諂媚奉承，很難進行自省，也很難接受自己有缺點的事實。與會的執行長一再告訴我們，他們需要刻意努力，才能夠抗拒妄自尊大、自以為全能全知的錯覺。他們都明瞭身為執行長所具有的個人影響力，但也接受了一項事實：他們並非萬能。他們發現，要接受自己專業知識不足，並且承認這份工作在體力和情緒的負擔上，都超過他們做過的其他職務，不僅是件非常困難的事，也有傷自尊。

　　在個人和專業之間維持某種平衡，是座談會中一再被提出來的另一個主題。新任執行長很容易就會低估，即將加諸在身上的要求數量和規模。許多新任執行長相信，他們不用大費周章，就可以平衡自己即將面臨的新挑戰和個人生活，畢竟，他們在擔任其他高階管理職的時候就已經設法做到這點。但是執行長的角色得面對各種需求，而且具有公共性質，因此可能會大幅強化這種緊張。如同一位執行長的結論：「到最後，根本沒有『平衡』這種東西，只有『取捨』。」

　　困難不僅是因為時間限制所引起，執行長的生活有許多層面已變成公共性質，而我們大部分人都偏好保有私人生活。有位執行長告訴我們，他正值青春期的女兒從報紙上看到一篇揭露他薪資的報導，就跑來找他；他以前從未和子女討論過他的

收入，即使他的薪酬比起同儕相形見絀，他還是得向他家人解釋，為什麼他做這份工作可以得到這麼多的錢。另一位執行長說，他很怕參加新官上任之後的第一次家庭聚會，也擔心家人的反應，因為他的成功已經眾所周知。幾乎每一位新任執行長都表示，他們與親朋好友的關係已經生變。

令我們驚訝的是，即使在初期，許多新任執行長都已經思考過他們將會在歷史上留下什麼樣的事跡。這雖然可能促成難能可貴的長期策略焦點，但也可能促成大膽（甚至魯莽）的嘗試，去改變應該維持不變的部分，對公司造成深遠影響。因為有了這樣的目標，公司很容易被大型交易所誘惑，而且可能會建立一個大三倍的組織，即使它的盈利下降。

新任執行長必須努力保持謙虛、重複審視決策和行動、繼續傾聽他人意見，並且尋找願意坦白直言的人。否則，授予執行長的獎勵和讚美，可能使得他表現傲慢。有能力且行事主動的董事會，可以對這類的誘惑提供制衡。

與會的執行長了解，他們需要和組織以外的世界連結，包括和家人及社區連結，以免自己的生命完全消耗在企業生命中。許多人透過獻身公益服務，為自己的人性需求找到實現自我價值的出口。執行長也需要和想要稍微放鬆自己，定期運動、和家人度假以及打高爾夫，似乎是執行長偏好的管道。不過有位執行長的嗜好甚至是參加賽車，他解釋說，他知道他絕不可能成為傳奇賽車手馬利歐・安德烈蒂（Mario Andretti），但是他可以藉著這樣的嘗試，讓自己忙碌和挑戰自我。

執行長需要知道的七件事————————

　　大部分新任執行長會感到吃驚，是因為對新角色的定位感到意外和不熟悉、時間和資訊有限，以及在職務上遇到的關係出現變化等。下面說明新任執行長常常面對的一些意外之事，以及如何把握時機進行必要的調整。

驚奇一：執行長管不了公司的經營

　　警訊：

■ 你有太多會議，並且參與太多戰略性的討論。

■ 有太多時候，你覺得好像失去對自己時間的掌控。

驚奇二：執行長直接下命令的代價高

　　警訊：

■ 你已經變成公司瓶頸。

■ 員工們太常在行動之前先諮詢你的意見。

■ 人們開始使用你的名字來表達對事情的贊同，例如「老闆法蘭克說……」。

驚奇三：執行長難以了解真實情況

　　警訊：

■ 你不斷聽到一些令你訝異的事。

■ 你總是在事發之後才知道。

■ 你不是直接知道，而是透過小道消息才得知人們的關切和異議。

驚奇四：執行長總是在釋出訊息

警訊：

■ 員工們針對你的行為，散播一些誇大或歪曲事實的故事。

■ 周遭員工的行事方式，表明了他們正試圖推測你的好惡。

驚奇五：執行長不是老闆

警訊：

■ 你不知道董事會成員的心意。

■ 董事會和管理階層的角色和責任界定不清。

■ 董事會議討論大部分局限於業績報告和管理階層的決策。

驚奇六：執行長的目標不是取悅股東

警訊：

■ 高階主管和董事會成員以哪些行動對股價有何影響做為標準，來判斷要採取何種行動。

■ 不了解業務的分析師，一再推動那些可能會損及公司健全的決策。

■ 管理階層的獎勵辦法與股價的連動性太高。

驚奇七：執行長仍然只是普通人

警訊：

■ 你約見別人時，談的是你自己，而不是公司的事。

■ 與公司的其他高階主管相比，你的生活方式更加揮霍或享有特權。

■ 除了與公司相關的活動，你很少有其他活動。

執行長領導力的意涵

整體來看，對於新任執行長應當如何界定自己的工作，這七項驚奇帶有某些重要而微妙的意涵。

首先，執行長必須學會管理組織的全局，而不是只把注意力放在日常的營運上。以這樣的方式發揮領導力，而不是埋首瑣事之中，會是一大轉變。一位執行長表示，儘管享有執行長這個職位的權力，他最初仍覺得自己像是公司裡「最沒用處的主管」。執行長需要學會怎麼間接地把事情做好，包括設定和傳達策略、實施健全的程序、挑選和指導關鍵人員，以創造出能讓其他人做出正確選擇的條件。同時，他還必須透過言論和行動，設定組織文化和價值觀的基調與定義。

其次，他必須體認到，這個職位不會帶給他領導的權力，也不能保證組織對他忠心耿耿。他必須不斷地贏得和維護自己在道義上的領導權。如果執行長的願景沒有說服力，或者自身行為不符合他所倡導的價值觀，或者個人利益超越了組織利益，執行長可能就會輕易地失去他的合法性。執行長應當了解，成功最終取決於讓人心悅誠服的能力，而不是強迫他人服從的能力。嫻熟傳統的管理方式，可能為他贏得執行長的職位，但單靠這些手段，並不能讓他永遠保住職位。

最後，執行長不能完全陷入這個角色。即使別人認為他無

所不能，他也仍然只是普通人。如果不能認清這一點，就會導致傲慢、筋疲力盡和任期縮短。執行長只有保持個人平衡，做到腳踏實地，才能擁有應該有的視野，做出符合公司利益、保證長期繁榮的決策。

國家圖書館出版品預行編目資料

競爭論／麥可‧波特（Michael E. Porter）著；李明軒等譯.
　-- 第二版. -- 臺北市 : 遠見天下文化, 2009.07
　面 ； 公分. -- （財經企管 ; CB228A）
譯自：On competition

ISBN 978-986-216-376-4（精裝）

1. 國際經濟　2. 國際競爭　3. 工業政策　4. 社會政策

552.1　　　　　　　　　　　　　　　　　　98011716

競爭論

者／麥可‧波特（Michael E. Porter）

者／李明軒、高登第、張玉文（第一章）、蔡慧菁（第四章）、
胡瑋珊（第十四章）、林麗冠（第十五章）

編輯／吳佩穎

任編輯／高登第、陳翠蘭、胡純禎、張啟淵、潘慧嫻（特約）

封面設計／張議文

美術設計／黃淑雅

出版者／遠見天下文化出版股份有限公司
創辦人／高希均、王力行
遠見‧天下文化‧事業群 董事長／高希均
事業群發行人／CEO／王力行
天下文化社長／總經理／林天來
國際事務開發部兼版權中心總監／潘欣
法律顧問／理律法律事務所陳長文律師　　著作權顧問／魏啟翔律師
地　　址／台北市104松江路93巷1號2樓
讀者服務專線／(02) 2662-0012　　傳　真／(02)2662-0007；(02)2662-0009
電子郵件信箱／cwpc@cwgv.com.tw
直接郵撥帳號／1326703-6號　遠見天下文化出版股份有限公司

電腦排版／立全電腦印前排版有限公司
製版廠／東豪印刷事業有限公司
印刷廠／柏晧彩色印刷有限公司
裝訂廠／精益裝訂股份有限公司
登記證／局版台業字第2517號
總經銷／大和書報圖書股份有限公司　電話／(02)8990-2588
出版日期／2020年2月12日第三版第1次印行

定價／700元

原著書名：On Competition

On Competition (Updated and Expanded Edition) by Michael E. Porter
Copyright © 1985, 1987, 1990, 1995, 1996, 1999, 2001, 2002, 2004, 2006, 2008
Harvard Business School Publishing Corporation except Introduction copyright © 2008
Michael E. Porter, Chapter 7 and Chapter 8 copyright © 1998 Michael E. Porter
Complex Chinese Edition Copyright © 2001, 2009 by Commonwealth Publishing Co.,
Ltd., a member of Commonwealth Publishing Group Published by arrangement with
Harvard Business Press through Bardon-Chinese Media Agency, Taiwan
ALL RIGHTS RESERVED
4713510946930（英文版ISBN-13: 978-1-4221-2696-7）
書號：BCB228B
天下文化官網　bookzone.cwgv.com.tw